东北财经大学"双一流"建设项目高水平学术专著出版资助计划

国家社科基金青年项目"民生视域下构建城市管理综合执法的多元自我管控机制研究"(15CZZ035)研究成果

光明社科文库
GUANGMING DAILY PRESS:
A SOCIAL SCIENCE SERIES

·法律与社会书系·

城管执法实证研究
——寻求良性执法的多维制度解

刘福元 | 著

光明日报出版社

图书在版编目（CIP）数据

城管执法实证研究：寻求良性执法的多维制度解 / 刘福元著．－－北京：光明日报出版社，2021.6
ISBN 978－7－5194－6028－0

Ⅰ.①城… Ⅱ.①刘… Ⅲ.①城市管理—行政执法—研究—中国 Ⅳ.①D922.297.4

中国版本图书馆 CIP 数据核字（2021）第 078016 号

城管执法实证研究：寻求良性执法的多维制度解
CHENGGUAN ZHIFA SHIZHENG YANJIU：XUNQIU LIANGXING ZHIFA DE DUOWEI ZHIDU JIE

著　　者：刘福元	
责任编辑：宋　悦	责任校对：傅泉泽
封面设计：中联华文	责任印制：曹　净

出版发行：光明日报出版社
地　　址：北京市西城区永安路 106 号，100050
电　　话：010-63169890（咨询），010-63131930（邮购）
传　　真：010-63131930
网　　址：http://book.gmw.cn
E - mail：songyue@gmw.cn
法律顾问：北京德恒律师事务所龚柳方律师
印　　刷：三河市华东印刷有限公司
装　　订：三河市华东印刷有限公司
本书如有破损、缺页、装订错误，请与本社联系调换，电话：010-63131930

开　　本：170mm×240mm	
字　　数：350 千字	印　　张：19.5
版　　次：2022 年 7 月第 1 版	印　　次：2022 年 7 月第 1 次印刷
书　　号：ISBN 978－7－5194－6028－0	
定　　价：98.00 元	

版权所有　　翻印必究

目 录
CONTENTS

导言 ………………………………………………………………… 1

第一章 城管事权的法理构筑 ……………………………………… 13
 第一节 纵横纷扰中的城管事权 ………………………………… 13
 第二节 城管事权的横向维度："相对集中"下的处罚权 ……… 18
 第三节 城管事权的纵向维度："处罚权"的相对集中 ………… 34
 第四节 迈向事权明晰与统一调度的大城管立法 ……………… 40

第二章 城管主体的多维构设 ……………………………………… 52
 第一节 城管主体的横向维度：部门间的并行与协作 ………… 53
 第二节 城管主体的纵向维度：层级间的架设与分工 ………… 62
 第三节 城管主体的内部设置：部门内的机构与队伍 ………… 75

第三章 部门间行政协作的城管视角 ……………………………… 86
 第一节 部门间行政协作的概念性重释 ………………………… 86
 第二节 部门间行政协作的必要性溯源 ………………………… 90
 第三节 部门间行政协作的机制性解读 ………………………… 93
 第四节 部门间行政协作的施行性困境 ………………………… 99
 第五节 部门间行政协作的应对性出路 ………………………… 102

1

第四章　数字化城管的四元构成 ················· 110
第一节　数字化城管的技术层面 ················· 110
第二节　数字化城管的主体层面 ················· 116
第三节　数字化城管的效能层面 ················· 132
第四节　数字化城管的参与层面 ················· 142

第五章　城管考核机制中的指标体系 ················· 158
第一节　城管考核指标的导向性构筑 ················· 158
第二节　城管考核指标的项目选择与设定要求 ················· 160
第三节　城管考核指标的量化设置和分数计算 ················· 176

第六章　市民参与城管评价的制度框架 ················· 190
第一节　市民参与城管评价的"打分项"设定 ················· 190
第二节　市民参与城管评价的公正性争议 ················· 195
第三节　市民参与城管评价的多渠道架设 ················· 199
第四节　市民参与城管评价的实效性保障 ················· 209

第七章　城管效能的能效场域 ················· 213
第一节　在能效场域中"着陆"的城管效能 ················· 213
第二节　能效场域中的"声誉"元素 ················· 215
第三节　能效场域中的"财务"元素 ················· 220
第四节　能效场域中的"职务"元素 ················· 229
第五节　诸元素交错辐射的能效场域建设 ················· 234

第八章　城管柔性执法的多重面相 ················· 237
第一节　城管的柔性执法改革及分析工具 ················· 237
第二节　面相之一：行政指导等常规手段及其变种 ················· 241

第三节　面相之二：信用机制的设立与运转 ·················· 246
第四节　面相之三：居于执法边缘的"和谐共处" ·············· 251
第五节　面相之四：个案之中的"根本解决问题" ·············· 254
第六节　城管柔性执法诸面相的"优先级"设置 ················ 257

第九章　城管执法场域中的协商机制建构 ························ 263
第一节　作为协商机制缘起的三方利益纠葛 ···················· 263
第二节　以居民为支点的协商机制建构 ························ 268
第三节　以摊贩为支点的协商机制建构 ························ 271
第四节　以城管为支点的协商机制建构 ························ 275
第五节　以城管为连接点的三方共同协商 ······················ 284

结语 ··· 286

参考文献 ··· 289

漂浮在河道中央的三年时光（代后记） ······························ 298

导　言

一、问题的提出

一直以来，城市管理综合执法领域中存在的诸多问题，不仅困扰着行政学、行政管理以及行政法学的理论与实践，而且成了政府与公民矛盾最为集中的焦点之一。对于这一问题的理论研究和制度建构在当前的社会环境下显得尤为迫切：中共十八届三中全会在《中共中央关于全面深化改革若干重大问题的决定》中要求"整合执法主体，相对集中执法权，推进综合执法，着力解决权责交叉、多头执法问题，建立权责统一、权威高效的行政执法体制"；中共十八届四中全会在《中共中央关于全面推进依法治国若干重大问题的决定》中要求各级政府"创新执法体制，完善执法程序，推进综合执法"，并且"理顺城管执法体制，加强城市管理综合执法机构建设，提高执法和服务水平"。可见，城市管理综合执法中的若干问题已经成了我国行政执法体制改革的重中之重。我们认为，构建城管执法的多元自我管控机制，是从内部的人员要求、行为准则和执法方式等方面入手，来改善外部的执法形态、提高行政服务水准并增强管理对象和市民可接受度的最为有效的路径。其要点包括：

第一，城管执法自我管控机制的建构有利于官民关系的稳定与和谐。摩根（David R. Morgan）教授曾言："许多市民与市政府的唯一接触途径是与公务员进行互动或仅仅是看到过工作中的公务员。市民对诸如教师、消防员、环卫工人、警官、社会工作者等的认知，通常会形成他们对市政府的一般态度。"[1] 在当前的行政实践中，与相对人面对面接触最为频繁的就是城管部门，而官民矛盾的发生很大程度上也存在于此——无论是暴力执法、无理扣押还是违规罚款，相对人的不满所直接指向的往往是城管队员及其主管机关乃至于上级政府。可

---

[1] ［美］戴维·R. 摩根，等. 城市管理学：美国视角 [M]. 杨宏山，陈建国，译. 北京：中国人民大学出版社，2011：239.

以说，如果城管能够杜绝不良执法、提升服务质量，政府与公民之间的关系将会有很大幅度的改善。

第二，将行政自我管控引入城管执法领域，并将其作为各项执法规则和机制的出发点和设置原理。在肯定立法、司法和社会监督的基础上，城管执法的多数事项是建基于内部行政法、通过城管系统内部的自我管理和控制以及与同级相关部门的相互协作来实现的。因此，在这一领域内自我管控是贯穿于各项制度设计的一条主线。

第三，避免实践中的种种弊端，迈向城市管理的良性执法，应当是多元机制综合作用的结果。目前很多相关研究所得出的结论都是单一或有限的，如改善执法风气、提升人员素质、明确执法权限、加强部门协作等，而这些方法中的一个或几个都不足以应对错综复杂的城管执法问题。我们认为，城管执法问题不能仅靠单一机制来解决，而应探索多元制度体系的构建，或者说，只有多元机制的建构与完善才是解决城管执法问题的可行路径。

第四，对于城管执法的制度建设，目前很多研究的焦点还聚集在中央立法的层面上，仅提出中央立法对于城管授权不明、应当加快立法进程等建议；但实际上，已有很多地方颁布实施了专门针对城管执法的地方性法律规范，其中部分规范的内容非常细致，并且带有相当程度的创新性。我们认为，在实证研究的角度上，详细考察各地方颁布的相关法律规范，并细致分析执法过程中形成的优秀案例，能够为城管的法制建设及执法实践的不断优化提供借鉴。

二、研究主题的导向与构成

（一）行政自我管控：城管执法的制度导向

行政自我管控，或称行政自制，是行政法学家崔卓兰教授于2007年提出、至今已渐趋成熟的行政权自我管理和控制的理论方案；它是指行政主体自发地约束其所实施的行政行为，使其行政权在合法合理的范围内运行的一种自主行为，简单说，就是行政主体对自身违法或不当行为的自我控制，包括自我预防、自我发现、自我遏止、自我纠错等一系列下设机制。[①] 该理论在肯定立法、司法、社会公众、新闻舆论等外部主体对行政权进行监督和制约的同时，强调行政系统内部自律自控的重要性，主张以行政机关自身为主体、以内部行政法的形式建立起裁量基准、内部分权、行政惯例等制度规范，从而约束执法人员的

---

① 崔卓兰，刘福元. 行政自制——探索行政法理论视野之拓展 [J]. 法制与社会发展，2008（3）：98.

行政权力，优化其行政行为的实施过程。行政自我管控之所以能够成为城管良性执法的制度基石，主要表现在以下两个层面：

在理论层面，行政自我管控的功能导向与城管执法实践具有高度契合性。由于城管执法需要与相对人进行面对面的接触，加之执法情景的错综复杂、突发性事件频率较高，使得上位立法和外部主体的监督难以面面俱到，并且更多地表现出事后性，难以弥补已经造成的损失。而自我管控理论则主张：（1）首先由城管部门对下属执法人员进行约束和控制，通过行政系统内部的各项措施管理好执法人员的行为，而非单纯地依赖外部监督；（2）这些措施主要表现为执法程序、处罚标准、行为举止等方面，并以奖惩机制、考核机制和投诉机制来督促实施，而其载体应当是科学、合理、严谨的内部行政法律规范；（3）这些措施在对执法人员进行制度约束的同时，还有助于强化其自律意识，而自律意识的功能之一在于预防性，即让不良执法行为自始不会发生，而非发生之后再行追究。

在实践层面，行政自我管控的各项下设机制也有助于改善城管的执法质量。(1) 裁量权内控制度能将城管的处罚权格次化和明晰化，从而限制执法的随意性，使相对人得到公平对待。(2) 内部分权制度能够使城管的决策、执行和监督三种职能分立行使，不仅能避免权力过于集中的弊病，而且能使各项职能都有专人负责，从而有利于责任分配和承担的明确化。(3) 行政惯例制度主张将具有代表性的执法事例示范给城管人员，并要求其在遇到相同或类似情景时能够遵照先例进行处理，这种方式不仅是"相同情景相同对待"的要求，而且有助于推广优良的执法范例。

(二) 行为规范、非强制行政和参与式执法：城管执法的多元机制

迈向城管良性执法仅靠单一机制并不可行——其必然需要一套由多元机制组成的综合管控体系。我们认为，这一综合体系应当从执法人员、执法方式和执法过程这三个视角加以建构和完善示意图见图1。

1. 行为规范：执法人员的约束机制

城管良性执法必须首先从执法人员的监督、约束和激励机制入手，而内部行为规范系统则能全面且有效地实现这一目标。行为规范是指行政主体制定并实施的，仅对该行政主体所属公务人员发生效力，通过道德性约束和规定性约束规范其执法行为的规范性文件。一般而言，行为规范系统是由总领性文件和各单行规范构成，按照规范内容大致可分为伦理规范、业务规范、奖惩规范、考核规范和投诉规范五个类别，其中：（1）奖惩规范是行为规范的激励性和禁止性环节，其能够通过奖励和惩罚引导城管人员遵守执法的权限和程序、实施

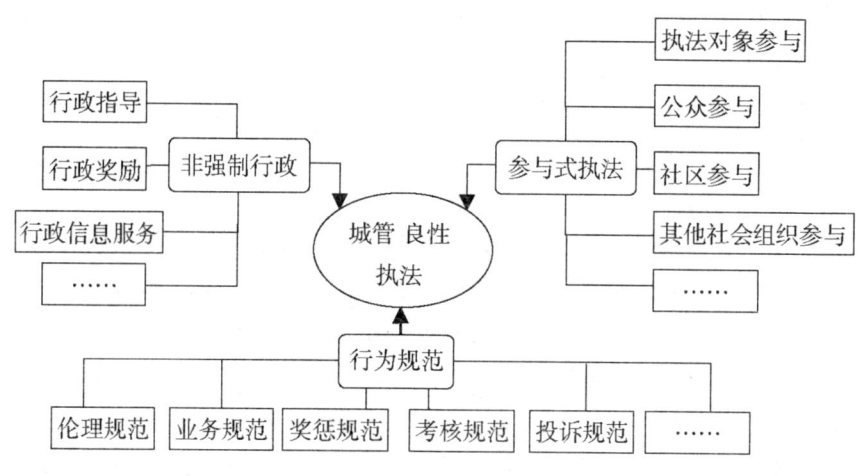

图 1　城管执法的多元管控机制示意

正确的执法行为。在奖励规范的实施过程中，奖励的内容越符合城管人员的需要、奖励的幅度越大，越能激励其从事行为规范所倡导的行为。（2）考核规范主要是对城管人员的工作情况进行评价，其不仅是将内部/外部监督的结果投射到考核指标体系中，更重要的是，其还通过对不同考核等次的奖惩来影响城管人员的实际利益，即以守法者的"表彰奖励"和违规者的"不利后果"为形式督促城管人员对行为规范的遵守以及对考核指标的追求。① （3）投诉规范的设置原因在于，城管人员行为的优良与否最直接影响到的就是相对人，由相对人行使投诉权，其实是将城管人员的监督权交由相对人行使，这就使城管人员单方决定相对人利益的状况，转化为城管人员和相对人都能决定对方利益的图式，从而能够有效减少城管人员凭借行政权对相对人恣意而为的现象。②

2. 非强制行政：执法方式的优化机制

城管良性执法需要进行执法方式的创新，因为执法过程中的矛盾冲突很多与执法方式的不当使用有关，而从硬性到柔性的执法方式转换则是最为关键的解决途径之一。一方面，非强制前置原则应当严格执行，即城管人员在采用非强制手段可以达到行政管理目的之时，不得使用强制手段；或者说，强制手段的采用只能是在非强制手段穷尽之后才被允许。另一方面，各种非强制行政手

---

① 刘福元，王娜. 公务员考核结果实效化的制度规范探析［J］. 东北财经大学学报，2015（6）：90.
② 刘福元. 公务员投诉规范的设立与完善——相对人发起追究公务员责任的路径探析［J］. 西南政法大学学报，2014（4）：63.

段应当在执法过程中灵活运用。(1) 在行政指导方面，城管人员应当首先通过告知、指引、劝诫等方式引导相对人在规定的时间、地点从事合法经营，而非遇有违法违规者即行强制和处罚——引导相对人从事合法行为无论如何总要好过于等相对人违法之后再对其进行处罚。(2) 在行政奖励方面，对于配合城管人员执法或在市容、环境、卫生、物业、交通、绿化等各方面有突出表现的相对人，可以通过精神表彰和物质奖励的方式给予宣传和鼓励，从而激励其自觉守法以减轻城管的工作压力。(3) 在行政信息服务方面，城管部门不仅应当向相对人定期宣讲各项规章制度，还应主动为其提供所需要的信息，某地城管部门制作可以摆摊设点的"西瓜地图"提供给进城瓜农，就是一项颇具人性化的信息服务方式。

3. 参与式执法：执法过程的民主机制

城管良性执法还应在执法过程中接纳民主参与，通过社区和社会组织的参与来强化执法力量；通过执法对象和社会公众的参与来吸收其意见和要求，并纳入执法环节，从而在根本上减轻执法各方的矛盾。(1) 城管执法中的矛盾很大程度上根源于城市管理和摊贩生存的矛盾，而接纳和听取执法对象的意见，则有可能从本质上兼顾双方利益亦即"民生"目的的实现。比如，在什么地方可以设摊，城管部门若能广泛征求居民和摊贩的意见，在多数人觉得方便、不影响生活的地方允许摆放，则既能方便居民又能顾及摊贩，城管执法也不会面临太大压力。(2) 由于编制和经费等方面的限制，城管部门经常出现执法能力不足的问题，而让社区和其他社会组织参与执法则可以缓解这一现象。比如，某地方建立了居民小区物管公司参与城管执法的机制，引导物管公司配合居民小区的违法建设控拆工作；同时赋予保洁公司中保洁人员"一岗双责"职责，利用其凌晨和夜间在岗的工作特殊性，把发现违法建设、占道经营等各类城管问题的时间和空间进行了延伸。[①] 这种参与式执法有助于形成一个由居民、公众、社会组织和行政机关等多元主体"共同管理的城市"。

(三) 制度建构与完善：城管执法的规则之治

与行政管理的各个领域相同，城管执法也需要有相应的法律规范体系进行约束和保障，一方面使执法过程有法可依，另一方面则通过法律规范进行监督。尽管目前各地方不乏具有创新色彩的优秀立法例，但整体而言城管法制建设仍处于起步阶段，需要进一步充实和完善。

---

① 薛永. 丰富"三大机制"内涵 率先实践"服务型城管"[J]. 城市管理与科技, 2012 (6): 71.

1. 城管单行法律文件中的多元机制分析

在地方性的城管法律规范中，有一部分是针对城管某一领域的专门规范，另一部分则是城市管理的综合性规范；尽管后者是城管立法的方向所在，但对于前者的考察和分析仍有重要意义。此处随机抽取了部分已经颁布实施的城管单行文件，并对其多元机制的容纳情况进行了初步分析：（见表1）。

表1 城管单行法律文件中的多元机制容纳情况

行为规范	执法规范	奖励规范	监督考评	柔性执法	参与执法
《宣城市城管执法局效能建设"十不准"》〔2009〕	《湖北省住房和城乡建设厅关于进一步加强城管文明执法工作的通知》〔2013〕	郑州市城管局《关于开展全市城管执法系统"十佳城管执法标兵"评选活动的通知》〔2012〕	《淮南市城市管理行政执法督察考评办法》〔2009〕	北京市城市管理综合行政执法局《关于在城管执法中推行行政指导工作的意见》〔2007〕	《青岛市城市管理行政执法局城管执法社会化参与工作方案》〔2014〕
《包头市城管执法队员"五条禁令"》〔2009〕	《上海市城管执法暂扣物品保管和处理办法》〔2012〕		《包头市城市管理行政执法局行政执法责任制规定》〔2008〕	《包头市城市管理行政执法局城管执法网信息发布工作规定（试行）》〔2012〕	《深圳市城管业务投诉处理及举报奖励办法（试行）》〔2005〕
《包头市城市管理执法局行政执法人员行为规范》〔2008〕	《上海市城市管理行政执法程序规定》〔2012〕		《关于做好宁波城管系统文明示范窗口考核评选工作的通知》〔2010〕	《福建省泉州市城市管理行政执法局关于加强政务公开工作的实施意见》〔2012〕	《广州市重大民生决策公众意见征询委员会制度（试行）》〔2013〕
《上海市城管执法人员"八项不准"》〔2005〕			贵州省贵阳市《市城管局城市管理绩效考核奖惩办法》〔2008〕		
《上海市城市管理行政执法人员行为规范》〔2011〕			《景德镇市建设局数字城管运行绩效考核办法》〔2011〕		

续表

行为规范	执法规范	奖励规范	监督考评	柔性执法	参与执法
			《昆明市数字城管系统考核评价指标体系》〔2011〕		

通过表1所列举的文件可以看出：（1）各项城管执法机制在单行文件中的容纳律并不一致，行为规范和监督考评规定较为多见，而奖励规范、柔性执法规范和参与式执法规范则相对较少；（2）各地方的规范形式存在差别，有些规范的载体是行政规章或较为正规的规范性文件，而有些规范的载体则是以通知或意见等形式存在的；（3）各文件的立法质量也存在差别，部分文件中的规定还不够细致。总之，增强城管多元机制的体系性并提高立法质量，是今后城管单行立法所要解决的问题。

（二）城管综合法律文件中的规范事项分析

城管综合法律文件是较为成熟和系统的城市管理规范，其中部分是对城管执法的各方面事项进行规定，另一部分则是将各个机关单位和社会主体都纳入进来的"大城管"立法（见表2）。

表2 城管综合法律文件中的规范事项涵括情况

规范性文件	职权范围	执法规范	执法监督	责任追究	救济程序
《江门市城市管理综合行政执法办法》〔2011〕	市容环境卫生22项、城乡规划管理3项、城市建设管理23项、燃气管理17项、市政管理17项、住宅室内装饰装修、危险房屋管理8项、城市园林绿化管理11项	执法资格、日常巡查、着装举止、执法程序、行政强制、行政处罚	内部监督、社会监督、专门机构监督、同级相关部门监督	行政处分、刑事责任	行政复议、行政诉讼
《广州市城市管理综合执法条例》〔2009〕		日常巡查、着装举止、执法程序、行政强制	内部监督、社会监督、上级机关监督、同级相关部门监督	行政处分、刑事责任	

续表

规范性文件	职权范围	执法规范	执法监督	责任追究	救济程序
《天津市城市管理相对集中行政处罚权规定》〔2007〕	市容环境卫生管理、城市园林绿化管理、公安交通管理、市政管理、城市规划管理、工商行政管理	执法程序、行政处罚、行政强制	同级相关部门监督	参照追究	
《南京市城市治理条例》〔2012〕	建（构）筑物管理、建筑垃圾管理、物业管理、市政设施管理、道路交通管理、停车设施管理、户外广告设施和招牌设置管理、应急管理及其他事项	执法程序、柔性执法、行政处罚、行政强制	人大监督、内部监督、上级机关监督、司法监督、社会监督	行政处分、刑事责任、公开道歉	行政复议、行政诉讼
《包头市城市管理行政执法条例》〔2013〕	城市市容环境卫生管理、城市绿化管理、市政管理、城市规划管理、环境保护管理、公安交通管理、工商行政管理	执法资格、日常巡查、举止文明、执法程序（调查取证、决定、执行、违法建设查处程序）	内部监督、社会监督、上级机关监督、同级相关部门监督	行政处分、刑事责任	

通过表2所列举的文件可以看出：（1）部分综合规范的内容非常细致，如《江门市城市管理综合行政执法办法》和《广州市城市管理综合执法细则》通过较大篇幅对城管的执法权限进行了详细列举。（2）部分综合规范也呈现出体系化特征，即通过单一的文件统合了行为规范、协作执法、柔性执法、参与式执法和执法程序限定等城管多元机制中的大部分内容。我们认为，通过类似"法典"的形式进行城管立法是更值得提倡的做法。（3）上述综合规范在城管人员的责任追究和相对人的救济途径方面还不够完善，考核等次、行政处分、行政复议和行政诉讼的相关规定还有所欠缺，需要在未来的立法中进一步加以细化。有学者指出："国家的法律法规往往是存在许多缺陷的，这是不可避免的，同时法律法规与不断发展的社会现实之间永远存在着不可克服的矛盾，因而为了解决此问题需要行政机关在行政管理过程中通过制定行政规范性文件来弥补该缺陷。"[①] 在城管领域的中央立法尚未充分的情况下，各地方通过规范性文件的形式，从执法人员、执法方式和执法过程等方面设立并逐步完善自我管

---

① 胡峻. 行政规范性文件绩效评估研究［M］. 北京：中国政法大学出版社，2013：8.

控机制，是城市管理迈向良性执法所不可或缺的环节。

三、研究进路与基本框架

本书的主旨是从制度和实践角度对城市管理综合执法领域中的若干核心机制以及重点、难点问题进行考察和分析，并探索和论证相关制度如何设置、相关行为如何实施才能为城管执法的良性运转起到更为有效的推动作用。本书的基本思路是：将城管执法领域中的诸要素按照"事权—主体—效能—行为"的顺序划分为"事权界定、主体构设、部门协作、数字城管、考核指标、市民评价、能效场域、柔性执法、协商机制"九个模块，在分别对其现行制度规范进行梳理和分析、对其已有实践范例进行考察和评述的基础上，提出相应的制度建议和实践对策，以期构建一套周延、详细乃至于"全方位"的规范体系和行为标准，从而为城市管理的法治化进程、良性执法的多元化保障提供参照和借鉴。在此基础上，本书由九章组成：

第一章论述城管事权的法理构筑。在当前城管执法所面临的诸多问题中，首当其冲的是"事权"问题，这一问题可以分为横向和纵向两个维度：前者是指在行政管理的诸多领域中，城管部门与其他部门在执法事项上的权限归属；后者则是指在某一特定的执法事项上，城管部门与原责任部门对职权系列中若干子权力的划分。始于2000年前后的相对集中处罚权制度，尽管能够较为有效地解决多头执法、多头处罚等问题，但又引发了城管事权在横向上不堪重负、在纵向上相互割裂，以及由此产生的种种新的问题；更为重要的是，城管作为一个单一的执法部门，在横向上能够掌管无限多样的执法事项，在纵向上能够切断处罚权与其他职权的关联，显然不存在充分的法理正当性。而晚近部分地方开展的"大城管立法"，则通过"指挥机构的统一调度"和"管理对象下的事权明晰"这两个核心机制，为城管事权困境的解决提供了一种制度方案或者可供试错的借鉴。

第二章论述城管主体的多维构设。主体设置在城管执法的诸多问题中显得格外重要却又复杂难解，且该问题呈现出鲜明的多维样态：在横向维度上，其主要表现为城管主体在地位上是与其他工作部门平行还是属于下设机构、在管理权和执法权的统合上是独立行使还是合署办公、在履行职责的过程中如何与其他部门衔接乃至于协调配合；在纵向维度上，其主要表现为城管主体在国务院和省级政府中是否应当设置以及如何设置、在市区街道中层级数量和执法权限等应当如何处理；而在内部设置上，其主要表现为城管内部由哪些机构组成、某些机构的职能界限和特性，以及执法队伍的地位、性质和编制方面的问题。

对照现有的大城管立法例，探寻组织合理化的部门、层级和内部设置，是最大限度地发挥城管职能的必经环节。

第三章论述城管与其他部门的行政协作。部门间行政协作是指不同行政部门之间为了实现同一行政目的，相互协作、相互配合，共同实施行政行为的活动。这种协作之所以存在，不仅是因为其自身所具有的一系列优势，更是因为单凭某一部门的职权和能力难以实现或难以更好地实现其自身的行政目的，从而不得不申请其他部门协助或与之合作完成。尽管在以城管部门为协作一方的现行立法中，常态化、共时性与安全保障等机制性特征已经愈发鲜明，但在部门利益的驱使下，单方面地帮助其他部门却无明显回报的"单方协助"模式，往往会将行政协作带入消极被动甚至应付了事的施行性困境；而变"单方协助"为"双方互助"，使各部门都能在其相互关系中受益而非只是单纯地付出，则是应对协作困境的根本性出路；同时，大城管上位指挥机构模式和严格且细化的强制性规范模式，亦是互助模式无法实现时可供选择的有效方案。

第四章论述数字化城管的四元构成。数字化城管是以数字信息管理技术为基础、采用单元网格和城市部件来划分管辖、通过监督中心和指挥中心的"两轴机制"以及案件处理的闭环运行系统来实现城市管理的一种科学管理模式，其已在我国多个城市中付诸实践并显示出相应的成效。在技术层面，无论是作为技术基础的数字通讯技术和信息管理系统，还是作为特色应用的"城管通"APP智能终端，其实都是围绕"信息"展开的，数字城管不仅提高了信息内容的准确度、通畅了信息流动的渠道，而且节省了人力成本、优化了行政服务效能。在主体层面，很多城市采用了监督中心和指挥中心"两个轴心"并行的内部管理体制，以及"一级监督、两级指挥"的纵向管理模式；其信息共享的理想形态表现为以各部门自身的数据库为基础，逐步整合成通用的信息数据库并向各部门和层级开放。在效能层面，信息收集、案卷建立、任务派遣等六个阶段形成了案件处理的"闭环运行系统"；"管理部件"和"事件"的管理对象划分使得案件发生后能够迅速判断出与之关联的责任部门，而"万米单元网格"的管理地域划分则使案件发生后能够迅速确定出应由哪一区域的机构或人员负责处理。在参与层面，目前主要集中于"信息收集"阶段，即社会公众与信息采集员共同构成了案件发现及上报的主体；对于数字城管网站而言，增设或完善"网上打分""咨询建议"及其他服务项目，能够显著扩大参与并为市民生活带来更多便利；对于市民城管通而言，集中精力完善并优化专属服务、减少或取消通用项目，则能使其提供的服务更加符合资源优化配置的要求。

第五章论述城管考核机制中的指标体系。面对城管执法实践中的一系列问题，设立并完善科学合理的评价/考核机制，有助于以"结果评价"来督促和改进"工作过程"，从而进一步推动城管工作的精细化、严格化和规范化。而在城管考核的机制建设中，首要的也是更为核心的则是考核指标的设置：在考核指标的导向性上，波伊斯特模型能够较为完整地概括出城管考核的主要方向，并与部分地方的规定存在相通之处；在考核指标的设定原则上，根据对4部城管考核规范的分析和总结，其应当遵循全面性原则、真实性原则、可操作性原则及坚持过程和结果并重；而在考核指标的量化评价上，根据对8部城管考核规范的分析和总结，赋分量化方面应当在考核细目与具体赋分、分数分配和扣分规则等方面做到合理设置，计分量化方面则应在分制、计分公式、单独加减分项等方面做到合理设置。

第六章论述市民参与城管评价的制度框架。市民参与城管评价是当前以"开门打分""开放式考核"等为发展趋势的城管考核机制的重要组成部分；尽管武汉等城市开展的"商贩给城管打分"一经实施便引发了大量争议，但构建一套完整且周延的制度机制则能有效推动其良性运转并发挥功能性优势。在市民评价的"打分项"上，应当与城管考核的指标体系建立关联，并对事权指标和特殊指标分别设置；在市民评价的公正性上，由市民而非商贩打分并完善打分程序，是解决二者之间利害关系及城管不作为的主要方式；在市民评价的渠道上，应当采取传统渠道、网络渠道和专职渠道的多元架设，并对各渠道的参与对象选取、问题和答案设计以及具体评价方式等加以优化；而在市民评价的实效性上，评价结果应当作为城管考核成绩的必要组成部分而对其利害关系产生影响。

第七章论述城管效能的能效场域。城市管理的持续和深入发展对于城管机关的效能水平提出了越来越高的要求，在"提高效能—测量效能—发挥实效"这一循环系统中，"发挥实效"的目的是让效能优秀的组织或个人有所收益，让效能不佳的组织或个人遭受不利，从而激励或督促其效能水平的提高。为实现这一点，应当构建并完善城管效能的"能效场域"，通过"声誉""财务"和"职务"等元素及其诸种作用力形式向场域内的部门和人员辐射能量。按照作用力由弱到强的顺序，"声誉"元素包括陈列式公示、排名式公示、通报表扬/批评和内部质询；"财务"元素包括工作经费、货币奖惩、绩效工资及资金出入机制；"职务"元素包括职务晋升、停职检查/调整岗位、解聘/辞退及职务变更依据。从目前的立法和实践状况上看，部分作用力形式甚至部分元素本身还存在着设定、机理乃至于如何取舍的问题，在逐步解决相关问题的同时，系统化和数字化亦是城管能效场域建设的重要方向。

第八章论述城管柔性执法的多重面相。为系统性地拆解"执法—抗法"这一双输格局，各地方城管普遍采用了比较温和的柔性或非强制执法手段；由于其在实践中呈现出鲜明的灵活性和多样性特征，使得"城管柔性执法"存在着"多重面相"，主要包括：行政指导等常规手段及作为其变种的花样执法、信用机制的基础形态和高级形态、居于执法边缘的"和谐共处"，以及为相对人"根本解决问题"等。通过对诸面相分别进行案例分析和效益量化可知，任何一种面相都未呈现出完美的效益曲线并存在着明显的实践困境，因此在城管的具体执法情景中，应当根据综合效益、特殊指标、执法领域等因素对诸面相进行"优先级"设置。

第九章论述城管执法场域中的协商机制。城管执法场域中事端丛生、纷争不断的根源，乃在于城管主体、摊贩和周边居民三方之间及各自内部的利益分歧。由于这种复杂的利益纠葛难以或无法通过单纯的执法手段予以消除，因此需要构建一套开放而合理的协商机制来协调各方利益：以居民为支点的协商机制既包括居民参与城管执法，又包括自治形式的居民内部协商；以摊贩为支点的协商机制既包括自治形式的摊贩内部管理和外部维权，又包括其与城管的沟通、互动和交流；以城管为支点的协商机制则既包括对摊贩合法性、疏导点及相关问题的人性化管理，又包括共治形式下的开放居民参与；而在此之前，以城管为"连结点"或"中间人"并使三方主体同时在场的"三方共同协商"，则应具有更高的优先级。

第一章

城管事权的法理构筑

第一节 纵横纷扰中的城管事权

随着经济与社会的持续发展、城市化进程的逐步加深，以特定部门为主体的城市管理综合执法，不仅日益凸显出其在维护城市秩序、居住环境以及制止和惩罚违法违规行为中的重要功用，更重要的是，其在执法主体、法定权限、处罚程序、强制手段以及结果反馈等一系列方面所显现出的种种问题，一次又一次地将城管推向社会舆论的风口浪尖，甚至成了政府与公民矛盾最为集中的焦点之一，以至于"影响到党和政府在公众心目中的形象"，"进而影响到公众对政府的认同或否定"。[①] 在这些问题中，首当其冲的其实是"事权"问题，或者说"执法权限""行政职责"的问题。一般而言，事权是指行政组织按照相关法律法规管理行政事务的权力，或者是指某一机构或部门在公共事务和服务中应当承担的任务和职责。如果某一机构或部门事权不明或者模糊不清，建基于此的执法环节也就容易引发争议和冲突，甚至可能影响到相对人的合法权益。对于此一问题，十八届四中全会在《中共中央关于全面推进依法治国若干重大问题的决定》中特别强调要"推进各级政府事权规范化、法律化"，"根据不同层级政府的事权和职能，按照减少层次、整合队伍、提高效率的原则，合理配置执法力量"；中共中央、国务院在《关于深入推进城市执法体制改革改进城市管理工作的指导意见》（以下简称《指导意见》）中要求"明确城市管理和执法职责边界，制定权力清单，落实执法责任"，"实现事权和支出相适应、权力和责任相统一"。在城管领域，我们认为，如果将观察视角设定在对城管现状缺

---

① 课题研发组. 城管执法操作实务［M］. 北京：国家行政学院出版社，2006：4.

乏前期了解的"无知者"身上，其应当会对目前城管所涉的具体事权（见图1-1、图1-2、表1-1）感到相当程度的诧异与困惑。

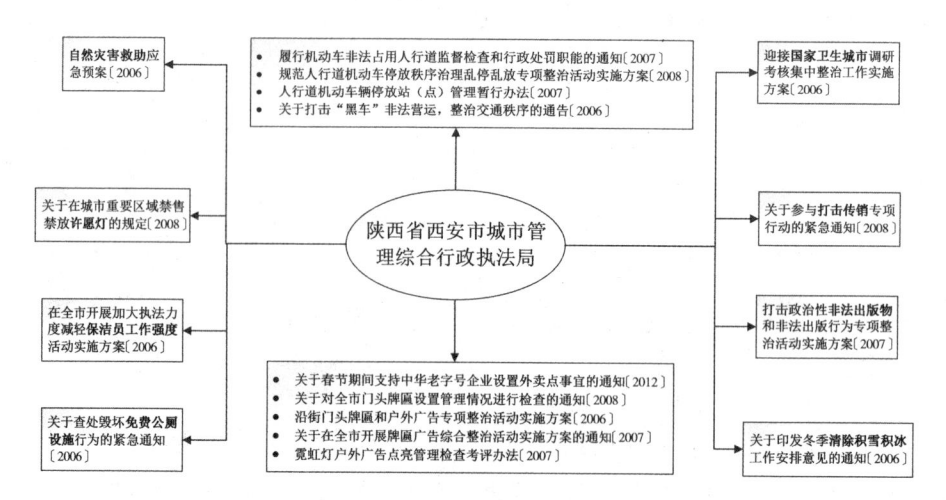

图1-1 西安市城管局关涉事权的规范性文件列举

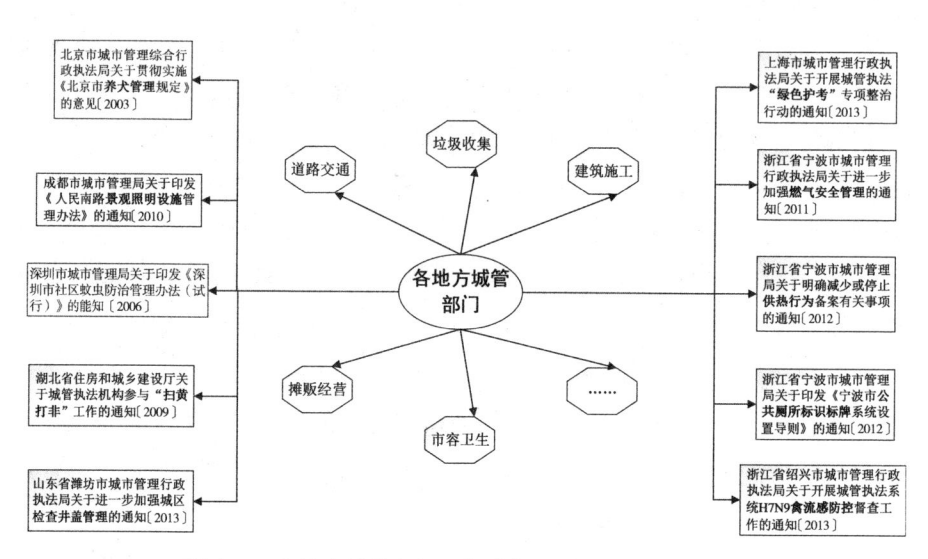

图1-2 各地方城管部门一般事权和特殊执法事项列举

表 1-1　北京市西城区 2012 年度城市管理挂账乱点案件统计①

序号	案件类型	案件数量	所占比重	主要点位
1	无照经营游商	274	18.60%	北二环 345 路公交站　陶然亭公园北门　宣外大街西侧
2	机动车乱停放	270	18.40%	陶然亭公园北门　家乐福超市周边
3	非法小广告	256	17.40%	家乐福超市周边　宣外大街西侧　陶然亭公园北门　华联商场周边
4	暴露垃圾	237	16.10%	南礼士路周边　家乐福超市周边
5	非机动车乱停放	156	10.60%	陶然亭公园北门
6	绿地脏乱	107	7.30%	家乐福超市周边
7	道路不洁	55	3.80%	家乐福超市周边
8	街头散发小广告	43	2.90%	陶然亭公园北门
9	沿街晾挂	42	2.90%	恭王府周边
10	流浪乞讨	31	2.10%	北二环 345 路公交站　动物园周边
	总计	1471	100%	北京市西城区

尽管上面所列的事权现状对于城管而言很大程度上已经成了常态和常识，但这并不意味着其是正常甚至正确的。具体而言：图 1-1 对西安市城管局 2006—2012 年发布的 17 部规范性文件进行了梳理，这些文件从名称到内容都涉及具体执法事项。从该图中可以看出，除了中间的上方 4 部和下方 5 部文件较为集中地涉及道路交通和户外广告领域外，其余 8 部文件所涉事项非常零散——如果说"许愿灯""保洁员""清除积雪"和"国家卫生城市"等还能和城管的"市容卫生"领域有所关联，但"自然灾害救助""打击传销"甚至是"整治非法出版物"等也在城管的事权范围内，未免有些匪夷所思。而且，即便同属道路交通领域，"黑车营运"和"违规停车"也有明显的性质差别（行政许可和交通法规）。

图 1-2 将考察对象由单一城市扩展到全国各地，在总结了各地方城管部门最为常见的 5 个执法领域（道路交通、建筑施工、垃圾收集、市容卫生、摊贩经营等）后，又列举了"较具特色"且处于上述执法领域之外的 10 部规范性文件——如果说"养犬管理""蚊虫防治""井盖管理"和"绿色护考"等还能给人一定程度的"新鲜感"，那么"燃气安全""供热行为""禽流感防控"甚至"扫黄打非"等亦属城管职权就会让人感到困惑，这包括：（1）一个单一的执

---

① 吴蓬，王玫. 整治城区"脏乱差"提升城市管理水平——北京市西城区市级挂帐乱点案件情况分析[J]. 城市管理与科技，2015（2）：65-67.

法部门何以承担如此数量众多、形态各异甚至互不相干的执法事项？或者说，将包括"扫黄打非"在内的诸多事权集于城管一身是否合适？（2）城管事权的划分标准是什么？或者说，某一执法事项是依据何种标准分配到城管职权范围内的？从图中所列规范性文件来看，城管事权可以用"无所不包"来形容，只要涉及"城市管理"，皆可纳入城管麾下；甚至如"打击传销""整治非法出版物"和"禽流感防控"等，只要"发生在城市内"即可为城管所管辖。但如此一来，（3）城管部门与其他部门的权限如何划分？无论是传销（工商+公安）、非法出版（新闻），还是燃气（建设）、供热（建设），都有专门的部门进行管辖，那么对于同一事项都有管辖权的部门之间是否可能产生争议或冲突？

表 1-1 列举的是北京市西城区 2012 年度城市管理挂账乱点的案件统计情况。之所以选取北京市进行列举，乃是因为，不仅北京市的城管部门在全国范围内设立最早、发展时间最长，而且其运行模式和执法状况也相对规范、事权较为清晰。然而即便如此，我们仍能从表中看出：（1）西城区城管的执法事项至少包括 10 项（道路破损、乱堆物堆料、废弃家具等尚未列入表内），其执法区域也涉及 10 个，换言之，执法人员必须在这 10 个区域负责 10 个以上的执法事项。① （2）根据表 1-1 的统计，这 10 个执法事项 2012 年度的案件数量为 1471 件，但这只是"挂账乱点"的案件，仅为实发案件总数（162759 件）的一小部分。在如此庞大的案件数量下，可能出现的情形是：尽管城管部门正在"有针对性地安排人员巡查""发挥城市管理网格化模式作用"，并借此"提高工作时效性"，但也只能"重点解决群众反映强烈的热点，影响城市环境的难点问题"，② 而无法解决执法事项中的所有问题。由此，更重要的问题在于，（3）城管部门的执法负担是否过于沉重？或者说，城管部门有限的人力和物力能否应对如此庞杂的执法事项？如果说表 1-1 所示的执法人员在查处非法小广告的同时还能"顺路"处理暴露垃圾、绿地脏乱、道路不洁等问题，但图 1-1 和图 1-2 所示的执法人员又该如何在查处违规停车和室外牌匾的同时一并处理非法传销、扫黄打非、燃气安全乃至于绿色护考等事项？一般而言，一个部门的事权多寡应当与其机构设置、人员编制和装备数量相匹配，但无所不包的城管事权又何从对应一个无限庞大的城管部门？

至此，城管事权及其引发的一些问题已经有所呈现。但之所以说城管事权

---

① 其区别于图 1-1 和图 1-2 的地方在于，表 1-1 的 10 个执法事项其实都与"市容环境"或者更为抽象的"城市外观"有关，城管的职责领域较为集中。

② 吴蓬，王玫. 整治城区"脏乱差"提升城市管理水平——北京市西城区市级挂帐乱点案件情况分析 [J]. 城市管理与科技，2015（2）：67.

处于"纵横纷扰中",乃是因为,这一问题实质上存在着"横向"和"纵向"两个维度。城管事权的"横向维度"是指城管部门掌握何种执法事项,或者说,在行政管理的诸多领域中,有哪些具体事项是交由城管部门负责的;这一维度涉及城管部门与其他行政部门在执法事项上的权限归属,比如黑车查处是由交通部门还是城管部门负责等。上文所述的种种状况皆属此处的"横向维度"。而城管事权的"纵向维度"则是指针对某一特定的执法事项,城管部门与原本负责该事项的部门对职权系列中若干子权力的划分,或者说,对于同一行政领域,城管部门与原责任部门各承担哪些具体职责,比如在规划领域中,由规划部门负责违章建筑的认定,而由城管部门负责对违章建筑的处罚,城管部门只是在原属规划部门的事权中取得了对于违章建筑的处罚权,而规划部门的其他事权则不受影响(见图1-3)。

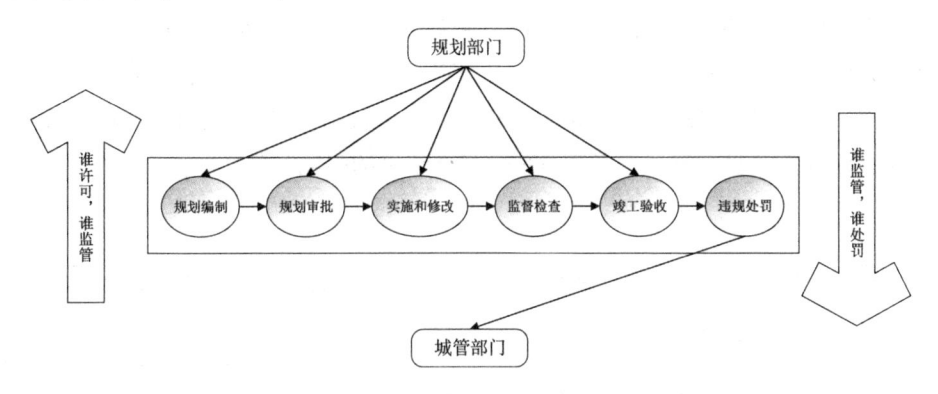

图1-3 规划与城管部门纵向事权划分示意

从图1-3所示的纵向事权划分中不难看出,在规划领域的一系列职权中,仅将"违规处罚"交由城管负责,很有可能会割裂"违规处罚"与"规划编制""规划审批"等其他子权力的关联。由此产生的问题在于:(1)规划领域的诸种子权力其实处于相互纠缠、难以严格拆分的状态。如规划许可权、监管权和处罚权存在着"谁许可谁监管"(《中华人民共和国行政许可法》第六十一条)、"谁监管谁处罚"(《中华人民共和国城乡规划法》第五十三、五十六条)的原则,如果让许可权和处罚权分由不同部门行使,则有可能导致监管权的落空。诚如学者所言,规划部门无行政处罚权,无规划监察队伍,不能有效履行监管职责;城管部门则不参与城市规划的编制,也不参与具体项目"一书两证"的核发,对规划管理过程缺乏了解,对违法建设项目的相关情况熟悉程度低,不愿履行监管职责。双方不能或不愿履行监管职责,造成了"想管的管不了,

17

管得了的不去管"的局面。① (2) 由于规划管理具有很强的专业技术性，城管部门行使处罚权时仍然需要规划部门的深度参与，如查处违章建筑要咨询规划部门是否经审批，规划部门答复后又往往要咨询是否可补办手续，这使得原本一个部门即可解决的问题毫无必要地在两个部门之间周旋，增加了执法环节、降低了执法效率。(3) 由于监管权的缺失，对于违法建设往往缺少事前提醒和事中制止，仅由城管部门进行事后处罚，而此时已难以对违法后果采取补救措施，容易造成不可逆转和无法挽回的损失。② 可以说，将规划处罚权从规划部门的职权系列中剥离给城管部门，恰似在高层建筑中人为地抽掉了一层。

综合上述情况，我们认为，无论是城管事权的横向维度还是纵向维度，尽管随着时间的推移，城管部门可能已经在执法实务的种种困扰中渐渐地习以为常，但这一状况至今并无理论上的深入挖掘和逻辑上的充分证成——城管作为一个单一的执法部门，在横向上能够掌管如此众多领域的执法事项，在纵向上能够把行政处罚权从其他部门剥离出来集于己身，这一涉及执法权限、职权范围乃至于行政权本身的状况并非当然有理或不证自明——城管事权的现实状况，无论在法理上还是在制度上，都是一个悬而未决的问题。

第二节　城管事权的横向维度："相对集中"下的处罚权

一、作为城管法源的相对集中处罚权

作为"处于城市治理末端，承担着政府职能中最艰难部分"③ 的综合执法机构，城管部门的设立和运行起源于1996年颁布的《中华人民共和国行政处罚法》（简称《行政处罚法》）第十六条，该条在学理上亦称为"相对集中处罚权"条款。从法源上讲，相对集中处罚权不仅是城管从横向上集成了数量众多的执法事项的原因，而且是其从纵向上获取了原属其他部门的行政处罚权的原因。而从时至目前的实践状况来看，相对集中处罚权所创建的、在执法主体和

---

① 宋德春. 城市规划行政处罚权相对集中行使的实践思考 [J]. 市场周刊（理论研究），2012（10）：91.
② 宋德春. 城市规划行政处罚权相对集中行使的实践思考 [J]. 市场周刊（理论研究），2012（10）：91.
③ 戢浩飞，黄磊. "城管"前世今生 [J]. 人民政坛，2013（9）：6.

事权之间的对应与整合机制,① 一方面较为有效地解决了包括多头执法、消极执法等在内的源自职权划分的种种问题,另一方面,由其创设的城市管理综合执法等机构,在原有问题的基础上又引发了若干新的问题——处罚权相对集中之前,从未有哪个执法部门像如今的城管那样持续处于公众舆论的焦点位置。

在横向维度上,相对集中处罚权的重心在于"相对集中",即将原属若干行政部门的执法事项统一交给单一的城管部门负责;其核心目的是解决不同行政部门之间的权限划分问题,以及由此产生的"多头执法"和"消极执法"等不良现象。具体而言,(1)在相对集中处罚权以前,各个执法部门之间存在着权限划分不清的问题。马怀德教授指出:"行政执法机关因为各自承担的执法任务不同,管理的权限差异,因而执法机构林立,力量分散,界限不清,缺少整合与协调,必然导致权责交叉。当多个执法机关就同一对象或者同一行为进行管理时,就会出现多头执法、权限冲突或者推诿塞责等问题。"② (2)此处的"多头执法",主要指"两个或两个以上的执法主体对同一执法对象就同一行为施行两次或两次以上执法的行为"。③ 比如,在路边摆摊卖菜的商贩,如果他占道经营,就违反了城市道路管理法规;如果他无证经营,就违反了工商行政管理法规;如果他乱扔垃圾,就又违反了市容环境保护法规。④ 此时,如果若干执法部门同时对其进行处罚,就会形成"多头执法"的局面;相反,如果所有执法部门都不愿处罚或者相互推诿,则会形成"消极执法"的局面。(3)出现这种状况的原因,主要是受部门利益的驱使。如果某一行政领域有利可图,各部门可能都会去主张执法权,以至于案件管辖相互争夺;相反,如果该行政领域无利可图,各部门则可能敷衍塞责或相互推诿,以至于违法案件无人问津。正如学者所言:"为提高单部门效率,减少管理成本,各部门管理往往避实就虚,专挑'好活',而在城市运行中出现的复杂问题、无利可图的问题、跨部门综合化

---

① 金国坤. 行政权限冲突解决机制研究——部门协调的法制化路径探寻[M]. 北京:北京大学出版社,2010:49页;王雅琴,沈俊强. 城市管理监察综合行政执法之理论与实践[M]. 北京:法律出版社,2013:10-14;熊文钊. 城管论衡——综合行政执法体制研究[M]. 北京:法律出版社,2012:1-3.
② 马怀德. 健全综合权威规范的行政执法体制[J]. 中国党政干部论坛,2013(12):28-29.
③ 丁玉海. 推进综合执法 解决多头执法[N]. 大连日报,2014-11-13(B05).
④ 刘玉平. 论完善相对集中行政处罚权的法律对策[J]. 东北财经大学学报,2014(4):79.

的问题和部门间管理交叉或空白区的问题，单部门都尽可能减少管理甚至不管理。"①

针对上述问题，相对集中处罚权条款从事权划分着手，将各个行政领域中原属各个执法部门的执法权限，统一划归给城管"综合执法"部门——既然各路事权都由城管一个执法主体负责，也就不会再有多头执法时的相互争夺，以及无利可图时的相互推诿；既然只有城管一家管，那就变成了"管也得管、不管也得管"，多元执法主体时代的弊病很大程度上得到了化解。

案例1：江苏省宝应县客商反映，最近该县决定在商城边的大路两侧建绿化带，这将影响商城一些道路出口的正常进出，为此商城推选代表与有关单位协商。先找到交通局某书记，得到的答复是得问城建局；城建局某局长回答，此事是某书记全权负责的；回头再找某书记，某书记又说该找县信访办；信访办接待人员说已和某书记说好了，让他们再去找某书记；找到某书记后，他却说没人和他说这事，他管不了。20来个人跑了近20天，什么问题都没解决，惹来的却是一肚子气。②

案例2：2000年，大连市开展相对集中行政处罚权试点工作，通过成立专门的城市管理综合执法部门，把相关行政机关的处罚权集中起来交由这个独立的城管部门来行使。截至2011年，大连市城市管理领域的执法机构从原来的18支执法大队减少到只剩1个执法局，原来拥有1023人的执法队伍通过分流后，也被缩减到只剩261人。执法机构和执法队伍缩小了，执法水平反而提高了，还缓解了该市的财政压力。③

案例3："噪音太大了，老人孩子根本睡不好，你们快来看看吧。"近日，有群众反映自家楼下某酒吧夜间扰民。接到举报后，胶州市阜安街道综合行政执法人员立刻赶到该酒吧进行调查取证，并依法传唤酒吧负责人、下达整改通知书；此外，执法人员还检查了该酒吧工商登记、消防设施、酒水质量等。行

---

① 方远，方付建．"部门化"城市管理体制下"所有者缺位"问题及其治理［J］．安徽行政学院学报，2014（4）：103．而对于处罚权与部门利益的相互关系，崔卓兰教授指出："行政机关为达到自己的目标需要通过一定的手段，而在运用手段的过程中经常自觉或不自觉地把手段视为目的。例如，行政处罚中的罚款是一种行政管理手段，但是，一些行政机关却将这种手段当作目标价值本身来理解和对待。"参见崔卓兰、于立深．行政规章研究［M］．长春：吉林人民出版社，2002：205．
② 徐邦友．中国政府传统行政的逻辑［M］．北京：中国经济出版社，2004：189-190．
③ 刘玉平．论完善相对集中行政处罚权的法律对策［J］．东北财经大学学报，2014（4）：80-81．

政执法中队成立前,一般商业经营中使用固定机械设备的噪声污染由环保部门处理,其他的类似高音喇叭招揽顾客、公共场所使用音响设备等由公安部门处理。实施综合执法新模式后,执法权限较为集中,一个部门即可快速解决,突破了以往执法流程烦琐、执法死角多、执法效率低的瓶颈。[①]

凭借上述案例所显示出的实践效果,相对集中处罚权已被称作"是对行政处罚权的一种全新改革",其与以往由多个部门联合执法等方式最为显著的区别就是"将某一类型或某一领域的行政处罚权集中起来,由一个新成立的独立的行政机关统一行使,并由该机关独立承担相应的法律责任"。[②] 然而,从事权机制的角度看,我们至少可以提出下列疑问:(1)相对集中处罚权其实是规避而非解决了各部门的事权划分问题,或者说,这一机制并没有将各部门之间交叉重复乃至于相互冲突的执法事项或职权范围变得更加清楚明晰,而是"一股脑"地将其交给/推给城管处理。那么,随之而来的就是,纵向上各部门尚未"相对集中"的其他职权如若出现冲突应当如何处理?案例1中,绿化带"建与不建"并不是"处罚权"的问题,仅凭相对集中"处罚权"就未必能够解决。我们认为,不在法理上解决各部门事权划分的问题,单靠"相对集中"一途并不能从根本上解决实践中由事权不清引发的诸多问题。(2)案例2及前文提到的各执法机关重复处罚的问题,其实已有"一事不再罚"原则(《行政处罚法》第二十四条)作为法律上的应对措施,而重复处罚的现象仍有发生,恐怕并不是法律制定领域的问题,而是法律实施领域的问题。(3)根据2010年第六次人口普查的数据,大连市常住人口为669万,而案例2所显示的城管队员人数则为261名,平均每1个执法队员要分摊到25632个服务对象,而大连城管又管辖着包括房屋管理、市容卫生、园林绿化等在内的8个执法领域,城管执法队员、服务对象和执法领域在数量上的协调性问题未免太过明显——相对集中处罚权在尽其所能地"减轻违法者负担"的同时,是否也该考虑一下执法者的负担?(4)案例3中,执法人员在查处噪声问题的基础上,还"附带"检查了酒吧的工商登记、消防设施、酒水质量等。此时,作为相对人的酒吧恐怕难以认清还有哪些事项不在该执法部门的管辖范围内;而作为行政主体的执法部门,等于是可以针对酒吧的各项事宜进行"全方位"的处罚,那么如何预防其如此规模的执法权不被滥用,也是摆在相对集中处罚权面前的一个重要问题。

[①] 姜慧丽. 一顶"大盖帽"就管用[N]. 青岛日报,2014-07-13(001).

[②] 王雅琴,沈俊强. 城市管理监察综合行政执法之理论与实践[M]. 北京:法律出版社,2013:9.

二、城管横向事权的现状、标准及划分规则

首先，在城管的具体事权上，2002年颁布的《国务院关于进一步推进相对集中行政处罚权工作的决定》第二条第一款规定："省、自治区、直辖市人民政府在城市管理领域可以集中行政处罚权的范围，主要包括：市容环境卫生管理方面法律、法规、规章规定的行政处罚权，强制拆除不符合城市容貌标准、环境卫生标准的建筑物或者设施；城市规划管理方面法律、法规、规章规定的全部或者部分行政处罚权；城市绿化管理方面法律、法规、规章规定的行政处罚权；市政管理方面法律、法规、规章规定的行政处罚权；环境保护管理方面法律、法规、规章规定的部分行政处罚权；工商行政管理方面法律、法规、规章规定的对无照商贩的行政处罚权；公安交通管理方面法律、法规、规章规定的对侵占城市道路行为的行政处罚权；省、自治区、直辖市人民政府决定调整的城市管理领域的其他行政处罚权。"可见，城管事权由7类确定的执法领域（市容卫生、城市规划、园林绿化、市政管理、环境保护、工商管理、公安交通）和一个兜底条款构成，俗称"7+X"；而2015年《指导意见》第（四）项基本重申了其中的"7"，第（七）项则再次强调了其中的"X"，即"上述范围以外需要集中行使的具体行政处罚权及相应的行政强制权，由市、县政府报所在省、自治区政府审批，直辖市政府可以自行确定"①。此处的问题主要出在这个作为兜底条款的X上——各地方究竟可以将哪些事权赋予城管部门并没有法定的范围上的限制，或者说，城管部门的事权范围在上位法上其实是无限的。比如，根据《北京市人民政府部门2016版权力清单（行政处罚）》②，北京市城市管理综合行政执法局共有包括"对收购废旧物品的经营者未保持收购场所整洁、乱堆乱放的行为进行处罚""对运输车辆泄漏、遗撒餐厨垃圾的行为进行处罚"等402个处罚事项；而根据《广州市城市管理委员会权责清单》③，广州市城市管理委员会共有包括"开挖道路未按规定设置护栏和警示标志，未按规定清理渣土""在公共场所的护栏、电线杆、绿篱等设施和树木上吊挂、晾晒和堆放影

---

① 《城市管理执法办法》〔2017〕第八条规定："城市管理执法的行政处罚权范围依照法律法规和国务院有关规定确定，包括住房城乡建设领域法律法规规章规定的行政处罚权，以及环境保护管理、工商管理、交通管理、水务管理、食品药品监管方面与城市管理相关部分的行政处罚权。"

② 北京市权力清单公布网址为http://qlqd.beijing.gov.cn/，最后访问日期2018-5-27。

③ 广州市城市管理委员会权责清单公布网址为http://wsbs.gz.gov.cn/gz/zwgk/nzqqdQ.jsp?orgId=10081，最后访问日期2018-5-27。

响市容的物品"等374个处罚事项。与此同时,我们通过随机抽取的方式考察了各地方颁布的17部关于相对集中处罚权的规范性文件,并对其中的事权条款进行了梳理(见表1-2)。

通过表1-2可以看出:(1)自从2002年国务院关于相对集中处罚权的决定作出后,我国多数大型城市制定了适用于本市的规范性文件;而按照《立法法》〔2015〕第八十二条所确定的原则,表1-2中除《厦门经济特区城市管理相对集中行使行政处罚权规定》为地方性法规外,其余皆为行政规章(地方政府规章),法律位阶较高。(2)此处我们只考察了各地方法律规范中所确定的城管执法领域(大类),而具体的执法事项(细目)则仅进行了有无规定的考察。表1-2所列举的"上位法7领域"指的是2002年国务院决定中规定的城管7个执法领域,即"7+X"中的7;而"燃气管理""河道管理"等一系列其他执法领域,则是"7+X"中的X。可以看出,表中所列举的全部规范性文件都将"上位法7领域"纳入了城管的事权范围,这一方面是各地方遵守上位法的表现,另一方面则可能意味着,这7个领域如今已经成了城管部门最基本的执法内容。(3)表1-2中作为其他执法领域的X,则表现出较强的地方性差异。①在上述17部规范性文件中,涉及上位法7领域之外的执法领域共有10个,但这10个领域在不同城市中的规定非常分散,其中"房产/建筑市场管理"最为集中,共有6个城市进行了规定,占所列城市的35.3%;而如"燃气管理""煤炭市场管理"等,都只有1个城市进行了规定。②部分执法领域的设置也显示出城市的特殊需要,如"河道管理"一项只在宁波市和苏州市有所规定,而其城市管理也确实涉及相应问题。③总体而言,执法领域中的X确实是各地方城管事权中较为突出的现象,即各地方可以自行确定城管部门的执法领域以及下设的执法事项,以至于不同城市的城管部门可能在7领域之外的职权中存在着相当大的差别。(4)从各地方规范性文件的立法状况上看,也同样存在差异:①有些地方只是重复了上位法的"7领域",而没有"X"的规定;有些地方则在"7领域"之外开辟了较多的"X"领域。②对于"是否列举事权细目"(即执法事项),经考察,共有8个城市进行了规定,占所列城市的47%。我们认为,在确定执法领域的基础上,通过法律规范的形式明确列举城管部门的具体执法事项有着充分的必要性。①

---

① 当然,未做列举的城市可能已经通过其他法律规范进行了规定,如2012年颁布的《南昌市城市管理条例》就比表1-2的《南昌市城市管理相对集中行政处罚权实施办法》更为细致。

表 1-2 各地方 17 部相对集中处罚权文件事权条款梳理

规范性文件	条款	上位法7领域	房产/建筑市场管理	风景名胜管理	燃气管理	养犬管理	土地管理	河道管理	人民防空管理	历史建筑保护	民政殡葬	煤炭市场管理	是否列举事权细目
天津市城市管理相对集中行政处罚权规定[2007]	第四条	√											
六安市城市管理相对集中行政处罚权实施办法[2009]	第二至第八章	√											√
宣城市城市管理相对集中行政处罚权暂行办法[2007]	第二至第十一章	√	√	√									√
巢湖市城市管理相对集中行政处罚权暂行办法[2008]	第二至第七章	√	√										√
海口市城市管理相对集中行政处罚权暂行办法[2012]	第二章	√	√		√								√
抚顺市城市管理相对集中行政处罚权规定[2010]	第六条	√				√							
郑州市城市管理相对集中行政处罚权规定[2007]	第二章	√											
武汉市城市管理相对集中行政处罚权办法[2013]	第二至第七章	√											√

续表

规范性文件	条款	上位法7领域	房产/建筑市场管理	风景名胜管理	燃气管理	养犬管理	土地管理	河道管理	人民防空管理	历史建筑保护	民政殡葬	煤炭市场管理	是否列举事权细目
湘潭市城市管理相对集中行政处罚权规定[2013]	第二至第九章	√											√
南昌市城市管理相对集中行政处罚权实施办法[2005]	第八条,附件	√	√						√		√		√
南宁市城市管理相对集中行政处罚权实施办法[2011]	第五条	√											
宁波市城市管理相对集中行政处罚权实施办法[2013]	第六条	√	√					√					
厦门经济特区城市管理相对集中使用行政处罚权规定[2012]	第五条	√					√			√			
沈阳相对集中城市管理行政处罚权规定[2005]	第九条	√	√						√		√	√	
苏州市城市管理相对集中行政处罚权实施办法[2010]	第二章	√						√					
无锡市城市管理相对集中行政处罚权实施办法[2012]	第十条	√											
长春市城市管理相对集中行政处罚权暂行规定[2004]	第二至第六章	√											√

25

在现状考察的基础上，更进一步的即是界定标准问题，也就是究竟哪些执法领域和执法事项有可能或者有理由被纳入城管的事权范围内？土地管理、河道管理、历史建筑保护、煤炭市场管理等诸多职责划归城管的法理依据究竟是什么？我们认为，根据各地方城管的事权配置，目前较为明显的界定标准有如下两个：第一个标准在于，能够划归给城管部门的事权，应当是涉及"城市"管理的执法领域。尽管这一标准存在"同义反复"之嫌，但其确实是能够解释城管庞杂事权的核心标准。根据较为通行的说法，"广义上的城市管理，是指城市政府对城市范围内所有事物的管理。……字面上，城市管理就是对城市的管理，城市所有事物都应纳入管理范畴"①。而目前看来，此处所说的"城市"，不仅包括城市的"外观"，而且包括了城市的"内在"——如果说前文表1-1所列举的"无照经营游商""机动车乱停放""非法小广告""暴露垃圾""沿街晾挂"等皆属于城市"外观"的范畴，那么表1-2中的"房产/建筑市场管理""土地管理""燃气管理"等则属于城市的"内在"，即学者所说的城市基础设施部分。② 第二个标准在于，能够划归给城管部门的事权，应当存在于城市"公共空间"而非"封闭空间"内。一般而言，城市封闭空间是由作为该空间所有权或使用权主体的公民、法人或其他组织自行管理，而行政机关则是在其自行管理出现违法或不当情形时的"再管理"；相对地，城市开放空间则不存在专属的所有权或使用权主体，或者说，其所有权或使用权主体就是国家、城市或地方政府本身，行政机关只能直接对其进行管理。比如，对于封闭空间而言，"住宅区有居委会、有物业、有保安，写字楼有物业、有保安，学校、医院有自己的管理组织，体育场馆、文化场馆有文体部门负责管理"，③ 等等；而对于开放空间，如道路、广场、街边绿地等，在公民的自组织或非营利组织尚不发达的情况下，也只能由行政机关去维持秩序并制止违法使用。

综合上述两个界定标准，可以说，目前但凡涉及城市公共空间的行政领域

---

① 张有坤，翟宝辉. 东莞"终结"大城管模式？[J]. 决策，2014（12）：77.
② "城市公共空间内往往集中了多项基础设施，如道路交通、园林绿化、供排水、通信、能源热力、垃圾收储运等。""人们生产生活活动，对某一项设施和空间的不合理使用所造成的问题，常常直接或间接造成其他设施运行和空间秩序同时出现问题。例如，违法占道经营既影响了城市商业秩序和氛围，同时也会妨碍人们的交通出行，造成交通拥堵；道路塌陷、管道爆炸、排水不畅等还易造成各类危害公共安全的事件。"因此，"基础设施"也应当包含在"城市"管理的范畴内。引文参见张有坤，翟宝辉. 东莞"终结"大城管模式？[J]. 决策，2014（12）：77.
③ 张有坤，翟宝辉. 东莞"终结"大城管模式？[J]. 决策，2014（12）：77.

和事项，皆在城管的事权范围内。① 我们认为，一方面，尽管这一事权标准已经足够宽泛，但实践中仍有一些职权不应划归城管，如前文图 1-1 中的"打击传销""非法出版物"，图 1-2 中的"扫黄打非""禽流感防控"——这些事项已经超出了"城市"+"公共空间"的范畴，或者说已经不限于城市，而在任何地域和空间内都会涉及，将其交由城管管辖并无充分的法理依据。另一方面，由于这一事权标准过于宽泛，在"城市""公共空间"内可能涉及不计其数的执法领域和事项，而目前又没有进一步的标准来确定某一具体事项是"可以"还是"应当"划归城管，这就引出了另一个同样重要的问题，即城管和其他行政部门在横向上应当如何划分事权。简单说，"城市"+"公共空间"这一界定，不仅适用于城管，而且可能适用于其他行政部门，或者说，其实城市里多数行政部门的职权与"城市"有关，并且发生在"公共空间"内，那么，在相对集中处罚权的原则下，哪些部门可以将事权"相对集中"给城管，哪些部门又可以履行原职权而不"集中"给城管？或者说，单就某一个符合"城市"+"公共空间"标准的特定执法领域或事项而言，其究竟是应当划归城管，还是由原行政部门继续管辖？

案例 4：偷倒垃圾要管，违章乱建要管，违规停车要管，随意排污也要管……杭州市城管部门日常执法内容涉及公安、消防、环保、工商、综治等七大部门 390 多项法规，有 1282 项具体违法行为。该局副局长用双手比画了一个"漏斗"：很多执法事项都是其他部门拿出自己不愿意啃的"硬骨头"给我们，"城管综合执法"在某种意义上变成了"剩管综合执法"。比如在餐饮业油污废水排放管理方面，酒店餐饮部门和有一定规模的饭店监管归环保部门管，城管管的却是一些街头小店、"苍蝇馆子"的排污。②

案例 5：南方某市，查处城市违法用地、违章建设本是规划、国土部门的职责，从去年开始该市成立了打击"两违"办公室，将城管部门纳入进来，并明确由城管具体实施拆违行动。最近又有讨论，想把国土局的矿产执法、房产局的查处住房用途违规改变、工商局的农贸市场管理等工作也转给城管来做。③

---

① 《城市管理执法办法》〔2017〕第九条规定："需要集中行使的城市管理执法事项，应当同时具备下列条件：（一）与城市管理密切相关；（二）与群众生产生活密切相关、多头执法扰民问题突出；（三）执法频率高、专业技术要求适宜；（四）确实需要集中行使的。"
② 于佳欣，等. 权力清单不清晰，莫让城管变"剩管"[J]. 新华每日电讯，2014-12-11（006）.
③ 黄浩铭，等. 城管到底能管多宽[J]. 新华每日电讯，2014-04-21（005）.

通过案例5可知，由于目前城管事权的界定标准太过宽泛，无论是违法用地、违章建设，还是矿产执法、住房用途、农贸市场管理，将其划归城管都不会有法律或逻辑上的障碍——毕竟都是发生在"城市""公共空间"范围内，而且违章建设、农贸市场管理涉及城市的"外观"，违法用地、矿产执法、住房用途又涉及城市的"内在"——可以说，"城市"+"公共空间"的事权标准可以允许各部门畅行无阻地将其原有的相当一部分事权让渡给城管。在此基础上，城管和其他部门的事权划分往往就会按照案例4所表现出来的"默示规则"进行，即只要是在城市公共空间内，并且只要是本部门不愿行使的事权，皆可让给/推给城管。按照莫于川教授的描述，城管部门刚设立时，任务比较少，各个行政部门都不愿意放手街头执法权。但后来他们发现，街头执法对象一般都是弱势群体，同弱势群体打交道难度很大，"收不了几个钱，还容易发生矛盾"。意识到这一点之后，很多部门就开始愿意甚至主动地把街头执法权交出去，于是，城管部门的任务就越来越重，涉及的范围也越来越广。① 在这个意义上，当前城管庞杂的事权范围往往不是"争取"来的，而是"被赋予"的，或者是被动"接受"的。就如石佑启教授所言："在有的地方，城管执法部门正成为市、区、县三级政府或机构的'家丁'，政府随意指挥城管执行各种本不属于城管职责范围内的事务，这些事务有的本应该由公安部门去完成，有的应该由其他行政执法部门去完成。"② 总之，尽管有学者认为，将各部门的行政职能尽可能多地赋予城管才能体现综合执法的制度价值，③ 但我们认为，按照权责统一的原则认真梳理、审慎授权才是解决当下城管事权问题的更为迫切的任务。

三、城管事权横向划分的正当性构筑

通过上文的叙述，我们可以得出的一个结论是："相对集中"下的处罚权实践，使得原本各部门之间的事权纷争，转化成了当前各部门与城管之间的事权

---

① 莫于川. 从城市管理走向城市治理：完善城管综合执法体制的路径选择 [J]. 哈尔滨工业大学学报（社会科学版），2013（6）：38.
② 石佑启，张水海. 从社会管理创新角度看城市管理领域相对集中行政处罚权制度的完善和发展 [J]. 行政法学研究，2012（1）：27.
③ 比如，熊文钊教授认为："综合行政执法既然要进行横向职能的综合，降低执法成本，提高执法效率，那么就应该尽可能将能够进行横向综合的行政职能都予以综合。也就是说，除去不可以综合的之外，其余的都应该综合。"而判断某项职能是否可以综合的标准包括：（1）专业化程度；（2）是否属于垂直管理；（3）是否属于剩余职权；（4）是否属于专属执法权。也就是说，除上述四项外，其余部门职权皆可划归城管。参见熊文钊. 城管论衡——综合行政执法体制研究 [M]. 北京：法律出版社，2012：10.

纷争。但是从法理上讲，我们并不认为各部门随意将事权推给城管，或者城管随意取得各种事权的状况是正当的。

首先，从行政职权的基础构造上说，一直有学者认为，部门之间完全且彻底的事权划分其实是不可能的——虽然人们希望"在政府的各部门之间对政府职能作独到的划分，做到任何部门都不再需要行使其他部门的职能"，但实践中，"这种职能划分从来也没有实现过，即使可能，事实上也不可欲，因为它将涉及政府活动的中断，而这是无法容忍的"①。具体而言，一方面，不同行政部门的事权是与管理对象相关联的，而当作为管理对象的客观事物具有多重属性时，就为不同部门之间的事权纠纷创造了契机。② 而另一方面，不同行政机关所能掌握的对于违法行为的惩罚措施也存在差异，当同一违法行为涉及不同惩罚措施时，就可能导致复数的行政机关参与其中。比如，文化执法部门可以处以罚款，工商机关可以吊销营业执照，而公安机关则可以实施行政拘留，那么，对于贩卖非法出版物的行为，假使依其严重程度必须同时处以罚款、吊销营业执照和行政拘留方能惩罚到位，那就只能由公安、工商、文化执法部门齐抓共

---

① [英] M.J.C. 维尔. 宪政与分权 [M]. 苏力，译. 北京：生活·读书·新知三联书店，1997：303.
② 如水，就有地表水和地下水，地表水又有江水、河水、湖水和海水，有矿泉水、温泉水，有雨水、冰川雪山融化的水，还有生活在水中的水产品，水产品中又有依法加以保护的野生动物等，水可能被污染，又可能泛滥成灾，等等。管水必然涉及许多部门，而对于每一个部门的管辖范围与其他部门管辖权的界限，再聪明的立法者也难以划清。《水污染防治法》〔2008〕第八条规定："县级以上人民政府环境保护主管部门对水污染防治实施统一监督管理。交通主管部门的海事管理机构对船舶污染水域的防治实施监督管理。县级以上人民政府水行政、国土资源、卫生、建设、农业、渔业等部门以及重要江河、湖泊的流域水资源保护机构，在各自的职责范围内，对有关水污染防治实施监督管理。"为划分部门之间对于污染的管辖权问题，《北京市实施〈中华人民共和国水污染防治法〉条例》（1985）第五条规定："本市各级人民政府下列各部门应当结合各自的职责，协同环境保护部门对水污染的防治实施监督管理：城乡建设规划管理部门负责规划建设中的水环境保护的监督管理、水利管理部门负责地表水污染的监督管理，地质矿产部门负责地下水污染的监督管理，卫生行政部门会同公用部门负责饮用水源的卫生监督管理，市政工程管理部门负责城市下水道系统污水的监督管理，环境卫生管理部门负责防止城市垃圾、粪便对水体污染的监督管理，农业、渔业部门负责防止施用农药、污水灌溉和养殖等对水体污染的监督管理。"但事实上，地下水的污染有可能是地表水受污染后下渗所导致的，而地表水受污染是由于施用农药引起的。各个管理部门的职责权限尽管做了看似明确的分工，但实际上在对一起案件的处理中就会发现水污染的产生可能是综合作用的结果。"权限冲突的产生具有其客观必然性，只要分工存在，即使消除了造成行政权限纠纷的主观因素，也不能根除权限冲突。"参见金国坤. 行政权限冲突解决机制研究——部门协调的法制化路径探寻 [M]. 北京：北京大学出版社，2010：18-22.

管才能实现。

　　然而，部门权限的种种客观情况并不意味着事权的属性、种类、幅度等在各部门之间模糊不清甚至任意配置就是正当的——至少在管理事项、专业分工等作为行政部门设立原因乃至于存在基础①的问题上，仍然应当尽可能地划分清楚。原因在于：（1）事权不清可能会增加执法成本。"部门间的制约或配合有时是一件好事，但如果这种制约建立在事权划分不明的基础之上时，事情就会越变越糟。"特别是，这会使得各部门"在具体执法过程中浪费大量的协调成本和时间"②。（2）事权不清可能会加剧部门之间对于有限资源的争夺。政府整体上的资源是有限的，其对于各个部门人财物的配置一般与其具体事权相关，而一旦部门之间事权交叉重合，就有可能形成相关部门依据同一事权争夺资源的局面。就如沃伦（kenneth F. Warren）教授所言，行政机关通常要理清它们的职责范围以便不和其他机关重合，当每一个行政机关意识到另外一个机关"有能力从事它们的工作"时，便会在同样的服务领域展开恶性竞争。因此，"机关的健康发展毫无疑问和一个机关为了争取稀少的资源而采取什么样的方式对抗其他机关紧密相连"；而"那些没有明确每一个机关适当的职责范围的模糊法律也一定会产生问题"。③（3）事权不清也会给相对人带来不便。在依申请的行政行为中，如果部门之间事权不清，相对人就难以弄清究竟应该去找哪个部门办理事务；同时，如果部门之间相互推诿，相对人也难以弄清究竟应该去复议或起诉哪个部门行政不作为。"没有明确的职责界定……就不可能形成办事员或者

---

① "一个职能部门一经设立，便同时被赋予了某一方面或领域的行政管理和行政执法权限。"参见金国坤. 行政权限冲突解决机制研究——部门协调的法制化路径探寻［M］. 北京：北京大学出版社，2010：26.
② 陈富良. 放松规制与强化规制——论转型经济中的政府规制改革［M］. 上海：上海三联书店，2001：103.
③ ［美］肯尼思·F. 沃伦. 政治体制中的行政法［M］. 王丛虎，等译. 北京：中国人民大学出版社，2005：54. "专业化经常导致不同单位为了控制工作任务而出现不良竞争，因为每个专业都认为自己是本领域的主导者。例如，人口调查局与行政管理和预算办公室之间就曾发生冲突，人口调查局想在1990年的人口普查中保留以前曾经用过的关于住房的问题，而行政管理和预算办公室则认为这些问题是多余的工作，必须删除。每个小组都声称这属于他们的权限，并坚持认为事关重大、必须执行。这些小组常常会夸大他们个案的优势，同时也夸大其他选择的危险性。为了宣传他们的单位，他们时常有选择地向高层官员传递信息。这些伎俩往往很难识破，因为它们涉及高度专业化的知识领域。相互竞争的单位往往不想与其他的单位进行交流，以免暴露弱点，或者不得不透露一些它们想保留给本部门独家使用的信息，由于各单位之间没有做到共享信息和相关分析，常常造成严重的资源浪费"。参见［美］多丽斯·A. 格拉伯. 沟通的力量——公共组织信息管理［M］. 张熹珂，译. 上海：复旦大学出版社，2007：97.

公民的权利。"① 在这个意义上，很多时候相对人的权利能否顺利实现，与部门事权的清晰程度存在直接关联。

此外，无论从法理还是实践上看，一味地将诸多事权推给城管也会引发种种问题。（1）前文曾经提及，受到部门利益的驱使，如果某一行政领域无利可图，即便在其事权范围内，各部门也可能敷衍塞责或相互推诿。然而，城管出现之后，这种推诿从行政过程上的个案推诿，转化成了事权设置上的制度性推诿——在相对集中处罚权之前，行政部门遇有无利可图的执法领域时，只能一次一次地面对相对人将具体案件推诿给其他部门；但相对集中处罚权之后，行政部门遇有无利可图的执法领域时，可以通过事权让渡的方式将之划归城管管辖，即一劳永逸地从制度上将相关领域推让出去；相应地，相对人也就失去了让渡之前对于原行政部门复议或诉讼行政不作为的权利——原行政部门既甩掉了无利可图的"包袱"，又省去了被复议和被诉讼的风险和麻烦，可谓一举多得。（2）事权的过度集中可能会导致城管部门不堪重负，就如某些城管执法人员所讲述的："在某些城市，诸如屠宰、房屋租赁、旅游市场管理等职能都交由城管行使。……各地城管可能没有谁能把这些职责全部记清楚。遇到执法的时候，我们可能还要回去查查执法手册，看看这个是否属于我们的职权，因为太多了。"② 而当事权规模与城管的人员和装备状况不相匹配时，部分执法事项就可能无力完成，而这同样会引发消极执法的现象（尽管此时已经无法推诿）。（3）事权的过度集中还可能带来执法程序的混乱。尽管城管部门"相对集中"来了原属各部门的执法权，但执法依据并未发生变化，也就是说，其所依据的诸多法律规范并未"相对集中"成一部；而其中所规定的执法程序却有可能千差万别，执法流程、处罚措施，甚至执法文书等都要求各异——如若执法人员难以掌握这些纷繁复杂的程序规定，那么程序违法的风险就会显著增加。

综合上述情形，我们认为，为了解决城管事权横向维度中的种种问题，以下几点是可以考虑的：（1）由于管理对象的多重属性是导致各部门权限纷争的重要因素之一，那么，当管理对象只具有单一属性、能够清晰辨识之时，就应当由专门/单一的行政部门掌握该项事权。比如违章建筑，其作为管理对象的属性清晰明确，事权的归属也应集中而非分散，"江西省瑞昌市将违法建设的处罚分解为两部分，对难度极大的居民私搭乱建的拆除由城管处理，而对商业开发

---

① ［美］拉尔夫·P. 赫梅尔. 官僚经验——后现代主义的挑战［M］. 韩红，译. 北京：中国人民大学出版社，2013：55.
② 唐逸如. 柔性执法是伪概念——老城管谈城管执法之难［J］. 社会观察，2013（9）：11.

建设中的罚款则由规划局保留",① 这种将单一属性的管理对象在部门之间进行事权拆分的做法就很难找到正当性基础。再如黑车查处,我们能够清楚地辨识出其属于道路交通领域,那么就应由道路交通部门管辖,或者反过来说,我们也难以找到将黑车查处划归城管的正当性理由——即便同属"城市公共空间","黑车"与"交通"之间的关联也更具体、更直接。(2)如前文所述,尽管比较模糊,但城管事权仍然至少应当符合"城市(外观+内在)"+"公共空间"这一界定标准。相反,"如屠宰、房屋租赁、旅游市场管理等职能不宜交由城管行使"。② (3)建立事权方面的动态调整机制,以便在"相对集中处罚权"后各部门与城管之间出现事权纷争且可能导致执法效率降低时,对事权归属进行及时调整。③ 或者说,当相对集中处罚权后产生新的权限冲突时,应由主管机关重新确定归属,以使事权划分更加合理、更有助于降低执法成本。

案例6:无证网吧的行政处罚权由综合执法部门行使,有证网吧的处罚权又由文化行政执法部门行使。这种处罚事项领域相同、产生地点相同,甚至产生时间也可能相同,如进行人为割裂,会产生新的执法主体混乱、多头执法和推诿扯皮等问题,降低执法效能。④

案例7:一次,有人举报焦东路一饭店店外经营,他们前去执法处理时,饭店负责人说有卫生单位前来检查,根据要求,饭店大厅内应摆放整齐;为应付检查,他们只好将多余的桌椅摆到了人行道上。单就对一个饭店的管理,城管仅仅对其店外经营行为进行治理,而店内的要求则由卫生、食品、工商等部门完成。⑤

对于上述案例,我们认为:(1)城管与各部门之间的事权划分应当以管理对象为依据,而非有无许可(案例6网吧有证和无证)、发生地点(案例7饭店室内和室外)为依据。针对同一个管理对象,如果继续对其细节性特征进行拆分并划分给不同部门,必然会导致执法主体的混乱和事权边界的纷争。(2)或

---

① 陈兵斌. 改善城管执法体制的方法研究[J]. 城市管理与科技, 2014 (5): 56.
② 唐逸如. 柔性执法是伪概念——老城管谈城管执法之难[J]. 社会观察, 2013 (9): 11.
③ "面对权限冲突问题……不是从斩断产生权限冲突的根上,而是从产生权限冲突后如何化解的机制上入手,建立解决权限冲突的法律机制,尤其是完善程序规范,使权限冲突的解决走上正常的法治化轨道。"参见金国坤. 行政权限冲突解决机制研究——部门协调的法制化路径探寻[M]. 北京: 北京大学出版社, 2010: 17-18.
④ 唐立军. 青岛市全面推进区市综合行政执法改革的调研报告[J]. 机构与行政, 2015 (2): 15.
⑤ 高小豹. 城市管理呼唤"大城管"[N]. 焦作日报, 2014-03-26 (010).

许会有论者质疑：案例7中按照"公共空间"的界定标准，室内的桌椅摆放属于"封闭空间"，城管不应有管辖权；而室外的桌椅摆放则属于"公共空间"，必须由城管管辖。我们的回应是：①在事权归属的认定上，"管理对象"标准应当优位于"公共空间"，反之则会割裂对于客观事物管理的连续性，其所带来的事权纷争也比"管理对象"标准更为严重。②上述案例中管理对象的属性都是单一的——案例6中都是网吧的经营问题，案例7中都是饭店的卫生问题；按照单一属性对象单一管辖的原则，上述事权不具可分性，皆应归属同一部门管辖。③根据管理对象的属性，网吧经营（无论有证无证）应属文化部门管辖，而饭店卫生（无论室内室外）则属卫生部门管辖——二者皆在城管事权之外。(3)此处所说的"动态调整机制"，即是指，当类似上述的事权问题出现时，由执法人员或相对人向主管机关反映，而由主管机关及时在各部门之间进行协调，最终通过法律规范的修改来重划事权的归属。由于事权归属的法律变动可能会经历较长的时间，那么由主管机关及时迅速地进行协调、处理当下问题，就是必要的。

最后，在城管事权的横向维度上，我们总结如下：相对集中处罚权和城管的设置很大程度上是为了解决部门间的权限冲突，但在解决这一问题的过程中又出现了城管与各部门之间新的权限冲突，以及城管由于事权过于庞杂而引发的种种问题。可见，在处罚权"相对集中"与否都存在问题的情况下，城管事权其实被带入了一个两难困境：如果没有"相对集中"，行政执法可能会退回到各部门权限纷争的老路上；但有了"相对集中"，又会带来城管事无巨细、不堪重负、从人员到手段再到程序等各类问题，而更重要的是，单就城管集成如此庞杂的事权这一点来看，从行政组织的角度上其实不可能找到法理基础——这会使得行政领域、管理对象、部门划分、专业分工乃至于"事权"本身失去意义。因此，为了城管执法的健康高效运行，一套具备法理正当性的事权界定标准显然是必要的，然而我们并不认为，在管理对象存在多重属性的前提下，城管及各部门的事权能够在客观上完全彻底地划分清楚，也不认为，凭借此一划分能够完全彻底地解决城管及各部门之间的事权纷争。但与此同时，我们亦不认为，当下城管在几乎无条件、无限制的情况下主动或被动地集成各类各项执法权就是正当的。至于这一困境是否存在可能的突破口，我们暂且搁置，转而进入城管事权的"纵向"划分问题。

第三节 城管事权的纵向维度:"处罚权"的相对集中

一、处罚权纵向剥离与相对集中之缘由

与横向上执法事项的权限归属相对应,城管事权的纵向维度指的是针对同一执法事项所存在的职权系列中,某一项或几项职权归属哪一部门的问题。[1] 丹提斯(Terence Daintith)教授指出,与行政机关之间的关系相比,"行政机关内部进行权力和资源的功能性分配,是个同样重要的问题"[2]。而在相对集中处罚权和城管部门的视野下,事权纵向维度的重心在于"处罚权",即将原部门某一执法领域或执法事项划归城管的过程中,只将职权系列中的处罚权进行转移,而其他职权则不发生变化,仍归原部门所有。那么,从宏观上说,城管在横向上所集中的庞杂事权,从纵向上看则只有处罚权这一部分,也就是说,城管所掌握的仅仅是无限多样的执法事项中的处罚权:在横向上,城管事权并无明确边界,可能无限庞杂;在纵向上,城管事权边界明显,只包含处罚权一项。

至于为什么集中的仅仅是职权系列中的处罚权而不包含其他,乃是因为,在部门利益的规律下,处罚权是最能"营利"的一种职权——只有处罚权能够最为直接地将相对人的财物归为国家/行政部门所有,这也是行政部门可资利用的为数不多的"创收"工具。而为了抑制部门利益、防止过多处罚给相对人权益造成的损害,措施之一就是把相关执法事项中的处罚权从各个部门的职权系列中剥离出来,统一交由城管行使——各部门失去了处罚权,也就失去了通过行政处罚来获利的事权基础和程序可能性。[3] 即便庞杂的处罚权在城管手中也存在"安全隐患",但仍有至少两个理由作为支撑:(1)针对城管一个部门的处罚权监管相对容易,或者至少好过对各个部门处罚权的分散监管。(2)处罚权"剥离"和"集中"之后,原本各部门"争相恐后"实施处罚的"热闹场

---

[1] 此处不将城管部门不同层级之间的权限划分归为城管事权的纵向维度,因为其更多地涉及城管主体的机构设置问题。

[2] [英]特伦斯·丹提斯,阿兰·佩兹. 宪制中的行政机关——结构、自治与内部控制[M]. 刘刚,等译. 北京:高等教育出版社,2006:12.

[3] 作为比较典型的立法表述,《抚顺市城市管理相对集中行政处罚权办法》第七条规定:"城管执法机关集中行使的行政处罚权,原行政机关不再行使;继续行使的,做出的行政处罚决定无效。行政机关的行政管理及监督职责不因行政处罚权的相对集中而改变。"

面"将不复存在,"多头处罚"能够得到有效遏制。

二、处罚权集中下的职权分割及实践表现

在从各个部门纵向剥离处罚权的过程中,问题就是在同一执法领域或执法事项上行政职权的割裂。因为,一般而言,针对某一管理对象存在着一个整体上的职权系列,其中不仅包含了时间方面的从调查、认定到决定、执行等阶段性的权力,而且包含了属性方面的确认权、许可权、调解权、裁决权、处罚权和强制权等功能性的权力。我们之所以反复强调针对"同一管理对象"的"职权系列",乃是因为,作为系统组成部分的各个"子权力"之间必然存在着或多或少的关联,其中一项权力的运行状况可能直接或间接地影响到其他权力的行使,比如对某一事项的"许可"会影响到对相对人违法情形的"认定",也会影响到后续的"处罚";而如果将许可、认定和处罚职能分别赋予不同部门,这三种子权力之间的关联就会因行使主体的变更而发生断裂。同理,相对集中处罚权实质上是将处罚权从原执法部门的职权系列中剥离出来,这同样会割断处罚权与系统中其他子权力之间的关联。由此产生的可能性包括:(1)原机关在执法过程中已无"处罚权"却又需要"处罚职能",那么可选择的方案是要么与城管协调由城管进行处罚,要么干脆放弃处罚;(2)城管在执法过程中只有处罚权而无其他权限,那么可选择的方案是要么与原部门协调认定是否应予处罚,要么径行处罚,要么干脆放弃处罚。即便不计算上述方案中的消极处罚和不当处罚,处罚权的分割也会显著增加部门间的协调成本,甚至可能人为地在部门之间制造矛盾和争议,从而降低执法效率。就如学者观察到的,"推行综合行政执法试点后,行政主管部门拥有的审批、许可、监管权等管理权限与综合执法机构的执法权界定还不够清晰,现实中确实出现了执法权相对集中后,行政主管部门将管理职责推向执法终端,'以罚代管'、将压力过度集中于末端执法环节,造成新的推诿扯皮"[1]。这在前文规划领域处罚权分割的事例中已经表现得较为明显。

举例而言,(1)在某些地方,树立或悬挂室外广告牌需要由工商部门审批,但广告牌的摆放是否违规、违规之后的处罚,乃至于强制拆除等则由城管部门负责。[2] 这就是说,对于室外广告牌这一管理对象,职权系列中的许可权归属工商部门,处罚权和强制权则归属于城管部门;此时,当两个部门缺乏协调时,

---

[1] 唐立军. 青岛市全面推进区市综合行政执法改革的调研报告[J]. 机构与行政,2015(2):15.
[2] 黄浩铭,等. 城管到底能管多宽[J]. 新华每日电讯,2014-04-21(005).

由工商部门许可的合法广告牌可能被城管拆除，而未经工商部门许可的广告牌则可能被城管保留。而从相对人的角度来看，设置室外广告牌这个单一行为，不仅需要获得工商部门的许可，还要符合城管部门的要求——纵向集中处罚权后，由于工商部门已无权处罚，相对人不会再受"多头处罚"的困扰，但由于许可权并未集中给城管，相对人则不得不重新经历"多头管理"的波折。（2）在停车管理领域，某些地方将原属于交通管理部门的"贴单权"以"职责划转"的形式转移给城管部门。尽管此时城管集中来的仅仅是违章停车的认定权而非完整的处罚权，但其仍然属于针对停车管理而产生的职权系列中的一项子权力，仍然可能面临职权分割所带来的种种问题。比如，在南京市，交管部门贴单的抬头是"违反禁令标志停车告知单"，而城管部门贴单的抬头则是"告知单"，单中还会特意注明"请该车驾驶人前往公安交管局相关大队处理""移送交警大队"等字样。那么，可能产生的问题包括：①城管贴单之后，交管部门可否不予认定、不予处罚？②当城管贴单有误、交管部门依此进行了处罚时，相对人应当以谁为复议被申请人？③此处一个有趣的横向事权问题在于，城管仅有的"贴单权"也仅限于人行道上的违停，"对于快慢车道上的违停车辆，城管队员发现后会及时联系，由交警或公安治巡来查处"①。对于同一个违停问题，停在人行道上由城管贴单，停在快慢车道上由交管贴单；如果城管人员发现快慢车道上的违停，就只能联系交管人员处理，反之亦然。且不说这种设置需要耗费多少协作成本，当交管人员接到城管通知并到达现场后，违停车辆若已开走又当如何处理？（3）对于夜间施工的噪声问题，一般由城管负责处罚，但《环境噪声污染防治法》第三十条规定："在城市市区噪声敏感建筑物集中区域内，禁止夜间进行产生环境噪声污染的建筑施工作业……因特殊需要必须连续作业的，必须有县级以上人民政府或者其有关主管部门的证明。"也就是说，只要经环保部门批准并取得夜间施工许可证，城管部门就不能对其进行处罚。这同样是针对同一管理对象许可权和处罚权分离的事例。问题在于，环保部门只负责许可，而许可与否的标准往往只是施工工程重大与否，至于夜间噪声污染的严重程度则并非首要考虑因素；相反，城管部门虽然接受居民的举报和投诉，并能身临其境地感受到噪声的严重性，却受制于环保部门的许可权而无法加以制止。

---

① 2013年7月，南京交管部门联合城管部门、公安治巡部门对17条重点路段违章停车进行整治。其中，城管部门"负责对人行道、人行道至沿街建筑物范围内机动车停放及非机动车停放秩序进行管理……对占用人行道等违规停放机动车落实贴单告知工作，通知违停车主前往交管局相关大队处理"。参见宁交轩，等. 车辆违停，城管也可以贴罚单了［N］.扬子晚报，2013-07-30（A08）.

尽管此时不会产生处罚合法许可的悖论，但会出现"重大工程"和"居民休息"之间的利益冲突，而环保和城管部门都只会接触单方利益而非兼顾其他，以至于将这种利益冲突带入无法调和或无人理会的境地。此时，如果将夜间施工的许可权和处罚权归于同一部门，则有可能让工程方面和居民方面的利益诉求同时向单一执法部门主张，并在该部门的主持下进行裁断，而做出让步的一方也有可能在该部门的协调下获得补偿。我们认为，在同一管理对象上出现相对人各方利益纠葛的情况下，与其让不同子权力分属不同部门从而进入冲突或推诿的境地，不如让单一部门统筹负责从听证到裁断再到协调补偿等一系列事项。

三、城管事权纵向划分的正当性构筑

通过上文的叙述可以看出，将原属各部门的处罚权剥离出来赋予城管，尽管在消弭部门利益、避免"多头处罚"上取得了良好的效果，但由于这种方案割裂了同一管理对象上职权系列中若干子权力之间的关联，使得一方面可能增加各部门之间的协调成本，另一方面则可能让相对人重新陷入"多头管理"的困境。而出现此一状况的法理根源，仍然是同一职权系列中原本相互关联甚至不容分割的若干子权力被分别赋予了不同部门行使，而被分割出去的、"对违反秩序行为的处罚权是行政主体法律执行权的直接附属权力"，也是"行政机关履行基本权利保护职责的一种形式"，[①] 此时，处罚权的分割对于原部门来说失去了执行法律的威慑手段，对于城管部门来说则必须受制于并非适用于己身的法律规范，而对于相对人来说，其权利的伸张也不得不面对复数管理者的程序性障碍。那么，若要重新找回城管纵向事权的法理正当性，最直接的方法仍然是从这些子权力的归属着手。目前主要解决方案有两种：一是让城管进一步集中处罚权之外的其他子权力，甚至是将同一管理对象上的整个职权系列逐渐划归城管；二是将城管集中来的处罚权返还给原部门，也就是让原部门的职权系列恢复原状——两种方案都会确保职权系列的完整性，区别仅在于是将其完全赋予城管还是完全返还原部门。

对于第一种方案，较为常见的观点是让城管在集中处罚权的基础上进一步集中与处罚权关联性较强的调查权、检查权特别是强制权。就如熊文钊教授所言："从行政过程论的角度来看，行政处罚与行政强制这两种行政行为是紧密联系在一起的。在行政处罚决定前的调查中很可能需要进行行政强制，而行政处

---

① ［德］汉斯·J. 沃尔夫，等. 行政法：第二卷［M］. 高家伟，译. 北京：商务印书馆，2002：331.

罚决定后也很可能需要强制执行。因此，行使相对集中行政处罚权的行政主体将行政强制权也集中起来是必要的，同时在法理上也是成立的。"① 实践中，已有部分地方赋予了城管部门行政强制权。比如，根据《北京市人民政府部门2016版权力清单（行政强制）》，北京市城市管理综合行政执法局共有包括"对未经批准正在建设的影响市容的建筑物、构筑物或者其他设施的施工工具和设备采取查封、暂扣的强制措施""对专门用于从事流动无照经营活动的工具、设备、原材料、产品（商品）等财物进行查封、扣押"等7个强制事项；而根据《广州市城市管理委员会权责清单》，广州市城市管理委员会共有包括"在水域市容环境卫生管理范围内乱搭建、乱堆放，经责令限期清理、拆除仍不改正""不按照设置规范设置围墙、烂尾楼公益广告或者招牌的，经责令限期改正、清理或者拆除，逾期未改正、清理或者拆除"等43个强制事项。对于子权力集中的数量或程度，熊文钊教授认为："目前综合行政执法至少应该是行政处罚权、行政调查权和行政强制权的综合。"② 同时，也有学者的主张近似于相关子权力的概括移转，或者说职权系列的划转。比如，"在整合城市管理综合执法部门职能时，必须将职能划转彻底，减少单项职能的划转，并且切割清楚；综合执法部门在与相关部门的职能切割上，可以遵循处罚职能全部划转的原则，依职权切割，而不仅仅是依法规或事项切割"③。然而问题在于，即便不论职权系列的整体划转，而仅仅是调查、处罚和强制权的划转，对原部门的影响也是相当严重的。如果针对某一管理对象，主管部门的这三项职权全被剥离为其他部门所有，那么其管理能力也必然会大打折扣甚至所剩无几。如果卫生部门对餐饮门店的卫生状况既不能调查，也不能处罚，又不能采取强制措施，那么如果不考虑其可能拥有的许可权，其在这一执法领域中就会变得无足轻重；或者反过来说，如果只让渡处罚权，原部门还有可能充分管理执法领域的其他事项，但如果让渡了整体上的职权系列，原部门在这一领域就可能"无事可做"，严重时还会影响到该部门设置和存在的基础和必要性。

对于第二种方案，有观点认为，至少是具有较强复杂性和专业技术性的行

---

① 熊文钊. 城管论衡——综合行政执法体制研究［M］. 北京：法律出版社，2012：3.
② "除了行政处罚权和行政强制权以外，北京市城管综合行政执法组织还行使行政调查权。北京市城管组织通过日常巡逻检查来发现违法事实，并在调查中享有一定的即时强制权、行政处罚权和处罚后的强制执行权。例如，在行政调查中，为了查清相对人违法事实，城管综合执法机关会运用一些强制措施，如强制扣押。"参见熊文钊. 城管论衡——综合行政执法体制研究［M］. 北京：法律出版社，2012：4.
③ 陈俊. 我国城市管理综合行政执法问题与对策［J］. 辽宁行政学院学报，2015（2）：8-9.

政领域，不宜纳入相对集中处罚权的范围；已纳入的，应当将其剥离出来，转回原部门。比如，在城市规划领域，遵义市政府为了加强规划执法、维护城市规划的权威性、切实遏制违法建设行为，于2012年6月将规划行政处罚权从相对集中行使中剥离出来，并在城乡规划局重新组建了规划稽查执法支队。① 由此，对于违法建设的认定、处罚乃至于强制就能由规划部门统一行使，或者说，规划领域的规划编制、规划审批、监督检查和违规处罚等环节就能由"分而治之"转变为"集中管理"，而此前与城管部门之间的协调成本以及监管权的落空、事前提醒和事中制止的缺失等问题也会迎刃而解。此外，更为"彻底"的做法在于，2014年7月，根据《东莞市人民政府职能转变和机构改革方案》中"谁审批谁监管"的原则，城管综合执法局被撤销建制，仅以"综合执法支队"的形式存在；而其原有职能移交（其实是"返还"）给卫计局、食药监局等部门；② 改革后的"执法支队"不具备独立执法主体资格，主要接受城管、工商、规划、卫生等其他委办局的委托，不能以自己的名义执法。东莞市城管综合执法局成立于2007年，集成了市规划局、市城管局、市环保局、市卫生局、市工商局、市质监局、市经贸局、市食药监局等8个局的部分或全部执法职能，共110多个执法事项；而此次改革后城管体制又重新回到了2007年以前"综合执法局"尚未成立时的格局。尽管有相当多数的观点认为，"东莞不应走回城管老路"、这是"近年来行政执法权相对集中探索的终止""多头执法、重复执法、执法扰民等问题将再次出现"。③ 但我们不妨试想，如果处罚权的纵向集中在东莞取得了良好的实践效果，或者子权力分割所带来的种种问题并不十分严重，再或者城管执法局与原部门之间的协调成本尚在可以接受的范围内，东莞市何以要把在广东省率先试点的城管执法局"毫不留情"地撤销？我们认为，尽管

---

① 宋德春. 城市规划行政处罚权相对集中行使的实践思考[J]. 市场周刊（理论研究），2012（10）：92.

② 广东省人民政府《关于调整东莞市城市管理综合行政执法工作机构和职责的公告》[2014] 载明："东莞市城市管理综合行政执法工作由东莞市人民政府负责组织实施，东莞市城市综合管理局作为东莞市人民政府的工作部门，集中行使城市管理综合行政执法职责。各镇（街道、松山湖科技产业园区）设立城市综合管理分局，作为市城市综合管理局的派出机构。撤销东莞市城市管理综合执法局及各镇（街道、松山湖科技产业园区）分局，其原行使的对未取得医疗机构执业许可证，擅自开展诊疗行为的监督检查、行政处罚、行政强制职责划入市卫生和计划生育局；对无证照生产、经营食品行为的监督检查、行政处罚、行政强制职责划入市食品药品监督管理局，其他职责划入市城市综合管理局。"

③ 张以坤，翟宝辉. 东莞"终结"大城管模式？[J]. 决策，2014（12）：76-77；黎明. 东莞撤销综合执法局 管罚合一重回七年前[N]. 南方都市报，2014-07-16（A07）.

针对某一管理事项，许可、监管、处罚、强制等权力集中于同一部门可能会引发职权滥用甚至滋生腐败，但这并不意味着人为地切断职权系列中若干子权力的关联就具有充分的法理正当性；对于行政职权的违法或不当行使，还可以通过设置合理的内部和外部监督机制加以制止或惩罚，但在底层上割裂行政职权本身，则可能根本找不到完全有效的解决方案——强化不同子权力享有者之间的协调配合，很多时候还抵不过其间不断产生的矛盾和纷争。

最后，在城管事权的纵向维度上，我们总结如下：尽管将各部门的处罚权集中给城管，很大程度上是为了破解部门利益、制止"多头处罚"，但在解决这一问题的过程中又切断了处罚权与职权系列中其他子权力的关联，这种关联的重要性使得城管必须与原部门充分协调配合才能保证行政管理过程的完整性，只是这种协调配合不仅成本较高，而且很难达至理想状态。可见，在"处罚权"相对集中与否都存在问题的情况下，城管事权在纵向上仍然处于两难困境：如果不划转"处罚权"，行政执法可能会退回到各部门各执处罚权重复处罚同一事项的老路上；但划转了"处罚权"，又会带来城管和原部门因管理权限缺乏完整性所带来的各种问题，而更重要的是，单就各部门将处罚权剥离给城管这一点来看，从行政职权的角度上其实不可能找到法理基础——无论是时间轴上的子权力，还是功能轴上的子权力，如果能够随意地在各部门之间进行切割和分配，那么各个管理对象的特殊性和各个行政部门的差异性也就不复存在，市容、规划、卫生、工商等部门的许可、处罚、强制等权力完全可以乱序分配。然而，尽管将职权系列完全划归城管或者完全返还原部门都可以解决这一法理难题，但似乎无论哪种方案都有失偏颇。叙述至此，当城管事权在横向维度和纵向维度皆处于两难困境时，我们进而考察晚近实践中出现的"大城管立法"。

第四节 迈向事权明晰与统一调度的大城管立法

之所以要对"大城管立法"进行考察，乃是因为，其提供了解决城管事权困境的一种思路或者可供试错的借鉴。一般而言，"大城管"是对城市的综合性、系统化管理模式，由政府成立统一的城管综合管理指挥中心，统一指挥权、督察权和赏罚权。[①] 我们认为，"大城管"模式在事权方面存在两个核

---

① 张玉胜."大城管"立法：能否引发"城管革命"[N]. 人民法院报，2013-02-22(002).

心要素，一是建立一个能够对各部门事权进行统一调度的指挥机构，二是围绕管理对象来明晰各部门的具体事权，二者互为因果、彼此支撑。由于"大城管"属于较为晚出的管理模式，目前已经制定并实施相关法律规范的只有武汉、南京、青州和苏州①等为数不多的几个城市（见表1-3）。我们将围绕大城管的两个核心特征，结合各地方的立法，对其中所涉及的事权解决方案进行分析。

一、指挥机构的统一调度

"大城管"模式的核心特征之一，就是在城管和其他部门各自履行执法职责的基础上，成立专门的指挥机构，能够统一对城管和各部门行使指挥权、督察权和赏罚权等权力。具体而言，（1）各部门仍然履行各自原有的职责，表1-3中武汉市文件和南京市文件都在总则中的第六条开宗明义地表达了这一点。这也意味着，大城管模式并不涉及"集中处罚权"的问题，也就不涉及城管与原部门之间的事权划转；或者说，这一过程其实并不产生事权的变动。（2）必须存在一个上位的指挥机构，能够对城管和各部门行使权力、统一调度。根据表1-3的列举，这一机构在武汉是"城市综合管理委员会"，在南京是"城市治理委员会"，在青州则是"文明城市建设管理委员会"。②（3）指挥机构对城管及各部门享有两种类别的权力，具体而言：

在指挥和调度方面，武汉市文件第十条和南京市文件第九条都规定了指挥机构的相关权力。其中，①当部门之间事权边界不清，或者重复执法和相互推诿时，指挥机构可以自行做出判断或者向上级部门报送争议情况；而在个案中，指挥机构则有权直接要求某一部门参与执法活动，并确定其所承担的具体职责。②当相对人对城市管理问题进行举报或投诉时，或者巡查人员发现特殊问题时，指挥机构有权将该问题移交给有关部门处理，或者直接指定某一个或几个部门共同处理。此外，表1-3中所列举的"部门巡查"制度也具有统一调度的色彩，

---

① 虽然未做列举，但《苏州市人民政府关于进一步加强城市管理工作的实施意见》〔2013〕中"任务分解表"所展示的"牵头部门"和"配合部门"之间的关联，也具有大城管立法模式的特征。
② 需要注意的是，尽管有些城管设置了名为"指挥中心"等的内部机构，但其并不具有部门间上位指挥的权限，而只能从事城管内部的指挥工作，因此不是本书所称的"指挥机构"。比如，根据《温州市城市管理与行政执法局主要职责内设机构和人员编制规定》〔2011〕的规定，作为城管局内设机构的"指挥中心"，"负责指挥和调度各区城市管理行政执法人员集中查处违法行为；负责全市执法人员应急指挥调动；负责数字城管信息中心有关城管与执法方面的信息分流与处置协调；参与信息采集员队伍的管理、监督、考核信息采集员的量化工作；负责城管热线电话96310的投诉受理、督办工作"。

表 1-3　各地方大城管立法举例

大城管立法	部门职责	指挥机构	部门巡查	事权分配举例
武汉市城市综合管理条例〔2013〕	第六条　市城市管理(执法)、城乡规划、城乡建设、交通运输、水务、房屋管理、工商、环境保护、质量技术监督、食品药品监督、信息产业、民政、商务、卫生、文化、教育、旅游、广播影视、公安、园林、农业等部门应当按照各自职责范围内履行城市综合管理职责，进一步向各区下放城区下级部门设立城市综合管理工作的指导、监督。加强对区级部门职权，并加强对区级部门工作的指导、监督。	第十条　市、区城市综合管理委员会，对与城市管理有关的下列重大事项进行统筹协调，履行下列职责：……（二）组织、协调成员单位开展城市管理工作；（三）组织开展城市管理监督考核工作……城市管理委员会日常工作由其下设的城市管理委员会办公室承担。	第十二条　城市管理执查人员应当按照规定的责任区域和巡查时段进行巡查并做好记录；发现问题或者违法行为，应当先行处理或者制止。属于其职责范围的，及时依法处理；不属于本部门职责范围的，按照本部门规定及时处理；不属于本部门有关部门移交有关部门处理。	第五十五条　禁止擅自将临街住宅改为经营场所。擅自将临街住宅改为经营场所的，……（证照）经营的，由工商及相关审批部门按相关法律、法规的规定予以查处；涉及无证（照）经营的，由工商及相关审批部门不予核发相关许可证（照）；涉及违法建设的，由城市管理（执法）部门按照本条例第五十二条的规定予以查处；涉及危害房屋安全的，由房屋安全管理的相关规定予以查处。
南京市城市治理条例〔2012〕	第六条　市城市管理、规划、住房和城乡建设、交通运输、工商行政主管、公安、国土资源、园林、环境保护等部门应当按照各自职责，做好城市治理工作，并可以根据城市治理工作实际需要，依法下放行政权力，并加强指导和监督。	第九条　市人民政府设立城市治理委员会，组织、指导、协调、监督城市管理相关部门的关系。城市治理委员会依据市人民政府授权，对城市治理重要事项出台决议，政府有关部门、有关单位应当遵守和执行。 第十条　市城市治理委员会由市人民政府及其城市管理相关部门和组织人员、专家、市民代表、社会组织等组成，其中公众委员的比例不低于百分之五十……	第二十二条　首发现违法建设或者接到举报时，城市管理行政执法部门、街道办事处、镇人民政府为首查责任机关。不属于其他工作日内的，应当在此工作日内将案件材料移送有权处理的行政机关处理，受移送的机关应当依法做出处理，并在此工作日内面通报首查机关。	第四十二条　禁止下列影响城市道路交通的行为：（一）未经许可占用、挖掘城市道路……违反前款规定，由城市管理行政执法部门进行查处。……其中，在长江桥梁隧道安全保护区内挖掘道路的，危及长江桥梁隧道安全的，由市交通运输主管部门按照《南京市长江桥梁隧道条例》的规定进行查处。……情节严重、社会影响恶劣的，城市管理行政执法部门应当书面告知工商行政主管部门记入其社会信用档案，并向社会公示。

续表

大城管立法	部门职责	指挥机构	部门巡查	事权分配举例
青州市城市管理暂行办法〔2013〕		三、城市管理考核（二）组织实施 由市文明城市建设管理委员会办公室组织实施。（六）奖惩 1.市文明城市建设管理委员会办公室连续三次下达督办单拒不整改问题的责任部门、单位，由市纪委约谈单位分管领导；2.每月进行一次月评，根据考核结果排出名次，并计算每个单位的得分总数，得分结果由督查局负责在全市通报……		二、（四）园林绿化管理 市园林局负责城区绿化管理，并负责由市财政列支养护管理经费的城市主干道绿化、街头绿地绿化管理；单位庭院绿化由所在单位负责；居民小区绿化实行属地管理；城区次干道、小街小巷绿化、城中村、镇、村绿化由辖区镇（街道）负责；国、省道城区段绿化由园林局负责，省道城区段开发区负责。

即各部门在巡查时发现的但不属于自身职责范围内的问题，或接到投诉举报涉及多个部门管理职责的问题，均应先予处置或制止，再按程序移送相关部门——这就能有效地解决前文中"城管人员发现快慢车道上的违停只能联系交管人员"的窘境。③指挥机构有权在执法过程中处理部门协作乃至于联合执法等事项。当针对某一管理对象，责任部门难以完成管理职责时，指挥机构有权要求其他部门予以配合，或开展多部门的联合执法。比如，在苏州工业园区，"由科教创新区管委会统筹城管执法、工商、规划建设、公安、环保、水务、交警、公交公司等部门实行多方联合执法"①。

在监督和奖惩方面，表1-3所列的三部法律规范都规定了相关权力。①指挥机构有权对城管和各部门的执法工作进行定期或不定期的监督检查。比如，武汉市文件第四十三条第二款规定："市城市综合管理委员会组织城市综合管理督查队伍，按照城市综合管理考核标准，对城市综合管理工作进行督查。"②指挥机构有权对城管和各部门的执法工作进行统一考核，并根据考核结果实施奖励或惩罚。比如，武汉市文件第四十七条规定："市、区人民政府应当加强城市综合管理工作的监督检查，定期对相关部门和单位的城市管理工作进行考核并公布考核结果，并依据考核的结果进行奖励和处罚。具体监督考核工作由市、区城市综合管理委员会组织实施。"而青州市文件则在第三条规定了非常详细的考核计分办法和奖惩措施。我们认为，在法律规范中对于具有后果性的考核和奖惩措施进行细化规定是非常必要的。

二、管理对象下的事权明晰

"大城管"模式的另一核心特征，则是通过法律规范的形式明晰城管和各部门的事权，而这种事权的明晰一方面不能逾越指挥机构的统一调度，另一方则鲜明地表现为，其是以管理对象为中心来确定各部门的事权，而非传统上的以执法部门为中心来确定其具体事权。

具体来说，传统上的城管立法，一般是以执法部门为中心，依次确定每个

---

① "工程施工首先由交警部门规划渣土车行车线路，对工程车实行登记制度，统一发放通行证。工程施工管理过程中，针对工程渣土运输存在的抛撒滴漏、偷倒乱倒等行为……由城管局与规划建设局、交巡警大队联手，对车辆、渣土运输单位、驾驶员实施'三位一体'计分处罚……计分周期内分数达到一定限额，渣土运输单位将被'拒绝'在园区承接新渣土运输业务，运输车辆则无法拥有新通行证，驾驶员也将被限制受聘。"参见杨红军. 城市管理工作的经验与启示——以苏州工业园区独墅湖科教创新区为例[J]. 理论与当代，2015（1）：32-33.

部门具体行使哪些事权。比如，《天津市城市管理规定》〔2012〕第九条规定："市级城市管理相关部门，按照下列职责分工履行城市管理职责：（一）市市容园林管理部门负责市容市貌、环境卫生、园林绿化和灯光照明方面的监督管理工作，对市级公园、垃圾转运和处理场负有直接管理责任，负责委托市电力公司承担路灯照明的维修和养护责任；（二）市公安机关负责社会治安、道路交通安全和社会生活噪声污染防治方面的监督管理工作，对城市道路交通信号设施、交通安全设施负有维修和养护责任；（三）市民政管理部门负责社区公益性服务设施、丧葬祭奠和社区环境方面的监督管理工作……"这一条文是对各部门在城市管理中的事权分别进行概括性的规定，而执法部门是立法行文中的核心线索。再如，《江门市城市管理综合行政执法办法》〔2011〕第十二条规定："城市综合管理机关行使市政管理相关法律、法规、规章规定的行政处罚及监督检查、行政强制职能；依据市政管理方面的法律、法规、规章规定，对下列行为行使行政处罚权：（一）擅自占用或者挖掘城市道路的；（二）擅自在桥梁或者路灯设施上设置广告牌或者其他挂浮物的；（三）未在城市道路施工现场设置明显标志和安全防围设施的……"这一条文是仅针对城管部门的事权列举（共17项），亦可看作城管部门的"权力清单"，而这仍然是围绕执法部门展开的规定。

相比之下，大城管立法则是将城市管理所涉及的各种事项按照管理对象进行划分，之后再确定每个管理对象所涉及的问题分别由哪一个或几个部门履行执法职责。与上文所述的"统一调度"一样，此处对于事权的规定只是进行"明晰"，而非"集中"或"划转"，并不改变各部门之间的事权分配，也同样不会发生事权变动；或者说，这是在各部门原有事权的基础上进一步通过立法的形式明确针对某一管理对象的事权分配状况，也就是以管理对象为线索对各部门事权进行梳理。表1-3三部文件的事权条款皆具此一特征，比如，根据南京市文件第四十二条的规定，管理对象为部分影响城市道路交通的行为，而在事权分配上，由城管负责整体上的管理，交通部门负责涉及桥梁隧道安全行为的管理，而工商部门负责作为惩罚措施之一的信用档案的记入和公示。可以说，按照这一规定，三个部门在处置道路交通问题上的事权和分工是较为明确的。此外，更具典型性的条款是武汉市文件第六十六条："禁止超标排放噪声。经营中的文化娱乐场所边界噪声超过国家规定的环境噪声排放标准、商业经营活动中使用空调器、冷却塔等产生环境噪声污染、工业生产中因使用固定的设备造成环境噪声污染的，由环境保护部门按照《中华人民共和国环境噪声污染防治法》的规定予以处理。在城市市区街道、广场等公共场所组织娱乐、集会等活动，使用音响器材产生干扰周围生活环境的过大音量、从家庭室内发出严重干扰周围居民生活的环境噪声、未经批准进行产生偶发性强烈噪声活动、机动车辆不按照规定使用声响装置等造成环境噪声污染的,由公安机关按照《中华人民共和国治安管理处罚法》《中华人民共和国道路交通安全法》《中华人民共和国道路交通安全法实施条例》等法律、法规的规定予以处罚。在公园内开展晨练、演出等文体活动造成环境噪声污染的,由园林部门按照《武汉市城市公园管理条例》的规定予以处罚。在商业经营活动中使用高音喇叭或者采取其他发出高噪声的方法招揽顾客等造成环境噪声污染的行为,由城市管理(执法)部门责令立即改正,并处两百元以上一千元以下罚款。"这一条款所规定的事权分布状况如图 1-4 所示。

可见,该条款是以"超标排放噪声"这一管理对象为核心,将其所涉及的问题根据区域和属性的不同划分成 4 个类别,再将这 4 个类别分别指派给 4 个部门管辖。① 相较而言,以执法部门为核心的传统立法模式,虽然能够列举出各个部门的事权状况,却无助于解明同一管理对象上可能出现的交叉和重叠;而此处的大城管立法模式,则更容易厘清在同一管理对象上涉及不同部门时,每个部门所承担的事权范围或边界。"这种将类似事件按性质、分阶段界定责任的做法,可以让界限模糊的事件责任清晰,有望规避部门之间因职责不明或职能交叉而导致的推诿扯皮。"②

---

① 再如,《广州市违法建设查处条例》第十四条对于违建这一事项在各部门之间的权限划分亦是"事权明晰"的典范:"下列部门和单位,应当依法履行下列制止或者查处违法建设的职责:(一)建设行政管理部门对未领取建设工程规划许可证的建设工程,不得核发施工许可证,依照规定无需领取建设工程规划许可证的建设工程除外;对被认定为违法建设的建筑物、构筑物不得进行建设工程竣工验收备案;(二)国土房管部门核发房地产权证时,应当查验建设工程规划验收合格证,没有建设工程规划验收合格证的,不得核发房地产权证;(三)工商、卫生、文化广电、公安等行政管理部门核发有关执照、许可证时,应当对注册的住所和经营场所的合法性进行审核把关,查验建设工程规划验收合格证或者房地产权证件,没有相关证件的,不得核发有关证照;(四)出租屋租赁备案管理机构在对房屋出租进行登记备案时,应当查验建设工程规划验收合格证或者房地产权证;(五)公安机关依照法定职责协助查处违法建设,及时制止以暴力、威胁或者其他方法阻碍执行公务的违法行为,必要时依法实行交通管制、现场管制,对严重破坏治安秩序的违法行为人依法予以带离现场,依照《中华人民共和国治安管理处罚法》的规定实施处罚。"

② 张玉胜."大城管"立法:能否引发"城管革命"[N].人民法院报,2013-02-22(002);程久龙.首个"大城管"法规下月实施 底层经济转型武汉样本[N].经济观察报,2013-02-25(003).

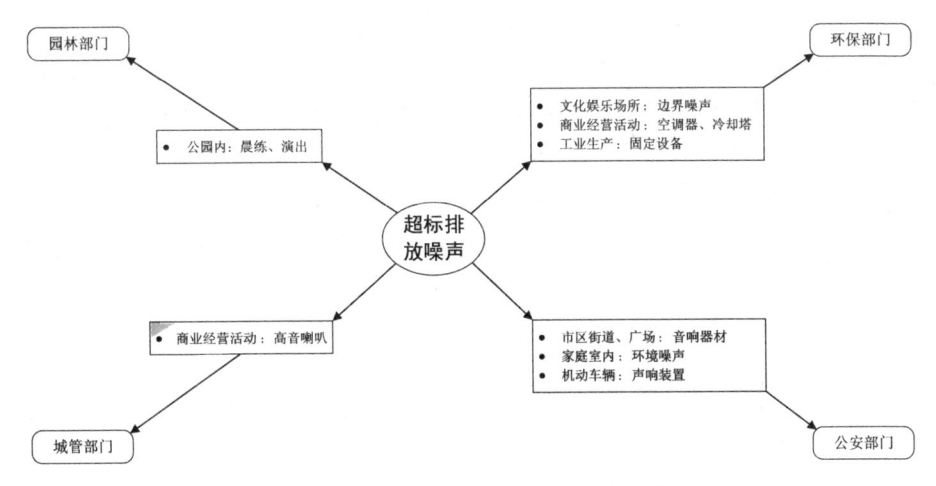

图 1-4 武汉市噪声条款事权分布示意

三、大城管立法的事权机理与展望

综合上述两个大城管立法的核心特征可以看出，"指挥机构"的"统一调度权"是其事权解决机制的主观机构条件；而"管理对象"下的"部门事权分配"则是其事权解决机制的客观法律条件。在这一立法模式下，其实并不发生相对集中处罚权的过程——无论是城管部门还是指挥机构，都无须集中或返还其他部门的事权，而是一方面将管理对象当作一个整体在城管、环保、园林、公安等各个部门之间分配具体职责，另一方面则是将城管和各部门的事权在城市管理的整体视野（即"大城管"）下进行集中指挥、统一调度——无论是针对管理对象的具体分工，还是事权纷争和部门协作，或是面对违法行为和投诉举报的集中统一处理，乃至于作为责任机制的监督和奖惩，都由上位的指挥机构来负责。此处的关键点在于，这种大城管模式，其实是在以管理对象为线索对部门事权进行梳理和明晰的基础上，又设置了一个上位于城管和各部门的指挥机构，而这一指挥机构的权限可能会跨越城管和各部门的事权边界——既然指挥机构拥有统一调度权，那么某一执法事项即便不在某部门传统的或法定的事权范围内，或者某一部门在出现事权争议时不认为应当由自身管辖，其也不得不服从调度、参与执法——这实质上是借助统一调度权来冲破部门间的事权边界。尽管部门事权的实质争议仍需通过"明晰事权"的立法程序进行制度性解决，但无论如何明晰，也不可能绝对排除发生争议的可能性，而指挥机构的设置，则可以至少在个案上暂时处理由事权引发的种种问题。

需要进一步说明的是，之所以说大城管模式为纵横纷扰中的城管事权提供了一种解决方案,乃是因为:(1)由于"城管部门"不再是"城市管理"的首要主体甚至唯一主体,而是强调同一管理对象下各部门的事权分配乃至于分工协作,因此城管部门也就没有必要在横向上"相对集中"各个部门在各个执法领域和执法事项上的事权,也就不必再为不计其数的庞杂职责所累。进而,作为承担城市管理职责的若干部门之一,城管部门的事权在横向上就可以严格遵循"城市"+"公共空间"这一界定标准,而无须再负责"打击传销""扫黄打非"等无关事宜,或者说,各部门不能再将原有的事权无差别、无原则地交给/推给城管,城管也可以不再接受各部门主动让渡的"无利可图"的执法事项。(2)在横向上各部门基于部门利益的"多头执法"和"消极执法",通过"管理对象下的事权明晰"可以使其失去法律依据,而"指挥机构的统一调度"又能使其不得不服从,此时,无论是对于事权的"争夺"还是"推诿",都可能被指挥机构所制止。(3)由于这一模式下较少发生横向上的事权划转,那么纵向上的处罚权集中也会随之减少。按照目前的大城管立法,虽然许可权、调查权、处罚权等子权力分属不同部门的情况仍然存在,但也有很多条款是在明确各部门的"处理权"而非"处罚权",此时,在一个相对的空间内,职权系列中的若干子权力就能统一归属某一部门行使,而不再发生断裂。(4)在法理基础上,设立一个上位的指挥机构来专门统筹城市管理领域的行政执法活动,符合行政组织法的一般原理——如果某一行政领域中只有平行主体而无上位主体,则一方面宏观的管理规划难以付诸实施,另一方面也难以解决部门纠纷、推动部门合作,而拥有统一调度权的指挥机构则正好填补了这一空缺。而在立法中以管理对象为中心来确定各部门事权,则是对客观事物多重属性的尊重——城市管理的最终目标并不是让各部门"尽职"乃至于"获利",而是让市容、卫生、道路交通、建筑施工等各个管理对象进入良好的运行状态中。因此,按管理对象的不同属性在城管和各部门之间分配事权,而不是只考虑将各部门的处罚权集中给城管,则更能在法理上接近"城市管理"的本意。

案例8:2015年初,湖南省岳阳市岳阳楼区成立了城市综合管委会,由区委书记任顾问、区长任主任,将城管、环卫、公安等20个区直部门和16个乡街作为城管委成员单位,统一指挥,实现了县级层面的城市综合管理职能部门的大融合。该区从公安等多个执法部门抽调人员组成综合执法大队,开展综合整治行动,解决了一批市民反映强烈的需多部门综合发力的复杂问题。比如,国庆节前夕,市民举报岳阳市城乡接合部的学院路机动车道有商贩摆摊,岳阳楼区城管局立即联合交警、公路、当地街道办事处迅速整治，确保了交通顺畅。①

案例9：2013年4月，哈尔滨市城管委将8个区政府和市发改委、工信委、财政局等27家单位的主要负责人，以及市委宣传部等6家单位的主管负责人纳入到组成人员名单；市建委、市交通局等12家单位化身12个"管家"，其分内职责具体到检查井盖、雨水井箅子、电线杆、门牌号等设施维护，将过去的城管"协调对象"全部变成了"考核对象"并以行政问责制来督促。比如，路灯杆、信号灯、公交站廊、街道名牌等"城市家具"分属各家，哪一处出现污损、毁坏，总是最先找城管，而以往城管在协调各单位处理时经常得不到配合。如今这些管护单位都成了"管家"，责任都明明白白写在纸上，不必协调和督促，喊了多年的"雨停即洗"成了各部门的"家事"，终于落实了。②

案例10：2014年4月，长沙市成立新城市管理委员会，湖南省委常委、长沙市委书记担任顾问，长沙市委副书记、市长担任主任，分管副市长任副主任，长沙市纪委、市委办公厅、市政府办公厅、市委组织部、市委宣传部、市发改委、市住建委等19个单位主要负责人及各区县（市）长为成员。这次改革对17项城市管理职责在市直部门之间进行了划分，以此明确权力主体和责任主体。以噪声扰民问题为例，长沙市明确由市环保局负责各类经营场所噪声扰民的查处；对于"大妈广场舞"等人为活动噪声，则明确由市公安局负责。③

通过上述案例可以认为，大城管模式的事权解决机制在实践中已经显现出一些效果。具体而言：（1）大城管模式的核心要素之一，就是统筹各部门的"指挥机构"必须居于上位，而在我国，行政机构的层级或权限与机构负责人的职务层次相关联，因此，将较高职务层次的行政领导作为城管指挥机构的负责人或组成人员，有助于实现并确保机构的指挥权限，而各部门也不得不服从其统一调度，在城市管理诸领域中各司其职并相互协作。上述3个案例在这一点上的做法是一致的，即岳阳楼区区长任城市综管委主任，各部门为成员单位；长沙市市长任城管委主任，各部门为成员单位；哈尔滨市城管办负责统一调度，而各部门为考核对象。"由党政一把手担任城管委的主要领导，不仅层级规格

---

① 徐亚平，等. 岳阳楼区首创"大城管"模式 [N]. 湖南日报，2015-10-05（01）.
② 胡玥. 部门联动构建"大城管"[N]. 哈尔滨日报，2013-06-14（001）.
③ 陈永刚. 城市管理的创新之举——解读长沙"大城管"[N]. 湖南日报，2014-04-03（02）.

高，对各部门的协调统筹力度也更大。"① 可以说，这类方案基本能够解决指挥机构的"上位"问题。此处还需提及的是，案例9中城管委对于各部门的考核和问责机制，一方面属于前文所述的指挥机构监督和奖惩权的组成部分，另一方面该机制能够进一步强化指挥机构的指挥权限，并能追踪各部门的职责履行情况并进行评价，属于大城管指挥系统中不可或缺的一环。（2）大城管模式的另一个核心要素是管理对象下的事权明晰，即在不发生事权转移的前提下围绕管理对象来明晰各部门的具体事权。从事权归属上说，案例9中的各类"城市家具"仍然分属各部门管辖这一点，再次印证了事权变动并未发生；而从事权明晰上说，与图1-4武汉市的事权条款相似，案例10中长沙市也以噪声问题为核心明确了部门间的职责分工。同时，既然不发生事权的"相对集中"，各部门在同一执法领域中的相互协作就是必要的，案例8中城管局与交警、公路、街道办对于摊贩的协作执法就是大城管模式下较为典型的执法方式。（3）然而从立法层面来看，我们尚未查找到案例8和案例10所对应的规范性文件；案例9中城管委全体会议颁布的《哈尔滨市城市管理委员会督办督查工作制度》，以及其中规定的"市城管办代表市城管委，统筹全市城市管理督办工作，各区政府、各城管委成员单位必须服从市城管办的统一指挥调度，与市城管办督办业务流转对接，形成上下联动、左右衔接的督办格局"②，我们亦未能查找到原文。这说明部分地方的大城管实践与其相应的立法进程尚存在脱节之处。

可以说，始于2000年前后的相对集中处罚权，是在行政执法领域对于各部门事权纷争的一次重要创新和突破；而晚近部分地方开展的大城管立法，则是对于相对集中处罚权的再突破：这一模式其实是从反向上消解了相对集中处罚权的制度架构，让城管和各部门恢复到各司其职、各负其责的状态下，同时也就消解了相对集中处罚权所带来的城管事权在横向上不堪重负、在纵向上相互割裂，以及由此产生的种种问题；而相对集中处罚权之前的多头执法、多头处罚等问题，则是通过"指挥机构的统一调度"和"管理对象下的事权明晰"这两个核心机制予以化解。然而，由于目前大城管模式尚处于起步阶段，其在立法和实践中仍存在一些问题。（1）由于指挥机构必须上位于城管和各部门，其统一调度权也能够以行政命令的形式向下传达，并要求城管和各部门必须服从，因此，其权限的具体内容、指挥各部门的范围和幅度、行使程序应当为何等，

---

① 陈永刚. 城市管理的创新之举——解读长沙"大城管"［N］. 湖南日报，2014-04-03（02）.
② 胡玥. 部门联动构建"大城管"［N］. 哈尔滨日报，2013-06-14（001）.

仍有必要进一步加以明确。（2）大城管模式下如何对各部门进行监督和考核，采用何种评价标准及奖惩方式，城管和各部门不服从指挥时应当如何追究责任，乃至于指挥机构行使权力时应当如何对其进行监督等，目前的立法都没有明确规定。（3）对于以管理对象为中心的事权明晰，目前很多地方的相关立法都未能同时跟进，而如若在确定事权的过程中产生需要在部门间调整的问题时应当如何处理，也是关涉大城管事权基础的重要问题。总之，尽管大城管的法律规范尚不健全，但其在法理基础上是能够成立的，其在解决城市管理事权纷争上的创新和突破也表明其是值得尝试的；而其目前在立法上的种种欠缺，则需要通过实践中的试错和总结来不断加以完善。

第二章

城管主体的多维构设

在当前城市管理综合执法所面临的诸多问题中，尽管法定权限、处罚程序、强制手段、公众参与等一系列事项都直接影响着执法效果及相对人的体验，但从城管自身的角度看，一个同样重要甚至更为复杂难解的问题则是主体设置问题，包括部门地位、层级关系、内部职能乃至于执法队伍和人员编制等，其中最为核心的就是城管部门应当如何设置才能使其所享有的诸多职能得以最大限度地发挥。从行政组织理论的角度讲，"组织发展的每一个阶段都需要就组织结构问题作相关决策，其中包括了决定创建什么样的组织结构，以及……需要废除哪些现存的结构以改造当前的组织结构"①。而科学合理的组织设置也是后续职能履行、目标实现乃至于资源分配和绩效评价等的前提和基础；同时，"机构设置及其相互关系，通过管辖权明确主管行政机关"② 等也是法律规范对包括城市管理在内的行政过程进行约束的首要方面。在此基础上，中共十八届三中全会在《中共中央关于全面深化改革若干重大问题的决定》中要求各级政府"减少行政执法层级"、加强重点领域的"基层执法力量"；中共十八届四中全会在《中共中央关于全面推进依法治国若干重大问题的决定》中进一步要求各级政府"理顺城管执法体制，加强城市管理综合执法机构建设，提高执法和服务水平"。事实上，从机构定位的视角观察，城管主体并不是一个单向度的存在，而是处于一个多维的立体空间中：既有横向上与其他政府工作部门之间的关联，也有纵向上与上下级之间的关联，还有内部具体的职能分工等事项。本章将通过这三个维度来探讨城管主体在自身构设上所存在的问题，并对照现有的大城管立法例来为这些问题的进一步解决和完善提供借鉴。

---

① ［美］多丽斯·A. 格拉伯. 沟通的力量——公共组织信息管理［M］. 张熹珂，译. 上海：复旦大学出版社，2007：82.
② ［德］汉斯·J. 沃尔夫，等. 行政法：第一卷［M］. 高家伟，译. 北京：商务印书馆，2002：192.

第一节 城管主体的横向维度：部门间的并行与协作

在城管主体的"多维构设"中，"横向定位"指的是在某一级城市政府中，[①] 城管主体与其他政府工作部门之间的关系问题。这主要包括三方面内容：一是城管主体在地位上是与其他工作部门平行还是属于某一部门的下设机构；二是城管主体在管理权和执法权的统合上是独立行使还是合署办公；三是城管主体在履行职责的过程中如何与其他部门进行衔接乃至于协调配合。

一、城管主体的部门地位：并行还是下设

严格来说，城管主体的部门地位本来不应该存在问题。《国务院办公厅关于继续做好相对集中行政处罚权试点工作的通知》〔2000〕第二条规定："试点城市集中行使行政处罚权的行政机关应当作为本级政府的一个行政机关，不得作为政府一个部门内设机构或者下设机构。"而《国务院关于进一步推进相对集中行政处罚权工作的决定》〔2002〕第三条第（四）项进一步规定："不得将集中行使行政处罚权的行政机关作为政府一个部门的内设机构或者下设机构，也不得将某个部门的上级业务主管部门确定为集中行使行政处罚权的行政机关的上级主管部门。集中行使行政处罚权的行政机关应作为本级政府直接领导的一个独立的行政执法部门，依法独立履行规定的职权，并承担相应的法律责任。"按照上述规定，城管在城市政府中只能作为独立的工作部门存在，而不能被设置成其他部门的下设机构。对于这一规定的遵行情况，我们考察了全国31个直辖市和省会城市（不含港澳台）人民政府的机构设置（见图2-1），从中可以看出，除西宁、拉萨等3个城市未能获得确切信息外，只有北京和上海两地的城管主体被定性为"市政府直属行政执法机构"和"市政府直属机构"，其余26个城市的城管主体皆被定性为市政府"工作部门"。

然而尽管如此，仍有一些地方并没有完全确立"城管主体"与"市政府工作部门"之间的关联。比如，在陕西省，西安、宝鸡、咸阳、榆林的城管主体

---

① 《住房和城乡建设部主要职责内设机构和人员编制规定》〔2008〕第一条第五项规定："将城市管理的具体职责交给城市人民政府，并由城市人民政府确定市政公用事业、绿化、供水、节水、排水、污水处理、城市客运、市政设施、园林、市容、环卫和建设档案等方面的管理体制。"因此，城管应当是作为城市人民政府的工作部门或下设机构而存在。

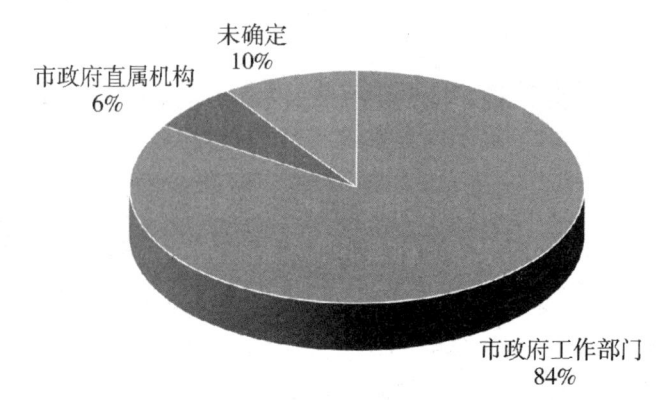

图 2-1 31个直辖市和省会市城管主体地位分布情况

是政府独立的组成部门，而渭南和汉中的城管主体则在2010年的机构改革中被挂靠在市住房和城市管理局。① 对此我们认为，出现这种状况的原因在于，前述国务院的两个规范性文件法律位阶较低，可能难以获得各地方的一体遵行；而作为上位法也是全国人大立法的《地方各级人民代表大会和地方各级人民政府组织法》〔2004〕②，则不仅没有规定城管主体的相关内容，反而赋予了地方政府部门设置的灵活性，即"组织法本身并没有规定行政组织必须设立哪些职能部门，职能如何划分，一切均由人民政府根据'工作需要'而定"。③ 这就是说，城市政府即便将城管设置为工作部门的下设机构，也不算违反上位法。因此我们还需对城管作为城市政府独立工作部门的正当性进行说明。

（1）从法理上说，一个机构是否能在横向上与其他工作部门处于并行关系，主要取决于其是否具有独立的职责或职能，或者说，其是否能够专门负责管理某一特定行政领域中的事务。吉尔霍恩（Ernest Gellhorn）教授曾言："行政机构的建立，通常旨在处理现时危机或纠正严重的社会问题。……政府对于公共要求的反应，经常是通过建立一个新的机构，或授权一个现存的官僚机构的方

---

① 王田华. 相对集中行政处罚权制度实施情况调研与思考［J］. 价格与市场，2014（2）：33.
② 《地方各级人民代表大会和地方各级人民政府组织法》第六十四条规定："地方各级人民政府根据工作需要和精干的原则，设立必要的工作部门。"
③ 金国坤. 行政权限冲突解决机制研究——部门协调的法制化路径探寻［M］. 北京：北京大学出版社，2010：26.

式来体现。"① 而在我国，2000年前后城管主体在各地方的设立，正是为了应对在城市化进程不断加快的情况下，市容、环境、卫生、园林、绿化乃至于道路、交通、建设等方面逐步涌现出来的种种错综复杂的问题。可以说，尽管当下城管主体的事权相当庞杂，但大多是围绕着"城市"和"公共空间"这两个要素展开的，其职能具有明显的独立性和特定性。金国坤教授指出："从职能部门的地位和性质看，各职能部门是代表政府行使对某一领域或专门事务的管理权，一个职能部门一经设立，便同时被赋予了某一方面或领域的行政管理和行政执法权限。"② 显然，城管主体与城管领域之间的对应关系为其政府工作部门的定位提供了基本的正当性理由。

（2）政府工作部门的定位能够解决城管在行政执法中的主体资格问题。按照行政法学的一般理论，只有"行政主体"才能以自己的名义实施行政行为并承担由此产生的法律责任，③ 才能以自己的名义作为行政复议的被申请人和行政诉讼的被告；或者说，只有具备主体资格者，才能独立从事"城市管理综合行政执法"这样的工作。这也是学者将"保证执法主体的独立性""经批准成立的综合行政执法机构，具有行政执法主体资格"当作"建构综合行政执法主体"④ 首要条件的原因所在。而在城市政府内部，一般而言，工作部门普遍具有主体资格，而除特殊情况外工作部门的内设/下设机构则不具备主体资格——"行政机构本身不具有行政主体权利能力，不能以自己的名义独立地对外行使行政职权，也不能独立地承担自己行使行政职权而产生的法律后果。"⑤ 在这个意义上，尽管将城管作为下设机构的部分地方在实践中似乎并未受到执法有效性的影响，但在法理上，主体资格的有无其实有着更为复杂而深远的意义，比如将执法责任归为所挂靠部门的正当性问题、制定规范性文件的位阶及效力问题，以及城管作为下设机构与《行政处罚法》相对集中处罚权之间的冲突问题，等等。

（3）将城管作为政府工作部门的下设机构还可能存在其他方面的问题。①

---

① ［美］奥内斯特·吉尔霍恩，巴瑞·B. 鲍叶. 美国行政法和行政程序［M］. 崔卓兰，等译. 长春：吉林大学出版社，1990：1.

② 金国坤. 行政权限冲突解决机制研究——部门协调的法制化路径探寻［M］. 北京：北京大学出版社，2010：26.

③ "行政行为只能由相应的主体作出，而这个主体必须履行公共行政的职能。"［荷］勒内·J. G. H. 西尔登，弗里茨·斯特罗因克. 欧美比较行政法［M］. 伏创宇，等译. 北京：中国人民大学出版社，2013：116.

④ 熊文钊. 城管论衡——综合行政执法体制研究［M］. 北京：法律出版社，2012：26-27.

⑤ 王丛虎. 行政主体问题研究［M］. 北京：北京大学出版社，2007：119.

城管在城市管理领域具有独立的职能，因此也具有相应的专业性和技术性；如果将城管设置为某一工作部门的下设机构，则可能出现部门与机构之间专业不匹配的问题，此时该部门就难以指导和管理其下设城管机构的工作。而从另一个角度看，作为相对集中处罚权的主体，城管集成了原属各个部门的事权，此时如果让其作为其中某一部门的下设机构，则会在部门与机构的事权逻辑上出现明显的悖论。②城管职能的独立性也使得其在外部的行政过程中有着特定的管理对象和执法程序，在内部的人员管理中也有着特定的考核、培训和监督程序，而这些程序却难以统合到其他工作部门中，若将其定位为某一部门的下设机构，则难免会出现"水土不服"的现象。③由于政府工作部门与其下设机构之间相差至少一个层级，那么，如果将城管定位为下设机构，则在表面上会显得政府对于城市管理这一职责的重视程度有所不足，在实体上也会影响到对于城管机构人财物的分配，或者说，城管主体的层级越低，相应的管理和执法资源也会越少，这会使得本就难以负担庞杂事权的城管资源更加捉襟见肘。

二、城管主体的合署办公：管理权与执法权

城管主体在横向维度上一个较为常见的现象，即与自身性质相同或相近的部门或机构合署办公，俗称"一套机构、几块牌子"。对此，我们仍然考察了全国 31 个直辖市和省会城市（不含港澳台）城管主体的合署办公情况（见图 2-2）。此处将之划分成 4 种类型。（1）城管主体以"城市管理"为名独立办公，如"哈尔滨市城市管理局""石家庄市城市管理委员会"等。共有 13 个城市属于此种类型，占城市总数的 42%。（2）城管主体虽然独立办公，但其名称并非"城市管理"，如"天津市市容和园林管理委员会""重庆市市政管理委员会"和"拉萨市市政市容管理委员会"履行城管职能。共有 3 个城市属于此种类型，占城市总数的 9%。（3）在城管的合署办公中，最为常见的就是"城市管理局"和"城市管理综合执法局"这两个性质相近的部门进行合署办公，如"南宁市城市管理局"和"南宁市城市管理综合行政执法局"合署办公，"济南市城市管理局"和"济南市城市管理行政执法局"合署办公等。共有 12 个城市属于此种类型，占城市总数的 39%。（4）有些城市中与城管合署办公的对象较为特殊，如"上海市绿化和市容管理局""上海市林业局"和"上海市城市管理行政执法局"合署办公，"长春市市容环境卫生管理局"和"长春市城市管理行政执法局"合署办公等。共有 3 个城市属于此种类型，占城市总数的 10%。

其中，"城市管理局"和"城市管理综合执法局"合署办公的现象，涉及城市管理过程中"管理权"和"执法权"之间的相互关系，即"管理局"所负

<<< 第二章 城管主体的多维构设

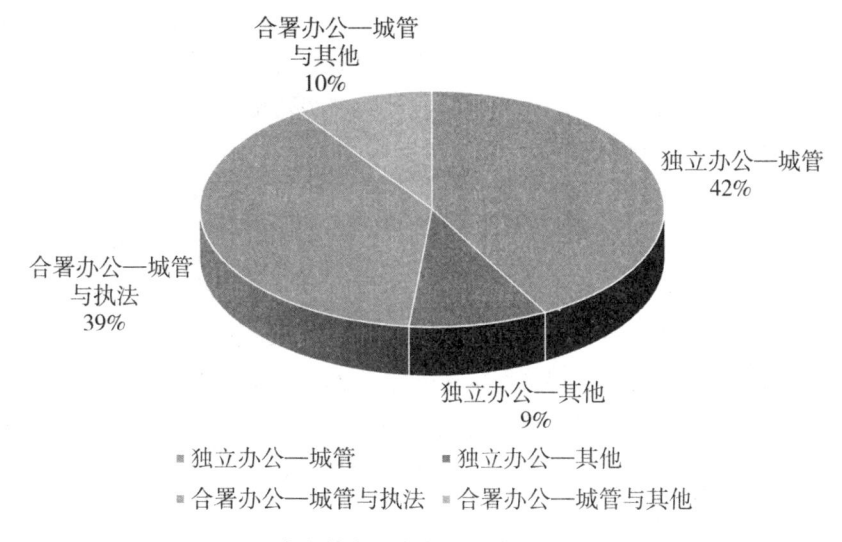

图 2-2　31个直辖市和省会市城管主体合署办公情况

责的应当是更具宏观性的政策、规划、建设等城市运行与发展方面的事项，而"执法局"所负责的应当是相对人违反相关法律规范时的调查、处罚和强制等事项——相对集中各部门处罚权的应当是"执法局"而不是"管理局"，如果二者关系设置不当，则会影响到执法效果乃至于城市管理整体上的实践表现。对此我们认为：（1）基于前文述及的主体资格/执法资格的考虑，"执法局"不应成为"管理局"的下设或内设机构，而至少应当与之处于平行地位。因为，不仅在城市宏观管理上"管理局"应当具有以自己的名义发布规范和命令的资格，而在城市微观执法上"执法局"也应当具有独立实施行政处罚和强制并对执法结果负责的资格。相反，如果"执法局"成为"管理局"的下设机构，则会出现微观执法中的责任由宏观管理部门承担这种"文不对题"的悖论。而合署办公则能使"管理局"和"执法局"在平行位置上同时具有主体资格，即可较好地解决这一问题。（2）在管理权和执法权的关系上，上述这种合署办公的情况可以视为是将二者一体化的模式；但图2-2中仍有13个城市是由"管理局"或"执法局"单独履行城管职能，而未进行合署办公，可以视为是将二者相分离的模式，这也是城管体制的传统模式。我们认为，从简化机构的角度看，"管理局"和"执法局"在职责领域（城市管理）上具有高度的同一性；而从行政过程的角度看，"政策制定"与"政策执行"之间也具有显著的关联性，因此，二者的统一往往比分立更便于开展工作。

至于部分地方将"非城管"主体作为履行城管职责的部门，我们认为并不适合大范围推广。如"天津市市容和园林管理委员会",虽然其下设的街容管理处、环境卫生管理处和废弃物管理处等能够履行一般城管部门的职能,但其毕竟是以市容和园林管理为核心,难以涵盖"城市(外观+内在)+公共空间"这一界定标准下的庞杂事权。而对于城管部门与非城管部门合署办公的情况,如"上海市绿化和市容管理局""上海市林业局"和"上海市城市管理行政执法局",由于这三个部门的部分职责较为相近并且关联性较强,在机构整合的意义上具有其合理性;并且,《指导意见》第(六)项要求"推进市县两级政府城市管理领域大部门制改革,整合市政公用、市容环卫、园林绿化、城市管理执法等城市管理相关职能,实现管理执法机构综合设置",可见,这种模式也是城管机构改革的方向所在。但需要注意的是,合署办公并不是在城管与其他任意部门之间随机开展的,如果职能差异较大或者相近度过低,一味地合署办公反而可能带来负效应。

三、城管主体的横向关系:指挥机构与协调机构

阿吉里斯(Chris Argyris)教授曾言:"任务专业化原则要求将组织分成若干部门,各部门都有各自的目标和专门任务。但是,这些热衷于完成各自任务的众多部门并不能构成一个组织,只有按照一定的模式,在各部门间建立起相互关系之后,才能形成真正的组织。按照专业化的逻辑,组织的设计者们要设立一个新职能(领导职能),其主要职责是对各部门间的相互关系加以控制、指导和协调,以确保每部门都在竭尽全力地完成任务。"[1] 在城管主体的横向维度上,一个格外重要的问题是与其他政府工作部门之间的关系,特别是与相对集中处罚权之前原权力部门之间的关系。熊文钊教授将之划分为三个类别:一是职能划转关系,即原部门继续行使政策制定权和审查审批权,主要的监督检查权和处罚决定权由城管机关行使;二是职能衔接关系,即在职能分离的前提下,城管机关与原部门之间可能发生权限范围和执法依据适用的争议,从而需要进行案件的移送和争议的调处;三是协助配合关系,即城管与市政、城建、规划、公安、环保等部门相互支持、相互配合,各行政部门在执法工作中采取日常联

---

[1] [美]克里斯·阿吉里斯. 个性与组织[M]. 郭旭力,鲜红霞,译. 北京:中国人民大学出版社,2007:72.

络、信息共享、专业技术支持、联合执法等配合形式。① 其中，第一种关系使得城管和其他部门在实践中可能基于事权分配而产生争议和纠纷，而第二和第三种关系则是对这种争议的弥补。究其原因所在，我们认为，这不仅是相对集中处罚权过程中城管与原部门的职能划转存在一定的模糊之处，而且也是管理对象日益复杂的情况下部门之间事权分配的必然结果。"由于城市管理涉及的范围较广泛……在实践操作中经常会出现政府工作部门之间由于分工不衔接而出现相互'推托''扯皮'的现象，甚至出现管理上的'盲区'和'空白点'。"②

针对上述问题，理论上较有代表性的是奥斯本（David Osborne）教授提出的"根据使命而不是根据分管范围进行组织"③，以及林登（Russell M. Linden）教授提出的"无缝隙政府"。二者的共同点都是要打破僵硬的部门和职能界限，"去掉部门分割、去掉专门分工，拆毁隔绝和分裂自然工作过程的多重壁垒""以顾客为导向，以结果为导向，以竞争为导向，使政府每一项资源投入、人员活动、公共产品或服务的提供等，都能真正而有效地符合顾客的需求"。④ 参照这一原理，我们认为，若要解决城管与其他部门的关系问题，目前可供选择方案包括：

（1）通过法律规范的形式进一步明确城管与其他部门之间的事权分配。比如，《天津市人民政府关于明确城市管理执法职责的通知》〔2007〕通过 11 个条文详细规定了"违法占用土地进行建设""利用机动车、非机动车等活动或固定设施占用道路进行非法经营活动"等事项的职权归属。

（2）通过在城管与各部门之间进行机构整合，实现相同或近似职能的统一行使。⑤ 比如，2015 年 3 月成立的晋中市规划和城市管理局，整合了原市住建局的城市管理和行政执法职能以及市规划局、市园林局、市环卫局的行政职能，

---

① "在某些专业性、技术性不是很强，且城管执法经验较为成熟的方面，将原行政部门的职责整体划转给城管执法机关，重新梳理、明确划转后的执法依据，与履行职责密不可分的行政检查权和行政强制权等权力一并划转。""处罚权已经被整体划转的行政机关，如市容环境卫生、市政管理、园林绿化部门可以对城管执法机关发挥先期指示作用；具有行政强制权的行政机关，如公安机关应当对城管执法机关发挥执法保障作用。"参见熊文钊. 城管论衡——综合行政执法体制研究[M]. 北京：法律出版社，2012：44-45.
② 谢标. 武汉市市区政府社会管理职能划分研究——以城市管理为例[J]. 长江论坛，2013（6）：32.
③ [美] 戴维·奥斯本，特德·盖布勒. 改革政府——企业家精神如何改革着公共部门[M]. 周敦仁，等译. 上海：上海译文出版社，2006：90.
④ [美] 拉塞尔·M. 林登. 无缝隙政府——公共部门再造指南[M]. 汪大海，等译. 北京：中国人民大学出版社，2002：8-9、52.
⑤ 前文"合署办公"的第（4）种形式，亦可视为这种方案的具体表现形式之一。

将市规划、园林、环卫三个单位合三为一,形成了城市规划、建设和管理分工协作、功能互补、共同促进的新体制。①

(3)通过大城管模式下的"指挥机构"来统合城管及各部门的职责履行过程。这一模式也被莫于川教授归为"综合协调模式",即"一项行政任务需多部门协作时,由一个高位的协调办公室或委员会进行沟通协调"②。而在指挥机构的详细设置上,以北京市石景山区城管(见图2-3)为例:①石景山区的城管主体为"城市综合管理委员会",是负责统筹协调、督促落实本区城市环境建设、环境秩序整治工作,负责本区市政基础设施、市政公用事业、市容环境卫生、交通水务等行业管理工作的区政府工作部门;而区环保局、区园林绿化局、区城管执法局、区城管监督指挥中心、区环卫中心等部门归口区城管委管理。②在区城管委归口管理的机构中,设立"区社会治理综合执法委员会",并由区长担任主任,从而搭建了高位指挥、高位组织、高位协调的综合执法平台,统一组织全区性重大执法行动,协调解决执法的重大问题;同时设立"区城市管理监督指挥中心",与区社会治理综合执法委员会合署办公,实现以城市管理事

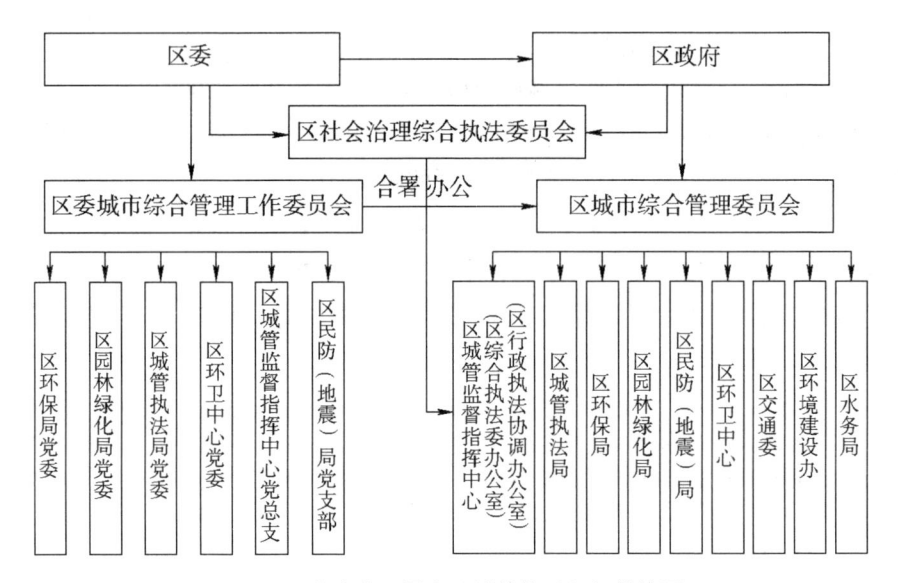

图2-3 北京市石景山区城管体系组织结构图

---

① 雷甫. 我市城市管理实现"建管分离"[N]. 晋中日报, 2015-03-30 (002).
② 莫于川, 雷振. 从城市管理走向城市治理——《南京市城市治理条例》的理念与制度创新[J]. 行政法学研究, 2013 (3): 58.

件为核心的监督指挥平台与城市管理执法队伍的指挥调度平台合二为一,从问题的发现、督办到执法人员的协调调度无缝对接。[1] 综合上述设置,区城管委是各相关部门的上位机构,拥有上位指挥权限;归口的区执法委则专门负责指挥和协调事宜——这一指挥协调体系使得城管与各部门间的统筹配合在行政组织层面上得以实现。

(4)然而相较而言,目前"指挥机构"的设置在实践中尚属少数,更为常见的另一种模式则是"协调机构",即"通过建立健全联席会议、协调沟通、信息资源共享、案件移送受理反馈等工作机制,督促各市辖区、县政府和有关行政管理部门切实履行城市管理的职责"[2]。比如,根据《北京市城市管理综合行政执法局主要职责内设机构和人员编制规定》〔2013〕的规定,作为北京市城管局内设机构的"执法协调处",其职责是"负责本市城市管理综合行政执法方面的协调工作;负责联系相关部门,建立和完善执法协调制度和工作机制;负责组织协调联合执法工作;负责向市、区县政府或相关职能部门及时反映问题、通报情况"。再如,根据《厦门市城市管理行政执法局主要职责、内设机构和人员编制规定》〔2012〕的规定,作为厦门市城管局内设机构的"执法协调处",其职责包括"协调城管执法业务工作中局处室(含直属单位)之间、市局与区局之间、市局与相关行政管理部门和单位之间的关系;协调、指导全市城管执法队伍开展专项执法和综合整治行动,协调组织由市局直接强制执行的重大执法案件和配合相关行政管理部门办理的行政执法案件;协调区城管执法部门和相关行政管理部门拟移交市局直接查处的城管执法案件"等。然而,这类协调机构毕竟只是城管主体的内设机构,其在城管和各部门之间的横向权限只是进行"联系""协调""反映问题、通报情况"等,而不像居于上位的指挥机构那样能够进行"统筹"和"命令"。因此,尽管有学者认为协调机构的设置有助于"打破城市管理碎片化局面",有助于"以公共服务为对象,推进城市管理职能的横向整合"[3],但按照豪利特(Michael Howlett)教授的观点,为了增强部门间的合作以及减少部门间冲突的机会,由少数机构集中权力的行使往往具有

---

[1] 北京市石景山区人民政府. 抓"综合"促"下沉"——北京市石景山区探索城市管理体制改革新路[J]. 城市管理与科技, 2015(2): 6-11.
[2] 王雅琴, 沈俊强. 城市管理监察综合行政执法之理论与实践[M]. 北京: 法律出版社, 2013: 20.
[3] 王生坤. 城市管理碎片化形成原因与解决路径[J]. 上海城市管理, 2015(2): 80.

更为明显的效果①。我们认为，在处理城管与其他部门横向关系的问题上，大城管模式下的指挥机构比现有的协调机构更具优势。

第二节　城管主体的纵向维度：层级间的架设与分工

在城管主体的"多维构设"中，"纵向定位"指的是作为政府的工作部门及执法机构，城管主体在中央、省、市、区、街道等各个层级的具体架设、权限分配与相互关系等。这主要包括两方面内容：一是从上级的角度看，城管主体在国务院和省级政府中是否应当设置以及如何设置；二是从下级的角度看，城管主体在市、区、街道中关于层级数量、执法权限以及资源配比等问题应当如何处理。

一、城管主体的上位建制：统一的立法与管理？

赫梅尔（Ralph P. Hummel）教授曾言："合理的分工和层级结构对分工进行管理的相互作用，成为现代官僚体制无可比拟的权力工具的范围、强度和可控性的基础。"② 与其他政府工作部门一样，合理设置纵向的管理层级也是城管系统高效且顺畅运转的必要条件之一。而对于城管来说，首先遇到的是上位建制问题，即是否应当在中央政府乃至于省级政府中设置相应的工作部门。目前，城管在国务院并没有对应的工作部门；而在省一级，我们对全国的省级人民政府（不包括台湾）依次进行了考察，没有任何一处将城管设置为政府工作部门，只有江苏、湖北和贵州省在住房和城乡建设厅内部设置了"城市管理处"，占全部省份的11%。而事实上，城管主体的上位建制是一个颇具争议的问题。

反对者的主要理由是：（1）中央机构编制委员会办公室在《关于清理整顿行政执法队伍实行综合行政执法试点工作意见的通知》〔2002〕中规定："行政执法机构主要在城市和区、县设置。省、自治区政府各部门不再单独设置行政执法机构；设区的市设置行政执法机构，可根据当地的具体情况和不同行政执法领域，适当选择以市为主或以区为主的模式。"显然，省级和省级以上机关不

---

① ［英］迈克尔·豪利特，M. 拉米什. 公共政策研究——政策循环与政策子系统［M］. 庞诗，等译. 北京：生活·读书·新知三联书店，2006：110.
② ［美］拉尔夫·P. 赫梅尔. 官僚经验——后现代主义的挑战［M］. 韩红，译. 北京：中国人民大学出版社，2013：56.

应设置行政执法机构。(2) 城市管理的对象仅限于城市内部,在省级和中央设置部门没有必要;而且上下对口、条条管理的模式容易使得下级城管只对上级城管负责而不对本级政府负责,从而分割政府权力,导致"政府权力部门化、部门权力利益化、部门利益法制化"[1]。同时,片面地追求"从中央到地方一致",不仅可能出现"职责同构"的弊病[2],而且,"不同的层级分担不同的责任,这又容易造成各层级均抱怨责、权、利不相称,出现问题互相指责"[3]。(3) 根据因地制宜的执法原则,每个城市都有其特色或特殊性,中央乃至于省级政府不适于集中统一进行管理。就如崔卓兰教授所言:"并不是所有的问题中央立法都能作出统一的规范,例如城市管理、名胜古迹的保护等问题,而且这些事务在各地的存在状况并不一致,有的地区有江河湖泊,有的地方有高山平原,北方冬季需要集中供热,南方夏季需要防暑降温,这就更要求地方国家机关享有自主解决本地事务的权力。"[4]

然而尽管如此,我们认为,城管主体的上位建制仍然具有十分重要的意义。(1) 中央机构编制委员会办公室办的规定所限定的仅仅是"行政执法机构",而不是作为政府工作部门的"城管部门",而目前较为常见的做法,则是将行政执法机构设置为城管部门的直属机构,专门从事执法工作;也就是说,尽管该规定将"行政执法机构"的层级限定为省级以下,但并未对"城管部门"进行限制,城管主体并非不能作为国务院或省级政府的工作部门出现。(2) 尽管城管在市级以下建制的模式充分照顾到了不同城市的特殊情况,但也使得"各自为政"的现象普遍存在,即便是违法建筑、占道经营等具有共性的问题,也可能在相邻的两个城市之间存在显著的管理和制度上的差别。我们认为,按照因地制宜原则,上位立法不应规范过于微观的事项,但城市管理中具有宏观性和共通性的事项,则仍需由上位立法加以明确。(3) 上位建制的缺失使得城管在管理方式、执法模式等方面没有统一的标准可供遵循,无法集中力量进行问题研究,也无法获得上级主管部门的业务指导和监督。因此,有必要"确立一个综合机构作为城管执法局的主管部门,督促、指导城管执法,总结、提升城管

---

[1] 石佑启,张水海. 从社会管理创新角度看城市管理领域相对集中行政处罚权制度的完善和发展 [J]. 行政法学研究,2012 (1):27.

[2] 封丽霞. 中央与地方立法关系法治化研究 [M]. 北京:北京大学出版社,2008:368-371;吕尚敏. 行政执法人员的行动逻辑——以 W 河道管理局为样本的法社会学考察 [M]. 北京:中国法制出版社,2012:42.

[3] 杨沛龙. 减少层级与打破矩阵——城镇化进程中城市治理模式新设想 [J]. 长江论坛,2015 (1):71.

[4] 崔卓兰,等. 地方立法实证研究 [M]. 北京:知识产权出版社,2007:15.

执法经验"①。（4）上位建制的缺失导致了城管上位立法的缺失。由于目前多数城管主体是在市级以下人民政府中设置，因此其相关的法律规范也多数是市一级的地方性法规和地方政府规章，尽管作为住建部部门规章的《城市管理执法办法》已于2017年颁布实施，但全国人大的法律、国务院的行政法规皆处于缺失状态。于是，城管执法经常被称之为"借法执法"，即依照环卫、规划、土地、建设、工商等部门的法律规范去执法，而后者显然无法顾及城管主体的特殊情况。在缺乏上位法统一梳理、整合的情况下，各地方城管对于"所借之法"的实际执行也就呈现出"千姿百态"的局面。（5）城管上位建制的缺失还在一定程度上限制了相对人申请行政复议的权利。根据《中华人民共和国行政复议法》第十二条的规定，对政府工作部门的具体行政行为不服的，申请人既可以向本级人民政府申请复议，也可以向上级主管部门申请复议。但由于多数地方并无省级城管部门或机构的设置，那么对于市级城管部门的行为，申请人就只能向同级人民政府而无法向上级主管部门申请复议。可以说，城管的上位建制也有助于进一步保障相对人的权利。

至于城管主体的上位建制在组织机构的角度上究竟应当如何设置，我们认为：

（1）较为理想的情况是在国务院和省级人民政府专门设置城管工作部门，即将城管主体设立为国务院的一个独立部委或者省级政府的一个独立厅局。原因在于，根据前文的统计，绝大多数直辖市和省会市的城管主体皆为政府工作部门，那么从纵向的统筹指挥和业务指导方面考虑，国务院和省级政府也有必要将城管主体定位为政府工作部门。然而从目前的情况看，要实现这一点是较为困难的。此外，有学者建议成立专门的全国性综合行政执法机关——国家综合行政执法总局，来负责全国的综合行政执法工作。② 但这一机构的管理对象是"综合行政执法"，一方面其涵盖了文化、农业、海事等诸领域的综合执法而非仅限于城管执法；另一方面城管主体的职责不仅包括执法，还包括城市基础设施和外部环境等多方面的管理事项，这就超出了"执法总局"的职权范围，因此"执法总局"的设置很难和各地方的城管主体形成严格的对应关系。

（2）从"指导部门"而非"工作部门"的角度看，首先，在中央层面上，《指导意见》第（五）项规定："国务院住房和城乡建设主管部门负责对全国城市管理工作的指导，研究拟定有关政策，制定基本规范，做好顶层设计，加强

---

① 黄磊. 城管改革的法治轨道［J］. 人民政坛，2013（9）：9.
② 熊文钊. 城管论衡——综合行政执法体制研究［M］. 北京：法律出版社，2012：31.

对省、自治区、直辖市城市管理工作的指导监督协调，积极推进地方各级政府城市管理事权法律化、规范化。"《城市管理执法办法》第四条第一款规定："国务院住房城乡建设主管部门负责全国城市管理执法的指导监督协调工作。"这些规定是将住建部设置为城管在中央的指导部门。我们认为，其原因在于，住建部门的职能与城市管理有着较多的相近之处。比如，有相当多数省份的住建厅下设了"城市建设处"，其中，安徽省住建厅城市建设处的职能包括"指导城市供水、节水、燃气、热力、市政设施、园林、市容环境治理、城建监察工作；指导城镇污水处理设施和管网配套建设；指导城市规划区的绿化工作；……负责全省风景名胜区的监督管理工作"；福建省住建厅城市建设处的职能包括"指导全省城市道路、桥梁、路灯、供水、节水、排水、生活污水处理和管网配套、生活垃圾处理、燃气、市容环卫、市政公用设施等行业建设管理工作……拟订全省风景名胜区、城市园林绿化政策并指导实施……指导和管理全省城市规划区内的园林绿化工作"。可见，不仅上述职能与城管事权的涵摄范围有所重合，其中某些细目在某些地方就是由城管部门负责具体实施的。因此，由住建部指导城管工作一方面有助于解决前述的各自为政、立法缺失、标准不明等问题，另一方面由于职能的相近也不会产生严重的"排异反应"。

（3）而在省级层面上，《指导意见》第（五）项规定："各省、自治区、直辖市政府应当确立相应的城市管理主管部门，加强对辖区内城市管理工作的业务指导、组织协调、监督检查和考核评价。"《城市管理执法办法》第四条第二款规定："各省、自治区人民政府住房城乡建设主管部门负责本行政区域内城市管理执法的指导监督考核协调工作。"而此处并未明确规定城管主体具体的机构设置方式。我们认为，将城管主体以"城市管理局"或"城市管理处"的名义设置在住建厅内部，是目前最为合理的建制方案，也是部分省份已经实施的方案。比如，2015年3月成立的江苏省住建厅城市管理局，其主要职责为："指导城镇市容、环卫、环境综合整治等管理工作；拟订城市管理执法、市容环卫等城市管理的政策措施并指导、监督实施；指导市容管理和环卫设施的建设、维护及运营管理；指导全省城市管理行政执法队伍管理；指导数字化城市管理工作。"可见，此处的城管局拥有了规则制定、业务指导、队伍管理等多方面的职能，并且，按照"综合整治"这样的表述，其也可以履行跨部门协调等职责。再如，湖北省住建厅城市管理处的主要职责为："研究拟订城市管理执法、城建监察、市容环境卫生的发展战略、政策法规、行业标准并监督实施；指导住房和城乡建设的稽查执法工作；指导城市市容环境卫生治理和执法工作；指导城市垃圾处理设施的建设、维护及运营管理工作；组织对城乡规划、住房保障、房地产市场、住房公积金、建筑市场、标准定额、工程质量安全、建筑节能、城市建设、村镇建设、历史文化名城和风景名胜区、城镇减排等方面违法违规问题实施稽查。"显然，这一机构的职责更加偏重于执法监督方面。① 《住房城乡建设部关于设立城市管理监督局的通知》〔2016〕规定："设立城市管理监督局，作为住房城乡建设部内设机构，负责拟订城管执法的政策法规，指导全国城管执法工作，开展城管执法行为监督，组织查处住房城乡建设领域重大案件等职责。"而从住建部的城市管理监督局，到各省住建厅的城市管理局/处，即可基本实现城管主体从中央到地方的完整建制。

二、城管主体的基层分布：以街道为重心

城管主体的"基层分布"主要是指城管在市、区、街道三级的设置情况。

第一，在基层城管的层级数量方面，我们认为，为优化信息传递和执法决策，其应尽可能地采取扁平化设置。（1）就行政信息而言，"有效率的信息传递和处理对于有效的决策是必不可少的"②。而信息在层级之间纵向传递时（自下而上和自上而下）的失真程度与层级数量成正比，层级数越多，信息从一端传到另一端之后的准确性和真实性就会越低。就如格拉伯（Doris A. Graber）教授所言："信息在通过等级制的层层中间环节时会发生失真。任何一个环节都有可能忽略关键信息，必须通过的层层等级也会造成信息的延误，从而导致效率低下或行动无效。"③ 同样，对于城管而言，如果层级过多，信息从执法人员传递到部门领导之时就会受到更多的损失，从而影响到上级宏观决策与真实实践状况的切合度。并且，信息从部门领导传递到执法人员之时也会有所遗漏，从而使得执法实践中难以完整把握宏观的执法方向和微观的执法细则。因此，作为衢州市执法改革的经验，"指挥层级的压缩，加快了执法信息传递，减少了对执

---

① 需要注意的是，上述两个省住建厅的城市管理处/局并未与城市建设处合并，二者独立履行各自的职能。
② ［英］戴维·毕瑟姆. 官僚制［M］. 韩志明，张毅，译. 长春：吉林人民出版社，2005：10.
③ ［美］多丽斯·A. 格拉伯. 沟通的力量——公共组织信息管理［M］. 张嘉珂，译. 上海：复旦大学出版社，2007：93. "一个结果是向上流动的建议可能在更多地方受到堵塞，信息受到扭曲，向下传递的指令可能变得模糊不清，失去效力。另一个结果是信息延误，仅仅是由于经过更多机关传递和考虑信息的时间将比经过更少机关来得长。"参见［美］詹姆斯·W. 费斯勒，唐纳德·F. 凯特尔. 行政过程的政治——公共行政学新论［M］. 陈振明，朱芳芳，等译. 北京：中国人民大学出版社，2002：134；［英］克里斯托夫·鲍利特. 重要的公共管理者［M］. 孙迎春，译. 北京：北京大学出版社，2011：34.

法工作的非正常干扰"①。(2) 过多的层级数也会使得上层领导在处理下层信息中出现问题。一方面，层级过多会使得信息传递的纵向通道过长，而下层的重要信息很容易在层层传递时被过滤掉；另一方面，如果上层领导集中掌握信息处理权，那就容易出现信息过量的问题，即难以在短时间内处理来自下层的大量信息，从而延误处理、耽误决策。对于城管而言，其在执法过程中经常面临着庞大的信息量，如执法区域的特殊情况、执法对象的个别状况、法律规范的适用问题等，如果层级过多，这些问题向上传递的过程就会十分漫长，同时也可能出现重要问题无法传达、部门领导无法及时处理的弊端。因此，对于经常面对复杂实践问题的城管部门，"通过重新安排组织结构，从而减少信息必须通过的层级数"② 就显得尤为重要。(3) 在城管层级数量的具体设置上，较为原则性的做法是，对于直辖市、省会市等较大的市成立市、区两级城管主体，区级主体下设若干街道执法队伍，以区级主体的名义进行执法活动；而在中小城市和县城，则可采取一级主体的模式。③ 以衢州市为例，其在执法改革中特别强调了"一级执法"的设置，即"1 个市城管局—4 个区城管分局—18 个街道执法大队"的模式，④ 只有街道一级的执法大队负责具体执法工作，避免了多层级执法所带来的种种问题。

第二，在层级之间的管理权限划分方面，《指导意见》第（八）项要求"按照属地管理、权责一致的原则，合理确定设区的市和市辖区城市管理部门的职责分工。市级城市管理部门主要负责城市管理和执法工作的指导、监督、考核，以及跨区域及重大复杂违法违规案件的查处"。具体而言，我们认为，应当由上层主体负责宏观的政策性和协调性事宜，下层主体负责执法实践中的微观事宜，层级之间的职责分配应当尽可能地清楚明晰。首先，从层级之间的领导隶属关系来看，尽管垂直领导似乎更为高效，也能更为有效地避免"条块矛

---

① 衢州市编办. 衢州市综合行政执法改革探索 [J]. 中国机构改革与管理, 2015（3）：16.
② [美] 多丽斯·A. 格拉伯. 沟通的力量——公共组织信息管理 [M]. 张熹珂, 译. 上海：复旦大学出版社, 2007：95.
③ 熊文钊. 城管论衡——综合行政执法体制研究 [M]. 北京：法律出版社, 2012：30.
④ 衢州市编办. 衢州市综合行政执法改革探索 [J]. 中国机构改革与管理, 2015（3）：15-16.

盾"，① 但我国城管系统仍然大多采用了双重领导的模式。② 这就意味着，如果本级和上下级城管主体、本级和上下级人民政府之间的管理权限划分不清楚、不严格，即有可能出现"互争管辖、重复执法"或者"互相推诿、消极执法"的现象。③ 对此，我们考察了各地方发布的5部规范性文件，并对其中涉及的城管层级权限划分情况进行了梳理（见表2-1）。

表2-1　5部规范性文件中城管层级权限划分情况

规范性文件	市城管职权	区城管职权
宁波市城市管理局关于明确新增执法职责分工以及供热排水管理方面的执法职责分工的通知〔2013〕	城市河道范围内违反河道管理的违法行为 其他违反城市轨道交通工程建设管理规定的行为	城市河道范围内违反河道管理的违法行为 娱乐服务业的油烟污染行为 违反《宁波市轨道交通建设管理办法》第三十六条、第三十七条及相关的违法行为 违反停车场使用管理规定的行为
盘锦市综合执法局《关于市城市管理综合行政执法局与区政府行政执法工作衔接的意见》〔2010〕	市综合执法局具有监督权	区政府具有民建规划、市容环境卫生、园林绿化、市政、房产管理方面的行政处罚权和公安交通、环境保护、工商、殡葬管理方面的部分行政处罚权，同时负责本辖区内"门前四包"责任制的签订与落实工作、户外广告设施管理工作、商家店牌的审核备案工作及立面装修工作
厦门市人民政府关于进一步明确市区城市管理行政执法部门具体职责划分的通知〔2009〕	负责全市城市管理相对集中处罚权实施的组织、管理工作，对区城市管理行政执法局的执法活动进行指导和监督。依法管辖跨区域、专业性强以及有重大影响的城市管理违法案件	依法管辖本行政区域内的城市管理违法案件

---

① 杨沛龙. 减少层级与打破矩阵——城镇化进程中城市治理模式新设想［J］. 长江论坛，2015（1）：71.
② 垂直管理体制是指上级城管对下级城管的人事任命、财政预算、物资管理等方面实行直接管理；而在双重管理体制下，上级城管对下级城管的管理权限仅限于业务指导和绩效考核等方面，而对下级城管的人事任命、财政预算、物资管理等方面没有管理权，这些权力归属于下级城管所在的地方政府。参见王雅琴、沈俊强. 城市管理监察综合行政执法之理论与实践［M］. 北京：法律出版社，2013：17-19.
③ 金国坤. 行政权限冲突解决机制研究——部门协调的法制化路径探寻［M］. 北京：北京大学出版社，2010：38-39.

续表

规范性文件	市城管职权	区城管职权
厦门市人民政府关于进一步明确市区城市管理行政执法部门具体职责划分的通知〔2009〕	负责查处在思明和湖里辖区内由市市政园林局直接管理的城市道路及两侧范围内，需要规划、环保和市政园林等市级行政主管部门核发行政许可或由其直接管理项目的城市管理违法案件，以及养犬管理方面的城市管理违法案件；负责查处在思明和湖里辖区由市建设主管部门核发许可证的建筑工地项目内，违反环保管理、市政公用设施管理、市容环卫管理和建筑废土管理的城市管理违法案件……（共7项）	负责查处本行政区域内的城市管理违法案件，列入市城市管理行政执法部门执法范围的除外；负责查处由市城市管理行政执法部门依法委托的城市管理违法案件
郴州市人民政府办公室关于进一步调整理顺市城区城市管理和行政执法体制的通知〔2013〕	拟订涉及全市城市管理和行政执法规范性文件和发展规划并组织实施；参与制定城市建设和管理等相关规划；负责组织协调、监督检查市和区城市管理和行政执法工作；负责综合协调城市管理专项活动和重大执法活动；负责市城区城市管理和行政执法队伍的监督管理和督查考核工作；履行执法主体职责，负责依据国家有关法律、法规和规章行使行政处罚权，负责授权范围内的行政许可、城管行政处罚案件审核（审批）工作	负责市区城市管理和行政执法工作的具体落实；负责具体实施城市管理专项活动、重大执法活动、综合整治活动；负责协助完成授权范围内的行政许可等；负责建立健全综合协调机制，组织协调驻区单位落实城市管理责任
汕头市政府《关于理顺我市城市管理行政执法体制的若干意见》〔2007〕	负责中心城区城市管理行政执法的指挥、协调、督查工作；制定城市管理行政执法规章制度；组织开展全市性综合整治行动；负责户外广告、重点市政设施、重点园林绿化区域等市管领域的行政执法	负责辖区内城市管理行政执法的指挥、协调、督查工作，执法队伍派驻到街道，由街道办事处统一指挥、管理，执法队伍开展执法活动以区城市管理行政执法局的名义进行

通过表2-1可以看出：（1）上述5部规范性文件都对市一级城管和区一级城管的职权划分情况进行了说明；而在双重管理体制下，市政府、区政府和街道办的职权状况却没有任何一部文件进行说明。① 我们认为，若要充分明晰双

---

① 盘锦市文件在职权列举时虽然使用的是"区政府"的表述，但我们认为这些职权事实上应当归属于区级城管。

重管理体制下各方的权限,应当通过法律规范的形式对上述缺漏进行弥补。(2)上述5部文件中有3部规定了市级城管较为微观的执法事项,这也意味着,其城管并非"一级执法"——既然拥有对于特定事项的执法权,其内部必然存在执法队伍,这与"集中执法力量""下沉执法重心"乃至于撤销市级执法机构的主张并不一致。(3)在权限划分的理由上,宁波市文件中规定的、河道管理和轨道交通建设管理这两个事项的权限划分,理由并不十分鲜明;相较而言,厦门市文件则在第二条对市级和区级城管各自的职权范围进行了列举:市级城管主要负责需要进行部门间横向协调的执法事项,而区级城管则负责是除此之外的事项,这也符合前文对于纵向"指挥机构"的论述。(4)在权限划分的原则上,盘锦市文件将立法目的设置为"确保城市管理权限下放后区政府相对集中行政处罚权的顺利实施",实质上是将市级城管的执法权下放到区级,因此市级城管只享有监督权,具体执法工作由区级城管进行;而郴州市文件同样将市级城管的权限设定为更具宏观性的立法、规划、协调、监督等事项,并由区级城管承担具体执法工作。这两个文件中的层级权限规定相较更为合理。(5)需要注意的是,表2-1中只有汕头市文件对"执法队伍派驻街道"进行了说明,这也意味着下沉到街道的"一级执法"模式并非各地方的通行做法。

第三,在层级之间的执法力量配比方面,《指导意见》第(九)项规定:"执法力量要向基层倾斜,适度提高一线人员的比例,通过调整结构优化执法力量,确保一线执法工作需要。区域面积大、流动人口多、管理执法任务重的地区,可以适度调高执法人员配备比例。"原因在于,从执法人员的角度讲,"正是那些负责实际执行的人最能了解政策的执行是否适当"[1]。很多时候,面对特殊情形应当如何处理、法律规范应当如何适用,执法人员往往能够做出更为正确的判断[2]。此时,如果执法中的决定权乃至于部分决策权能够分散到执法人员及下层机构手中,则有助于提高执法效率、实现个案正义乃至于激励执法方式的创新。尽管这种权力下移可能会产生裁量权滥用以及上层决策权弱化等问题,但我们认为可以通过后续的监督机制和案例—规则反馈机制加以弥补。从机构设置的角度讲,执法重心下移、加强基层执法力量也更符合城管的实践特征。目前很多地方三级执法机构(市、区、街道)存在执法力量过于分散或者

---

[1] [英]戴维·毕瑟姆. 官僚制[M]. 韩志明,张毅,译. 长春:吉林人民出版社,2005:10.

[2] "例如在社会福利部门,一些直接观察个案基本情况的基层员工,往往比那些没有接触过个案的上级,能作出更合适的决策。"参见[美]多丽斯·A. 格拉伯. 沟通的力量——公共组织信息管理[M]. 张嘉珂,译. 上海:复旦大学出版社,2007:96.

集中于上层而使基层执法力量过于薄弱等问题。马怀德教授建议大幅压缩上级部门的执法力量，"将所有的执法力量下沉至基层，充实县区一级的执法力量，同时考虑授予乡镇一级政府一定的行政执法权"①。我们认为，其理由主要包括两个方面：一方面，推行综合执法的核心目的之一，即是整合执法资源、提高执法效率，而如果执法力量在市、区、街道三级配置得过于分散，则不仅无法实现这一目标，而且在执法范围存在交叉或模糊的事项上还容易引发重复执法。② 另一方面，之所以应当将执法重心下移，其实与"属地管理"的原则有些相近。因为，所在地的执法者不仅距离管理对象和案件发生地更近、更能了解管辖区域的具体情况，而且对各类案件的反应速度也更快，更能及时应对和处理突发事件。③ 按照上述原理，青岛市在执法改革中要求："执法人员原则上下沉到镇（街道），比例应不低于85%"；"执法中队人员相对稳定，严格控制中队与机关之间的逆向流动"。④ 而衢州市同样将人员配置向基层倾斜："人员中近九成配备在基层执法一线"，"执法大队直接设在街道、乡镇，更加贴近群众"；下放执法权限，实现问题在一线发现，在一线解决，矛盾问题由"上交处理"向"就地解决"转变。⑤

在上述因素的基础上，《指导意见》第（八）项规定："在设区的市推行市或区一级执法，市辖区能够承担的可以实行区一级执法，区级城市管理部门可以向街道派驻执法机构，推动执法事项属地化管理；市辖区不能承担的，市级城市管理部门可以向市辖区和街道派驻执法机构，开展综合执法工作。"《城市管理执法办法》第十四条规定："直辖市、设区的市城市管理执法推行市级执法或者区级执法。直辖市、设区的市的城市管理执法事项，市辖区人民政府城市管理执法主管部门能够承担的，可以实行区级执法。"第十五条第一款规定："市辖区人民政府城市管理执法主管部门可以向街道派出执法机构。直辖市、设

---

① 马怀德. 健全综合权威规范的行政执法体制［J］. 中国党政干部论坛，2013（12）：30.
② 执法机构"上下一般粗"、上下协调性差，造成执法权的纵向划分不明确，上下级执法重叠的现象较为严重。市、区、街道三级执法部门以同一事实、同一法律依据对同一违法行为作出处罚，甚至执法部门之间发生冲突的事例屡见报端。参见熊文钊. 城管论衡——综合行政执法体制研究［M］. 北京：法律出版社，2012：27-28.
③ 这一点在奥斯特罗姆（Elinor Ostrom）教授对中小规模警察机构的长期考察结论中即有鲜明的体现。参见［美］埃莉诺·奥斯特罗姆，等. 公共服务的制度建构——都市警察服务的制度结构［M］. 宋全喜，任睿，译. 上海：上海三联书店，2000：20-23.
④ 唐立军. 青岛市全面推进区市综合行政执法改革的调研报告［J］. 机构与行政，2015（2）：16.
⑤ 衢州市编办. 衢州市综合行政执法改革探索［J］. 中国机构改革与管理，2015（3）：16.

区的市人民政府城市管理执法主管部门可以向市辖区或者街道派出执法机构。"我们认为，在条件允许的前提下，由派出或隶属于街道的执法队伍掌握具体执法权的"一级执法"模式在城管执法体制中更具合理性。举例而言，（1）根据青岛市的执法改革方案，其在管理体制上将执法中队交由街道领导和管理，区市综合执法部门不再保留执法队伍，转而重点履行对执法中队的监督、考核及执法协调等职能；其在执法程序上则进一步下放了执法权限，即各街道综合执法办公室首先对执法合法性进行审查，并签署执法文书，区市综合执法部门对执法文书只做形式审查，合格的即予签署公章，不再做事前的实质审查。①（2）汕头市政府在《关于理顺我市城市管理行政执法体制的若干意见》中明确规定："赋予或委托授权给区街道一级更多的城市管理职权。凡是能由街道行使的，依法采取直接下放或以委托授权的方式下放到街道"；"城市管理行政执法日常工作将主要交由区、派驻街道队伍负责"；"真正实现'执法重心下移，属地管理'"。（3）在天津市滨海新区的执法改革中，实现了街镇综合执法"一支队伍管全部"，即按照"每个街镇实行一支队伍管执法"的要求，在18个街镇分别建立了综合执法大队，由综合执法大队以街镇名义行使行政处罚权。②然而，实践中街道一级的城管主体设置还存在一些问题，主要包括：

第一，城管主体在街道层级的机构设置上，目前主要有两种形式：一是将街道城管定性为市或区级城管的派出机构，二是将街道城管定性为街道办的组成部分。相较而言，前一种定性更为多见，并且《指导意见》第（八）项规定："派驻机构业务工作接受市或市辖区城市管理部门的领导，日常管理以所在市辖区或街道为主。"《城市管理执法办法》第十五条第二款规定："派出机构以设立该派出机构的城市管理执法主管部门的名义，在所辖区域范围内履行城市管理执法职责。"比如，北京市辖区街道（乡、镇）城管执法分队属于区、县城管执法大队的派出机构，以其所在的区、县城管执法大队的名义行使行政职

---

① "根据谁管理、谁负责的原则，因执法中队执法行为违法造成的一切法律责任，由乡镇（街道）政府承担。区市综合执法部门对各执法中队滥作为或不作为的违法行为，有权接受投诉并作出审查结论，并有权对违法者进行处分。"参见唐立军. 青岛市全面推进区市综合行政执法改革的调研报告 [J]. 机构与行政，2015（2）：16.

② 在队伍配备上，把原先分散在各行政部门近1000名执法人员和辅助执法人员全部划转到街镇综合执法大队，并按照街镇常住人员万分之三至万分之五的比例，逐步加强基层执法力量，全方位完善资金、装备等保障，确保街镇综合执法有效开展。参见王斗斗. 街镇综合执法一支队伍管全部 [N]. 法制日报，2014-08-08（006）.

权，人事任免和业务工作方面都要接受其区、县城管执法大队的领导和监督。①再如，根据汕头市政府《关于理顺我市城市管理行政执法体制的若干意见》的规定，"区城市管理行政执法队伍按街道设置中队，配备到各街道，由街道统一指挥、管理，以区城市管理行政执法局的名义执法"。作为对照，天津市的街道综合执法采用的则是第二种定性。《天津市街镇综合执法队伍组建方案》〔2014〕第二条规定："在市内六区的街道和郊区县的街道、重点镇设立综合执法队伍，名称统一称为'天津市××区（县）××街（镇）综合执法大队'，为街道办事处或镇人民政府管理的行政执法机构，规格为正科级。主要职责是全面落实《天津市街道综合执法暂行办法》规定的各项执法任务，集中行使相应的行政处罚权和行政强制措施。"② 可见，城管执法作为执法事项之一被纳入了街道综合执法的大棋盘中，街道办本身即有执法权和主体资格，执法分队或支队也不再是上级城管的派出机构，而是街道办本身的组成部分。尽管我们认为，天津模式在"相对集中处罚权"和"执法重心下沉"这两个角度上程度更高并且更具合理性，但考虑到处罚权问题，则对于多数地方前一种定性更具可行性。

第二，城管主体在街道层级的处罚权问题上，根据《行政处罚法》第二十条的规定，只有县级以上地方人民政府才享有行政处罚权，而街道层级虽然承担着大量的属地管理职责，却没有相应的行政处罚权。我们认为，天津市的街道综合执法之所以能够直接行使多达13项的行政处罚权，可能是因为其作为直辖市，街道办的行政层级相当于区政府。因此，这一模式如果在非直辖市的城市中使用，就有可能在处罚权的权限上出现问题。相对应地，如果将街道城管定性为区级城管的派出机构，并以区级城管的名义进行执法，则可以解决该问题，这也是该模式在各地方更为常见的主要原因之一。比如，在青岛市，"由于法律法规规定行政执法权均由县级以上执法部门行使，镇（街道）政府行政执法权在法律上处于缺失状态。为解决上述问题，采取在区市设立综合执法部门、向各镇（街道）派驻执法中队的模式"。"执法中队以区市综合执法部门的名义

---

① 王雅琴，沈俊强. 城市管理监察综合行政执法之理论与实践［M］. 北京：法律出版社，2013：18.
② 《天津市街道综合执法暂行办法》〔2014〕第五条规定："街道办事处作为区县人民政府的派出机关，根据本办法行使街道综合管理相关的法律、法规、规章规定的行政处罚权，承担相应的法律责任。街道办事处设立街道综合执法机构，具体负责执法工作。"第七条规定："街道办事处可以集中行使下列行政处罚权，并可以实施与之有关的行政强制措施：（一）城市管理综合执法机关行使的全部行政处罚权；（二）水务管理方面的法律、法规、规章规定的对未经批准擅自取用水资源……"

执法，符合法律有关执法主体的要求，也符合执法重心下移的要求。"①

第三，城管主体在街道层级的资源配置上，由于街道城管大多属于区级城管的派出机构，因此其相关开销一般由区级政府财政提供资金支持；又由于随着执法重心下移，相当多数的执法事项由街道一级负责，因此区级政府的执法开销显著增加。由此，在市区两级分立的财政体制下，部分地方就出现了区级政府不堪重负、市级政府又不下拨资金，市级和区级之间财权和事权不匹配的现象。为确保街道执法的资金支持，有学者建议由市级政府将执法资金以专项经费的形式划拨给区级政府，并根据各区的事权划分情况合理调配资金。② 针对这一问题，《郴州市人民政府办公室关于进一步调整理顺市城区城市管理和行政执法体制的通知》进行了较为细致的规定："'二区一园'支队财务由各区城管局独立的专账管理。……'二区一园'协管员经费由市、区财政各承担50%……市级财政核拨经费不足部分（含专项经费）由各区政府（管委会）列入区级财政预算统筹安排。"相应地，汕头市政府《关于理顺我市城市管理行政执法体制的若干意见》则规定，协管员的经费由区财政负责，而"各区城市管理行政执法局罚没收入全额上缴区财政……专项用于执法装备和办公经费的补充"。一方面，由于协管员在基层执法中处于重要位置，其经费完全由区财政承担显然不如郴州市的市区两级各承担一半更为合理；另一方面，通过罚没款收入来补充执法装备和办公经费的做法，也可能导致实践中处罚权的过度使用。对此，《城市管理执法办法》第二十二条规定："城市管理执法主管部门不得以罚没收入作为经费来源。"《深圳市人民政府关于全面推进街道综合执法工作的决定》〔2006〕第三条第六项规定："街道执法队所需经费由财政部门全额拨款……罚没收入全部上缴财政，严禁将罚没收入与执法经费挂钩。"这显然更有助于确保处罚过程和结果的公正性。③

---

① 唐立军. 青岛市全面推进区市综合行政执法改革的调研报告［J］. 机构与行政，2015（2）：15-16.
② 谢标. 武汉市市区政府社会管理职能划分研究——以城市管理为例［J］. 长江论坛，2013（6）：33.
③ 目前国内也有个别地方将城管执法的重心进一步下沉至社区，即取消街道层级，确立区直辖社区的管理体制，将城市管理方面的各支行政执法队伍在社区层面进行整合，建立城市社区综合行政执法队伍。我们认为，这一做法在行政组织法上还有一些问题未能明确，暂时不宜大范围推广。关于社区综合执法的实践范例，参见李晓波. 城市社区综合行政执法探究——以黑龙江省大庆市社区管理体制改革为例［J］. 大庆社会科学，2014（2）：116-118.

第三节　城管主体的内部设置：部门内的机构与队伍

在城管主体的"多维构设"中，"内部设置"指的是城管内部由哪些机构组成、整体架设如何，以及某些机构的职能界限和特性等问题；其中，直接负责具体执法工作的执法队伍，其地位、性质以及编制方面的设置，则是直接影响到城管职能发挥的重要问题。

一、城管主体的内设机构：监督、宣传及其他

从整体上审视政府工作部门及其内设机构，敦利威（Patrick Dunleavy）教授曾述及，"大多数美国联邦部门都由 5 到 10 个重要的机构、行政部门或办公室组成，他们掌管着以不同方式运作的项目和政策领域。每个机构或行政部门都有一个通常由高级官员组成的子结构，也有一个小型的由主要行政管理者组成的部门核心"[①]。首先，根据我们的考察，目前除了少数具有"大城管"特征的城管主体集成了其他部门的职能并设置了较多数量的内设机构外，其余大部分地方的城管内设机构在数量和职能方面都符合上述要求。前者如武汉市城管局，其内设机构除常规设置外还包含了市政维护处、景观管理处、基础设施建设管理处等在内，多达 17 个；其直属机构也包含了固体废物管理处、桥梁维修管理处、燃气热力管理办公室等在内，多达 11 个（见图 2-4）。

而作为比较常规的设置模式，熊文钊教授指出：（1）市级城管主体的内部机构至少应包括办公室、政策法规处、财务处、组织人事处、执法协调处、执法监督处或监察室，区级城管主体的内部机构可以和市级类似。（2）市城管局可下设直属分局和专业分局，各区分局可下设直属中队和专业分队。（3）基于执法监督的需要，可以设立督察分局；基于执法队伍统筹调度的需要，可以设立指挥中心；基于数字化城市管理的需要，可以设立信息中心；基于对外联络和塑造公众形象的需要，可以设立宣传中心。[②] 而北京市城管局的内部设置就比较符合上述模式（见图 2-5），只是其督察总队、执法总队和指挥中心被定性为直属机构，而科技信息中心和宣传教育中心则被定性为直属事业单位。

[①] ［英］帕特里克·敦利威. 民主、官僚制与公共选择——政治科学中的经济学阐释 [M]. 张庆东，译. 北京：中国青年出版社，2004：195.

[②] 熊文钊. 城管论衡——综合行政执法体制研究 [M]. 北京：法律出版社，2012：31.

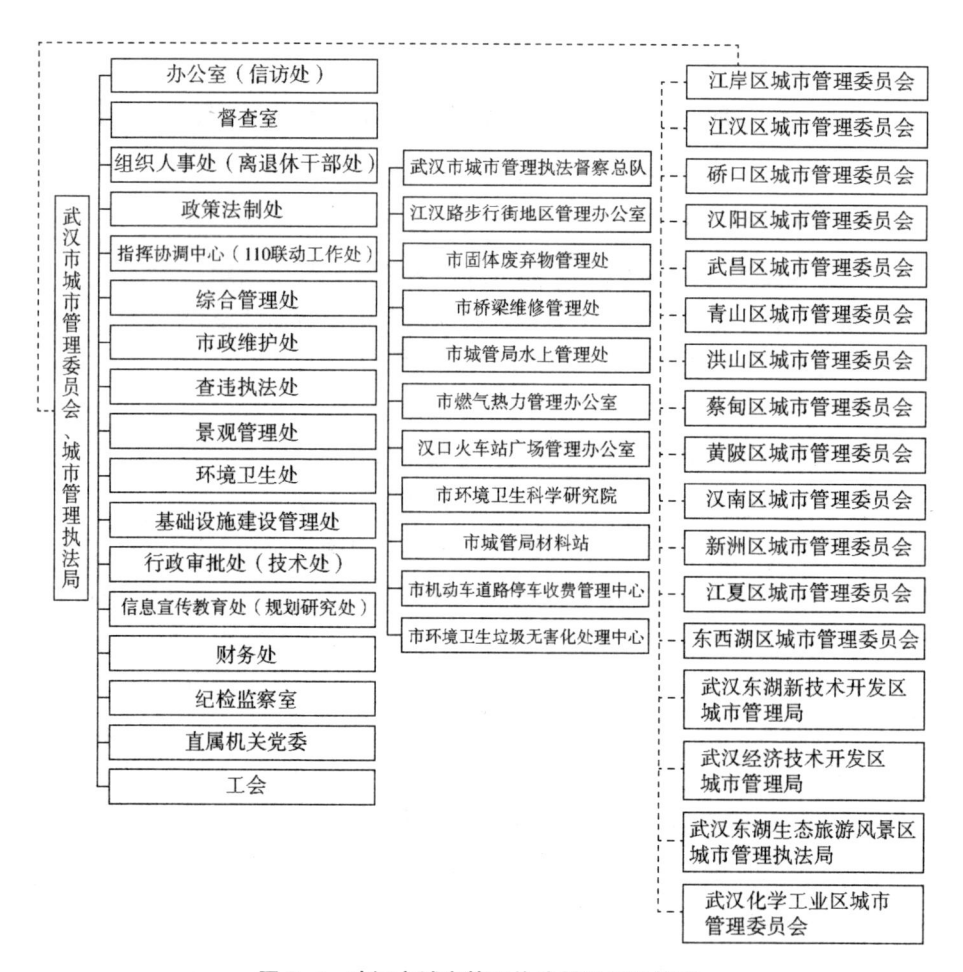

图 2-4 武汉市城市管理执法局组织机构图

综合各地方城管主体的内部设置，我们认为以下具体机构可供进一步分析：

第一，很多地方的城管内部设置了"执法监督考核处"。作为对照，目前的大城管立法中多数是由指挥机构行使监督考核权，但此时可能出现大城管指挥机构和作为内设机构的执法监督考核处职能重合的问题。比如，根据《北京市城市管理综合行政执法局主要职责内设机构和人员编制规定》〔2013〕的规定，其执法监督考核处的职能为"负责建立完善本市城市管理综合行政执法工作的考核评价体系和奖惩机制并组织实施；负责监督行政执法责任制的落实；受理、调查对城市管理综合行政执法行为的投诉和举报；建立城市管理综合行政执法社会监督评价体系；负责本市城管特约监督员的联络工作"。这一规定在将处理投诉和举报的权限授予执法监督考核处的同时，又集中授予了其监督、考核和

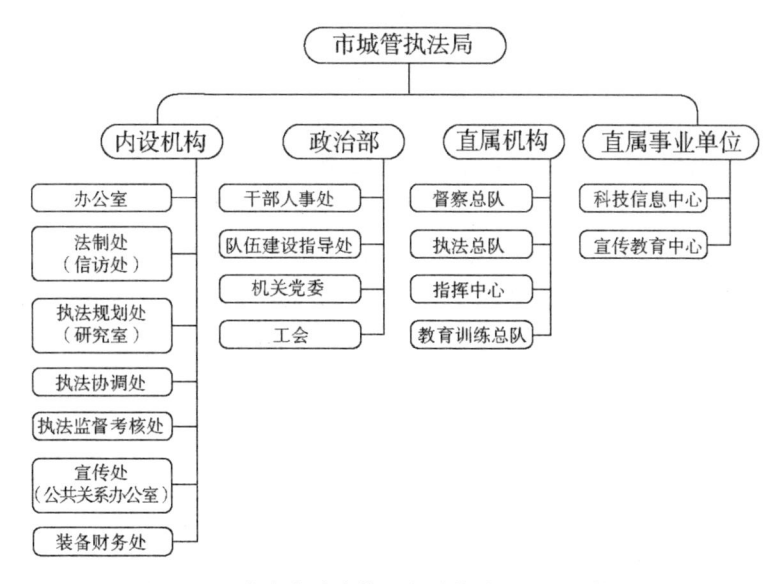

图 2-5　北京市城市管理行政执法局组织机构图

奖惩的权限，而后者与指挥机构的权限颇为相似。再如，根据《苏州市市容市政管理局（苏州市城市管理行政执法局）主要职责内设机构和人员编制规定》〔2010〕的规定，其监督考核处的职能为"负责对县级市、区及市相关部门市容市政管理工作的日常联系，行使行业监督职能；负责全市城市管理工作的综合考评，组织开展环境综合整治和专项整治活动；负责市政府管理目标考核工作；承担城市管理委员会办公室的日常工作"。这一规定同样将城市管理整体上（包含横向和纵向）的监督考核职能赋予了内设的监督考核处。我们认为，在大城管的视域下，上位指挥机构与内设监督机构的关系有两种方案可供选择：（1）撤销内设机构，由居于上位的指挥机构集中行使监督考核职能；（2）保留内设机构的同时，进行严格的职能分工，以避免交叉重合。而目前更为合理的分工模式是，由大城管指挥机构负责对城管和各部门整体的监督考核，而由内设机构负责对具体执法队伍和执法人员的监督考核。比如，根据《成都市城市管理局（成都市城市管理行政执法局）主要职责内设机构和人员编制规定》〔2011〕的规定，其执法督察处的职能为"负责五城区和成都高新区城市管理执法工作的督察和执法队伍作风督察；负责对五城区和成都高新区城市管理重大执法案件及跨区域案件的督查；负责城市管理行政执法督察制度和网络体系建设；负责对执法人员履行职责、行使职权和纪律情况实施监督检查和现场查处纠正，对城市管理执法中违章违纪问题的投诉进行调查处理并提出建议、意见"。显然，该督察处所负责的是对执法人员、执法队伍和重大案件的监督，并不负责各部门整体和部门间协作情况的监督。再如，根据《连云港市城市管理局主要职责内设机构和人员编制规定》〔2010〕的规定，其督查处的职能为"……负责局属城管行政执法队伍执法执纪、执法装备标志、队容队貌和执法人员执法行为规范、着装仪容、履行职责情况进行监督、检查；负责对局机关、局直属单位工作人员工作作风和工作行为规范进行督查；会同局相关处室对行政执法人员行政不作为、乱作为和违反相关工作制度的行为进行调查，并提出处理意见；负责信访、投诉事项的接待、受理、分解、转办、督办、回复件审核及信访件（批办件）的回复工作……"可见，该督查处的职能仍然集中于执法人员、执法行为和执法作风的监督，并且更具个案性质。我们认为，在大城管模式下，鉴于上位指挥机构和内设监督机构在人员组成、机构层级和管理权限等方面的不同，如若二者同时履行监督职能，则必须进行明确分工，而"指挥机构→部门""内设机构→个案"的模式，更有助于确保城管执法监督与考核的全面性。①

第二，部分地方的城管内部设置了"投诉受理处"，专门处理投诉、举报、信访、批评、建议等相关事项。比如，根据《长春市市容环境卫生管理局（长春市城市管理行政执法局）主要职责内设机构和人员编制规定》〔2009〕的规定，其投诉受理处的职能为"负责城管'110'、市长公开电话和'12319'公开电话投诉举报受理；负责来信来访接待办理；负责人大政协议案提案和批评建议办理；负责对媒体反映的有关问题进行督办；负责上级和市局领导交办案件的督办；负责指导、督办城区、开发区市容环境卫生管理和城市管理行政执

---

① 除北京市和苏州市外，目前也有部分地方将上述两个机构的职权合并到内设监督机构中，即内设监督机构既对部门和整体进行监督，又对人员和个案进行监督。我们认为，考虑到内设监督机构的行政层级问题，这种做法并不合适。比如，根据《襄樊市城市管理执法局主要职责内设机构和人员编制规定》〔2010〕的规定，其执法督察科的职能为"具体负责相对集中的工商行政管理、公安交通管理、城市规划和环境保护方面行政执法活动的统一指挥、指导和组织协调；负责组织协调督办上述四个方面的市区集中统一执法、跨区综合执法和专项执法活动，组织查处上述四个方面的大案、要案和社会影响较大的重要案件；负责组织对城管执法人员（协管员）队容风纪进行监督检查；负责对市区行政执法工作进行监督、检查、考核，查处社会各界对城市管理执法工作的举报投诉"。其中，诸如"负责相对集中的工商行政管理、公安交通管理、城市规划和环境保护方面行政执法活动的统一指挥、指导和组织协调"等，由城管内设的监督机构负责实施，很难取得良好效果。

法机构投诉受理工作"①。而此处存在的问题包括：（1）有些地方（如连云港市）在上文提及的"执法督察处"中也集成了受理投诉、信访等事项，我们认为：在这两个机构并存的情况下，同样应当进行明确的分工，即由督察机构负责处理内部投诉，而由投诉机构负责处理外部投诉；或者说，投诉城管队员违规执法的案件应当交给"执法督察处"，而投诉违反城市管理法规的无照经营、噪声扰民、非法小广告等案件应当交给"投诉受理处"。（2）亦有少数地方将"执法督察处"和"投诉受理处"的职能进行了全面合并。比如，根据《厦门市城市管理行政执法局主要职责、内设机构和人员编制规定》〔2012〕的规定，其执法督查处（投诉中心）的职能为"受理有关城管执法的信访和相关部门转办投诉件工作；监督检查区城管执法部门和直属单位对群众投诉件的办理情况，建立健全督查绩效考评机制；负责牵头督查、落实市'110'社会联动有关城管执法方面的备勤值班、接出警和相关案件办理工作；负责'12319'城管执法服务热线、市数字城管系统指挥大厅的运行管理工作"。我们认为，从职能整合的角度看，这种设置亦无不可，但"内部督察"和"外部投诉"毕竟有着明显的区别，合并后的机构必须注意其职责的全面性，不能顾此失彼。

第三，部分地方的城管内部设置了"宣传教育处"，专门负责面向社会公众的关于城管执法的宣传教育工作。由于城管的执法事件经常有来自媒体的负面报道，加之公众普遍对城管的工作缺乏理解，因此，宣传、教育、公关等事项就显得愈发重要，以至于部分地方的城管部门将其交由专门的内设机构负责处理。比如，根据《福州市城市管理委员会主要职责、内设机构和人员编制规定》〔2015〕的规定，其公共关系处的职能为"负责城市管理宣传教育、政风行风建设工作；制定公共关系和新闻发布策略并组织实施；收集城市管理舆情，发布新闻信息，负责网络宣传工作，正确引导舆论；负责政务公开、12345投诉件及数字城管批办件办理，负责群众来信来访的接待、处理工作"。显然，这一职能的设定可以将对外宣传作为一种常态固定下来，有助于实现城管的"计划性宣

---

① 亦有地方将其命名为"信访受理处"，同样负责投诉、信访等相关事项。比如，根据《金华市城市管理行政执法局主要职责内设机构和人员编制规定》〔2011〕的规定，其信访受理处的职能为"负责信访接待工作；负责来信来访的清理分类、跟踪落实及相关考核工作；负责对有关行政执法案件和执法人员的举报、投诉的受理工作；负责对县级城市管理行政执法部门信访案件的复查工作"。

传"①。而部分地方还在"宣传"的同时增加了"动员"的职能，即在城管执法过程中积极开展公众参与，从而进一步寻求公众的认同和支持。比如，根据《济南市城市管理行政执法局（济南市城市管理行政执法总队）主要职责内设机构和人员编制规定》〔2010〕的规定，其社会动员处的职能为"负责城市管理、城管执法的社会动员工作；负责城市管理、城管执法进社区工作；负责组织社会志愿者、城市管理协管员开展相应工作；负责与城市管理和城管执法工作有关的舆情监测、收集、分析和新闻报道工作；负责城市管理和城管执法法律、法规、规章宣传工作……"

第四，为了满足数字化城管的需要，亦有部分地方的城管内部设置了"数字城管综合处"。比如，根据《温州市城市管理与行政执法局主要职责内设机构和人员编制规定》〔2011〕的规定，其数字城管综合处的职能为"……负责数字城管规划的落实和数字城管的硬件建设；负责全局计算机网络中心、城管与执法方面道路监控系统、无线指挥网络的规划、建设和维护管理；负责数字城管与12345市长热线及相关部门的联系、协调与衔接工作。……"由于数字化城管系统的运行需要具有相关技术的工作人员专门值守，因此，对于已经开展或即将引进数字系统的城管主体而言，在其内部设置专门机构负责此项工作就是必要的；虽然这一机构的设置会产生额外的人员编制，但数字城管本身能够减轻执法工作的压力和负担，在平衡之后会使人员编制的需求总量得以降低。

二、城管主体的执法队伍：地位、性质和人员编制

一般而言，执法队伍是城管主体内部负责法律规范的具体执行，并与相对人进行直接接触的"一线执法者"。可以说，城管的多数职能是与"城市外观"有关的，而诸如道路交通、广告牌匾、无照经营等事项多数又是由其所属的执法队伍负责直接查处/现场执法的，因此，执法队伍的风气、纪律乃至于执法程序、方式等是否合法合理，都会直接影响到城管工作的整体状况。

第一，从执法队伍的地位来看，目前多数城管主体将其设置为"直属机构"而非"内设机构"。比如，图2-5中北京市城管局的"执法总队"即为直属机构；再如，根据《抚顺市城市管理局（抚顺市城市管理综合行政执法局）职能

---

① "计划性宣传并不是由紧急情况引起，它是有意识的活动，目的在于吸引公众对议题、事件或组织的注意力。组织有时间来策划事件及将其传送给新闻媒体的方式。"参见[美]奥蒂斯·巴斯金，等.公共关系——职业与实践[M].孔祥军，等译.北京：中国人民大学出版社，2008：234.

配置内设机构和人员编制规定》〔2008〕的规定，其下设的市容管理行政执法大队、市政园林管理行政执法大队和房屋拆改行政执法大队皆为直属大队①；又如，西安市城管执法局一支队、二支队、三支队和直属支队②，以及南昌市城管执法支队直属一大队、二大队、三大队和四大队③皆为直属机构。一般来说，内设机构和直属机构的区别在于：内设机构不具备行政主体资格，不能单独以本机构的名义对外行使职权；而直属机构则是本部门下设的承担某项具体或专门工作的机构，虽然归本部门领导，但一般具有行政主体资格，在职责范围内可以对外行使职权。我们认为，作为城管主体的组成部分，执法队伍之所以大多被设置为"直属机构"而非"内设机构"，一方面是考虑到前者能够使其具备独立的执法资格，另一方面则是在下述的机构性质和人员编制等问题上作出的权衡。

第二，从执法队伍的性质来看，目前多数城管主体将其设置为"事业单位"而非"行政机构"。比如，《黄冈市城市管理执法局主要职责内设机构和人员编制规定》〔2010〕规定："市城市管理执法局执法人员事业编制150名，先按120名控制。"再如，《遵义市城市管理局（市城市综合执法局）主要职责内设机构和人员编制规定》〔2010〕规定："保留遵义市城市综合执法支队……事业编制40名（含工勤人员4名）。"又如，《天津市街镇综合执法队伍组建方案》〔2014〕规定："街镇综合执法大队使用事业编制，经费渠道为财政全额拨款。"

---

① 其中，(1) 市容管理行政执法大队的职能为"依据市容环境卫生管理方面法律、法规和规章规定以及管理权限，负责城市重点街路户外广告设置、沿街建筑物立面变更和修饰、城市运输车辆泄漏遗撒等方面违法案件的查处；负责市容整治、露天集贸占路市场整治等方面工作；负责对全市重大、复杂和跨区域城市管理执法案件的查处"。(2) 市政园林管理行政执法大队的职能为"依据城市市政设施管理方面法律、法规和规章规定以及管理权限，负责城市市政设施管理方面违法案件的查处；依据城市园林绿化管理方面法律、法规和规章规定，负责城市园林绿化管理方面违法案件的查处"。(3) 房屋拆改行政执法大队的职能为"受市房产局委托，负责城市房屋拆改方面违法案件的查处"。

② 这四个支队的职能皆为"人行道机动车停放进行日常监督管理，以及该区域区级城管执法职能履行情况的指导、督促工作；负责监督检查百条标准化管理示范街建设、渣土车清运、拆迁工地湿法作业、临街商业门店宣传站点、数字城管信息采集以及集中整治等相关重大活动的执法检查"。参见西安市城市管理和综合执法局官网。

③ 例如，南昌市城管委直属三（环保）大队，"现有人数50人，内设3个科（室），6个执法中队。3个科（室）分别为办公室、业务科、调度室；6个中队分别为5个白天执法中队和1个夜间执法中队。大队的主要职责：按照《南昌市城市管理相对集中行政处罚权实施办法》的规定，大队行使违反环境保护管理方面法律、法规、规章行为部分处罚权，行使工程建设项目违规现场搅拌混凝土的处罚权"。

然而，这种通行做法却仍值得商榷。（1）《事业单位登记管理暂行条例实施细则》〔2014〕第四条规定："本细则所称事业单位，是指国家为了社会公益目的，由国家机关举办或者其他组织利用国有资产举办的，从事教育、科研、文化、卫生、体育、新闻出版、广播电视、社会福利、救助减灾、统计调查、技术推广与实验、公用设施管理、物资仓储、监测、勘探与勘察、测绘、检验检测与鉴定、法律服务、资源管理事务、质量技术监督事务、经济监督事务、知识产权事务、公证与认证、信息与咨询、人才交流、就业服务、机关后勤服务等活动的社会服务组织。"而城管执法队伍的职能显然不在上述范围内。同时，《中共中央国务院关于分类推进事业单位改革的指导意见》〔2011〕第八条明确规定："将现有事业单位划分为承担行政职能、从事生产经营活动和从事公益服务三个类别。对承担行政职能的，逐步将其行政职能划归行政机构或转为行政机构"，而前述很多事业单位性质的执法队伍都是新近组建的。我们认为，既然城管执法队伍具有鲜明的执法职能，能够针对相对人的违法行为行使行政处罚权和行政强制权，那么其在性质上就应当属于行政机关或行政机构；而其中的执法人员，按照《公务员法》第十四条第二款的规定，则应当属于"行政执法类公务员"。可见，目前事业单位和事业编制的定性显然与执法队伍的职能存在较大冲突——即便将其中的执法人员"参照公务员管理"，也仍然无法改变其事业单位的核心属性。①（2）从执法主体资格的角度看，事业单位也未被《行政处罚法》和《行政强制法》直接授予处罚权和强制权，但目前多数事业单位性质的执法队伍都可以行使这两种职权。比如，根据《遵义市城市管理局（市城市综合执法局）主要职责内设机构和人员编制规定》〔2010〕的规定，其三个执法大队"具体负责相对集中后按一般程序实施行政处罚的立案、调查、取证并提出处理意见；承办重大案件和跨区域案件以及市局交办的其他行政处罚执法案件"等。然而，根据《行政处罚法》第十五条的规定，行使行政处罚权的主体仅限于"行政机关"；即便是第十六条"相对集中处罚权"的情形，其集中

---

① 需要注意的是，目前部分地方还存在着"行政执法类事业单位"和"行政执法类事业编制"的说法。比如，《成都市城市管理局（成都市城市管理行政执法局）主要职责内设机构和人员编制规定》〔2011〕规定："……成都市城市管理行政执法局一分局、成都市城市管理行政执法局二分局、成都市城市管理行政执法局三分局和成都市城市管理行政执法局火车北站分局均为市城管局（市城管执法局）直属正处级参照公务员法管理行政执法机构，分别配备行政执法类事业编制8名、7名、7名、50名、50名、50名和50名。"再如，《襄樊市城市管理执法局主要职责内设机构和人员编制规定》〔2010〕规定："市城市管理行政执法督察大队为市城市管理执法局管理的副县级行政执法类事业单位。"我们认为，这两种单位和编制的设置并没有充分的上位法依据。

者也应当是"行政机关";由于目前并无上位法授权,作为事业单位的执法大队也不是第十七条所规定的法律、法规授权的组织;那么,若要为其找到行使处罚权的依托,就只能是第十九条所规定的"受委托组织"。比如,在《福州市市容管理局关于市城市管理综合行政执法支队行使行政执法权的通知》〔2013〕中就明确提及了"局行政执法权委托支队行使"这一原则,也就是说,执法支队的行政处罚权是由作为行政机关的市容管理局委托行使的,而执法支队的性质则是受委托的事业单位。然而即便如此,我们仍可以提出下列疑问:①尽管"行政委托"可以解决这一问题,但一方面,这种委托通常出现在行政机关与其外部的事业单位之间,而执法队伍往往是城管主体的"直属机构",在双方存在隶属关系的前提下进行"行政委托"是否有些勉强?另一方面,其无法解决强制权的问题——《行政强制法》第十七条规定"行政强制措施权不得委托"。②将城管队伍设置成事业单位,还有可能出现罚款和罚没物品不当使用的风险,即行政机关的处罚所得必须全部上缴国库(《行政处罚法》第五十三条),但事业单位的处罚所得则有可能被当作"单位业绩"。(3)总体上说,具有鲜明执法性质的城管执法队伍为何不直接设置成行政机构?或者说,其本该是"行政机构+行政执法类公务员"的设置,为何会变成如今的"事业单位+事业单位工作人员"?我们认为,一方面,其可能与上文所述的"直属机构"地位相匹配——若非事业单位,执法队伍就应当属于城管主体的内设机构,而难以成为更具独立性的直属机构;另一方面,则可能是因为公务员编制过于紧张或无法容纳合理范围内的执法人员数量,将其设定为事业单位则有助于解决人员编制上的问题。

第三,从执法人员的编制来看,目前主要存在两方面问题。(1)在执法人员的身份上,上文已经提及,由于其所在执法队伍大多是事业单位性质,因此其编制也大多是事业编制。但根据《国务院办公厅关于继续做好相对集中行政处罚权试点工作的通知》〔2000〕第二条的规定,"集中行使行政处罚权的行政机关的执法人员必须是公务员",这种矛盾使得"城管执法人员身份尴尬,说是行政执法,大量的却是事业编制、临时工;要求用公务员,却没有公务员编制"①。有学者建议,让"执法人员具有公务员身份,通过考试录用方式进入执法队伍,以此逐渐取代行政执法队伍中大量存在的临时执法人员,以从根本上

---

① "身份不明确,财政经费保障也不充分,城管执法人员普遍没有安定感、安全感。面对着越来越多的管理事务,光靠几个公务员是不够的,只能去聘请临时工;财政经费不足,只能靠执法养活。"参见戚浩飞,黄磊."城管"前世今生[J].人民政坛,2013(9):8.

解决当前行政执法人员综合素质不高、参差不齐的状况"①；但熊文钊教授指出，"现代城市管理所需要的庞大的执法人员数量远非有限的公务员编制所能消化的，全部落实执法人员的公务员身份不太现实"②。而作为其解决方案，无论是从"行政契约"的角度让城管执法成为"可购买的公共服务"，还是将执法队员归入"聘任制"③模式，都与其"行政执法"的性质相冲突。于是，作为一种折中或权衡，《指导意见》第（九）项规定："各地应当根据执法工作特点合理设置岗位，科学确定城市管理执法人员配备比例标准，统筹解决好执法人员身份编制问题，在核定的行政编制数额内，具备条件的应当使用行政编制。"也就是说，在条件尚不具备时仍可不使用行政编制。（2）在执法人员的编制数量上，即便是事业编制也往往有所欠缺，"人手不足"成了一种常态。比如，在成都市武侯区，"全区城管行政执法编制仅100多人，与全区除大量'一般控制区'街道外有武侯祠大街、蜀汉路等约50条计70公里长的'严管'街道、近100个社区的市容管理任务比实在内外难顾"④。再如，南京市新街口商圈集中了近700家商店，核心区日均人流量达到50多万人次，然而上百万平方米的地面商贸设施、20多万平方米的地下商业，仅有6位城管。⑤针对上述问题，我们认为以下两种措施是值得考虑的：（1）加强城管执法人员的编制管理。在宏观上，中央编办《关于清理整顿行政执法队伍实行综合行政执法试点工作的意见》〔2002〕第三条第三项规定："加强机构编制管理，建立并完善监督制约机

---

① 王田华.相对集中行政处罚权制度实施情况调研与思考［J］.价格与市场，2014（2）：35.
② 熊文钊.城管论衡——综合行政执法体制研究［M］.北京：法律出版社，2012：29-30.
③ 《公务员法》第九十五条规定："机关根据工作需要，经省级以上公务员主管部门批准，可以对专业性较强的职位和辅助性职位实行聘任制。"而城管执法人员既不是"专业性较强的职位"，也不是"辅助性职位"，依照该条规定，不应实行聘任制。
④ "尽管该区城管执法队伍中有数量不小的协管员，执法时1名正式执法人员带2—3名协管员为一个小组进行工作，但正式执法人员总数少，经常在日常管理任务与及时、妥善处理社区工作任务上出现执法力量保障不足。"参见黄仕红.关于城管执法进社区的探索与思考：以成都城市管理为例［J］.成都行政学院学报，2012（6）：37.
⑤ 鹿琳，颜芳.用刚性执法勒住疯狂渣土车［N］.新华日报，2014-01-16（A09）."《行政处罚法》和《行政强制法》都规定，在实施行政处罚和行政强制时，执法人员应当不少于两人。并且这两人应当是具有执法资格的正式工作人员，而不能是某些外聘人员。由于编制的限制以及繁重工作任务的压力，北京市的基层城管分队大都雇佣民营保安公司的保安人员进行一些辅助工作。北京市城管部门具有正式编制的城管工作人员有大约7000人，而外聘的保安、协管员有6500人之多。这也凸显了执法力量严重不足的问题。"参见熊文钊.城管论衡——综合行政执法体制研究［M］.北京：法律出版社，2012：71-72.

制。行政执法机构编制实行中央宏观调控下的分级管理。……专项用于行政执法机构的编制纳入全国编制统计范围，重新核定，中央编办进行宏观管理并对相关工作进行指导。"而在微观上，适时地进行编制清理也是从另一个层面为执法队伍"补充人手"的一种方式。比如，《合肥市城市管理局关于清理规范全市城管执法人员在编不在岗问题的通知》〔2012〕规定："凡被借调在城管综合执法系统之外其他区直单位的执法队员，要一律回原城管执法岗位工作"；"凡在乡镇街道或区其他部门任职但仍占城管执法编制，且确实不能回原单位工作的，一律办理人事关系调离手续，与原执法单位脱离关系，以便空出编制下一步统一补充"。（2）执法人员的编制数量应当与执法工作量相匹配。此处的"执法工作量"包括管辖城区面积、管辖人口数量、执法事项、案件数量和难度等多项因素。① 比如，从人口数量上看，住建部《城镇市容环境卫生劳动定额》〔2008〕规定，"市容环境卫生综合执法监察、执法人员的定员数按城市人口的万分之三至万分之五"配备，但很多地方执法人员的编制数量低于这个标准；而定期按照城市或辖区人口数量的变化来核定执法人员的编制，则是保证城管职能充分履行的必要措施。再如，从执法事项上看，很多地方在相对集中处罚权的过程中，各部门在将其原有事权转移给城管集中行使的同时，却没有将人员、编制、装备和经费等一并转移，这就导致城管在执法事项日益膨胀的同时，人员编制却没有发生变化。如此一来，已无相关执法权却又未撤销执法队伍的原部门"人手过剩"的现象，就和城管执法"人手不足"的状况形成了鲜明的对照。我们认为，包括城管在内的任何部门间的事权转移都应当伴随着编制、经费等的转移，否则一方面会使接受事权的部门在执法时"力不从心"，另一方面又会变相地导致原部门机构臃肿与人员闲置。此处还需注意的是，由于目前有些地方的处罚权集中并未完全结束，城管的具体事权仍处于动态变化中，因此相应的编制管理部门也应及时对其编制规定进行审核和调整，从而在规范层面上让居民的城市拥有充足的管理者和执法者。

---

① 根据学者的论证，人口、地域面积、具体事权等都是城管执法队伍编制测算的重要依据。详见唐立军. 城市管理行政执法队伍编制规模测算办法初探［J］. 中国机构改革与管理，2014（7）：23-24.

第三章

部门间行政协作的城管视角

第一节 部门间行政协作的概念性重释

在城市管理的大棋局上,无论是城市规划管理、市政设施管理、环境卫生管理,还是园林绿化管理、公共秩序管理、生态保护管理等皆处于重要位置。而从执棋者的角度看,履行相应法律职责的城管综合执法部门,如何在人员和编制有限的前提下应对如此众多且繁复的执法领域和执法对象,特别是,当城管部门所承担的部分职责超出其能力范围时应当如何处理,仍然是迫切而难解的现实问题。此时,作为一种辅助性的解决方案,当城管部门力有不逮时往往会通过行政协作的方式来实现行政目的,即借助其他政府工作部门的力量或与其他部门共同完成任务。对此,《指导意见》第(二)项要求"强化部门联动配合,有序推进相关工作";《城市管理执法办法》第五条规定"城市管理执法主管部门应当推动建立城市管理协调机制,协调有关部门做好城市管理执法工作"。

然而,在对城管作为协作一方的法规和案例的考察中,我们发现,"行政协作"这一概念仍需重新阐释并进一步加以限定。一般而言,行政协作指的是"两个或两个以上的机构从事的任何共同活动,通过一起非独立行事来增加公共价值";[1] 或者说,是不同行政部门之间为了实现同一行政目的,相互协作、相互配合,共同实施行政行为的活动。此处我们首先考察了一些与行政协作相关或近似的现行法律条款(见表3-1)。

---

[1] [美]尤金·巴达赫. 跨部门合作——管理"巧匠"的理论与实践[M]. 周志忍,张弦,译. 北京:北京大学出版社,2011:6.

表 3-1 关涉行政协作的现行法律条款列举

规范名称	协作条款
保守国家秘密法实施条例〔2014〕	第三十六条 保密行政管理部门可以申请公安、工商行政管理等有关部门协助收缴非法获取、持有的国家秘密载体,有关部门应当予以配合
三亚市城市管理综合行政执法协作制度〔2007〕	第八条 综合执法部门在执法检查过程和受理的举报投诉中发现违法案件属于相关职能部门管辖范围的,应在 2 个工作日内告知或移送相关职能部门处理。 第九条 综合执法部门对下列违法行为作出行政处罚决定之前,应书面征求相关职能部门意见,相关职能部门应在 5 个工作日内提出书面意见:(一)违反城市规划管理方面的法律、法规、规章规定属于严重影响城市规划或需要进行罚款补办规划报建手续的……
无锡市城市管理相对集中行政处罚权办法〔2012〕	第三十三条 城市管理行政执法部门在执法过程中需要有关部门作出认定意见的,有关部门应当在收到认定通知书之日起 7 日内作出书面认定意见并送达城市管理行政执法部门。情况复杂的,可以适当延长认定期限,但是最长不得超过 15 日
鞍山市城市管理综合行政执法衔接工作暂行规定〔2008〕	第六条 市综合执法局与市、区城建部门的衔接内容:……市综合执法局市政设施分局在查处违法案件过程中,发现手续不全或需要补办有关手续或做出赔偿的,应当及时书面告知市、区市政设施管理部门。对允许补办手续的抢修挖掘工程,市、区市政设施管理部门应当督促施工单位在抢修挖掘开始时,将抢修挖掘地点、时间、事由告知市综合执法局市政设施分局,并按规定补办手续

结合上述规定,我们对"行政协作"这一概念进一步阐释并限定如下:

(1)本书所称的行政协作仅指跨部门协作,即两个或两个以上政府工作部门之间的协作,而不包括某一特定部门内部的协作。表 3-1 中《保密法实施条例》所规定的即是保密部门与公安、工商部门之间的协作。

(2)本书所称的行政协作并不指涉跨区域行政协作。尽管不同区域之间的行政协作在宏观规划的实现、行政资源的调配等方面有着非常积极的作用,①

---

① 2011 年 12 月,北京、天津、河北、山西、内蒙古五省区市工商局正式签署区域合作协议,建立联席会议制度。"五地工商机关将在服务区域经济发展、市场竞争监管、行政执法、消费者权益保护、流通领域商品和食品质量监管、信息共享、工作经验交流等方面开展合作,建立联席会议制度、工作联动机制、定期会商机制等,通过发布白皮书、联合发布新闻等方式及时通报合作领域的情况,向社会展示五省区市工商机关的合作成果。"参见倪泰. 加强区域执法协作 提升服务监管效能 [N]. 中国工商报,2011-12-29(A01). 而此处的区域合作协议,一方面跨越了省级行政区域,另一方面仅属于工商系统内部的协作,不涉及多个行政部门,因此不属于本书所指的行政协作范畴。对于同部门、跨区域行政协作的考察,可见 [美] 埃莉诺·奥斯特罗姆,等. 公共服务的制度建构——都市警察服务的制度结构 [M]. 宋全喜,任睿,译. 上海:上海三联书店,2000:329-330.

但在城市管理领域,目前多数地方是以单一城市为单位进行管理,很少出现跨区域协作的情况。比如,表3-1中三亚、无锡和鞍山市所发布的规范性文件皆仅限于本市适用。而本书亦将行政协作的主体限定在区域内或城市内的各个行政部门之间。

(3) 本书所称的行政协作,在协作主体方面与"相对集中处罚权"的概念并不相容,即是说,不能将某一个或几个协作主体的部分职权转移给另一个或几个协作主体行使。比如,表3-1中《保密法实施条例》所规定的协作主体为保密、公安和工商三个部门,而这三个部门的职权各自独立,不存在相互划转的可能性。澄清此一限定的目的在于,如果协作主体能够相互划转职权,那么无须行政协作即可解决问题——如果保密部门拥有公安和工商部门的职权,那么其自身即可完成"收缴非法获取、持有的国家秘密载体"的工作;如果城管部门能够"相对集中"公安部门的处罚权和强制权,那么在不考虑人员和装备的情况下亦能独自处理暴力抗法等问题。简单说,只有当部门之间在职权上各自独立且不可划转时,行政协作才有存在的可能和必要。

(4) 本书所称的行政协作,主要是基于共同的行政目的和行政行为,凸显相互协力、彼此相助意味的"协作",因此,其并不指涉因部门间权限划分而引起的程序性关联,包括:①案件移送/移交。表3-1中三亚市文件第八条规定的,仅仅是执法部门受理了无权管辖的案件后将之移送给有管辖权的部门,而这一过程是纯粹程序性的,不存在共同的行政目的和行政行为,亦无彼此相助的意味。① ②征求/认定意见。表3-1中无锡市文件对于部门间的认定意见进行了宏观规定,而在三亚市文件第九条的规定中,无论是规划手续还是古树赔偿,都是由专门部门而非城管掌握的,那么,城管的处罚决定也就必须听取专门部门的意见;而这仍然是由部门间权限划分引起的必经程序,而非部门间主动且自愿开展的协作。③工作衔接。表3-1中鞍山市文件中所规定的与市政部门的工作衔接内容,实质上是在同一管理领域或管理事项上不同部门分别享有不同职权时所必然存在的程序性衔接,如市政设施的处罚权在执法局,而许可权却在市政局,当二者交叉时就必须明确权限从而各负其责;而在这种衔接中各部门仍然仅限于履行各自的职责,"协作"色彩并不明显。

(5) 本书所称的行政协作并不等同于"联合执法"的概念。尽管参与联合

---

① 《城市管理执法办法》第三十七条规定:"城市管理执法主管部门在执法活动中发现依法应当由其他部门查处的违法行为,应当及时告知或者移送有关部门。"该规定亦属"案件移送/移交"性质。

执法的各部门通常有着相同的执法领域和行政目的，有着"牵头部门"和"配合部门"的分工，"协作"意味明显，但一方面，联合执法主要是为了完成某一宏观性目标，而该目标一般都不是其中某一部门自身的目标，另一方面，联合执法一般是由上级机关组织开展的，具有强制性，而不是某一部门根据自身工作需要所进行的判断，因此往往更偏重于对其他部门的"配合"，而非"帮助"或"合作"，其主动性和灵活度相对较弱。

案例11：2014年2月，温州公安在全省率先成立食药环支队作为专业警种，严打食品药品与环境犯罪行为。市环境监察支队成立了重案大队，各县（市、区）环保局都相继成立重案组，环保局领导分头带队参与夜间执法、双休日执法，从机制上保障涉刑重案的侦破。此外，温州市环保和公安部门还制定了针对电镀、制革、拉丝、水洗等重点整治行业，以水环境污染犯罪组织者、经营者、获利者为主要打击对象的相关治理办法。环保与公安力量相互渗透，在机制上实现联合排查，通过专业协作为案件提供侦破技术支持和执法保障。[1]

我们认为，该案例中环保和公安部门的合作即可体现本书所称的行政协作概念。首先，其符合上文提出的行政协作的5项限定条件，更主要的是，其自身还具备了如下几个要素。（1）各部门具有共同的行政目的。该案中环保和公安部门共同的行政目的是打击环境领域的违法犯罪行为。（2）只有通过行政协作才能更好地实现行政目的。在职权划分上，公安部门享有涉刑重案的管辖权，而环保部门则拥有相关的专业知识和鉴定设备，那么在遇有涉刑的环保案件时，无论哪个部门都难以单凭自身的职能进行处理，[2]两个部门进行协作即为"最优选择"。（3）各部门共同实施行政行为。该案中环保和公安部门在打击环境违法的时间点上具有共时性，无论是夜间执法、双休日执法，还是制定治理办法，都是两个部门在同一时间点上共同实施的行为，而非上文所说的在时间上存在先后顺序的案件移送、工作衔接等程序性关联。（4）各部门在主观上具有鲜明的相互协力、彼此相助的意味，而在协作程序的启动上也是自愿而非强制性的——这是行政协作概念的关键要素。该案中环保和公安部门在机构设置、规范制定和执法程序等各个方面进行了密切合作，而这种合作并不是强制性的——既非法律明文规定的程序性衔接，亦非上级机关的硬性命令，即便不进行协作也

---

[1] 周洛嫣. 温州环保公安合力铁腕执法［N］. 中国环境报，2014-06-20（007）.
[2] "环境案件不是公安一家努力就可以查处的，无论从线索的发现还是后期的鉴定，相关部门都比我们更专业。合作对搜集证据更有力，能把违法人员控制住。"参见周洛嫣. 温州环保公安合力铁腕执法［N］. 中国环境报，2014-06-20（007）.

不会遭受不利后果；这种协作产生的原因仅仅是两个部门意识到只有相互协作才能更好地打击环境违法，是主动且自愿开展的合作。

需要注意的是，上述行政协作的概念及要素与"行政协助"有些近似。一般而言，行政协助是指"行政主体在行使职权过程中，由于法律上或事实上条件的限制，无法自行执行职务或自行执行职务会带来严重不经济时，由其他相关行政主体予以配合协助完成行政职务的制度"[1]。尽管"行政协助"亦符合上文提出的5项限定条件和4个要素，但其与"行政协作"仍存在一定程度的区别，包括：（1）行政协作强调的是部门间的"合作"，而行政协助强调的则是某一部门对另一部门的"帮助"；或者说，行政协助是单方授益性的，而行政协作则是双方互惠性的，这是二者区别的核心所在。（2）行政协助通常存在着"申请协助→审查申请→提供协助"这样的程序，且请求人和被请求人是固定的，而行政协作则是部门之间的合作或相互帮助，提供帮助者并不固定为其中一方。（3）尽管无论是在行政协作还是行政协助中，各部门所要实现的都是同一行政目的，但就来源而论，在行政协助中该目的大多来源于请求协助的一方，即协助者帮助被协助者实现其行政目的，或者说，是协助方"依法为请求方执行行政任务提供帮助"[2]；而在行政协作中该目的则来源于协作的双方，即双方具有相同或一致的行政目的，在帮助对方执行行政任务的同时也有助于自身任务的完成。综上所述，本书所指称的"行政协助"强调单方的帮助，而"行政协作"则强调双方或多方的合作。为了表述的便利，我们将"行政协作"设定成更为广义且更具宏观性的概念，即在抽象地讨论部门间提供和接受帮助的行为时，双方的"行政协作"能够包含单方的"行政协助"，或者说"协助"是"协作"的组成部分之一。

第二节　部门间行政协作的必要性溯源

从相对积极的层面说，部门间行政协作之所以存在，是因为其自身所具有的一系列优势，比如：（1）在职权独立且不可划转的部门之间实现彼此配合。金国坤教授指出："职能分工是依法行政的基础，行政协作也是依法行政的体

---

[1] 马乐、田园. 行政协助的法律定位与控制 [J]. 行政与法，2005 (5)：91.
[2] "行政协助行为只能意味着由被请求的行政主体向提出请求的行政主体提供帮助的行为。"参见唐震. 再论行政协助概念之界定 [J]. 东方法学，2012 (4)：157.

现。……只有在分工基础上密切协作,才能形成行政合力……全面及时地履行行政职责。"① 由于政府工作部门的设置是建立在不同管理领域和专业分工基础上的,而当某些行政事务的处理涉及不同管理领域、需要调动不同专业知识时,行政协作就成了连接各个部门的桥梁。(2)有助于降低行政成本、整合行政资源。当某一部门为实现行政目的所缺少的专业知识或技术为其他部门所掌握时,其自行聘请专家或通过第三方组织以实现该目的所需支付的成本,往往会高于请求其他部门予以协助的成本;同理,这种协作的开展也有助于避免各部门内部进行"大而全"的"重复性建设"。比如,在案例11中,为打击环境领域的违法犯罪行为,公安部门通过与环保部门协作来获取专业知识和技术,总比对外购买技术服务更能节省成本,也比在公安部门内设立专门的环境技术机构节省成本——"共享建筑物、人员、信息或设备能够更为有效地利用资源"②。(3)有助于政府从宏观上配置其所掌握的行政资源,从而提高政府的整体绩效。如果部门间行政协作能够广泛且顺畅地开展,那么政府不仅可以从整体上配置并在部门间共享现有的行政资源,而且可以"跨越单一部门的能力局限,用整体观和系统观思考、构建社会问题,进而整合所需资源解决这些问题"③。

而从相对消极④的层面说,部门间行政协作之所以存在,是因为单凭某一部门的职权和能力难以实现或难以更好地实现其自身的行政目的。在现行立法中,《湖南省行政程序规定》〔2008〕第十七条规定:"有下列情形之一的,行政机关应当请求相关行政机关协助:(一)独自行使职权不能实现行政目的的;(二)不能自行调查执行公务需要的事实资料的;(三)执行公务所必需的文书、资料、信息为其他行政机关所掌握,自行收集难以获得的;(四)其他必须请求行政协助的情形。"《南京市城市治理条例》〔2012〕第六十八条规定:"有下列情形之一的,城市管理相关部门可以商请有关部门协助:(一)独自行使职权不能实现行政目的的;(二)自行调查执行公务所需要的事实资料不能取得的;(三)执行公务所必需的文书、资料、信息为有关部门所掌握的;(四)法

---

① 金国坤.行政权限冲突解决机制研究——部门协调的法制化路径探寻[M].北京:北京大学出版社,2010:233.
② [英]克里斯托夫·鲍利特.重要的公共管理者[M].孙迎春,译.北京:北京大学出版社,2011:71.
③ [美]尤金·巴达赫.跨部门合作——管理"巧匠"的理论与实践[M].周志忍,张弦,译.北京:北京大学出版社,2011:234.
④ 尽管在产生的根源上,行政协作往往是行政部门因职权、资源和专业知识等方面的欠缺"不得已"而为之的,但在协作的开展上,却是部门间为实现或更好地实现行政目的"自愿"乃至于"主动"发起的,二者之间并不存在矛盾。

律、法规将有关部门的认定结果作为行政执法前提条件的。"尽管这两个文件中申请协助的主体有所区别,但主要情形是一致的,特别是都将"独自行使职权不能实现行政目的"作为首要原因,这也是本书认为的行政协助必要性的根源所在。相较于上文的"积极层面"而言,实践中开展的行政协作往往更多是"消极的",是某一部门在自身能力不足的情况下仍需完成行政任务,从而不得不申请其他部门协助或与之合作完成。而此处"难以实现行政目的"的原因可以概括为以下几个:(1)在职权方面,每一个部门的职权都是有限的,当实现某一行政目的需要多种职权时,仅凭单一部门就难以完成。比如,为实现对雾霾天气的治理,涉及汽车尾气控制、落后产能淘汰、建筑施工扬尘管理、秸秆焚烧限制及综合利用等事项,而这些事项又涉及公安、工信、住建、农业等多个部门,并非环保部门独自所能完成。(2)在行政资源方面,各部门也同样可能面临着短缺或不足。比如,目前南宁市城管队伍实有对讲机224部,平均每3.4人拥有1部;摄像机41部,平均每3个执法中队拥有1部;录音笔12支,平均每个城管大队1支;城管指挥车30辆、面包车26辆,大多数城管队员只能乘坐自有交通工具参加中大型执法行动,队伍机动性差、办案效率低。[①](3)在专业技术方面,实践中亦有可能遇到为实现行政目的所不可或缺且本部门并未掌握的知识技能。除案例11中公安借助环保部门的专业知识外,城管由于不具备相应的专业检测设备和技术力量,在查处违法建设时需要借助规划部门的知识来认定违法行为的性质及程度,在查处破坏绿化案件时需要借助市容绿化部门的知识来对标的物的品种和价值予以鉴定,等等。

　　仅就城管而言,其行政协作较为明显地集中在"公安协助城管执法"领域。这是因为,一方面,城管既无法集中/划转其处罚权和强制权,又无法与其合署办公,上位法亦未规定相应的程序性关联,因此城管若需借助公安的力量实现行政目的,往往只能通过行政协作一途。另一方面,很多时候,城管为实现行政目的所需的强制权,是其自身不具备却为公安部门所享有的,包括:(1)限制人身自由。比如,行为人在禁止摆摊设点之处违法经营时,执法人员无权将其强制带离;再如,行为人拒绝配合执法人员调查取证并径自离去时,执法人员亦无权将其强制滞留,等等。(2)强制进入住宅。在调查非法散发、张贴刻章、办证、倒卖发票的小广告违法案件中,执法人员对发现的"小广告藏匿窝点"进行调查时,如果行为人拒不配合、暴力阻止执法人员进入,那么执法人

---

① 龚维玲,等. 提高南宁市城市管理执法成效的对策研究 [J]. 中共南宁市委党校学报,2014 (1):29.

员亦无权强行进入。① （3）制止暴力抗法。这也是城管请求公安协助执法时最常见和最重要的理由。比如，在拆除违章建筑遇到建筑所有人暴力对抗时，执法人员自身没有处理这种情况的职权和能力，除请求公安协助外暂无更为可行的方法。更有甚者，当无证商贩团体化、帮派化时，执法人员的人身安全都得不到保障，② 显然更需公安加以协助。正如论者所言："公安参与城管执法，是破解城管执法困境的有效途径，将减少阻挠执法和暴力抗法事件的发生，节约执法成本，有效保障城管执法的权威性。"③ 而在公安方面，"基于警察机关具有处理紧急危害的能力，行政机关于必要时请求公安机关协助是恢复社会秩序和维护社会稳定的必要手段"④。在前文表 3-1 和案例 11 中，无论是保密部门还是环保部门，都涉及与公安部门的协作。有鉴于此，《指导意见》第（三十一）项明确要求"建立城市管理部门与公安机关、检察机关、审判机关信息共享、案情通报、案件移送等制度……公安机关要依法打击妨碍城市管理执法和暴力抗法行为，对涉嫌犯罪的，应当依照法定程序处理"。综上所述，尽管是否应当赋予城管部门强制权仍然存在争议，⑤ 但仅就目前来看，请求公安协助执法已经成了城管最为典型也最为频繁的行政协作模式。

第三节 部门间行政协作的机制性解读

为进一步考察部门间行政协作的方式、内容、工作机制和责任机制，我们梳理了各地方颁布的城管与公安及其他部门行政协作的有关条款（见表 3-2）。

---

① 王雅琴，沈俊强. 城市管理监察综合行政执法之理论与实践 [M]. 北京：法律出版社，2013：244.
② "目前，南宁市部分商业区的无证商贩团体化、帮派化的趋势日益明显，如朝阳商圈存在玉林籍、湖南籍、贵州籍等带有黑势力性质的团伙，当执法人员整治违章行为时，违章人员立即召集人员轻则阻挠执法队员暂扣违章物品，重则围攻、谩骂、殴打执法人员……据统计，2012 年全市城管队伍在行政执法中遭遇暴力抗法事件 53 宗，同比上升 23.13%，执法队员受轻伤 35 人、重伤 7 人。"参见龚维玲，等. 提高南宁市城市管理执法成效的对策研究 [J]. 中共南宁市委党校学报，2014（1）：29.
③ 闵锐. 公安保障，破解城管执法难关键所在 [N]. 中国建设报，2015-03-30（011）.
④ 余湘青. 警察行政协助的困境与出路 [J]. 行政法学研究，2008（2）：77.
⑤ 城管缺乏强制性权能，致使其很多执法任务无法顺利完成，但直接赋予其强制权，又存在滥用和侵犯相对人权益的风险。

表3-2　各地方城管行政协作相关条款列举

规范性文件	协作方式	公安协助	责任机制
三亚市城市管理综合行政执法协作制度〔2007〕	第三条　建立城市管理综合行政执法工作联席会议制度、例会制度、联络员制度、重大事项通报制度、完善办公自动化网络等平台……第十三条　综合执法部门因工作需要了解有关事项、查询相关资料的，相关职能部门应予支持和配合，并无偿提供	第十二条　市公安局城市管理警察大队应按下列规定配合综合执法部门开展工作：（一）参与综合执法部门组织的重大城市管理综合执法活动，维持好城市管理综合行政执法活动的治安秩序；（二）及时处理制止和处理妨碍行政执法工作的行为；（三）每月定期向综合执法部门通报工作情况，沟通解决行政执法协作过程中出现的问题	第十四条　违反本制度规定造成严重后果或影响的，依法对直接负责的主管人员和其他直接责任人员给予行政处分
昆明市城市管理综合行政执法联动制度〔2009〕	二、（一）建立综合行政执法联席会议制度。（二）建立综合行政执法信息共享机制。（三）建立职能部门横向协调联动机制。（四）建立市、区综合行政执法纵向联动机制。（五）建立公安与综合行政执法联动保障制度		关于进一步贯彻落实《昆明市城市管理综合行政执法局联动制度》的通知〔2011〕四、加强监督，落实责任。……对未按规定落实协助、配合相关县（市）区城管执法部门跨区域查处渣土车、流动摊贩等行动、并造成严重后果的，将依据有关规定追究直接责任人的责任
天津市城市管理相对集中行政处罚权规定〔2007〕	第十二条　市容、环境卫生、园林、公安交通管理、市政、规划、工商等有关行政主管部门，应当依法做好日常监督管理工作，加强与城市管理综合行政执法机关的工作配合，实现行政许可、行政收费等行政管理信息资源的共享……	第十七条　公安部门在城市管理综合行政执法机关设立的公安派出机构，负责协调在城市管理行政执法活动中发生的公然侮辱执法人员、阻碍执行公务、暴力抗法等违法行为的依法处理，履行执法保障职责	

续表

规范性文件	协作方式	公安协助	责任机制
抚顺市城市管理相对集中行政处罚权办法〔2010〕	第十五条 城管执法机关执法过程中，需要相关行政机关协助配合的，相关行政机关应当协助配合；需要相关行政机关提供相关资料、认定、技术鉴定的，相关行政机关应当在3个工作日或者法律规定的期限内予以提供	第三条第二款 市公安机关设立城市管理治安机构，专门负责保障城管执法机关正常开展执法工作，查处城管执法机关执法活动中发生的治安案件	
石家庄市人民政府关于开展城市管理相对集中行政处罚权工作的实施意见〔2012〕		（二）建立公安保障机制。……由市公安机关在市、区两级城管执法机关以及火车站管理办公室各派驻10名警力，与城管综合执法机关合署办公，配合开展相对集中行政处罚权工作。市、区两级公安机关各明确一名副职，分管市、区城市管理相对集中行政处罚权工作。公安机关对以暴力、威胁等方式阻碍城管综合执法人员依法执行公务的，要及时查处，不得作为民事纠纷进行处理	
厦门经济特区城市管理相对集中行使行政处罚权规定〔2012〕	第三十四条 城市管理行政执法部门查处违法行为时，可以请求有关行政管理部门予以协助。有关行政管理部门应当提供必要的材料，不得收取费用……		第三十二条 城市管理行政执法部门进行执法检查和实施行政处罚时，发现有关行政管理部门有违法或者不履行本规定……第三十四条规定职责等行为，应当向有关行政管理部门提出书面建议，或者提请同级人民政府予以纠正……
无锡市城市管理相对集中行政处罚权办法〔2012〕		第五条 市、区公安部门城市管理治安机构是城市管理行政执法的治安保障专门机构，具体负责城市管理治安工作，预防、化解和处置阻碍城市管理行政执法的行为。第三十六条第二款 公安部门城市管理治安机构应当随同城市管理行政执法机构执法，维护治安秩序	

续表

规范性文件	协作方式	公安协助	责任机制
深圳经济特区城市管理综合执法条例〔2013〕		第三十七条 ……建立综合执法部门和公安部门证据、信息联通、执法联动的协作机制。……公安部门应当指定有关机构，协助和配合综合执法部门开展执法。 第三十九条 违法行为人应当按照综合执法部门的要求接受调查并如实提供身份证明、居住地址、联络电话号码等信息。违法行为人拒绝提供或者无法提供身份证明信息的，综合执法人员可以联系公安部门进行现场协助。公安部门应当派员及时到达现场并协助综合执法人员执法，对拒绝提供或者无法提供身份证明信息的，公安部门应当将其带离现场并依法处理	
上海市城市管理行政执法条例〔2012〕	第三十条 在城市管理中开展重大专项执法行动时，城管执法部门需要有关行政管理部门协助的，有关行政管理部门应当在职责范围内依法协助；有关行政管理部门需要城管执法部门协助的，城管执法部门应当在职责范围内依法协助。 第三十二条 市和区、县人民政府应当采取措施推动城管执法部门和有关行政管理部门建立健全城市管理与执法信息共享机制，促进信息交流和资源共享	第三十一条 公安机关与城管执法部门应当建立协调配合机制。公安机关应当依法保障城管执法部门的行政执法活动，对阻碍城管执法人员依法执行职务的行为，应当及时制止；对违反《中华人民共和国治安管理处罚法》的行为，依法予以处罚；使用暴力、威胁等方法构成犯罪的，依法追究刑事责任	第四十条 有关行政管理部门违反本条例的规定，拒不履行执法协作职责的，由本级人民政府或者上级主管部门责令改正，通报批评；情节严重的，对直接负责的主管人员和其他直接责任人员依法给予行政处分

通过表3-2可以看出：（1）在公安协作的机制上，若要建立公安与城管固化/常态化的协同执法机制，"一方面，公安部门要设立或者指定专门机构或者派出机构，专门负责协助和配合综合执法部门开展执法活动；另一方面，违法行为人拒绝配合城管执法时，城管综合执法人员可以通知公安部门现场协助，警察应当在15分钟内到达现场"[①]。就此而言，表3-2中的规定大致可分为三种模式。①在公安系统内部设立专门机构负责协助城管工作，如三亚市公安局的城市管理警察大队、抚顺市和无锡市公安局的城市管理治安机构，等。特别是，石家庄市要求市区两级公安机关各明确一名副职分管城管相应工作，这就显著提升了协助城管执法在公安系统内部的集中性和重要性。②由公安部门派出人员或机构进驻城管部门以协助其执法，如天津市公安局在城管部门设立了公安派出机构、石家庄市公安局在市区两级城管部门各派驻了10名警力等。"如果一支公安队伍被派驻城管执法，毫无疑问将大大提高城管执法的权威地位。"[②] ③并不设立专门的内设机构和派出机构，而是由公安部门与城管进行个案性或现场性协作。我们认为，在这三种模式中，将协助城管的工作交由固定内设机构的第①种模式与能够直接从城管内部进行协助的第②种模式更为符合协作执法的常态化要求。

（2）在公安协作的时间上，无锡市文件要求公安下设的城管治安机构随同城管部门一同执法，在时间上做到共时性——这也被称为"执法联动机制"或者"捆绑式执法"。设立这一机制的目的在于，在前文述及的城管缺乏强制权的领域，无论是限制人身自由、强制进入住宅还是制止暴力抗法，都有着时间上的急迫性，如果公安部门不能及时协助，一方面可能发生严重的后果，另一方面事后的协助也可能失去意义。比如，在对暴力抗法的制止中，如果公安部门不能及时协助，可能会产生较大的人身伤害；而在对"小广告藏匿窝点"的调查中，如果公安部门不能及时搜查，行为人就可能转移证据从而逃避惩罚。因此，在上述情况下，公安部门的协助有着较为严格的时间要求，而协作机制中公安向城管部门派出机构或人员的第②种模式显然更容易达成这一要求。

（3）在公安协作的内容上，一般主要限于强制权领域——表3-2中多数文件将协作内容规定为在执法过程中维持治安秩序、处理治安案件，制止和处理阻碍执行公务、暴力抗法、公然侮辱执法人员等行为，从而为执法人员提供安全保障和正常的工作秩序。需要提及的是，深圳市文件还特别规定了查验行为

---

① 李舒瑜. 公安设立专门机构协助城管执法［N］. 深圳特区报，2012-10-26（A06）.
② 闵锐. 公安保障，破解城管执法难关键所在［N］. 中国建设报，2015-03-30（011）.

人身份信息这一协助事项，即行为人拒绝或无法提供身份证明信息时，公安部门应将其带离现场并依法处理。这一规定较好地弥补了城管所缺少的查验身份信息的权限，能够有效协助其处罚权的行使。①

（4）对于城管与公安以外的其他各部门的协作，《指导意见》第（三十三）项要求"建立健全市、县相关部门之间信息互通、资源共享、协调联动的工作机制，形成管理和执法工作合力"。通过表3-2可知，这些工作机制在部分地方的规范性文件中已经有所体现，包括：①信息共享制度。这是较为常见的一种协作机制，表3-2中多数文件规定了这一机制。② ②信息通报制度。这是为更好地实现信息共享而设置的辅助性沟通制度，表3-2中三亚市文件规定了这一制度。③ ③联席会议制度。这一制度主要是通过定期召开由各部门领导组成的联席会议，来商讨执法协作中的若干重要问题，从而加强部门间的沟通与合作，表3-2中三亚市和昆明市文件规定了这一制度。④

---

① 对于公安协助城管执法的具体程序和实施细节，《广州市城市管理综合执法工作规范》〔2013〕进行了更为详细的规定，使得协作过程更具可操作性。比如，其在第二十六条规定："在组织强制拆除违法建设、整治乱摆卖等有迹象表明可能会发生暴力抗法情况的行动前，负责组织实施行动的城市管理综合执法机关或者派出机构应当提请公安机关出警协助执法。"第二十八条规定："对阻碍、妨害城市管理综合执法机关依法执行职务的行为，现场民警采取措施制止无效的，城市管理综合执法机关可以暂停执法工作，待公安机关处置完毕后视情况恢复执法活动。需要采取必要的保护、救助措施的，城市管理综合执法机关应当协调消防、卫生等部门协助现场处置。需要应对媒体现场采访的，相关负责人应当出面接待答复。"

② 对此，《城市管理执法办法》第三十五条规定："城市管理执法主管部门应当与有关部门建立行政执法信息互通共享机制，及时通报行政执法信息和相关行政管理信息。"《广州市城市管理综合执法条例》〔2009〕第三十一条进一步规定："有关行政管理信息包括以下内容：（一）相关行政机关实施与城市管理综合执法有关的行政许可事项和监督管理信息；（二）城市管理综合执法机关实施行政处罚的情况和在执法中发现应当告知相关行政机关的信息；（三）与城市管理综合执法有关的专项整治行动信息；（四）其他需要共享的重要信息。"

③ 对此，《北京市环境保护局 北京市城市管理综合行政执法局关于建立清洁空气行动计划协作与联动执法工作机制的通知》〔2015〕进一步规定："各区县环保、城管部门自2015年5月起，于每月5日前报送当月联合执法检查工作安排、宣传策划方案和上月联合执法检查工作总结、联合执法检查月度情况汇总表及典型案例。"

④ 其中昆明市文件第二条第（一）项进一步规定："联席会议由领导小组组长或委托副组长召集，领导小组成员及办公室成员参加。领导小组联席会议一般每月召开一次，特殊情况由组长决定召开，主要研究综合行政执法联动的重大问题和重大措施，研究全市综合行政执法的阶段性重点工作，组织全市性重大综合行政执法和重要专项执法活动，听取各成员单位移送、移交处罚案件的情况汇报，协调解决各单位工作中遇到的困难和问题。"

第四节 部门间行政协作的施行性困境

尽管无论在实践中还是在制度上,城管与公安及其他部门的协作都处在一个相对平稳的运行状态中,但从协作的发生与效果上看,情况仍不十分乐观。就如巴达赫(Eugene Bardach)教授所言,"合作本身是一项艰巨的任务,比表面看起来要复杂得多。"对于部门间行政协作而言,正是专门化的部门结构"使得合作十分必要,但同一力量也为合作设置了重重障碍"[1]。具体而言,部门之间开展协作所需要的条件至少包括:在客观上具有部门间正式或非正式的合作协议,为完成共同的行政任务所配置的人力、财力、设备和空间等资源,共同任务中明确的职权和责任关系;而在主观上则需具有对于协作本身合法性与必要性的信念,为这一信念而开展协作的意愿,等等。[2] 在上述条件中,尽管客观条件更为硬性和严格,但主观条件却是协作开展的前提。如果各部门都认为没有开展协作的必要,那么行政协作就不会发生;如果确有必要但其中某一个部门不愿开展,那么协作就会陷入消极被动甚至应付了事的状态,此时各种客观条件即便满足也可能是形式上的,而相应的制度规范即便获得遵行也可能达不到理想效果——这就是本书所称的"单方协助"的状况,也是本书所认为的引发行政协作中若干问题的最为核心的原因。

具体而言,在目前的行政协作中有相当一部分其实是单方协助性质的,即固定地由某一部门单方面地向另一部门提供帮助,而无法由此获得对方的帮助,也就是前文所论及的"行政协助"而非"行政协作"的概念。比如,在城管与环保部门的协作中,《北京市环境保护局 北京市城市管理综合行政执法局关于建立清洁空气行动计划协作与联动执法工作机制的通知》第一条第7项规定:"在重大活动与重污染天气预警期间,环保、城管部门要针对重点区域提前进行联合检查,及时查处重点区域内影响空气质量的突发问题,并确定专人专组加强巡查。"尽管此处规定了两个部门的联合检查,但在这一过程中是城管在单方面地帮助环保部门——无论是"清洁空气"还是"重污染天气"或是"影响空气质量",都是环保而非城管部门的工作任务。而该文件之所以将与环保"联动

---

[1] [美]尤金·巴达赫. 跨部门合作——管理"巧匠"的理论与实践[M]. 周志忍,张弦,译. 北京:北京大学出版社,2011:243,10.
[2] [美]尤金·巴达赫. 跨部门合作——管理"巧匠"的理论与实践[M]. 周志忍,张弦,译. 北京:北京大学出版社,2011:15.

执法"的部门设定为城管,可能是考虑到城管的巡查面积较大、范围较广,发现违法污染源的概率更大,然而这并不能改变清洁空气与城管自身的行政目的不相连接这一事实,此时在协作过程中协助方就固定为城管,被协助方就固定为环保,二者之间的协助是单向性的。再如,在城管与公安部门的协作中,表3-2中上海市文件所规定的公安与城管的"协调配合机制",无论是保障城管执法活动、制止阻碍执法行为,还是实施治安处罚、追究刑事责任,都是公安单方面地帮助城管实现行政目的,而昆明市文件所规定的公安与城管"联动保障制度"进一步要求:"综合行政执法工作人员在正常执法时,若遇到暴力抗法等情况,应做好现场证据收集工作,并积极配合公安部门取证调查,协助维持现场秩序。……在进行重大行政执法活动或专项执法活动中,综合行政执法部门要制定工作预案,做好应急处置准备。"此处虽然对城管部门也提出了要求,但仅仅是配合取证调查、协助维持秩序、制定工作预案等,不仅在程度上弱于公安部门,而且仍然没有脱离城管工作的范畴,即是说,此处即便规定了城管的配合、协助等义务,也仍然是为了实现城管自身的行政目的,而与公安部门的本职工作无关,其仍属于一种单向性的协助。

而单方协助之所以会将行政协作引入消极被动的状态,背后的部门利益仍然起到了关键作用。就如学者所言,"不同部门各自拥有独立的职能区域、政策空间以及在地盘内的裁判权,每个部门都有千方百计维护本部门利益的意识。在缺乏沟通的前提下,各个部门在合作时会有意识地保留实力,导致有利益的抢着干,无利益的没人干"[1]。通常情况下,任何部门都会将有限的人力和物力优先投入到自身行政目的的实现上,这也可以视为部门利益的一种体现;而单方面地帮助其他部门,不仅无益于自身利益的增加,而且将有限甚至短缺的资源用在其他部门身上,还有可能影响到本职工作的完成;或者,即便尚未影响到本职工作,协助其他部门也是一项行政负担,不仅需要支付成本,而且会增加行政人员工作的繁重程度,更何况如果在协助过程中出现问题,还要面临承担责任的风险。可以说,这是一种单方付出却无明显回报的"损益性行为",那么利益权衡之下,就会出现鲍利特(Christopher Pollitt)教授所言的结果:"部门与机构只是追求自己的目标,而不愿意与解决同样问题的其他组织进行合作。"[2] 在没有法律强制性规定且无法从中获益的情况下,即便是对方通过正式

---

[1] 王生坤. 城市管理碎片化形成原因与解决路径[J]. 上海城市管理,2015(2):79.
[2] [英]克里斯托夫·鲍利特. 重要的公共管理者[M]. 孙迎春,译. 北京:北京大学出版社,2011:49.

程序申请协助，很多部门也可能不愿提供或者应付了事，更不用说主动关注对方工作情况并积极采取措施了。反映在实践中，我们可以看到，城管在申请某些部门协助或提供相关信息时，可能被收取费用或无故拖延；城管在违法建设查处中，规划部门有时会反复更改认定意见，令查处工作无所适从；①"城管综合执法部门与公安部门的联动执法机制尚未健全，公安部门保障城管执法的方式停留在突击式、大检查式、大行动式的临时性协作，没有形成真正的公安保障机制"②；等等。

　　除上述之外，单方协助乃至于双方协作中还可能产生如下问题。（1）职权边界问题，这是在单方协助时经常会遇到的问题。《广州市城市管理综合执法工作规范》第三十四条第三款规定："城市管理综合执法机关与其他行政管理机关联合执法时不得越权执法。"然而这一规定并不十分明确。比如，公安在为城管提供安全保障、制止暴力抗法的同时，能否帮助其拆除违章建筑、没收经营工具？后者虽非公安职权的组成部分，但往往必须借助其强制力才能实现；或者说，如果公安只是被动地提供安全保障，并不足以使城管完成工作任务。反之，如果公安提供了这样的"越权"帮助，又会涉及责任承担问题，即当公安部门在协助执法的过程中强制拆除了违章建筑、没收了经营工具并产生了侵权结果，是否应当自行承担责任？（2）指挥者问题，即来自不同部门的协作者应当服从谁的指挥和调遣。因为，开展协作的部门之间并不存在隶属关系，也就不发生命令与服从的情形，但要实现行政目的又必须统一指挥，那么指挥者应当是协助者还是被协助者或是协作的某一方？这往往会影响到协作的重心和行政目的的实现程度等。（3）长期性问题。巴达赫教授指出，"时间是跨部门合作能力发展过程中的一个敌人，因为许多脆弱性会随着时间的延长而出现"③。部门协作中某一方工作重心的转移、领导或其他人员的变动、资源的减少等都可能导致协作弱化甚至中断。而且，由于提供协助的部门或者协作双方都有着自身的工作任务和进度安排，协作事宜则可能在时间和步骤上难以协调一致。比如城管在从事某项重要执法工作需要公安协助时，公安则可能正忙于重大的治安或刑事案件而难以安排人员提供协助。如果类似的情形一再发生，城管申请协助的意愿就会逐渐降低，而协助的持续性和稳固性也会随之降低。

---

　　① 陈兵斌. 改善城管执法体制的方法研究 [J]. 城市管理与科技, 2014 (5): 57.
　　② 龚维玲, 等. 提高南宁市城市管理执法成效的对策研究 [J]. 中共南宁市委党校学报, 2014 (1): 29.
　　③ [美] 尤金·巴达赫. 跨部门合作——管理"巧匠"的理论与实践 [M]. 周志忍, 张弦, 译. 北京: 北京大学出版社, 2011: 236.

第五节 部门间行政协作的应对性出路

一、构建双向互助的持续性机制

针对行政协作中存在的种种问题,首先需要考虑的就是从根源上的部门利益着手,改变现实中"单方协助"的局面。因为,一旦协作过程使得双方都能获益,即会使协助方所提供的人力和物力等方面的帮助有所回报,从而显著改变其消极被动的心理状态;或者说,当协作者为对方提供的帮助能够同时有助于自身行政目的实现时,则会增强其积极协助的动力,而上文所提及的各种协作性问题就可能不会出现或至少有所缓解。

案例12:在"3·11"案件中,政和县质监局通过前期侦查,发现制假窝点隐藏在一民房内。为了彻底捣毁假冒伪劣化肥黑窝点,质监局领导及时启动与公安局领导的协调机制,公安办案人员与质监执法人员第一时间查封了制假现场,查获制假工具及大量账本,并立即对犯罪嫌疑人进行连夜审讯。本案中公安机关的及时介入,充分运用强制手段的威慑力,为质监部门取得后继战果提供了有利帮助。而质监执法人员每到一个销售点,不仅需要进行辨别、抽样、调查、取证工作,同时还需要对涉案化肥的鉴定结果出具法定依据。最终,执法人员对农资真伪辨别的检验报告使犯罪嫌疑人在铁证面前不得不承认自己的违法事实。[①]

在上述案例中,质监部门和公安部门是一种典型的双向协作关系——为了实现查处假伪化肥的行政目的,两个部门都是不可或缺的,二者分别发挥了自身的职权和专业优势:如果没有公安部门的协作,质监部门无法进入制假民房,也无法审讯犯罪嫌疑人,更无法抓获由其所供述的周宁县、松溪县的另外几名嫌疑人;相应地,如果没有质监部门的协作,公安部门则难以掌握案情本身,难以认定嫌疑人所售化肥的真实情况,也难以出具指证嫌疑人的有效证据。从另一个角度说,由于案中的制假行为涉及犯罪和刑事责任的追究,因此属于公

---

① 许强. 部门协作显威力 联合执法破大案——质监与公安联合查办"3·11"假复合肥一案的几点启示 [J]. 福建质量技术监督, 2012 (6): 40-41; 类似案例亦可见苗青, 华杰. 徐州工商与公安检察联手建立执法办案联动协作机制 [N]. 江苏经济报, 2014-04-08 (B02).

安部门的工作任务；而其中假伪化肥本身又涉及产品质量问题，因此同样属于质监部门的工作任务，本案的查处能够同时实现协作双方的行政目的，双方都能从中获益。可见，这一协作过程就不再是某一部门单方面地向另一部门提供帮助，而是彼此同时向对方提供帮助；各方即便只从自身利益着眼，为了实现行政目的也必须确保协作的顺利实现，因此在向对方提供帮助时也更具积极性，而较少出现单方协助时的被动局面。同时，上文所述的协作时可能产生的职权边界问题、指挥者问题、人员配合问题等，大多可以通过部门间个案的协商和长期的磨合来解决。

案例13：为使"扫黄打非"行动彻底有效，警方决定与城管部门联合：先由城管根据市容环卫责任区制度，与该段沿街各门面房经营户签订《市容环境卫生责任书》；然后以统一规划的名义对所有足疗店的门头广告进行拆除，在此过程中城管队员同时完成对足疗店内部的实地勘察。准备工作就绪后，公安部门一举端掉了这些涉黄门店并与所有房主签订了治安管理责任书。警方表示，涉黄场所的经营者和从业人员非常机警，具有极强的反侦查能力，有时证据不到位，警方可能无法查到一些场所涉黄。这次警方与城管部门联合出击，是个创新的做法，值得进一步推广。①

案例14：建立公安民警和城管队员之间的巡区互助制度。城管巡查人员在执法过程中遇到阻挠公务、暴力抗法情况时，可以立刻向110指挥中心报警，后者则应立即通知辖区派出所民警进行保障并及时取证，同时调度附近的交警、巡特警等给予支援。城管巡查人员遇到交警、巡特警等公安人员在执行公务时需要帮助的，应立即提供协助，做好协助抓捕犯罪嫌疑人等配合工作。②

根据前文的分析，目前城管和公安之间的协作大多处于公安单方面帮助城管的局面，但案例13和案例14所显示的情况却有所不同。在案例13中，"扫黄打非"（通常）不是城管的本职工作，其在该案中配合公安部门与涉黄门店签订责任书、拆除广告以及实地勘察等行为，其实是在单方面地为公安提供帮助，或者说，这一过程所实现的是公安而非城管的行政目的；若无城管协助，公安查处涉黄门店的数量和效果都会有所降低。然而，此处之所以述及这个案例，是因为在公安单方面帮助城管的背景下，如果城管也能帮助公安，则可能形成

---

① 参见江宁区域管局网站。
② 陆铭. 巡查一体 快速联动——我市城管、公安部门建立城市管理行政执法协作机制[N]. 徐州日报，2015-04-16（003）.

一种间接的协作——这两个部门向对方所提供的帮助并不像案例11和案例12那样处于同一案件中：公安在城管执法时所提供的安全保障，以及城管在公安扫黄打非时所提供的实地勘察，显然处于两类不同的执法任务中，实现的也是双方各自而非共同的行政目的。这是因为，一方面，城管和公安的行政目的很少有重合之处，以至于很难在同一案件中实现互助；另一方面，这种模式可以视为是一种"互惠"或者"互换"，即城管在涉黄案件中为公安提供帮助，来换取公安在城管执法时的帮助，从而改变公安在协作过程中单方付出而无回报的"损益性"状态，以增加其在协助城管时的积极性。简言之，这种部门间在不同的行政工作中彼此提供单向协助的模式，能够与同一案件中的双向协作达到相似的效果——既然在各自的工作中都需要对方的帮助，那么帮助对方也就是必要的。与案例13相似，案例14所显示的"巡区互助制度"也同样是彼此在对方的工作领域中提供帮助。由于城管的巡查范围较大，因此有可能遇到公安执行公务且需要协助的情景；相应地，当城管巡查中遇到抗法情形时，也可以请求公安协助——尽管城管请求公安协助的次数往往会多于相反的情况，但这一制度仍然可以视为是一种互助，双方都能从中获益从而巩固协作关系。①

综合上述案例，我们认为：若要改变行政协作过程中的消极被动现象，解决其中所存在的指挥者、长期性和职权边界等问题，最为根本的途径是从部门利益着手，变单方协助为双方互助，使各部门都能在其相互关系中受益而非只是单纯地付出；即便这一互惠关系难以像案例11和案例12那样在同一行政工作中实现，亦可如案例13和案例14那样通过合作机制或制度规范在不同的行政工作中实现——此处的核心要素在于实现互惠互助，而实现的具体形式则在其次。

二、通过指挥机构推进协作实现

尽管部门间主动且自发的互助是行政协作较为理想的形态，但仍有部门间由于各种主客观因素不愿采用或难以采用上述的互助模式，而且即便实现了互助也有可能发生纠纷，此时就需要通过更为硬性的方式进行处理，这主要包括"大城管"模式和强制性规范两种。

在行政协作的视域下，大城管模式的重心在于"指挥机构"而非"事权明晰"，即当城管与各部门之间的协作难以实现时，通过一个上位的指挥机构以行

---

① 对此，《上海市城市管理行政执法条例》第三十条规定："在城市管理中开展重大专项执法行动时，城管执法部门需要有关行政管理部门协助的，有关行政管理部门应当在职责范围内依法协助；有关行政管理部门需要城管执法部门协助的，城管执法部门应当在职责范围内依法协助。"这一条文从制度上固定了城管与其他部门的互助关系。

政命令的方式进行调度。由于这种行政命令是各部门必须服从的，所以才将由此实现的行政协作称之为"硬性的"。《指导意见》第（三十三）项要求"市、县政府应当建立主要负责同志牵头的城市管理协调机制，加强对城市管理工作的组织协调、监督检查和考核奖惩"等，就带有大城管模式的意味。举例而言，表3-2中昆明市文件第一条规定："市人民政府成立城市管理综合行政执法联动工作领导小组，由分管副市长任组长，分管副秘书长和市城管局局长任副组长，三个开发区管委会、十四个县（市）区政府、市城管局、市公安局、市规划局、市建设局、市政公用局、市房管局、市园林局、市工商局、市商务局等部门分管领导为成员。领导小组办公室设在市综合行政执法局……承担城市管理综合行政执法联动的组织、协调、督促、考核等日常工作。"在这一规定中，城管联动工作领导小组即具有上位指挥机构的特征——其由较高层级的行政领导担任组长并具有指挥、考核等权限，而各个相关部门都成为该小组的成员，从而使领导小组能够有效地统筹和命令各部门在城市管理工作中的协作与配合；或者说，即便此时某一部门不愿协助城管工作，也仍然不得不服从领导小组的统一指挥。

三、通过制度规范强制协助执法

目前也有部分地方并未采用大城管上位指挥机构的模式，而是通过制度规范的形式来强制各部门协助城管执法。比如，《南京市城市治理条例》第六十八条规定："城市管理相关部门提出商请后，有关部门应当及时履行协助义务，不得推诿或者拒绝协助。因法定事由不能提供协助的，应当以书面形式告知请求部门并说明理由。"根据这一规定，当城管提出协助申请时，相关部门除有法定事由外必须提供协助而无拒绝的权利。由于无论相关部门在主观上是否愿意都必须协助，因此可以视为是强制性的。同时，尽管此处的"法定事由"并未详细指明内容，[1]但至少从宏观上明确了行政协助对于各部门而言是一种无权选择的义务。再如，《广州市违法建设查处条例》第二十一条第二款规定："城市管理综合执法机关、镇人民政府在组织集中清拆行动和对存在较大执法困难的违法建设组织强制拆除前，可以向公安、城乡规划、建设、国土房管等行政管理部门发出协助执法函，各相关行政管理部门应当按照协助执法函的要求派执

---

[1] "如果对于被请求机关来说，拒绝的理由非常充分，而请求机关认为理由并不能成立，在这种严重分歧的情况下，很容易陷入行政僵局，从而降低了行政效率。"参见姜德力. 由《湖南省行政程序规定》看行政协助制度[J]. 知识经济，2011（12）：16.

法人员到现场协助执法。"同样，城管部门所发出的"协助执法函"也具有强制效力，相关部门只能按照函中的要求提供协助而无从拒绝。然而，这种制度规范上的强制模式若要在实践中切实生效，必须对行政协作的各个方面进行严格且细化的规定，否则，一旦有部门不愿提供协助，就可能以"法无明文规定"为理由进行推脱。而目前这一方面还不够理想，比如，很多规范"只要求相关单位予以协助，但各个部门的权利和义务是什么以及方式、方法等都未涉及。……对于各部门的不配合、不协助行为，或者不正确配合和协助的行为以及越权、重复监督等，该承担什么样的法律责任，责任人应受到什么样的处分，尚未有这方面的详细规定"①。而在申请公安协助方面，很多规范同样"只强调其他行政机关可以要求公安机关协助，或者公安机关应当提供协助，而对具体如何协助以及协助时的责任认定、经费保障、监督救济等内容都语焉不详"②。可见，在现行的强制协作规定中，程序、方式、监督、责任和经费等方面仍有待完善，其中更具重要性的包括：

（1）考核机制的设置及细化。一般而言，考核的主要指标在于本部门工作任务的完成情况，但对于协助其他部门的行为则较少被纳入进来，其原因一方面是对于与本部门工作任务无涉的事项重视程度不足，另一方面则是在技术上不易实施，就如鲍利特教授所言，开展协作会使各部门"在效能和影响力方面的测评更加困难，因为必需开发和维护更加复杂的绩效管理系统"③。具体来说，对于公务员个人考核而言，在公安协助城管执法的过程中，当城管部门作为考核主体时，其无法跨部门去考核公安部门前来协助的人员；而当公安部门作为考核主体时，虽然在权限上并无问题，但被考核人在协助时的具体工作情况往往又掌握在城管手里，而此时一方面需要两个部门之间顺畅的信息沟通，另一方面如果单凭城管给出的信息来得出公安人员的考核成绩则可能有失准确。我们认为，在这类考核中：①应当由协助人员的所在单位担任考核主体；②应当将协作情况纳入考核指标体系中；③协作指标所占的权重不能过低，或者至少不能低于"德、能、勤、绩、廉"五项指标中"绩"一项的20%（不承担协助任务的人员除外），因为如果权重过低，协作行为仍有可能被忽视或边缘化；

---

① 金国坤. 行政权限冲突解决机制研究——部门协调的法制化路径探寻［M］. 北京：北京大学出版社，2010：42-43.
② 赵旭辉. 完善警察行政协助原则 规范警力调动使用程序［J］. 广州市公安管理干部学院学报，2015（2）：12.
③ ［英］克里斯托夫·鲍利特. 重要的公共管理者［M］. 孙迎春，译. 北京：北京大学出版社，2011：73.

④在被考核人的工作信息获取上，不仅需要加强与对方部门的信息沟通，而且可以在协助人员中设立负责人进行监督乃至于单独派员观察，此外还可以收集并考虑相对人和社会公众对于被考核人的评价。对于机关或部门整体考核而言，同样可以将部门间协作的情况纳入考核指标中，从而影响机关或部门的绩效评价。比如，武汉市硚口区政府在电子绩效管理系统中将不同部门的主要责任和协作责任分别标识出来并赋予不同的权重，"有效避免了工作中的相互推诿、相互回避、被动应付协作的情况……形成了良好的工作合力"①。

（2）责任机制的可操作化。金国坤教授指出，"没有监督检查及严格的责任追究，各项工作都很难实施，而不能贯彻落实的制度规定，等于一纸空文"②。我们认为：责任机制是强制性协作规范中颇具关键性的一环，只有对拒绝或应付协作的部门设定严格的惩罚措施，才能将主观上不愿提供协助的部门纳入到协作体系中来；这种责任的设定还必须具有可操作性，如果过于笼统或者模糊不清，则同样难以追究部门或相关人员的责任，这就可能使责任机制乃至于整个强制协作机制流于形式。从目前的立法状况上看，前文表3-2所列举的9部规范性文件中只有4部写入了责任条款，而这4部文件中，在个人责任方面，昆明市文件规定"将依据有关规定追究直接责任人的责任"，但由谁追究、追究何种形式的责任则并未明确，其中"依据有关规定"中依据的是何种规定我们也未能查找到；而三亚市文件和上海市文件将责任形式明确为"行政处分"，但实施何种处分、对应该种处分的具体行为等都不详细——在6种行政处分形式中，"警告"和"开除"的严重程度相去甚远。如果不明确处分形式，则违反协作规定者可能一律只是警告处分；如果不明确对应的具体行为，则可能一律构不成"情节严重"而"不予处分"，"行政处分"这种责任形式就可能在事实上失去用武之地。在部门责任方面，厦门市文件规定对于违规行为向主管部门"提出书面建议，或者提请同级人民政府予以纠正"，此处的"书面建议"和"提请纠正"未必能被主管部门和上级政府采纳，也基本不具有惩罚性，很难认定成是一种硬性的责任形式；而上海市文件所规定的"责令改正，通报批评"则更符合行政责任的特征，但其只对"拒不履行协作职责"这一种行为设定了责任，显然尚不充分。相较而言，《广州市违法建设查处条例》则更详细一些，其在第三十三条第一款规定"城市管理综合执法机关、街道办事处、镇人民政

---

① 陈汉宣，等. 中国政府绩效评估30年［M］. 北京：中央编译出版社，2011：28-29.
② 金国坤. 行政权限冲突解决机制研究——部门协调的法制化路径探寻［M］. 北京：北京大学出版社，2010：43.

府查处违法建设的直接负责的主管人员和其他直接责任人员有下列情形之一的，由其所在单位、上级行政机关或者行政监察机关责令改正或者处分……（六）违反本条例第二十条规定，在强制拆除违法建设的过程中不履行配合义务，情节严重或者造成严重后果的"，其中明确了责任承担的主体、责任追究的主体、责任形式和相应行为，而该条第二款进一步规定："依照本条例负有协助查处职责的部门和单位不支持、不配合，导致城市管理综合执法机关无法或者难以查处违法建设的，城市管理综合执法机关负责查处违法建设的主管人员或者直接责任人员可以减轻或者免予处分。"这是一条比较典型也比较少见的责任分担规定，即当违法建设未能查处时，如果存在着协作部门的原因即在协作部门与城管之间分担责任，若不存在协作部门的原因则由城管单独承担责任——这一规定使得协作中部门之间的责任追究更为严谨。我们认为，若要使行政协作的责任机制真正有效，不仅应当在主体、形式和行为等方面强化条款的可操作性，而且在责任的承担上也应像上述条款那样尽可能地做到清楚明确。

（3）争议解决和费用分担机制的合理化。在行政协作过程中，不同部门之间也可能由于各种原因而产生纠纷，比如被请求部门虽然同意提供协助但却迟延履行或者无正当理由中断履行，以及双方在执法的权限、程序、人员分配、责任分担和法律依据等方面出现争议且无法协商一致，等等。由于这种争议不仅影响到协作各方行政任务的完成，而且可能对相对人造成不利影响。因此相关争议必须迅速解决。而目前立法中这类规定还不多见，我们查找到的只有《湖南省行政程序规定》在第十七条规定："因行政协助发生争议的，由请求机关与协助机关的共同上一级行政机关决定。"可以看出，该条所设定的争议裁决者为双方的共同上一级。我们认为，这种设定尽管在权限上并无问题，但在部门之间，其共同上一级一般都是本级人民政府，而本级政府领导或法制部门往往并不掌握协作执法中的具体情况。因此，结合前文的分析，如果能够采用大城管模式并将其指挥机构设置为争议裁决者，由于其直接指挥相关工作，并对执法过程及各部门的职权分工更为清楚，则有助于直接且迅速地解决争端。此外，在行政协作过程中也会产生费用，特别是在单方协助的情况下，提供协助一方的行政成本应该由谁承担就可能成为问题。具体而言，如果这种协助是属于单纯的信息方面的，目前很多立法规定无偿提供或不得收取费用，也就是由协助方自行承担费用。比如，前文表3-2中三亚和厦门市文件都明确规定，当城管向其他部门了解事项、获取资料和材料时不得收取费用。再如，《广州市城市管理综合执法条例》第三十二条规定："城市管理综合执法机关查处违法行为需要查询有关资料的，相关行政机关应当依法提供，不得收取费用。"但在信息获取之外的事项上——如公安协助城管执法——由谁承担费用则不可一概而论：如果全部由协助方承担，显然会影响其提供协助的积极性，即便是在强制协助的情况下也难以完全消除其应付了事的心理①；相反，如果全部由被协助方承担，那么当费用较高时其就可能不去申请协助，从而影响到行政任务的完成或引起消极执法的发生，而如果由双方分担费用，则具体的分担比例又很难精确确定。目前较为合适的做法是由协作双方协商决定，协商不成时则通过上述的争议解决机制进行处理。最后需要再次提及的是，在前文所述的部门间自愿发起且不含强制性的"双方互助"模式下，这类问题即便仍有发生的可能，也会在"共同获益"的背景下更为顺畅地得到解决。

---

① 有学者认为，"对于应当协助的事项，实施协助是被请求主体的法定义务，所以履行此义务的费用由其自行负担"。参见王勇. 行政执法中的行政协助问题研究——以环境保护行政执法为例 [J]. 行政与法，2011（6）：42。但我们认为，"法定的协助义务"与"协助方承担费用"并无绝对关联，除非法律明确规定了费用的承担者，否则不应做出此种判断。而目前除上文的信息获取外，我们并未查找到明确写入费用承担条款的法律规范。

第四章

数字化城管的四元构成

作为采用了当代先进的数字信息管理技术、对实施主体和管理对象双方进行系统性整合，并旨在增强管理过程科学化、精确化以及高效化的数字城管模式，已在我国多个城市中付诸实践并显示出相应的成效。对此，《指导意见》特别强调"以网格化管理、社会化服务为方向，以智慧城市建设为契机，充分发挥现代信息技术的优势，加快形成与经济社会发展相匹配的城市管理能力"；《城市管理执法办法》第二十三条规定："城市管理领域应当建立数字化城市管理平台，实现城市管理的信息采集、指挥调度、督察督办、公众参与等功能，并逐步实现与有关部门信息平台的共享。"然而，数字城管背后的系统组成与架构、功能优势与限度，以及其中存在的问题及改进方式，仍需在当前实践的基础上进一步考察和论证。本章将以数字城管中所蕴含的技术应用、分工协作、效能提升和民主参与四元构成为线索，对上述问题进行深层次探讨。

第一节 数字化城管的技术层面

一、数字化城管的基本定位

尽管本书对于数字化城管的考察侧重于执法环节，即城管主体对法律规定事项的日常维护以及对相对人违法行为的制止和惩罚，但此一环节是包含在整体上的数字化城管平台中，乃至于包含在"数字化城市"的背景下的。一般而言，"数字城市"（digital city）是指以计算机技术、多媒体技术和大规模存储技术为基础，以宽带网络为纽带，运用遥感、全球定位系统、地理信息系统、遥测、仿真—虚拟等技术，对城市进行多分辨率、多尺度、多时空和多种类的三维描述。其中，地球表面测绘与统计的信息化，政府管理与决策的信息化，企业管理、决策与服务的信息化，市民生活的信息化四个方面是数字城市必备的客观要素。① 而建基于此的"数字化城管",则可根据侧重点的不同呈现出如下几种定位。

第一,强调数据和信息技术手段。比如,"数字城管是'互联网+'思想在城市管理上的实现,它本质上是一个电脑的应用程序,这个程序提供了一个城市管理的平台,通过这个平台,把城市管理的相关数据进行汇集、处理,以高效的程序化方式代替了传统、复杂的人工处理流程,极大提高了城市管理效率,提升了城市管理水平"②。

第二,强调以单元网格和城市部件来划分管辖。比如,《河北省网格式数字化城市管理实施细则(暂行)》〔2009〕第三条规定:"本实施细则所称网格式数字化城市管理,是指在城市管理中运用网格地图的技术思想,将城区划分成若干个单元网格,形成基于城市大比例地形数据的单元网格图;将城市管理的各项设施作为城市管理部件,运用地理编码技术定位到单元网格图上,通过数字化城市管理信息平台对其进行分类,形成城市管理数据库;由城市管理监督员对所分管的单元网格实施全时段监控,并明确各级地域责任人的责任……实现分层、分级、全区域、全方位管理的现代化城市管理模式。"③

第三,强调监督中心和指挥中心的"两轴机制"。比如,《廊坊市数字化城市管理系统运行实施办法》〔2010〕第四条规定:"数字化城市管理是指……创建城市管理监督中心和指挥中心两个轴心的管理体制,建立统一的城市管理基础平台,再造城市管理流程,从而实现精确敏捷、高效有序、全时段、全方位、全覆盖的数字化城市管理模式。"

第四,强调数字平台下的特殊管理流程。比如,《许昌市数字化城市管理实施办法》〔2010〕第三条第二款规定:"数字化城市管理系统依托城市管理数字化信息平台,通过信息收集、案卷建立、任务派遣、任务处理、处理反馈、核实结案和综合评价等环节进行城市管理活动。"

综合上述要素,数字化城管的概念可如《郑州市数字化城市管理实施办法》〔2010〕第三条的规定概括如下:"本办法所称数字化城市管理,是指应用和整

---

① 宋迎昌. 城市管理的理论与实践[M]. 北京:社会科学文献出版社,2013:28.
② 袁少华. 数字城管:城市家园称职管家[N]. 韶关日报,2015-08-09(A01).
③ "数字城管又叫'数字化城市管理',是指用信息化手段和移动通信技术来处理、分析和管理整个城市的所有城管部件和城管事件信息,促进城市管理现代化的信息化措施。数字城管首先涉及城市网格化管理。……城市网格化管理模式意味着万米的单元网格管理法和城市部件管理应用相结合的信息化城市管理系统,是一种创新的城市管理系统和城市独立监督的管理系统,是主动、准确、灵活、高效且有效的城市管理新模式。"参见刘全海. 四维数字城管的建立与应用[J]. 测绘通报,2015(9):102.

合计算机技术、移动通信技术信地理信息技术等现代数字技术，采用万米单元网格管理法和城市部件事件管理法相结合的方式，创建城市管理两个轴心的管理体制，实现城市管理的信息化、标准化、精细化、动态化。……依托统一的城市管理数字化信息平台，利用信息采集器，收集网格内的部件和事件信息，通过信息收集、案卷建立、任务派遣、任务处理、处理反馈、核实结案和综合评价 7 个环节进行城市管理活动。"

二、数字化城管的核心技术及应用方式

从根源上说，数字城管与传统城管的核心差别在于其是围绕数字系统展开和实现的，或者说是建基于数字平台基础上的，而此处的"数字"则主要是指现代化的数字通信技术和信息管理系统，其中包含了丰富多样的科技应用和技术手段。

案例15：窨井盖智能管理是杭州上城区"智慧城区"建设的重要组成部分，它采用双翼 RFID 物联网技术，通过在窨井盖上安装监测电子标签，配合读写器把现场窨井盖的状态实时返回管理中心，实现对窨井盖的实时监测。若井盖状态正常，标签定时向基站发送清点信息；若井盖被掀动，标签即时发出异常信息；若井盖被非法移动，离开基站监控区域或进入另外监控区域，系统则认定井盖被窃。这一技术的应用从根本上改变了市政对城市家具的管理方式，从重复性的人工巡查升级为自动化的监测管理，在减少人力资源投入的同时提升了维护管理的响应速度，实现了即时发现、即时响应、快速养护。[1]

案例16：黄冈市通过车辆 GPS 管理系统，为城市建设与管理的执法车、巡查车、市政车、环卫作业车、渣土车等近 160 台车辆安装了 GPS 设备：对城市管理车辆实行区域管理，超出区域时系统平台将自动报警并记录数据；对环卫清扫作业车辆实行无线视频监控管理，有效提高了清扫作业的监督能力；对 6 家渣土公司 60 台运输车实行路线管理，杜绝了渣土运行中不按审批路线行驶和沿途抛洒、倾倒等情况。此外，黄冈市在共享公安、交警视频监控的基础上，建设了 60 个用于城市管理的高清视频，其中 10 个监控工地建设，增加了实时

---

[1] "2013 年 2 月至 11 月，上城区在两条主、次要道路，120 个窨井盖上试安装电子标签，共出现丢失报警 1 次，移位 1 次，破损 2 次，管理人员在 30 分钟之内赶到现场，及时放置警示标示，并恢复原状。"该案例参见游广敏. 科技治水 引领"大城管"时代[J]. 杭州，2014（12）：8.

噪声检测功能，加强了对建筑工地的监管力度。①

在案例15中，用于窨井盖管理的双翼RFID技术显然属于现代科技范畴，其与传统的人工巡查有着根本的差别，或者说，这一技术的采用省去了对窨井盖或其他城市部件人工巡查或监测的环节，可以将节省下来的人力成本投入到对系统平台的值守以及对所立案件的处置上。同时，RFID的实现也离不开如下两个要素：一是通过电子标签将井盖状态传递至系统平台的数字通信技术，二是收集井盖信息并进行判断和应对的信息管理系统，这二者皆属支撑数字化城管的核心技术。在案例16中，主要应用的是GPS定位技术和无线视频/音频监控技术，其同样能够省去对于城管车辆的行驶区域、清扫作业的具体状况、渣土车辆的抛洒倾倒以及建筑工地的噪声水平等的人工巡查或监测。同时，GPS路线和视频/音频数据的传递仍然对应着数字通信技术，而收集相应信息的平台仍然对应着信息管理系统。结合上述案例，可以说，数字城管中的数字通信技术更为偏重于巡查或监测环节，即收集相应的信息并传递至系统平台，其重要功用之一在于通过技术应用替代了传统的人工巡查；而数字城管中的信息管理系统则更为偏重于后续的应对环节，即将信息汇总后做出判断、给出处理方案乃至于进行指挥和调度，其具体的操作和管理仍然离不开人工的参与。进言之，数字城管技术其实是围绕"信息"展开的，即通过数字通信和管理系统这两个核心技术及其他衍生技术来实现优质且高效的信息收集、传递、管理和发布②。在城市管理过程中，由于管理对象和执法区域等都呈现出庞大、繁杂和零散的特征，信息问题就在其中起到了举足轻重的作用，如若相关的信息无法收集和

---

① 雷焰中."实景三维"：黄冈看得见的数字城管[J].中国建设信息，2015（3）：30；类似案例亦可见宋刚."五位一体"的首都智慧城管[J].中国建设信息化，2016（2）：65.

② 比如，深圳市龙华新区将智慧城管定义为"基于城市数字化、信息化和智能化建设，利用3G/4G网络、宽带网络、物联网、云计算技术、GIS/3D/多媒体等高性能数字技术，实现一个集信息获取、信息处理、全过程监控督办、辅助分析决策、视频监控、应急联动、联合指挥调度、公众互动服务等多位一体的智慧化、全覆盖、全流程的综合性城市管理平台"。参见佚名.龙华新区："智慧城管"新面孔[J].中国建设信息，2014（15）：37. 再如，许昌市将智慧城管定义为"运用计算机技术、信息技术和智慧技术……搭建以基础服务、数据交换、GIS共享服务、统一GPS监管、统一视频监控为应用支撑，同时以数字城管、应急指挥、队伍管理、网上办案、决策辅助、行业监管为主要功能的城市管理公共服务平台，进而弥补城市管理中信息盲区与管理盲点，实现全区域的信息共享、工作互动、无缝对接"。参见张柯."智慧城管"：打造便民服务升级版[N].许昌日报，2015-09-22（004）. 上述定义皆能体现信息在数字城管技术中的核心地位。

113

传递，后续的管理和执行也就无从谈起。而数字城管技术的应用不仅提高了信息内容的准确度、通畅了信息流动的渠道，而且节省了人力成本、优化了行政服务效能——"政府在很大程度上是服务导向型机构，其服务活动的开展日益依赖于高质、准确与及时的信息。反过来，技术又使得信息以各种方式得到应用，这极大地提升了其对于管理和服务职能的效用"①。也正基于此，《指导意见》第（二十三）项提出"构建智慧城市"，"加强城市基础设施智慧化管理与监控服务，加快市政公用设施智慧化改造升级，构建城市虚拟仿真系统，……依托信息化技术，综合利用视频一体化技术，探索快速处置、非现场执法等新型执法模式，提升执法效能"。

三、以"城管通"APP为终端的信息工具

数字化城管信息技术的重要应用之一，就是以"城管通""执法通"等为名的APP应用程序，其可以安装在手机、平板电脑等移动设备上，作为由城管人员或市民随身携带的智能终端，用于采集、上报或处理相关信息。

案例17："这里有几处户外广告破损，存在一定安全隐患，请派人员及时核查处置"；"刚才一辆工程渣土运输车经过时，沿途道路出现淤泥污染，需要及时清理"……每日清晨起，总有一群手持"城管通"终端的信息采集员，在网格责任区段内开展路巡，一旦发现各类城市管理问题，就使用手持终端将图文信息上传至数字化城管系统平台，待后台人员完成"分门别类"，分派、督促各责任部门及时处理。②

案例18：每天8点上班，合肥经济开发区锦绣社区执法中队的陶冬麒就拿出手机，打开执法通软件，用手指轻轻一划，就能看出今天有哪些案件等着自己去处理。执法人员都是按照执法通的指令去办案，每天该做的事情在执法通上按照紧急程度自动排列，目标明确，处理一件上报一件。清理建筑垃圾、铲除立面牛皮癣、劝说乱晾晒、清理流动摊点……办一条清一条，办案效率都在90%以上。③

案例19：孙世国负责城市防汛指挥工作已经10多个年头了，以前一下大雨，他就往东风路胜利桥等地势低洼地带跑；"数字城管"启用后，他就往市数

---

① ［美］马克斯韦尔公民与公共事务学院. 政府绩效评估之路［M］. 邓淑莲，等译. 上海：复旦大学出版社，2007：132.
② 江晟."智慧城管"扮靓城市新容颜［N］. 芜湖日报，2015-09-03（002）.
③ 方玉珠. 数字化城管开启城市管理畅通之路［N］. 国际商报，2015-03-04（C02）.

字化城管中心指挥大厅跑,在那里调取各处的监控了解汛情、进行调度;系统升级后,他只需拿起手机登录监控软件,便可随时随地查看固定监控点和车载、单兵等移动监控点的视频画面。"即使出差在外,也不耽误调度指挥防汛,能有效保障百姓人身财产安全。"①

从"城管通"的功用上着眼,案例17主要体现的是信息采集功能,即对于那些电子标签和视频/音频监控(案例15和案例16)无法监测、仍需人工巡查的事项,通过智能终端将采集到的信息传递至数字城管平台。尽管仍然无法完全避免人力支出,但其可以节省将所收集的信息上报至主管部门这一过程中所耗费的人力成本,即在智能终端和4G网络的功用下,"图文信息"上报至"系统平台"所耗费的时间可以忽略不计,而无须再像以往那样由难以说清的语音电话甚至由信息员亲自返回城管部门来进行上报②。即是说,智能终端的使用大幅简化了信息员和城管部门间的信息传递过程。案例18主要体现的是案件的接受、办理和反馈功能,针对的主体是案件处理者或称执法员。从城管案件的办理流程上看,其不仅需要信息员将案件上报至系统平台,平台操作员进行甄别后还要发送至执法员加以解决,而案件信息从系统平台传递至执法员以及执法员将办理情况回馈至系统平台,亦属信息传递过程,而这一过程同样能够通过智能终端加以简化,使得案件信息能够即时接收和回馈,从而节省执法员和城管部门间的语音通信或路程成本。③ 案例19主要体现的则是案件的指挥调度、远程操控功能,针对的主体是案件指挥员。在数字化城管的信息流转过程中,对于案件的指挥处于较为核心的地位,其不仅需要处理信息员收集的相关信息,而且需要将案件的处理方法或应对措施发送给执法员。一般而言,指挥员经常

---

① 王秀青、李宁."数字城管"高效管城[N].德州日报,2015-10-13(B01).
② "城管通软件使用中,信息采集员可以通过移动终端中集成的实景三维模块,直接在实景影像上自动定位案事件位置,进行案件上报。监督指挥中心坐席员在查看案件详情时,不仅能够获得案件的详细信息,还能在实景影像上看到案件的位置,并能浏览查看案件周边信息,直接点击实景影像上案件能直观、高效地对案件进行批转、立案、派遣、处置反馈、结案,为案件的有效派遣、案件的迅速处置、案件的快速核实核查提供了支持。"参见雷焰中."实景三维":黄冈看得见的数字城管[J].中国建设信息,2015(3):31.
③ "每天采集员采集、市民举报、媒体曝光等多渠道收集的城市管理问题在市平台统一受理后,通过执法通按网格派发到各相关部门第一责任人,案例处理后再通过执法通进行现场反馈,整个过程都是无线数字化处理,略去多部门上报的繁冗过程,节省大量的人力物力,缩短案例办理时间,提高了政府办事效率。"参见方玉珠.数字化城管开启城市管理畅通之路[N].国际商报,2015-03-04(C02).

值守在的"数字城管指挥大厅"中，操作计算机来接收和发布信息、实现指挥和调度；而智能终端的采用使其不必局限于固定地点，即便不在指挥大厅中值守，也可以通过移动端的 APP 实现远程控制和指挥调度、随时随地完成相应工作，乃至于在调度任务的间隔中灵活地从事其他工作。综合上述案例可知，智能终端的功用可以贯穿于城管案件的"信息收集、任务派遣、任务处理、处理反馈"等主要阶段。

综上所述，数字化城管所包含的数字通信技术和信息管理系统，以及其所实现的信息高效流转，都是现代科技在城管领域的应用，也是数字化城管的基础构成——若无技术支撑，数字化城管的种种管理方式及其衍生的其他功能皆无从谈起。而从另一个角度看，科技的发展不仅在社会和经济领域凸显出功效，而且也带来了政治和行政领域的变化；主动将新兴技术应用到作为重要行政领域的城市管理中也是必要且有益的做法，其不仅有利于节省人力成本，而且更为高效快捷，能够将城市管理水平提升到一个新台阶。可以说，尽可能大范围地利用可资利用的科学技术，是城市管理发展的总体趋势和必由之路。

第二节　数字化城管的主体层面

一、数字城管主体的内部设置：应对于系统构成的"两轴机制"

总体而言，数字化城管的主体层面可以通过内部设置、纵向设置和信息共享三个维度进行考察。在内部设置方面，由于数字城管的系统构成与其内部的机构设置及人员安排存在着一定的对应关系，因此我们首先对数字城管的系统构成进行简要说明。根据住建部《数字化城市管理模式建设导则（试行）》〔2009〕和《城市市政综合监管信息系统技术规范》（CJJ/T106-2010）的规定，数字城管系统主要由监管数据无线采集子系统、监督中心受理子系统、协同工作子系统、地理编码子系统、监督指挥子系统、综合评价子系统、应用维护子系统、基础数据资源管理子系统、数据交换子系统 9 部分组成。其中，"监管数据无线采集子系统"供信息采集员（简称"信息员"，亦称"监督员"）使用，信息采集员使用具有表单填写、现场拍照、录音和地理信息快速定位等多种功能的信息采集器（城管通）在所划分的区域内巡查，通过无线网络将采集到的各种现场多媒体信息实时传送到监督中心。"呼叫中心受理子系统"供监督中心及其平台操作员（坐席员+派遣员）①使用，接收信息员上报和公众举报的问题信息，建立案卷，同时发送至协同工作子系统，并向信息员发送核实、核查工作任务。其主要功能包括问题登记、部件和事件定位、信息员现场核实、立案及案卷审批、结果核实及反馈、结案归档管理等。"协同工作子系统"供监督中心、指挥中心、责任部门（亦称专业部门）和各级领导使用，将任务派遣、任务处理、处理反馈、核实结案等环节关联起来，实现监督中心、指挥中心、责任部门之间信息同步、协同工作和协同督办。②"监督指挥子系统"供监督中心和指挥中心使用，用于整合各类基础信息和业务信息，实现基于地图的监督指挥，对发生问题位置、问题处理过程、信息员在岗情况、综合评价等信息进行实时监控。"综合评价子系统"供考核主体使用，用于根据市政监管工作过程、责任主体、工作绩效等评价模型，对城市管理的区域、部门、岗位进行综合统计、计算评估，得出相应的评价分值，生成可视化的评价结果。③

目前，各地方数字城管的立法与实践状况基本符合住建部的上述要求，而部分地方还在此基础上进行了扩展。比如，根据《山东省数字化城市管理系统建设与运行管理导则（试行）》〔2014〕第十八条的规定，其数字城管系统除上述9个子系统外还设置了"标准扩展子系统"，"包括领导督办、热线城管信息整合、城市地下管线综合管理、各类车辆 GPS 或北斗导航定位、视频监督管理子系统等。各设区市、县（市、区）可在行业标准规范的基础上，根据管用实用的原则对子系统进行适度个性化扩展，并与城市发展规模和管理现状相适应"。再如，根据《关于进一步推进昆明市城乡数字化城市管理系统工作的实施

---

① 《数字化城市管理模式建设导则（试行）》〔2009〕"专职队伍建设"一节规定："呼叫中心坐席员……负责受理领导批示、信息采集员上报和社会公众举报的城市管理问题，并进行审核、立案、批转、授权结案等工作。""指挥中心派遣员……负责将监督中心立案后批转的案卷派遣到相应的专业部门，对专业部门的案件办理情况进行协调督办。"由于在很多监督中心与指挥中心合二为一的城市中，呼叫中心坐席员与指挥中心派遣员的职能也是合并在一起的，因此我们将其统一称为"平台操作员"。
② "通过协同工作子系统，实现一种全新的城市管理模式，为全面整合政府职能，创新城市管理体制，解决以前城市管理工作分工不明，部门与部门之间信息沟通不畅的问题提供了技术支撑。"参见尔东尘. "数字城管"提升城市运行效率［J］. 中国建设信息，2015（15）：39.
③ 此外，"地理编码子系统"用于为监管数据无线采集子系统、协同工作子系统等提供地理编码服务，实现地址描述、地址查询、地址匹配等功能；"基础数据资源管理子系统"用于对空间数据资源的管理、维护和扩展，并对空间数据的显示、查询、编辑和统计功能进行配置；"数据交换子系统"用于与上一级城市市政监管信息系统的数据交换，包括问题信息、业务办理信息、综合评价信息等。

意见》〔2010〕附件2的规定，其数字城管系统除上述9个子系统外还设置了"领导移动督办子系统""视频监控管理子系统""公众网站发布子系统"3个子系统。① 又如，南京市建邺区除上述9个子系统外还设置了作为"扩展应用子系统"的"公众互动子系统""视频采集子系统""移动处置子系统""违停管理子系统""车辆监控子系统"和"文明指数测评子系统"，以及作为"专题应用系统"的"市政综合养护管理系统""社会单位综合监督系统""户外广告巡查管理系统"和"移动执法系统"，② 等等。可见，在技术允许的前提下，各城管主体自行扩展更具实用性和应对性的子系统是较为普遍也是值得提倡的做法。

此处需要注意的是，无论是住建部规定的"标准子系统"，还是各地方应用的"扩展子系统"，都与数字城管的机构或人员存在对应关系（见图4-1）。

通过图4-1可以看出，数字城管主体的内部设置其实是由人员和机构两个层面组成的。首先，在人员层面上，每个子系统都由固定的一类或几类人员负责其主要功能的实现，如"无线采集子系统"主要由"信息采集员"负责信息收集工作；"受理子系统"和"监督指挥子系统"主要由"平台操作员"来负责立案、派遣以及实时监控等工作；而"协同工作子系统"则主要由具有上位权限的指挥人员向其他部门派遣案件并负责部门间的协调；等等。

而在机构层面上，《城市市政综合监管信息系统技术规范》（CJJ/T106-2010）规定："应实现监督、管理功能分离与协同，并应具有下列功能：通过监督中心实施市政监管问题的核查监督；通过指挥中心实施市政监管问题的指挥处置；支持相关专业部门根据指挥中心的指令，及时处置市政监管问题并反馈处理结果。"按照这一规定，目前很多城市采用了"监督评价中心"（监督中

---

① 其中，"领导移动督办子系统"的功能是"将城市管理重点问题，通过无线网络发送给相关领导并接收指示，同时领导可以查询工作进展情况，并进行督办"；"视频监控管理子系统"的功能是"接入公安视频监控信号和其他城管视频信号，可进行视频信号的分配、遥控、图像采集并进行授权范围内的权限控制，为城管信息采集服务，减少现场巡查的城管监督员，资源共享"；"公众网站发布子系统"的功能则是"整个系统的网上发布平台，用于为公众提供投诉平台，并向公众发布城市管理相关信息，主要包括城市管理政务公开、公众投诉、问题处理状态、处理结果和宣传城管政策法规等，主要公布综合评价信息"。

② 相关系统的详细内容，参见佚名. 智慧城管：城市综合管理新模式［J］. 中国建设信息，2015（9）：47；熊栋、周晓霞. 吉奥数字化城管服务智慧城市［J］. 中国建设信息，2015（5）：59-60.

<<< 第四章　数字化城管的四元构成

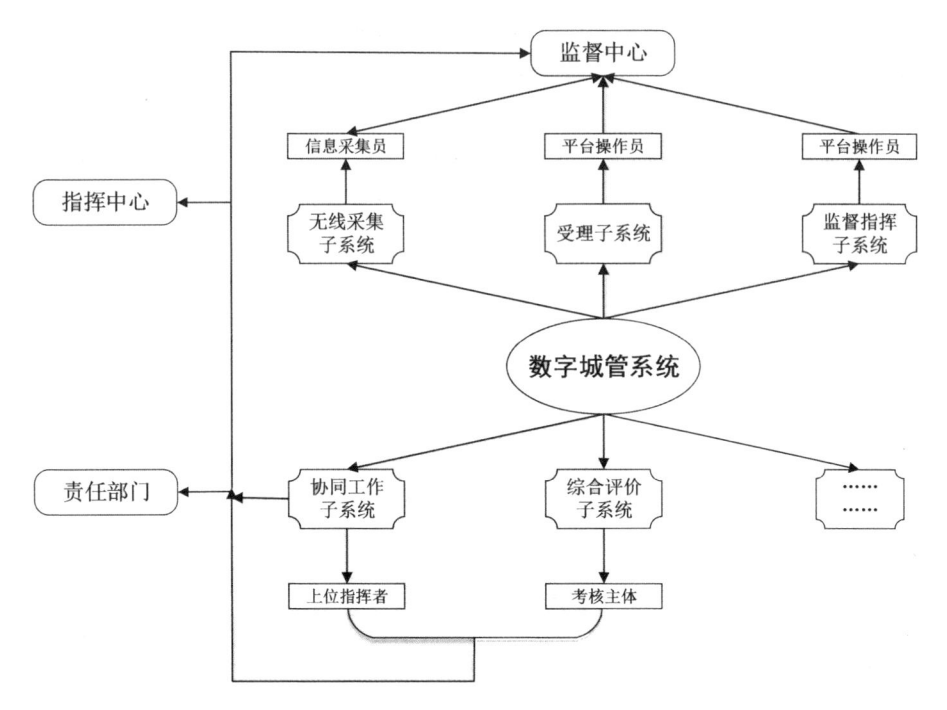

图 4-1　数字城管系统构成与机构、人员对应关系

心）和"指挥调度中心"（指挥中心）"两个轴心"并行的管理体制。① 具体而言，"监督中心"主要负责的是案件从立案到结案的全过程，即对于城市管理问题从信息采集到监督评价的全过程。"指挥中心"与前文中的"协同工作子系

---

① 实践中，将两个中心合并为"监督指挥中心"的"一个轴心"管理体制也很常见。比如，《青云谱区"数字城管"系统工作实施方案》〔2010〕规定："区'数字城管'监督指挥中心属南昌市数字城市管理系统二级平台，在区城管办的领导下开展工作，负责全区'数字城管'系统案卷下派、整改复核、申报结案以及社会监督问题处置、日常城市管理督查等工作。"再如，《宣城市数字化城市管理实施办法》〔2011〕第六条规定："市城市管理监督指挥中心为市数字化城市管理实施机构，负责本市数字化城市管理的具体实施工作。其主要职责是：（一）负责研究制订全市数字化城市管理运行规范、相关管理制度和技术标准，制订与数字化城市管理相配套的监督与评价办法。（二）负责受理市区各类城市管理方面的信息，并进行审核立案、协调调度、派遣督办。（三）负责对城市管理信息采集员队伍实施业务管理。（四）负责对市级部门城市管理方面的工作和区级城市管理工作进行监督检查、考核评比。（五）承担市委、市政府和市城市管理委员会交办的其他工作。"此外，《平顶山市数字化城市管理实施办法（试行）》〔2012〕第六条、《六安市数字化城市管理暂行办法》〔2009〕第五条、《山东省数字化城市管理系统建设与运行管理导则（试行）》〔2014〕第七条也作出了类似规定。

119

统"相关联,主要负责部门和层级间的调度和协调,在横向上"整合多个市政管理部门,负责统筹协调调度各专业管理部门,指挥具体实施管理职能,形成强有力的指挥轴,以克服专业管理部门职能交叉、多头管理、各自为政的弊端",在纵向上"对全区域的城市管理问题实行统一调度派遣,将条条和块块的处置力量全面整合,形成了条块协调一致,专业处置力量和地区管理力量融为一体,一定程度上解决了条块因职责不清而造成的扯皮现象"。① 此处我们考察了部分地方数字城管法规中关于"两个轴心"及责任部门的职责分工情况(见表4-1);其中特殊性规定标注了法规来源,通行性规定则没有标注。

表4-1 "两个轴心"及责任部门的职责分工规定

监督中心	指挥中心	责任部门
组织信息采集员的巡查工作; 受理信息采集员及其他渠道反映的各类城市管理案件; 核实和甄别受理的城市管理案件,符合条件的予以立案	对情况复杂、涉及多个部门和单位的立案件,指定责任单位,并做好协调工作	
将立案件传送至城市管理指挥系统《河北省网格式数字化城市管理实施细则(暂行)》〔2009〕	对城市管理监督系统下达的立案件及时派遣有关责任单位进行处置;将按照标准处置完毕的立案件信息反馈到城市管理监督系统《河北省网格式数字化城市管理实施细则(暂行)》〔2009〕 负责办理市数字化城市管理监督机构转来的城市管理各类问题的分解,确定处置的责任单位,及时指挥派遣,并将责任单位反馈的办理结果核对后向监督中心反馈《郑州市数字化城市管理实施办法》〔2010〕	对城市管理指挥系统派遣的立案件,按标准进行处置;将处置结果及时上报城市管理指挥系统

---

① 陶振. 城市网格化管理:运行架构、功能限度与优化路径——以上海为例 [J]. 青海社会科学, 2015(2):79-80;另可见尔东尘. "数字城管"提升城市运行效率 [J]. 中国建设信息, 2015(15):40.

续表

监督中心	指挥中心	责任部门
对城市管理指挥系统提交的处置完毕的立案件，派遣城市管理监督员核查，符合处置标准的予以结案《河北省网格式数字化城市管理实施细则（暂行）》〔2009〕	负责分指挥中心系统平台管理，接收市级指挥中心批转的案件，并派遣到辖区终端单位进行处置《廊坊市数字化城市管理系统运行实施办法》〔2010〕综合协调市、区之间及市有关责任部门之间的工作关系；负责对各区、市各责任部门城市管理处置情况的跟踪指导督促；定期召开责任部门信息沟通、工作协调会议	
负责城市管理监督员队伍的管理、培训和考核《河北省网格式数字化城市管理实施细则（暂行）》〔2009〕负责网格式数字化城市管理的绩效评价《河北省网格式数字化城市管理实施细则（暂行）》〔2009〕负责城市管理各类信息的整理、分析，对城市管理状况及各区、市各有关部门（单位）和责任人履行城市管理职责的情况进行监督、考核、评价《郑州市数字化城市管理实施办法》〔2010〕	负责辖区数字化城市管理的指挥协调、监督检查、考核评比等工作《廊坊市数字化城市管理系统运行实施办法》〔2010〕对责任单位、责任人的处置工作进行监督、考评《河北省网格式数字化城市管理实施细则（暂行）》〔2009〕负责建立辖区乡（镇）、街道办事处、区专业部门的网络信息系统和考核评价系统《沧州市数字化城市管理系统运行实施办法》〔2010〕	对立案件处置的责任人进行监督考核《河北省网格式数字化城市管理实施细则（暂行）》〔2009〕

对于表4-1中的规定，需要说明的是：（1）从监督中心的职责上看，其虽然可以负责从巡查、受理、立案、传达再到核查、结案的全过程，但案件的具体派遣及指挥处置是否由监督中心负责，或者说这一职权在监督中心和指挥中心之间如何分工，则存有疑问。此处主要有两种方案：第一种是由指挥中心负责所有案件的派遣工作，监督中心只负责程序上的传达与核查；① 第二种是指挥中心只对涉及其他部门或者需要部门间协调的案件进行派遣，其余案件仍由监督中心负责。表4-1中，对于"情况复杂、涉及多个部门和单位的案件"由

---

① 第一种方案可以描述为："监督中心在接收到城市管理信息采集员实时上报或核实属实的问题信息后，即时填制工作任务单，立案后批转给指挥中心。指挥中心根据工作任务单的内容和要求，及时将职责明确，对应部门单一的（简单）问题直接派单到相关专业部门；对界线不清、涉及多个专业部门的（疑难）问题由综合处负责协调，明确问题处理的第一专业部门和协同专业部门。"即是说，无论是普通案件还是需协调的案件都由指挥中心负责派遣。参见熊栋，周晓霞. 吉奥数字化城管服务智慧城市［J］. 中国建设信息，2015（5）：59.

指挥中心派遣是比较通行的做法。在此之外，河北省的规定较为明确地采用了第一种方案，郑州市的规定虽然不够明晰，但也基本属于第一种方案。我们认为，从行政效率的角度考虑，第二种方案更为可取，原因在于，"监督中心"属于数字城管主体的内设机构，如果案件应当由城管部门自身的执法人员管辖，那么由其直接进行派遣显然在程序上更为快捷，或者总要好过于先由监督中心将案件发送至指挥中心、指挥中心派遣城管人员的同时再回馈给监督中心这样的程序——当某一案件单一机构即可处理时，就没有必要在两个机构之间来回周转。（2）从指挥中心的职责上看，其不仅需要向责任部门派遣案件，而且可能"接收市级指挥中心批转的案件"；即是说，其不仅需要处理城管与各部门间的横向关系，而且可能处理市区间的纵向关系。仅就横向关系而言，数字城管指挥中心若要向同属政府工作部门的其他部门派遣案件，甚至是对其进行调度和协调，显然需要具有上位于各部门的指挥调度权；或者说，指挥中心的调度派遣、统一指挥的职能虽然在处理城市管理问题上优势明显，但前提是其必须具有上位权限，而这种权限的获取和享有显然并非轻易之事。（3）从数字城管的考核上看，《数字化城市管理模式建设导则（试行）》〔2009〕"组织体系建设"一节规定："数字城管建设应明确隶属于政府的相对独立的综合协调部门，完成城市管理监督考核职责。将分散的政府各职能部门的监督考核职能，集中到与处置职能脱钩的监督考核部门中，实现城市管理问题的处置和监督考核的职责分离，为建立独立的监督考核机制奠定必要的组织基础。"按照这一要求，数字城管系统中的"管理处置"与"监督考核"应当是彼此独立的，特别是涉及"分散的政府各职能部门"时，"综合协调部门"不仅应当独立于"处置部门"，而且应当具有上位的监督考核权限。但表4-1中部分地方却未能很好地回应这项要求。比如，按照河北省文件的规定，其考核主体共有3个：①监督中心负责对信息采集员进行考核，同时负责对数字化城管进行整体上的绩效评价；②指挥中心负责对参与处置的责任部门及责任人进行考评；③责任部门负责对参与案件的责任人进行考评。尽管这种设置从机构分工的角度看不乏合理性，但考核主体过多却可能导致考核的碎片化，况且如若主体间的考核标准不统一，那么整体上的考核数据就难以生成或难以准确生成。而按照郑州市文件的规定，其考核主体只有监督中心一个，无论是部门内还是部门外的考核都由监督中心负责，其优点是做到了"独立机构专门负责"，但问题是监督中心一般没有上位权限，较难对责任部门考核到位。我们认为，让指挥中心全权负责数字城管的考核，或者由监督中心统一考核，而由指挥中心向其提供相关基础数据，则既能满足住建部"独立考核机构"的要求，又能获得上位考核权限，相较而言更为合理和均衡。

二、数字城管主体的纵向设置：管理模式、指挥调度和争议协调

数字城管主体的纵向设置主要体现在市区两级主体及其监督和指挥中心的权限划分上。《城市市政综合监管信息系统技术规范》（CJJ/T106-2010）规定："系统可根据城市的规模和管理现状建立相应的管理模式，宜从下列管理模式中选用一种：1. 市一级监督，市一级指挥；2. 市一级监督，市、区（县）两级指挥；3. 市、区（县）两级监督，两级指挥；4. 市一级监督，区（县）一级指挥。"而目前各地方普遍采用的是第2种"一级监督、两级指挥"的模式。但同为该种管理模式，不同地方的具体设置却不尽相同。举例而言，（1）在威海市，市一级设城市管理"监督指挥中心"，区一级设城市管理"指挥中心"，通过一级高位监督、两级协同指挥的管理方式，将市、区两级责任部门以及各种城市部件、事件整合到同一个平台，形成了"市级高位监督、部门各司其职、区级属地管理、街居齐抓共管"的工作格局。① 按照此设置，市一级是将监督中心和指挥中心合二为一，履行两个中心的职责，并将监督中心或者说案件管理的权限统一集中到市一级，而区一级则只设指挥中心不设监督中心。可以说，这一设置较为符合"一级监督、两级指挥"的含义：市区两级都有指挥中心，能够指挥和调度两个层级的责任部门处理城市管理案件；而监督中心只在市一级设置，统一负责全市城管案件的立案、受理、检查和监督，权限更为集中。②（2）在沧州市，根据《沧州市数字化城市管理系统运行实施办法》〔2010〕第四条的规定，其在市级设置数字化城市管理总平台，成立市监督中心和指挥中心；在区级设置指挥中心，形成市级监督中心一级监督，市、区指挥中心二级指挥，市、区、街道办事处三级管理，市、区、街道办事处、社区四级落实的管理体系和各专业部门各负其责的运行模式，即"一级监督、二级指挥、三级管理、四级落实、各负其责"。与上述威海市的管理模式相似，二者的指挥中心都在市区两级设置，而监督中心都只在市级设置，区别主要在于沧州市的市一

---

① 王永超. 建设数字化城管科学高效管理城市［J］. 城建档案, 2015（11）：13-14；类似设置亦可见高洁如. 城管执法理论研究［M］. 北京：法律出版社, 2014：10-11.

② 《三明市区数字化城市管理项目工作方案》〔2011〕第三条第（一）项规定："当市级中心通过信息采集、'12319'热线或考评发现城市管理问题时……有如下两个派遣处置流程：（1）将问题派遣至市直相关部门，由市直相关部门对问题直接处理，处理完成后将问题反馈至市监督指挥中心进行核查结案；（2）将问题派遣至区指挥中心，由区指挥中心根据问题的描述，将案卷分派至区级职能部门或者街道进行问题的处置，处置完成后，由区中心将案卷交由市监督指挥中心进行核查结案。"

级监督中心和指挥中心是分开设置的。同时，尽管我们认为突出并强调街道办、社区和各部门的落实和执行、明确并细化其职责和权限确有必要，但必须注意不能顾此失彼，以至于让"四级落实"的层级派遣过程拖慢数字城管的执行效率。① 此外，《郑州市数字化城市管理实施办法》〔2010〕第四条、《廊坊市数字化城市管理系统运行实施办法》〔2010〕第九条亦规定了相同的模式。②（3）而在市区两级的权限分工上，各地方的规定比较一致。在案件处置方面，市一级一般仅负责由其工作部门专属管辖的案件，而其余案件皆由区一级进行处置。比如，《昆明市数字化城市管理办法》〔2010〕第七条第（二）项规定："经核实属市级专业部门的案件，由市监督指挥中心派遣至市级专业部门进行处置，除此之外的案件由属地政府（管委会）处置。"在工作重心方面，市一级一般偏重于宏观的监督指挥，而区一级则更偏重于微观的案件处置。比如，《郴州市数字化城市管理暂行办法》〔2012〕第五条规定："郴州市数字化城市管理系统……以城市管理综合调度中心为一级工作平台，负责受理、派遣、协调、监督、考核工作；以市直相关部门、北湖区……为二级工作平台，以网格为管理单元，具体负责部件、事件的问题处置工作。"

在纵向维度上，另一个问题在于"统一指挥和调度"，即数字城管主体如何在城管和各部门之间进行统一指挥、分别派遣任务，或者形成合力、联合执行任务。其实，数字城管所实现的围绕城市管理案件展开的在原本分散的各部门之间统一指挥案件处置、派遣各部门执行任务、联合各个部门解决复杂案件，乃至于对部门间的权限争议进行协调等，都不同程度地超越了传统的行政主体理论框架，可以说，统一指挥和调度正是数字城管主体层面的核心部分。

从目前的立法与实践状况上看，很多地方的指挥权限是通过以下方式实现的，即由专门机构获取并享有上位权限，而由作为数字城管组成机构的"指挥

---

① 数字城管系统的层级过多，反而会对其执行效率带来不利影响，因此应当尽可能地采取"扁平化设置"。在徐州市，以往案件上报至市指挥中心后下派要分三步：首先是市指挥中心下派到区指挥中心，然后由区指挥中心下派到所属街道，最后由街道下派至社区或责任城管队员。相反，"扁平化指挥"则是通过减少行政管理层次和环节，建立一种紧凑、干练的扁平化组织结构。"我们请各区、各业务处室和部门工作人员进驻指挥中心，不管何种渠道发现问题，由进驻人员实时对讲立刻下派，至少下派到社区一级。问题发生在哪个巡区？这个巡区由谁负责？'巡查一体'实施后分工很明晰，进驻人员很清楚，如此大大缩短了案件处理的时间。"参见陆铭. 立案率大幅增加 处理时间大幅降低［N］. 徐州日报，2015-12-10（005）.
② 除上述两种模式外，亦有个别地方在区一级既设置了监督中心又设置了指挥中心，详见佚名. 龙华新区："智慧城管"新面孔［J］. 中国建设信息，2014（15）：38.

中心"负责具体派遣和调度。比如,《郴州市数字化城市管理暂行办法》〔2012〕第六条规定:"市人民政府成立郴州市数字化城市管理领导小组,由市政府分管领导任组长,市电子政务信息中心、财政、住房和城乡建设……部门,北湖区、苏仙区……有关单位主要负责人为成员。主要职责是:(一)统筹、组织、协调全市数字化城市管理工作……(三)建立督办联席会议制度……(五)建立处置代整改制度,重点对经过协调、短时间内仍无法确定处置责任主体,但又必须及时处置的城市管理部件、事件问题,指定有关单位实施代整改。"此处的"数字城管领导小组"即为具有上位权限的指挥机构,因为该小组是由职务层次较高的市政府领导担任组长,而由各部门的领导担任成员,因此其可以围绕城市管理案件对各部门进行指挥和派遣——这是让数字城管主体获取并享有上位指挥权限的一种直接且有效的做法。同时,该《暂行办法》第七条规定:"郴州市城市管理综合调度中心负责本市数字化城市管理的具体实施及运行工作。其具体职责是……(三)负责城市管理各类信息的收集、整理、分析,向市政府及相关职能部门提供城市管理信息……(五)负责对数字化城市管理部件、事件问题的信息采集、分类派遣等,并对问题处置情况进行跟踪、监督……"按照这一规定,尽管具体案件的派遣和协调是由"指挥中心"负责,但其权限其实是"领导小组"的延伸,各部门同样需要接受其所发出的派遣任务;换句话说,尽管一般情况下是由"指挥中心"负责具体调度,但从机构层级的角度看,"指挥中心"作为"隶属于市城市管理局的专门机构"(《郑州市数字化城市管理实施办法》〔2010〕第六条),很难独自享有超越各部门的上位权限,因此,更为合理的做法是由"领导小组"取得上位权限,而"指挥中心"则依此开展工作——"指挥中心"的具体调度权在没有"领导小组"或该小组没有上位权限时是无法实现的。与此相似,《宣城市数字化城市管理实施办法》〔2011〕第五条规定的"宣城市城市管理委员会"、《平顶山市数字化城市管理实施办法(试行)》〔2012〕第五条规定的"平顶山市城市管理委员会"、《昆明市数字化城市管理办法》〔2010〕第三条规定的"数字化城市管理工作领导小组"等,也同样是具有上位权限并能对各部门进行统一指挥和调度的机构。然而亦有部分地方并未采用"领导小组"的上位机构模式,比如,《廊坊市数字化城市管理系统运行实施办法》〔2010〕第十条规定:"市数字化城市管理办公室作为市政府负责数字化城市管理工作的协调机构,负责全市数字化城市管理的组织、指导、协调、督促工作。"第十一条规定:"市数字化城市管理办公室职责为……(四)负责对各区数字化城市管理分指挥中心、各终端单位工作进行监督检查、指挥协调等工作;(五)负责协调城市管理问题案件的处理、督办……（七）负责数字化城市管理考核评价工作，汇总和整理数字化城市管理综合绩效考评结果，并将结果报告市政府，同时向社会通报。"尽管此处的"数字城管办公室"与前述"领导小组"的权限和职能基本一致，但"办公室"的性质一般并非职能部门或上位机构，而是综合办事机构，其"办公室主任"很少会由市政府主要领导担任，因此其上位权限即便理论上享有，实践中也可能不够顺畅。与此相似，"许昌市数字化城市管理监督办公室代表政府行使监督职能，许昌市数字化城管中心和县（区）人民政府（管委会）、市直相关部门指挥平台二级指挥派遣，市、县（区）、乡（办事处）三级处理"①，这类设置不仅使得数字城管主体过于多元和分散，而且当作为一级平台的"办公室"上位权限存疑时，二级平台的指挥派遣就会有较大的概率遇到障碍。因此我们认为，"领导小组"模式相较于"办公室"而言在指挥权限的行使上更具优势。

除派遣和调度外，数字城管主体的指挥权限还涉及对部门间争议的协调，即当部门间就权限归属或案件处置等存在争议时，应如何进行协调并最终解决。目前各地方的争议协调模式大致可分为三种。（1）由辖区政府负责协调工作。比如，《山东省数字化城市管理系统建设与运行管理导则（试行）》〔2014〕第三十三条规定："城市管理的部件、事件责任不清的，由辖区政府协调解决；辖区政府难以协调的，可提请上级主管部门协调。"第三十四条规定："经协调仍无法确定部件处置责任主体的，由辖区政府组织实施代整改……"我们认为，由辖区政府负责争议协调显然不存在权限问题——辖区政府的行政层级必然高于发生争议的各部门；但一般而言，辖区政府作为一个整体很难去直接处理如此细节性甚至碎片化的事项，因此实践中由其委派工作部门或设立委员会、专项小组负责具体处理则更为可行。此时，将此项工作委派给本就具有上位权限的"领导小组"较为恰当，或者说，"领导小组"的上位权限本身就应当包含争议协调的职能。（2）由城管主体负责协调工作。比如，《平顶山市数字化城市管理实施办法（试行）》〔2012〕第二十二条规定："对城市管理部件、事件责任不清的，由市城市管理委员会办公室进行协调，明确相应的处置责任主体，被明确的责任主体必须执行。"尽管我们认为，由城管上位机构直接负责协调工作更为专业和高效，但此处规定的协调主体是城管委的"办公室"——上文已经提及，"领导小组"往往比"办公室"更能充分履行这一职责。（3）由辖区政府和城管主体分工负责协调工作。比如，《宣城市数字化城市管理实施办法》〔2011〕第二十三条规定："对城市管理部件、事件责任不清的，由宣州区政府、

---

① 张柯."智慧城管"：打造便民服务升级版［N］.许昌日报，2015-09-22（004）.

市经济技术开发区管委会进行协调,明确相应的处置责任主体。对跨区域、属于市直部门(单位)责任以及经所在区政府、开发区管委会协调后确实无法处理的问题,由市城市管理委员会牵头组织协调。"按照这一规定,对于普通的权限争议事项仍然由辖区政府进行协调,而对于复杂事项或协调不成的事项则由城管委组织协调。我们认为:这一分工是较为合理的,原因在于,尽管我们主张由数字城管的上位机构负责协调工作,但目前具有上位权限的"领导小组"往往只设在市一级,而由其直接协调区一级部门间的争议似乎有欠妥当;更为可行的是,当争议出现后,先由区一级政府进行协调,遇到特殊事项时再由市一级的城管委进行上位协调。

三、数字城管内部的信息共享:迈向部门和层级间的通用数据库

对于数字化城管的各方主体而言,"信息共享"既包括信息在部门间的横向传递,也包括信息在市区间的纵向传递。[①] 住建部《数字化城市管理模式建设导则(试行)》〔2009〕明确要求"整合现有各类信息化资源,实现设备、信息系统的共建共享";《指导意见》第(二十二)项进一步要求"整合信息平台""形成综合性城市管理数据库""促进多部门公共数据资源互联互通和开放共享"。原因在于,政府间信息共享已经明显地呈现出如下优势。(1)能够显著节省行政成本、提高行政效率。政府的不同部门和不同层级之间经常会出现对于同一事项、同一物件或者同一相对人的信息需求,此时如果分开收集信息,不仅需要对同一信息重复支出行政成本,而且收集过程也需耗费一定的时间,从而拖慢行政过程。可以说,包括相对人的身份信息、市区的规划信息、建筑物的位置和结构信息等在内的相当一部分行政信息都具有相对稳定性,而信息本身又具有可传播和可分享性,由不同部门或层级重复收集其实是对行政资源的浪费。反之,如果某一部门或层级所获取的信息能够为其他部门或层级共享,则可节省行政成本、避免重复劳动。(2)能够显著增强信息的准确性和全面性。如果行政信息能够以数据库的形式由各部门和层级共享,并且处于开放状态,那么各主体如果获得了针对某一对象的更新或更详细的信息,就可以向数据库进行补充,从而使得该对象的信息更为全面并且"与时俱进";同时,如果来自不同主体的信息存在差异或冲突,也能更为及时地进行核实和调整,以确保相

[①] 在纵向的信息共享方面,《山东省数字化城市管理系统建设与运行管理导则(试行)》〔2014〕第十五条规定:"县(市、区)可依托设区市的系统平台,实现与省级平台的互联互通、信息共享。县(市、区)、街办数字化城市管理相关数据应纳入市级平台统一分析、评价和考核。"

关信息的准确性。可以说，其一方面能够保证同一信息的最大化利用，另一方面也能让信息本身得到及时优化和更新，从而确保相关信息的高质量。(3)能够形成统一的信息平台以使相对人更为便利地获取政府信息。如果各部门和层级能够以数据库的形式实现信息共享，那么相对人在查找某一方面的政府信息时搜索相应的数据库即可，而无须再为获取完整信息而在各部门之间奔波。即如芳汀（Jane E. Fountain）教授所言："政府的顾客应该有一个获知政府信息和服务的单一的切入点……使得信息提供者承担起搜索成本最小化的责任。"而美国的社会保险管理局（Social Security Administration）、移民归化局（Immigration and Naturalization Service）、国内税务局（Internal Revenue Service）等部门的服务中心都在依赖共享数据库向公众提供信息和服务；利用跨机构的共享数据库，可以在公众和政府互动的领域进行更大范围的信息和服务整合，而不用考虑是否超越了机构的管辖范围。[①]

而在数字城管的视域下，究竟何种行政信息应当在部门和层级之间共享？对此，《数字化城市管理模式建设导则（试行）》〔2009〕"基础数据建设"一节要求"建设以城市大比例尺地形图、正射影像图等基础地理信息为主要内容的城市基础地理信息数据库"；"建设基于城市基础地理信息的单元网格数据库"；"建设基于单元网格数据库的管理部件和事件数据库"；"建设基于城市基础地理信息的城市地理编码数据库"。我们认为，此处规定的四个数据库是数字城管运行的基础，其不仅应当贯穿于市区两级的数字城管系统，而且考虑到向各部门派遣案件的需要，其亦应在各部门间实现共享。除基础数据外，城管和各部门间亦可根据需要共享相关信息，或者说，在不涉及国家和工作秘密的前提下，有助于提高行政效率的各类信息皆可共享。

然而，理论中看似简单的信息共享却并不容易实现，其原因仍然是部门间

---

① [美]简·E.芳汀.构建虚拟政府——信息技术与制度创新[M].邵国松，译.北京：中国人民大学出版社，2010：24."公民需要跨越部门界限，例如就有几个机构向老年人提供服务。借助电子化政府来链接这些机构就可以提供更好的服务；毕竟重要的是服务而不是服务机构本身，因为公民不可能了解组织结构的细微差别。通过电子化政府的方式，信息流动就可以跨越部门界限。"参见[澳]欧文·E.休斯.公共管理导论[M].张成福，等译.北京：中国人民大学出版社，2007：222."此时客户通过门户网站把曾经完全不同的服务视为一个整体，并且他们认为部门是不同实体的概念也将开始淡化。他们能够分辨出来的将是各种各样的交易而非各种各样的部门。为了实现这一点，政府便将各种公共服务集中起来，加速推进服务共享。"参见[英]安德鲁·查德威克.互联网政治学——国家、公民与新传播技术[M].任孟山，译.北京：华夏出版社，2010：256.

的职权间隔和利益关系。"政府机构常常割据自立,相互之间存在竞争而且缺乏沟通渠道。这些因素已经长时间阻碍着彼此关系的协调发展,减缓了组织间信息传播的速度,同时还减少了合力解决问题的机会。"[1] 首先,各个部门都有自己独立的行政职权,对于职权行使中所获取的行政信息,各部门亦有独立的处置权,或者说,该信息是公开发布、内部留存,还是在部门间传递,其都享有决定权。而且,某一部门所掌握信息的数量、内容和深度,在公开或共享之前其他部门甚至是上级机关都无从知晓。而现实中,各部门往往不愿共享自身所掌握的信息。原因之一在于,某部门信息的获取显然需要支出一定的行政成本,而将之分享给其他部门一般都是无偿的或者没有收取费用的法定依据,即是说该部门无法从分享中获益,同时却有可能让其他部门"搭便车"。在这种情况下,信息共享对于分享者而言有成本却没有回报,在法律尚未强制要求的情况下,拒绝共享反而更符合"经济人"的逻辑。表现在实践中,就是目前我国政府间信息共享的状况并不乐观。比如,由于信息不共享,各部门就不得不重复采集相对人的信息,"以某地级市为例,相关系统涉及自然人的信息重叠竟达82%,信息不一致率达27%,信息不完整率达43%,造成了大量的重复投入,并导致大量的信息盲点存在,数据经常'打架'"[2]。再如,由于缺乏共享,各个部门都在不遗余力地安装监控探头,"目前大庆城管监控有900个,油田公司等装置视频监控6000多个,房地产开发部门在新建小区建设的视频监控2000多个。面对主要街道的视频监控没有与城市监控视频实现联网,不能实时传送内容,视频监控的安防作用没有最大限度地发挥,多家安装也不能发挥事前预警的作用"[3]。这不仅容易导致安装上的重复甚至冲突,也会使得发现紧急事件时无法直接快速地将视频信息传达给有关部门,从而延误事件的处理和对事态的控制。

为改变上述状况,信息共享机制的建设可以从以下三个层面展开。(1) 加强制度建设并赋予其强制性,以作为信息共享的基础和依据。尽管目前已有部分地方对数字城管的信息共享进行了规定,但尚不够具体完善,并且没有专门立法,因此还需提升立法位阶并进一步加以细化。(2) 建立"一体化政府"。"一体化政府主要是指城市政府的各个部门拥有统一的服务平台,使政府内各部

---

[1] [美] 简·E. 芳汀. 构建虚拟政府——信息技术与制度创新 [M]. 邵国松,译. 北京:中国人民大学出版社,2010:5.
[2] 九三学社中央委员会. 以信息技术提升城市治理能力 [J]. 中国建设信息,2014 (7):23.
[3] 张昱. 大庆数字城市管理的成效与升级 [J]. 城乡建设,2014 (1):42.

门之间以及公众与政府部门之间交换信息时,觉察不到不同政府部门之间界限的存在,并能在方便的时间和地点得到完整的服务。"① 即是说,一体化政府的建立需要打通部门和层级之间的信息平台,将来源于各个主体的信息整合到统一的数据平台中,由其各自按需使用;或者说,在一体化政府中,各个部门和层级既是信息的收集者,也是信息的使用者,信息流转不再因部门边界而受到阻碍甚至发生断裂。(3)推进更深层次的部门职权改革。上文已经述及,政府间的"信息孤岛"主要是由职权间隔和利益关系引起的,若要从根本上加以改变,仍需从深层次的职权结构入手,比如,"对政府的基本组成部分进行整合或者重组"、改变现有的"权限规则"或者设定特殊的信息管理体制等。尽管"政府结构根深蒂固,其结构的重组难免更为艰难且高度政治化"②,但职权改革后政府在信息利用等方面的收益可能会超过改革的成本,因此仍然是值得尝试的。

目前数字城管领域信息共享的实现方式主要包括以下几种。(1)将数字城管系统与社会网格化管理信息平台或其他数据系统相整合,使多个主体使用共同的数据库,从而实现跨部门的信息共享。比如,在黄冈市,多个部门的系统平台共用电子政务专网,城管"与协同单位、市区各网格社区承载网建设都使用市电子政务专网联通,减少网络线路重复建设"。此时不仅可以节省网络平台建设的硬件成本(网络线路、计算机、机房、办公楼等),而且多个部门可以共同使用数据库中"规划部门的数字黄冈 GIS 在线地图"等信息,也就进一步节省了软件成本。同时,黄冈市的数据系统还被设计成开放式的,预留了其他系统模块的接入端口,不仅可以将市区亮化管控平台、交警车辆数据平台、临街商铺工商数据平台、公安消防数据平台等接入共享,③ 而且作为平台主体的交警、工商、消防等同样可以使用和完善该数据系统中的信息,有利于促进系统中信息主体和信息内容的最大化。(2)先在城管与某一个或几个部门之间建立信息共享平台,之后再逐步进行扩展。这是因为,在原本部门间信息分立的情况下,若要将所有的信息平台一次性整合未免难度过大,而先在关联性较为密切或者数据重合较多的部门之间进行整合,之后再有计划有步骤地纳入其他部门,则是更为可行的做法。比如,苏州工业园区独墅湖科教创新区就是首先使城管部门与公安天网工程共享了数字化平台,之后又与环卫部门建立了关联,

---

① 王家合. 城市政府质量管理研究 [M]. 北京:光明日报出版社,2011:137.
② [美] 简·E. 芳汀. 构建虚拟政府——信息技术与制度创新 [M]. 邵国松,译. 北京:中国人民大学出版社,2010:5,24.
③ 雷焰中. "实景三维":黄冈看得见的数字城管 [J]. 中国建设信息,2015(3):29.

先期实现了三个主体之间的信息共享。[①]（3）目前更为常见的做法是推进各部门与数字城管系统的协调统一、互通互联；即是说，各部门仍保留自身的数据库，但其应与数字城管系统在技术、规范、功能、业务等方面保持一致，并在各部门的数据库之间建立关联、能够相互传递信息。比如，《郴州市数字化城市管理暂行办法》〔2012〕第八条第（二）项规定："各责任单位城市部件信息系统应当与市数字化城市管理系统实现信息、技术、业务等方面的协调统一。"再如，《许昌市数字化城市管理实施办法》〔2010〕第九条规定："按照全市统一的规划、技术规范要求，软件平台的技术、网格、城市管理部件（事件）编码、业务操作流程实行统一标准，通过整合、利用现有城市管理信息化资源和网络，实现市级平台分别与相关城市管理部件、事件主管部门和区（县）政府（管委会）、责任单位间互联互通、资源共享。"而《郑州市数字化城市管理实施办法》〔2010〕第九条的规定则更为详细："交通调度、治安防范等主管部门应当按照统一的技术规范要求，建设与数字化城市管理有关的信息化系统和网络，实现与数字化城市管理网络与应用系统的互联互通。凡政府投资开发建设的信息资源，数字化城市管理系统可以无偿共享，其他涉及人口、企业、政府审批等信息，以及城市 GIS 数据、卫星影像图数据、空间地名数据、在线监测（监控）情况等应当实行信息实时共享。"尽管上述方案有助于促进各部门分享其所掌握的信息，但在数据库各自独立的前提下，仍有可能人为地制造沟壑，只是在部门间通用数据库尚未形成之时，这是现阶段信息共享较为稳妥的方案。（4）信息共享的一种较为保守的方式，是在保留各部门独立数据平台的前提下加强彼此间的信息沟通和交流；即是说，各部门的信息系统仍然彼此独立并由各部门自行掌控，而信息共享则依靠"沟通和交流"来实现。我们认为，尽管这种机制同样有助于使特定的信息在部门间实现共享，但其局限性过于明显，因为此时共享的信息量必然是有限的，而且要受到定期或不定期交流的时间限制，在某部门不愿交流时还有可能受阻或中断。我们认为，数字城管视域下的信息共享，其理想形态在于以各部门自身的数据库为基础，逐步整合成通用的信息数据库，并通过统一的互联网信息平台向各部门和层级开放，各主体不仅可以使用所需信息，同时也可以增添或更新信息，使信息系统不断优化的同时也能让各部门共同受益。

[①] 杨红军. 城市管理工作的经验与启示——以苏州工业园区独墅湖科教创新区为例［J］. 理论与当代，2015（1）：33.

第三节　数字化城管的效能层面

在城市管理过程中采用现代化的数字通信技术和信息管理系统，其最为核心的目的之一就是提高行政效率。可以说，行政效率是数字化城管所能体现的最为直接和明显的优势。比如，黄冈市数字城管平台2013年5月上线，2014年共计立案75325起，应结案75122起，结案74460起，按时结案率达到97.59%，总结案率99.1%，系统运行效果显著。① 再如，韶关市在数字城管适用前，市民发现路灯灯罩破碎只能通过电话投诉到城管部门；城管部门接报后派出工作人员到现场察看情况，决定怎么修复、更换什么型号的灯罩，回去再向有关领导汇报；领导决定后再组织相关人员、带着相应的工具和物品到现场修复。有了数字城管，情况上报后，由于地点、问题细节等要素标准清晰，还附有图片或录像，怎么修复、换什么型号灯罩等一目了然，直接指派处理即可。"以前平均一个事件处理要花费七八天时间，现在缩短到一个工作日就可完成，短的在1小时内就可解决。"②

一、数字化城管的运作流程：案件处理的闭环系统

数字化城管的管理效率首先建基于其快速、高效且相对统一的运作流程上；或者说，由于数字城管系统的技术规范有着较为一致的标准，因此不仅各地方对城管案件的处理步骤呈现出彼此相似的模块化特征，而且每一个步骤的运作方式都在宏观上进行了优化。根据住建部《城市市政综合监管信息系统技术规范》（CJJ/T106—2010）"系统业务流程"一节的规定，数字城管系统的案件处理主要包括以下6个步骤（见图4-2）。（1）信息收集阶段。信息来源应包括信息员上报和公众举报：当信息员在所负责的责任网格内发现市政监管问题后，应通过信息采集器（城管通）及时上报监督中心；当公众发现市政监管问题而向监督中心举报时，监督中心应登记公众举报信息并通知信息员现场核实。(2) 案卷建立阶段。监督中心应审核接收的市政监管问题信息，立案后批转到指挥中心。(3) 任务派遣阶段。指挥中心应接收从监督中心批转来的案件，并派遣至相关责任部门进行处置。(4) 任务处理阶段。责任部门应按照指挥中心

---

① 雷焰中. "实景三维"：黄冈看得见的数字城管［J］. 中国建设信息，2015（3）：30.
② 袁少华. 数字城管：城市家园称职管家［N］. 韶关日报，2015-08-09（A01）.

的指令完成案件处置，并将处置结果反馈给指挥中心。（5）处理反馈阶段。指挥中心应将责任部门送达的案件处置结果反馈给监督中心。（6）核查结案阶段。监督中心应将案件的处置结果通知信息员进行核查，比对核查信息与处理信息，两者一致时应予以结案，否则应重新派遣处置。①

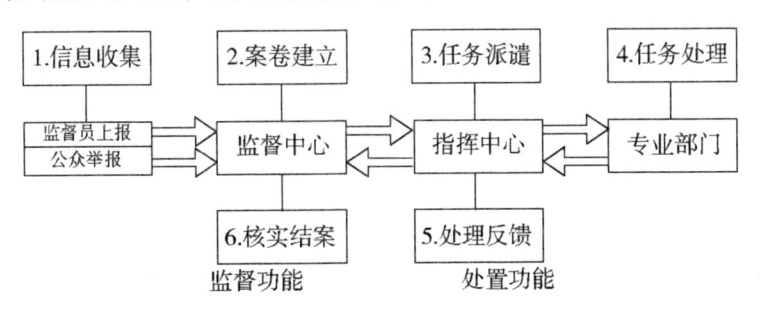

图 4-2　数字城管系统案件处理流程

目前多数地方的数字化城管运作采用了上述6个步骤或仅对个别步骤进行了微调，比如，《沧州市数字化城市管理系统运行实施办法》〔2010〕第九条、《廊坊市数字化城市管理系统运行实施办法》〔2010〕第十八条都将其运作流程规定为"信息采集、立案、派遣、处理、反馈、结案"6个环节。而在部分合并了监督中心和指挥中心的地方，如《许昌市数字化城市管理实施办法》〔2010〕第二十三至二十五条、《郴州市数字化城市管理暂行办法》〔2012〕第二十一至二十三条、《宣城市数字化城市管理实施办法》〔2011〕和《景德镇市数字化城市管理实施办法》〔2013〕第二十至二十二条亦对任务派遣、任务处理和核实结案三个阶段分别进行了规定。此外，亦有论者将上述6个步骤概括成"发现问题→派遣处理问题→反馈回复→绩效评价"4个阶段，② 但其仍然是围

---

① 有论者对上述流程进行了如下描述："'数字城管'系统是利用现代信息技术，以万米单元网格为单位，将城市划分成若干个责任区域，每个责任区域都有专门的监督员进行监督和巡查。当发现城市管理类问题时，立即通过'城管通'设备，将案卷的图像、位置、类别等信息上报至监督评价中心，监督评价中心平台工作人员根据《数字化城市管理立案、结案标准》对案卷进行审查、立案，将符合立案标准的案卷根据《数字化城市管理监督指挥手册》的责任划分标准派遣到对应的职能部门，职能部门接收到需要处理的案卷后，及时处理解决并迅速回传到监督评价中心，然后由监督员对案卷的处理情况进行核查、结案，系统自动对各职能部门工作情况进行综合评价。由此形成一套及时发现问题、及时派遣问题、及时处置问题、常态考核评价的闭环式城市管理模式，从而全面掌握城市建设和管理方面的总体情况，有效避免城市管理漏洞。"参见王文彬."数字城管"：提升城市品质[J].中国建设信息，2014（9）：34.
② 袁满，等.数字城管的魅力[N].三峡日报，2014-10-11（001）.

133

绕"城管案件"展开的。

上述运作流程的主要优势在于，其能在城管数字平台中形成一个"闭环运行系统"，从而保证案件处理的高效率。（1）各个阶段中相关工作人员分工明确、流水作业、各司其职，保证了整个流程的通畅。（2）各个阶段都由系统控制，能够减少外来因素的干扰[①]；各个阶段的进度都可由系统跟踪查询，克服了没有监督的弊病，也避免了信息获取滞后和层级传递迟缓，使得绝大多数城管案件都能有始有终。（3）各个阶段都有工作时限的要求，能够强制工作人员迅速处理案件。比如，根据住建部《城市市政综合监管信息系统 监管案件立案、处置与结案》（CJ/T315-2009）"管理要求"一节的规定，案卷建立、任务派遣和处理反馈三个阶段的工作时限都可为5分钟、10分钟、15分钟，而核查结案阶段的工作时限则可为30分钟、60分钟、120分钟；同时，该文件的"附录A"对数百种部件类和事件类监管案件的立案条件、结案条件与处置时限分别进行了规定，比如，"市政公用设施"大类中的第18小类"路灯"，其立案条件为"破损、缺亮、缺失、倾斜"，处置时限为1、2、9个工作日，结案条件为"修复"，等等。

二、数字化城管的管辖划分：部件、事件和万米单元网格

为确保上述案件处理6个步骤的高效运行，一个必要的前提是相关部门和人员责任的明晰，即当案件发生后，在对象上能够迅速判断出与之关联的责任部门，在地域上亦能迅速确定出应由哪一区域的机构或人员负责处理。我们将数字城管中管理对象和管理地域的问题统称为管辖划分问题。

首先，在管理对象方面，住建部《城市市政综合监管信息系统 管理部件和事件分类、编码及数据要求》（CJ/T214-2007）将之分为"管理部件"和"事件"两个类别，其中管理部件是指"城市市政管理公共区域内的各项……市政工程设施和市政公用设施"，其大类和小类分别为公用设施类（水、电、气、热等各种检查井盖，以及相关公用设施等）、道路交通类（停车设施、交通标志设施、公交站亭、立交桥等）、市容环境类（公共厕所、垃圾箱、广告牌匾等）、园林绿化类（古树名木、绿地、城市雕塑、街头坐椅等）、房屋土地类（宣传栏、人防工事、地下室等）、其他设施类（重大危险源、工地、水域附属设施

[①] 袁少华. 数字城管：城市家园称职管家 [N]. 韶关日报，2015-08-09（A01）；董幼鸿. 大城市基层综合治理机制创新的路径选择——以上海城市网格化管理和联动联勤机制建设为例 [J]. 上海行政学院学报，2015（6）：34.

等）以及扩展部件类（未包括在上述大类中而又确需分类管理的部件）。事件则是指"人为或自然因素导致城市市容环境和环境秩序受到影响或破坏，需要城市管理专业部门处理并使之恢复正常的现象和行为"，其大类和小类分别为市容环境类（私搭乱建、暴露垃圾、积存垃圾渣土、道路不洁、水域不洁、绿地脏乱等）、宣传广告类（非法小广告、违章张贴悬挂广告牌匾、占道广告牌、街头散发广告等）、施工管理类（施工扰民、工地扬尘、道路遗撒、施工废弃料等）、突发事件类（路面塌陷、自来水管破裂、燃气管道破裂、下水道堵塞或破损等）、街面秩序类（无照经营游商、流浪乞讨、占道废品收购、店外经营、机动车乱停放等）以及扩展事件类（未包括在上述大类中而又确需分类管理的事件）。

  上述规定中对于管理对象的分类主要具有两方面优势。（1）此种细化归类能够实现对于城管部件和事件的编码，使得每一个管理对象都有自己独特的身份信息，一方面能够与数字城管信息系统相匹配，即将管理对象的信息录入系统，从而实现数字化管理；另一方面则有助于案件发生时对管理对象的快速定位。举例而言，在部件上，北京市东城区安定门东大街南侧、小街桥路口西50米处步行道上一路灯井盖：东城区的行政区划代码为110101，该部件大类代码为01，小类代码为06，普查测绘和标图定位的顺序为1525，流水号为001525，则该路灯井盖的编码为1101010106001525。在事件上，禄米仓后巷3号住宅西侧10米处有堆放绿化施工废弃料：其大类是施工管理，代码为03，小类是施工废弃料，代码为05，则该事件的编码为1101010305。"市区每棵树、每盏路灯、每个窨井盖、每块户外广告牌等都有唯一的部件编码'身份证'，其地理定位、规格型号、权属单位、处置标准和时限都建档入库。"[①] 尽管对于管理部件的"普查"（身份信息确认）需要较长的时间——比如黄冈市的部件共有11.8万个，宣城市共有20多万个，而威海市则达到80多万个——但"普查"结束后，不仅能使管理部件的信息更具准确性[②]，而且还能通过数字系统实现自动监测和管理，接到信息员或公众上报时也能通过编号快速确定部件或事件的详细信息，从而显著提高处置效率。（2）此种细化归类还能建立管理部件和事件与责

[①] 王秀青，李宁．"数字城管"高效管城［N］．德州日报，2015-10-13（B01）．
[②] 亦有部分地方采用了实景影像收集的方式，能够进一步提升部件信息的准确性。"实景三维影像数据采集工作通过专业采集车，对城市重点区域主次干道共18平方公里进行影像收集，使所有城市部件及部件属性都标注在实景影像上，更有利于问题处理的准确性和现实性。"参见雷焰中．"实景三维"：黄冈看得见的数字城管［J］．中国建设信息，2015（3）：29．

任单位的对应关系，使得案件发生后能够迅速明确应由哪一主体进行处置，从而实现"案卷建立"和"任务派遣"两个阶段的顺利对接。根据住建部上述文件的规定，管理部件和事件不仅需要设置编码，同时还需明确"基本属性信息"：部件方面的14项信息中包含了"主管部门代码""主管部门名称""权属单位代码""权属单位名称""养护单位代码""养护单位名称"和"所在单元网格"，即是说，每一个有编号的管理部件都对应着明确的管辖单位，案件发生后系统可以直接确定出责任归属，这比传统模式下通过人工查询各部门管理权限的方式要快捷得多[1]。同理，事件方面的6项信息中也包含了"主管部门代码""主管部门名称"和"所在单元网格"，只是其中单元网格的区域性定位更为重要。

其次，在管理地域方面，目前数字城管中普遍采用的是"万米单元网格"或称"网格化管理"模式。需要说明的是，尽管此处的"网格化"是与部件和事件相匹配的、数字城管平台运转的基础性要素，但从宏观上说，其还是一种正在推行的社会管理方式。《指导意见》第（二十五）项要求"推进网格管理"，"建立健全市、区（县）、街道（乡镇）、社区管理网络，科学划分网格单元，将城市管理、社会管理和公共服务事项纳入网格化管理。……全面加强对人口、房屋、证件、车辆、场所、社会组织等各类基础信息的实时采集、动态录入，准确掌握情况，及时发现和快速处置问题，有效实现政府对社会单元的公共管理和服务"。可见，广义上的网格化管理是对社会各个领域的管理，其与数字城管网格的共通之处在于，二者可以使用同一套网格划分体系。在数字城管的视域下，根据住建部《城市市政综合监管信息系统 单元网格划分与编码规则》（CJ/T213-2005）的规定，单元网格是指城市市政监管的基本管理单元，是基于城市大比例尺地形数据，根据城市市政监管工作的需要，按照一定原则划分的、边界清晰的多边形实地区域。其划分规则主要包括：（1）"每个网格大约为100米×100米，面积约为1万平方米，将整个管理区域划分为若干个边界清晰、无缝拼接的网格单元，各个单元互相连接，形成不规则边界线的网格管理区域。"[2]（2）单元网格的最大边界为社区的边界，不应跨社区分割。（3）单元网格的边界不应穿越建筑物、管理部件以影响其完整性，且各网格内管理部

---

[1] "哪个窨井盖丢了、哪里路灯不亮了……以前需要一天甚至数天才能找到处置单位，现在第一时间就能发现，鼠标一点，可迅速找到处置单位并进行处理。"参见王秀青，李宁."数字城管"高效管城[N].德州日报，2015-10-13（B01）.

[2] 陶振.城市网格化管理：运行架构、功能限度与优化路径——以上海为例[J].青海社会科学，2015（2）：78-79.

件的数量应大致均衡。根据自身的不同情况，各地方的网格划分也有所不同，比如，昌吉市城管网络覆盖全市60平方千米，建成区划分了60个责任网格和754个单元网格；郑州市城管系统覆盖四环以内567平方千米，共划分为707个责任网格和38515个单元网格；等等。

上述规定中对于管理地域的划分主要具有三方面优势。（1）与管理部件和事件相似，这种划分能够实现对于单元网格的编码，使得每一个单元网格都有自己独特的身份信息。具体而言，单元网格编码由14位数字组成，包括6位县级以上行政区划代码、3位街道（镇）代码、3位社区代码和2位单元网格顺序码，比如，北京市东城区交道口街道圆恩寺社区第一个单元网格的编码为11010100300501。同时，根据住建部《城市市政综合监管信息系统 地理编码》（CJ/T 215-2005）的规定，单元网格中的各个地点也有独特的位置描述和空间信息，在该地点的"基本属性信息"中也同样会录入单元网格归属，比如，某一地点的"基本地点名称"为"工体北路商业银行"，"街道名称/小区名称"为"工体北路"，"兴趣点"为"商业银行"，x和y坐标分别为3630和7680。由此，当案件发生时只要能确定事发地点，系统即可定位单元网格并找到责任主体。（2）单元网格能够与管理部件和事件相结合，实现精确定位和精细化管理。《廊坊市数字化城市管理系统运行实施办法》〔2010〕第五条规定："数字化城市管理系统……将城市的管理对象定位到万米单元网格中，使城市管理问题准确定位，实现对城市部件、事件的标准化、精细化管理。"可见，单元网格是与管理部件和事件配套使用的，即将编码好的部件按照地理坐标（以图形的形式）定位到万米单元网格上，可以清晰地看到部件的类型、分布、数量等信息，从而能够随时从空间上掌握部件的具体情况，其在日常巡查时能够赋予信息员明确的目标和任务要求，在案件发生后也能迅速确定部件在单元网格上的具体位置。由于部件信息中包含了"所在单元网格"，而单元网格中也能显示出部件位置，这就使得二者能够融合在统一的信息平台中。（3）能够将单元网格与特定的责任部门或人员相连接，一方面用于分配和确定每一单元网格内信息采集员的人数和职责，从而在日常巡查环节中建立网格和人员的对应关系，使得城市中每个网格都有人监管。比如，东营市中心城区划分了150个责任网格，每个网格内都配备了1名专职信息采集员，每天早8点到晚6点在网格内巡查，[①] 由此形成了网格和人员一对一的局面——"在管理空间的划分上，由多人共同管理一大片地域，细化到每人管理若干平方米。管理范围的相对缩小和

[①] 张婷婷. 数字化城管，给我们带来了什么？[N]. 东营日报，2015-04-15（003）.

固定，大大减少了管理的流动性和盲目性"①。另一方面则是在案件发生后能够迅速确定管辖，即当案件上报到监督中心后，能够即刻查找到管辖该区域的部门或人员，从而及时进行派遣——此时"城管案件"和"责任人员"经由"单元网格"进行了匹配和连接。②

三、数字化城管的信息采集：信息员的人事管理、工作内容和要求

在数字城管案件处理的 6 个步骤中，作为开端的信息收集阶段对于整体效率有着非常重要的影响，即是说，在管理部件和事件都已在系统中明晰化、单元网格的责任分配都已在管辖中确定化之后，信息采集员是否能够收集到案件信息、所报信息是否足够准确和全面，以及这一过程中的特殊事件应当如何应对③等，不仅关系到案件处理的后续阶段能否启动，而且关涉到数字城管运行的综合状况，因此各地方无论在立法还是实践上都对这一阶段表现出较多的关注；而主要承担这一阶段工作的信息采集员的人事管理、工作内容和具体要求等也受到了同样的关注。住建部《城市市政综合监管信息系统 管理部件和事件信息采集》（CJ/T 422-2013）将"信息采集"定义为"专门人员在指定责任网格内，执行监督中心的巡查、核实、核查、专项普查指令，按标准对管理部件、事件信息进行收集、整理、核对并上传到城市市政综合监管信息系统的过程"；而"信息采集员"则被定义为"在指定网格内巡查、上报案件，以及对案件状况进行核实、核查的专门人员，俗称监督员"。

---

① 尔东尘. "数字城管"提升城市运行效率［J］. 中国建设信息，2015（15）：41.
② 而对于单元网格内责任人员的监督和问责，锦州市进一步"向社会立牌公示每个网格的监管范围、责任人及监察人姓名、联系方式"，"对监察不力的监察人员和分管领导层层进行追责"。参见王宏刚. 全方位构建城市管理网格化新格局［N］. 锦州日报，2015-01-29（A02）. 而《亳州市城市管理网格化责任制管理暂行办法》〔2013〕第六条规定："明确责任网格和单元网格的责任人，同时将各级责任人姓名纳入电子地图中。""建立网格管理责任公示制度。各区在辖区网格内显著位置设置管理责任公示牌，市、区各职能部门、各企事业单位在管理区域内显著位置设置管理责任公示牌，公布各网格责任内容、责任部门、责任人、联系方式和监督电话，主动接受上级部门和社会公众的监督。"
③ 住建部《城市市政综合监管信息系统 管理部件和事件信息采集》（CJ/T 422-2013）规定："信息采集员在进行巡查时，发现下列情况应视作紧急监管案件：可能危害人身和财产安全的井盖缺失、破损；道路、桥梁路面塌陷；较大面积和较严重的低洼积水、积雪、积冰……"其应对流程和要求包括："……2. 确认 第一时间电话联系监督中心，确认信息上报成功。3. 通知 将案件上报、确认情况电话通知信息采集区域责任单位。4. 等候（1）在事发地点等候处置人员到来。（2）如处置人员半小时内未到达事发地点，应电话请示监督中心，并按电话答复办理。……"

第一，在信息采集员的人事管理方面。（1）从人员招募上看，根据上述文件的规定，其"可由政府以服务合同方式委托供应商组织人员进行信息采集，或由监督中心经有关方面授权直接组建、管理信息采集员队伍进行信息采集"①，即是说，信息采集员的来源既可以"委托采集"（市场化采集）也可以"直管采集"，前者是城管部门直接与"供应商"（劳务公司）而非信息员个人发生法律关系，后者则不存在供应商的环节。我们认为，从信息员的工作性质和内容上看，由于其基本不直接参与公共管理，不具备行政决策权和行政执法权，因此"委托采集"亦不会对其工作过程造成根本影响。（2）从人员身份上看，尽管"直管采集"按照上述规定应由城管部门确定条件、组织招聘并决定人员数量、编制性质、工资福利等，但由于我国编制管理制度十分严格以及编制的增加较为困难，现实中信息采集员很少具有公务员身份，② 其与城管部门签订的更多是劳动或劳务合同。甚至是，有些地方对部分信息员采取了"兼职"模式，比如，宜春市不仅组建了"一支规模为120人的专职信息采集员队伍"，而且"局机关工作人员及全市城管系统其他在编在岗人员将按照'出门就上班，上班就管事'的要求，利用'城管通'手机终端每天利用上班间隙和空档时间负责采集一些问题信息，成为一支兼职信息采集队伍"。③ 从中可以看出，一方面，"兼职"的存在可能起因于"专职"信息员人手不足；另一方面，其也可以为城管部门节省编制和经费，最大化地利用在编人员从事相关工作。但当兼职人员本职工作繁忙时，信息采集工作就可能难以顾及或简单应付，因此兼职人员不应成为信息采集队伍的主力。（3）从人员数量上看，某一城市信息员的总数、每一单元网格或责任网格中配备信息员的人数等，仍然是不同地方根据自身情况分别设定的。比如，马鞍山市77.8平方千米主城区内共有信息员100名，许昌市215名信息员按照划定的工作区域从7时至22时进行不间断巡查，

---

① 与住建部的规定相一致，《许昌市数字化城市管理实施办法》〔2010〕第十六条规定："许昌市数字化城市管理中心可委托信息采集单位组织信息采集员实时采集信息。信息采集单位的确定，应当符合招标、政府采购的有关规定。"《宜城市数字化城市管理实施办法》〔2011〕第十五条规定："数字化城市管理实施机构可委托专业单位（以下称信息采集单位）或组织专门人员（以下称信息采集员）实时发现问题、采集信息。信息采集单位的确定，应当符合政府采购的有关规定。"

② 在很多地方，即便是数字城管机关行政人员的编制都非常紧张，更不用说再为信息员提供编制了。比如，"目前大庆市数字城管编制由原来12人增加至18人，人员编制不能满足发展的需求"。参见张昱. 大庆数字城市管理的成效与升级［J］. 城乡建设，2014（1）：42.

③ 桂永娟, 胡应翔. 创新城市管理模式 提高城市管理效能［N］. 中国经济导报，2014-12-16（C01）.

等等。我们认为，信息员的具体数量应当根据城市情况的变化而变化，比如，当某一单元网格的城市部件增加、事件复杂化时，就应当增加人数以应对增长了的工作量，反之亦然。

第二，在信息采集员的工作内容方面。其实信息员所负责的并不仅仅是信息"收集"工作，即巡查和发现区域内的管理部件和事件问题并上报，或者说，其工作并不仅限于前述城管案件处理6个步骤中的"信息收集阶段"。《城市市政综合监管信息系统 管理部件和事件信息采集》（CJ/T 422-2013）将"信息采集"细分为"责任网格巡查""采集上报""信息核实""案件核查""专项普查""紧急监管案件"和"轻微问题处理"7个部分，这7个部分不仅皆为信息员的工作内容，而且涉及案件处理6个步骤中的3个，足以凸显其在数字城管运行中的重要作用。(1)"责任网格巡查""采集上报"和"信息核实"3部分都属于案件处理6步骤中的"信息收集阶段"（阶段1）①，其中"信息核实"是指"信息采集员对公众举报的管理部件、事件问题信息，按监督中心指令，到实地进行核对、判断、采集并将结果信息上传的过程"。即是说，信息员不仅需要通过自身的巡查来发现并上报问题，而且其他社会主体上报的问题也需信息员核实之后才能进入下一阶段。这也意味着，信息员的工作应对了城管案件发现过程的全部内容。(2)"案件核查"则属于案件处理6步骤中的"核查结案阶段"（阶段6），其是指"信息采集员对专业部门反馈已处置的案件，按监督中心指令，到实地对处置情况进行核对、判断、采集并将结果信息上传的过程"。即是说，对于已经立案并进行了派遣的案件，责任部门是否进行了处理、处理结果是否符合规定、是否达到了结案标准，也是由信息员进行确认的。但这一工作的要求显然要高于"问题上报"。如果核查的内容是破损的路灯、窨井盖等一般管理部件是否已经恢复原状，尚且难度较低，但若涉及自来水管、燃气管道等复杂设施，则不仅过程烦琐，而且需要相关的专业知识。我们认为，在条件允许的情况下，复杂案件应当另派专业人员而非普通信息员进行核查。(3)"轻微问题处理"实质上属于案件处理6步骤中的"任务处理阶段"（阶段4），即是说，信息员的工作不仅涉及程序性的案件上报与核查，而且还要参与实体上的案件处理，但其所能处理的仅限于"轻微问题"，包括"果皮箱、垃圾箱（房）外存在少量袋装生活垃圾""少量的非法张贴小广告""份量较轻且井盖在井圈边的井盖移位"等8项内容。我们认为，从成本效益的角度考虑，这

---

① 从性质上说，"专项普查"和"紧急监管案件"也同样属于"信息收集阶段"，但针对的都是特殊情况，此处不做详细论述。

类"举手之劳"即可解决或消除的问题确实不值得再通过立案程序派遣责任部门处理,由信息员即时动手解决显然效率更高。但这类"轻微问题"的具体所指必须严格限定,即在时间方面不能过于耗时,以至于影响到信息员的本职工作,在能力方面不能过于专业,以至于信息员难以或无法处理完成。

第三,在信息采集员的工作要求方面。(1) 上述"信息采集"7个部分中的每一部分都有着较为细致的程序性要求,比如,前4项工作都配备了相应的流程图;"责任网格巡查"工作要求"信息采集员的巡查路线应在规定时间内对责任网格全覆盖";"采集上报"工作要求"不同类别的管理部件、事件问题信息上报应一事一报","及时上报该条管理部件或事件问题信息,如上报时间距拍照时间超过20分钟,应重新拍照上报";"案件核查"工作要求"核查拍摄照片与监督中心下达的案件核查指令中的照片应同地点、同角度、同背景","系统运行时间段内收到的案件核查指令,宜设定在1/4巡查周期内回复";等等。我们认为,这些细节要求类似于行政工作中的标准性操作程序,其中每一个环节都进行了优化设置,能够更好地应对数字平台的要求,其中相当一部分都做出了时间方面的限制,能够督促信息员按时完成工作。但同时,细节要求过多或过于烦琐,也会使信息员难以完全掌握,这就需要强化培训或在实践操作中进行具体指导。(2) 除上述程序性要求外,对于信息员的要求还包括:①工作量的要求,较为典型的是巡查面积和巡查频度的要求。根据上述文件的规定,信息员执行每天8小时工作制,其对一级管理区域($0.3\sim1Km^2$)的巡查频度应为4次、巡查总距离应≥12Km,对二级管理区域($1\sim4Km^2$)的巡查频度应为2次、巡查总距离应≥15Km,等等。②公正性的要求,比如,要求信息员为专职人员,不得同时从事可能影响信息采集公正性的其他工作;要求信息员在工作中客观公正,实事求是,不得弄虚作假或利用工作之便获取不当利益。又如《山东省数字化城市管理系统建设与运行管理导则(试行)》〔2014〕第二十八条规定:"信息采集应严格执行数字化城市管理部件、事件标准,公平、公正采集,减少漏报,不得虚报、假报"。③技能性的要求,比如,要求信息员经过相关业务培训,熟练掌握信息采集的有关标准、规范和业务流程,熟练掌握"城管通"的操作方法,经考核合格后才能上岗。"必须联合有关部门对网格管理人员进行相关法律法规、政策知识、专业技能等方面的进行培训,不断提高他们的能力素质,以适应日新月异的情况。"[1] (3) 为了解信息员是否遵循了规定的

---

[1] 魏建龙. 网格化城市管理的探索与思考——以福州市鼓楼区城市网格化管理为例 [J]. 福州党校学报, 2015 (3): 36.

要求，还需设置监督环节，而可供选择的方案包括：①派专人进行实时监督显然成本过高，因此间隔性地抽查更为可取。按照上述规定，"监督中心应定期和不定期对信息采集员的劳动纪律、信息采集上报数量和质量进行现场巡查、考核，现场巡查、考核相关信息应有完整记录"。②通过数字系统进行监督。比如，上述文件要求"信息核实应实事求是，不应把核实信息作为信息采集员在责任网格巡查中主动发现的问题信息上报"，而"信息核实"与"问题上报"的内容是否重合，通过系统对比即可自动得出结论。此外，信息员完成相应工作的具体时间，系统亦可即时记录，并能自动判断出是否超过时限，等等。③信息员的GPS定位也带有监督意味。比如，在德州市数字化城管中心大屏幕上显示的网格内可以看到闪烁着很多红点，这是信息采集员的定位。点开红点，可以清晰地看到信息员的工作轨迹。① 再如，在许昌市城管中心指挥大厅的大屏幕上，200多名信息采集员被虚拟成动态的"小人儿"定位显示在各自的"责任田"里；大屏幕两侧各有6台显示屏显示着实景画面，并对其实时监控。② 可见，尽管城管中心的大屏幕并不是专门用于监督信息员的，但信息员当日是否到岗，是否离开巡查区域，巡查的路线、频度和总距离是否符合上述文件的规定等，皆可通过城管通的定位功能而由系统测算得出。显然，这种通过系统平台和数字测算等进行监督的模式，在监督范围、监督成本和监督准确性等方面都具有明显优势。

第四节　数字化城管的参与层面

一、接纳公众参与的数字城管系统

"面对不断扩展的城市，突发事件发生时间地点的不确定性大大增加"，因此，"拓展城市信息来源渠道"，"为百姓参与到城市的实时管理增加更方便的路径"，③ "增强市民的城市管理主体地位，把城市管理权、评价权交给社会市

---

① 王秀青，李宁."数字城管"高效管城 [N].德州日报，2015-10-13 (B01).
② 张晓辉，毕静.频获国家"点赞"的许昌城管 [N].中国建设报，2015-02-26 (008).
③ 张昱，等.加强大庆数字化城管建设 打造宜居宜业现代化城市 [J].大庆社会科学，2015 (1)：101.

民,……真正实现城市管理从以政府为中心向以市民为中心方式的转变",① 便使得公众参与成为现代城市管理的一项重要价值。

而在数字城管的视域下,尽管其运作流程表现为一个自动、高效且相对封闭的闭环运行系统,但其依托于互联网的数字通信技术和信息管理系统使其仍然能够容纳社会公众的参与,甚至能够实现传统模式所难以实现的参与形态,从而将公众参与带入新的阶段。对此,住建部《数字化城市管理模式建设导则(试行)》〔2009〕规定:"推进数字城管建设,要坚持群众参与,科学评价。要将市长公开电话和12319服务热线与数字城管有机结合,引导群众积极参与城市管理。"同时,很多地方亦规定了数字城管中公众参与的渠道以及吸引参与的措施,比如,《景德镇市数字化城市管理实施办法》〔2013〕第十九条规定:"市数字化城市管理实施机构应当设立并公布公众投诉电话、网上投诉地址等,及时受理有关单位和个人对城市管理中存在问题的举报、投诉,并纳入数字化城市管理信息系统。有关单位、个人的举报、投诉经查实的,城市管理委员会办公室可给予奖励。"《许昌市数字化城市管理实施办法》〔2010〕第十四条规定:"信息来源包括信息采集员上报、社会公众举报、公共媒体曝光、12319数字化城市管理服务热线、各级领导批办、门户网站等,市数字化城市管理中心应及时受理。对举报、投诉的案件,经核查属实的应给予举报人一定奖励。"需要提及的是,尽管公众参与城市管理的内容日趋多元化,但在数字城管的运作流程中,其仍主要集中于"信息收集"阶段,即社会公众与信息采集员共同构成了案件发现及上报的主体。

整体而言,我们将数字城管的公众参与渠道分为三种:(1)电话参与,即市民通过拨打12319或市长热线电话等参与城市管理;(2)网站参与,即市民通过访问数字城管网站来与城管部门进行互动;(3)城管通参与,即市民通过使用城管通的市民客户端来上报案件和获取服务。首先,此处的"电话参与"形式较为传统,即在数字平台上线之前,市民就可以通过拨打电话来反映城管问题,数字平台的使用只是提高了其处理效率。比如,在太原市,2013年数字城管语言呼叫系统升级后,可支持的最大人工坐席数由40路增至120路,电话

---

① 綦春峰,赵维.城管市民互动模式——全民城市管理网格化平台研究[J].城市勘测,2014(1):28.

月接听量由 4.9 万个增至 6 万个,接通率由 85%上升为 95%。① 然而,尽管这种电话参与在整体上还占有较大比重,但我们不拟再对这种传统渠道进一步详述。而较为晚出的网站和城管通参与,则更能体现数字系统的特征并反映出其效率和便捷性,我们将集中对这两者进行考察。

二、数字城管中的网站参与:信息发布、网上投诉和考评通报

为了对各地方数字城管的网站建设及接纳参与情况进行考察,我们在已经建成相应网站的城市中随机抽取了 5 个,并对其各个项目进行了分析(见表 4-2②)。

第一,从数字城管网站建设的系统性和全面性上看,5 个城市的网站皆纳入了我们所考察的"信息公开""新闻动态""公众参与"和"数据统计"4 个项目,市民通过访问相应页面即可较为全面地了解当地数字城管的运行情况。但是,尽管 5 个城市的"项目类别"比较齐全,但项目之下的具体内容却有详细程度的差别比如,杭州市的公众参与项目内容非常丰富,而许昌市的相应页面就比较简略,太原市的信息公开和城管新闻方面条目众多,而大连市的相应内容就比较稀少,等等。我们认为,综合所考察的 4 个项目,5 个城市中太原市和杭州市的数字城管网站在系统性和全面性上更为突出。此处还需提及的是,大连市的数字城管网站较为特殊,其被分割成了"大连市全民城管"和"大连市智慧城管监督指挥中心"两个网站,其中前者集中负责公众参与,后者则集中负责信息发布。我们认为,或许这种形式能够便利网站管理人员的信息统计和系统维护,但从市民访问的便利性上考虑,仍然建议将二者整合为统一的数字城管网站。

第二,从数字城管网站建设的"信息公开"和"新闻动态"两个项目上看,二者皆为城管部门面向社会发布信息的环节,只是前者所公开的信息更具基

---

① 2014 年上半年,12319 城管热线接听市民来电 159479 个,日均 881 个,其中现场答复 69066 件,派遣责任单位限时处置 90413 件,反馈信息及时率为 99.21%,处置问题办结率为 97.78%,服务对象满意率为 97.09%。参见霍铮. 我的城市我来管——太原数字城管中心的"全民城管"模式[J]. 中国建设信息,2014(17):44-45. 在黄冈市,"2013 年 1 月开通 12319 热线以来,中心定期对受理员、接线员开展文明礼仪、业务知识、专业技能培训,坚持 24 小时服务,已接收市民电话近 12000 个……12319 案件通过与数字化城管平台的对接运行,运用闭环机制流转,提高了城市管理问题的发现率和处理率"。参见雷焰中. "实景三维":黄冈看得见的数字城管[J]. 中国建设信息,2015(3):30.

② 该表所列网站最后访问日期皆为 2016 年 6 月 8 日。

表 4-2 5个城市数字城管网站建设及接纳参与情况

网站名称	网址	信息公开	新闻动态	公众参与	数据统计
太原市数字化城乡管理指挥中心	http://www.tyszcg.gov.cn/	单位介绍、机构职能、工作流程、二级平台、政策法规、重要文件	中心动态、督查动态、城市新闻报道、城乡管理动态、温馨提示	上报诉求、处理进度和结果	案件统计、热点问题、采集公司、信息来源、考评公告、考核周报
许昌市数字化城市管理中心	http://www.xcszcg.com/	机构职能、领导班子、内设机构、部门职责、联系方式、其他事项、中心文件、中心简报	要闻动态、经验交流、他山之石、图片许昌、地图许昌	城市管理问题投诉、投诉查询	数字城管一周数据统计、数字城管绩效考评通报、市容环卫专项考核通报、督查督办
昆明市数字城管公众信息网	http://www.km12319.com/ggxx/Default.aspx	综合法律法规、其他地区地方性法律法规、依据与制度、执法程序、执法机构、组织机构	城管新闻、新闻信息、图片新闻、公告	添加投诉信息、查看投诉信息、添加评价信息、查看评价信息	数字城管周报、数字城管月报、清洁指数通报、违规结果曝光台、舆情通报
杭州市数字城管信息处置中心	http://xxcz.hzcgw.gov.cn/	组织机构、政策法规、标准规范、招投标信息	业务动态、案案点击、区县链接、智慧城管	公众参与;网上咨询、网上投诉、网上建议;网上调查;在线服务:审批查询、结果公示、违停查询、公共自行车、停车诱导;交流互动:网上直播、网上接待室、网上听证、建言献策	考核结果通报
大连市全民城管大连市智慧城管监督指挥中心	http://www.dlzhcg.com/qmcgweb/index.jsp http://www.dlzhcg.com/qmcgweb/zhzx/main	政策法规、机构概况	新闻中心、城管动态、工作动态、行政执法	在线投诉、咨询建议	案卷公示

础性质，而后者则更具时事性且与城管部门的当前工作相关。从理论上说，信息公开是"电子政务"的重要组成部分，①"决策者通过政府网站向全社会公开党和政府的大政方针、法律规章、目标规划、政策措施、经费项目、职能职责乃至工作制度、办事程序、收费标准以及监督电话等政府运作的有关信息，实现信息传递渠道的扁平化、开放化……保证了公众参与行政过程的知情权"②。具体而言，在"信息公开"项目上，是上述5个城市网站中公开的主要是基础信息，包括：（1）数字城管自身的机构信息，如机构组成、主要职能、领导人员等，其中太原、许昌、杭州的页面都将数字城管内设机构的职能分别进行了列举，相较而言更为全面。此外，5个城市中只有太原市对其"工作流程"以图表的形式进行了介绍；③ 只有太原市和许昌市对"二级平台"（即责任部门）进行了列举，包括市人防办、市排水管理处、市供热管理中心等等。（2）政策法规和重要文件，前者主要指上位法律法规，后者则是指城管中心自身制定和发布的规范性文件，如太原市网站公布的《太原市数字化城乡管理指挥中心绩效评价责任追究办法》〔2012〕、许昌市网站公布的《城中村和城乡结合部信息采集工作重点及标准》〔2015〕、杭州市网站公布的《杭州市数字化城市管理部件和事件立案结案规范》〔2014〕等。相较而言许昌市网站公布的规范性文件更为全面。（3）其他方面，如杭州市网站设有"招投标信息"栏目，其中公布了少量的招投标信息，而许昌市网站则公布了数字城管内设机构及责任部门的联系电话，等等。由于笔者考察时大连市数字城管平台正处于试运行阶段，其在信息公开方面只有两个栏目而且内容稀少，建议今后进一步加以丰富。在"新闻动态"项目上，如果说"信息公开"所发布的基础信息是为了满足市民的知情权，那么"新闻动态"则带有提升城管形象以及自我宣传的目的。一是上述5个城市网站中的新闻项目都比较丰富和全面，比如昆明市网站以《盘龙以铁的手腕整治违建"顽疾"》《吴家营街道大学城片区引摊入市启动》为标题的新闻，太原市网站以《我市展开整治露天烧烤第二次集中行动》《新增37处水位监控点 提效排涝管控水平》为标题的新闻，等等。2016年4月一个月，5个城市中太原市网站共发布了8则新闻、昆明市网共站发布了14则新闻，相较而

---

① 穆恩（M. Jae Moon）教授将电子政务狭义地界定为"运用信息技术生产和提供政府服务"，而"数字民主，建设更加透明和负责的政府"则是其四个核心要素之一。M. jae Moon. "The Evolution of E-Government among Municipalities: Rhetoric or Reality?" *Public Administration Review* 62（July-August 2002）：424-433.
② 王周户. 公众参与的理论与实践 [M]. 北京：法律出版社，2011：155-156.
③ 昆明市和大连市的网站中虽有相关栏目但无具体内容。

言数量更多。二是部分城市还设置了工作简报栏目，如许昌市的"中心简报"是每期发布一则数字城管的重要新闻，而太原市的"数字城管报"则是每月一期发布当月的主要新闻，值得注意的是，其是以纸质版报纸的格式制作并以图片的形式发布的，每期四版，图文并茂，颇具美观性的同时也体现出制作人的认真细致。

第三，从数字城管网站建设的"公众参与"项目上看，作为城管与市民互动的组成部分，其重要性往往还要超过信息发布环节——政府网站"不仅仅是为了方便市民获得信息，同时也使得市民能充分地参与到政府的服务和活动中来"[1]。可以说，"信息发布"和"公众参与"分别构成了数字城管信息的出口和入口，从而使城管和市民能够通过网站来实现双向的信息交流。具体而言，上述5个城市的公众参与项目中都包含了"网上投诉"页面，即市民按照页面要求填写信息来上报城管案件或者反映与城市管理相关的问题，而市民的投诉上报和城管的回复处理则构成了公众参与项目中最为核心的内容。（1）从投诉案件的公开性上看，一般情况下凡是网站的访问者皆可查阅已投诉的案件信息，即案件的具体内容、处理状态、处理结果等都是公开的，只有许昌市的页面中没有案件列表，案件的具体信息只有该案的投诉人通过输入受理号才能查询到，或者说，投诉案件只对当事人本人而不对社会公众公开，社会公众也无法查阅他人投诉的案件是否受理、是否办结等情况。我们认为，这种案件信息的隐藏或保密并无实质必要，原因在于，市民所投诉的城管案件属于城市公共问题，一般不存在个人隐私和商业秘密，因此并无保密的法定理由，而且投诉页面本身就是市民与城管的交互界面，城管单方面隐藏案件信息会使这种交互的双向性大幅弱化——市民无法判断是否有人通过网站进行投诉、投诉是否无人理睬或者得不到最终处理，由此产生的疑问或怀疑可能会降低其网上投诉的积极性。而长此以往，投诉页面则可能因无人参与而荒废。我们认为，案件信息的公开是网上投诉的底线，若要保护投诉人信息，可以在页面中隐去其姓名和身份，只保留案件编号、投诉标题和日期等以供查询，而不是无差别地将全部信息一概隐去。（2）从市民投诉的内容上看，其较为明显地呈现出多元性特征，即部

---

[1] [美]马克斯韦尔公民与公共事务学院.政府绩效评估之路[M].邓淑莲，等译.上海：复旦大学出版社，2007：149."各级政府开通的政府网站形成公众意见征集的网络系统，……通过网站留言板、领导人信箱、电子邮件等征询收集公民的意见、要求和进行网上民意调查，决策制定由过去的单向垂直结构向交互式发展，大大提高了政府的反应能力，减少了政策执行的阻力，有利于达成预定目标。"参见王周户.公众参与的理论与实践[M].北京：法律出版社，2011：155-156.

分投诉的内容属于城管的管辖范围，如路灯不亮、施工扰民、摊贩占道等确实应由城管处理。但也有一些投诉很难说在城管的管辖范围内，比如"物业公司不卖电"这样的投诉，而城管在处理时也仍然将之转交了有关部门。① 我们认为，在管辖权之外为市民提供便利也是服务行政理念的一种体现。（3）从投诉案件的办理状况上看，太原市和大连市的页面会显示处理进度，如前者的"督查阶段""处置阶段""办结阶段""核查阶段"等，后者的"不予立案""处理中""已处理""未处理"等。这种实时更新案件处理进度的做法能够使投诉人及时了解案件进展，显得更为人性化。而昆明市和杭州市的页面则采取了"一事一复"的方式，即在每一个案件的页面中专门进行答复，其中可能答复办结情况②，也可能答复派遣情况③。我们认为，在页面中显示处理结果是投诉答复的必要内容，而若能同时显示处理进度则对投诉人而言更为周到；即是说，在案件办理过程中实时显示处理进度，在案件办理完成后详细答复结案情况，显然更能满足投诉人对于案件的知情需要。此外，从投诉页面的案件数量和更新速度上看，2016年6月10当天，5个城市中太原市数量最多，为309件；大连市为6件、昆明市为2件；杭州市显示的最新案件仍为2016年3月7日的1件；而许昌市则不显示案件信息和数量，5个城市之间差异明显。（4）从投诉案件的处理结果上看，除许昌市外，上述城市网站中显示的案件都能得到较为及时的处理，如井盖破损、垃圾堆放、占道经营等较为"标准"的管理部件和事件，城管部门一般都能当天或一两天内处理完毕并回复。但当涉及复杂案件时则有可能花费更长的时间，比如题为"杭州市西湖区西斗门18号中国美院风

---

① "问题标题：太原Z投资管理有限公司不卖电严重影响房子正常使用。""问题描述：您好！我是T市S路D小区的业主，房屋所属物业公司为太原Z投资管理有限公司，现在我的房子电卡里电量不足，去物业买电物业不给卖电。目前的情况是物业公司可以正常收取我的物业费，但又不履行身为物业服务企业应履行的服务义务，致使本人房屋在居住上受到严重影响，希望有关部门能够帮助解决，谢谢。""城管回复：您好，您反映的问题我中心已重新通知房地局进行处理，请您继续关注，感谢您对数字城管的关注与支持！"

② "投诉标题：J巷商户占道经营扰民。""反馈内容：您好！对您反映的问题，上城区城管局反馈：接此投诉后，紫阳中队即派队员去现场查看（到达现场的时间为01：30），队员到达现场后，对出店经营的店家进行了教育劝导，并要求其立即进行了整改。近期中队已对该处出店经营行为进行了多次整治。今后中队将继续加强管理和案件查处力度，并不定期地组织整治。"参见杭州市城市管理局网站。

③ "投诉主题：烧烤摊扰民。""回复内容：您好，关于您所反映的问题，我办已派遣到西山区，案卷号：1606010××××。由于公众信息网正在升级改造，您可以根据案卷号拨打12319查询案卷进展情况，恳请您继续关注城管问题，谢谢。"

景设计院从2013年至今多次违法建设"的投诉用了6天时间①，原因在于，违建案件的认定和拆除本身就较为复杂，而且还涉及与规划部门的事权分割问题，耗时较长也在情理之中。此外，市民投诉中也有"城管人员不作为"②或与之类似的案件，而该案的处理时间也达到了9天，因为与"标准"的管理部件和事件不同，该案的办理需要分别查明"投诉人是否违停""是否有他人违停""投诉人所提及的车辆是否属于违停范围"这三个要素，同时还可能对涉案城管人员进行询问，耗时较长也同样是在情理之中。

除上述"网上投诉"页面外，也有城市在网站中设置了其他公众参与内容，比如，在昆明市的页面中可以添加和查看"评价信息"，即市民可以通过此页面给城管及责任部门打分，也可以查看各部门当前的分数。笔者查询的时间为2016年6月11日，此时市城管局的最高分为2分，最低分为-1分，平均分为0分，评价次数为197次而市排水公司的最高分、最低分和平均分皆为-1分，因为评价次数只有1次，等等。杭州市和大连市还设置了咨询建议栏目，即市民可通过网上留言就城管问题进行咨询并提出意见。咨询方面，市民既可询问一般的规章制度，亦可询问投诉的部门、方式等内容，前者如机动车停车凭证的缴费问题③，后者如存放易燃易爆危险品的投诉问题④，等等。建议方面，确有市民提出较为实质性的建议，如"标识规范问题"⑤ "多管齐下解决杭州拥

---

① 参见杭州市城市管理局网站。
② "投诉内容：我要投诉的是城管人员工号：100×××，她每次执法都有针对性，我住在江城路810号，每次回来的时候，车子暂停一下，几分钟就开走的，可是她执意要拍照，我和她说其他地方也有很多违章停车，比如J路G巷6号，门口长期有5~6部车违章停车，可她说这你管不着，这我就搞不懂了，为什么呢！我希望你们调查一下。" "反馈内容：您好！接到您的投诉后，经小营中队调查核实：1. 该路段历史违停查处纪录，无投诉人反映情况。2. 该处投诉人反映的G园巷6号门口的停车区域系杭州口腔医院门口红线内的区域，红线范围内以产权单位自管为主。城站中队将继续做好依法查处该处人行道不按规定停车的工作，并配合相关产权单位加强管理，如反映人对于该处产权单位管理有合理建议，建议加强沟通。3. 江城路810号仅有明确的人行道，不存在上述情况。另外，《道路交通安全法》第五十六条明确规定'人行道禁止停车'，法律禁止行为不存在'暂时、几分钟'的法外情节，建议反映人依法按规定停泊车辆。"参见杭州市城市管理局网站。
③ 参见杭州市城市管理局网站。
④ "Q：你好，我们小区物业将地下室作为食堂，不仅存放煤气罐，而且将隔壁地下室租给美发店存放易燃易爆的美发产品，这合法么？我们应该向什么部门投诉？" "A：市民您好，存放易燃易爆危险品相关问题建议您向安监部门反映。感谢您对城市管理工作的关心与支持。"参见大连市智慧城管监督指挥中心网站。
⑤ 参见杭州市城市管理局网站。

堵"① 等。同时，笔者考察时杭州市和大连市网站的咨询和建议已经全部给出了回复，回复的速度也较为理想，一般情况下一天左右即可看到答复。我们认为，在作为核心部分的网上投诉之外，通过城管网站为市民答疑解惑并倾听意见和建议，也是网络时代下接纳公众参与、推进行政民主的优良做法。较为特殊的是，杭州市的城管网站还集成了"在线服务"和"交流互动"栏目，主要包括：①"在线服务"中，"办事大厅"中的"办事项目"和"办事申请"是链接到"浙江政府服务网"的，② 而"审批查询"和"结果公示"则可以直接在城管网站中进行查询；即是说，其城管网站融入了部分行政审批的相关功能。②"在线服务"中，"违停查询"页面只要输入车牌号和车辆类型即可查询违章停车情况，同时页面中还给出了"城管执法违法停车处理窗口服务时间表"；"公共自行车"栏目则是链接到作为独立网站的"杭州市公共自行车服务系统"，③ 该网站的内容和信息十分全面；而"停车诱导"栏目则是链接到"杭州市停车诱导服务网站"，④ 其中给出了杭州市动态更新的在线地图，可以实时查找停车点以及当前是否有剩余停车位等情况。③"交流互动"中，则包含了"网上直播""网上接待室""网上听证"和"建言献策"四个栏目，此处不再详细描述。可以说，杭州市的城管网站由于集成了"在线服务"和"交流互动"的众多内容，使得市民可以参与或查询的内容变得十分丰富，同时也使其成为上述5个城市中"公众参与"项目容量最为庞大、在线服务最为先进的网站。我们认为，实现城市管理各个项目的在线服务、开放网上查询和参与，一方面能够为市民生活带来更多便利，另一方面也更能凸显出数字化城管的技术和实效。

　　第四，从数字城管网站建设的"数据统计"项目上看，其目的主要是通过统计数字或将同类信息归类整理的方式向社会公布城管工作的整体情况或某一部分的重要情况，带有一定程度的工作展示或自我评价的意味。具体而言，在"日报"方面，5个城市中只有太原市网站存在相应统计，即其"展报系统"只显示一天的统计数字，包括前一天的案件信息（含上报数、立案数和结案数），部件和事件的高发案件类别及数量，各采集公司上报情况以及信息来源分布情况等。这些统计数字都是用柱形图和饼状图制作的，较为直观易读。在"周报"

---

① 参见杭州市城市管理局网站。
② 参见浙江政务服务网。
③ 参见杭州网。
④ 参见杭州市城市管理局网站。

和"月报"方面,太原市、许昌市和昆明市皆同时发布周报和月报,而杭州市则只有月报并无周报;其形式都是新闻发布式的分条目公布。仅就"周报"而言,许昌市在其"数字城管一周数据统计"栏目中,每周分别发布以数字形式制作的"数字化城市管理周案件统计"和"12319周案件处置情况",前者统计的是城管及各责任部门的接收案件数、应结案数、结案数、按期结案数、超期结案数、按期结案率和结案率,后者统计的则是无照经营、道路破损等"热点问题"的案件数量及立案结案情况。相较而言,太原市和昆明市的"周报"内容更为丰富,前者的"考核周报"(不含评分情况)分为"运行情况""处置情况""露天烧烤、占道经营整治""城乡管委系统市政公用行业单位处置情况"等6个部分,包含了14张数据统计表及6000余字的文字说明;后者的"数字城管周报"则分为"本周受理案件基本情况""数据分析"和"工作小结及要求"3部分,同样包含了13张数据统计表及3000余字的文字说明,数据信息非常翔实。仅就"月报"而言,杭州市的"考核结果通报"(不含评分情况)内容比较单薄,只列举了"案卷数""问题解决率"和"问题及时解决率"三项内容的统计数字。昆明市的"数字城管月报"则包含了"工作动态""县区动态""数据分析""工作通报"和"工作安排"等栏目,其不仅对当月的案件进行数字和图形式的汇总和统计,而且也带有文字表述的当月要闻和工作总结性质的内容,属于较为综合的统计文档。相较而言,太原市的"考评公告"则不仅汇总了当月的按期结案率、结案率、一次完成率等数据,而且给出了各部门具体的考评得分,比如,在2016年4月的公告中市市容环卫局为97.30分,市民政局为91.88分,[1] 等等。而许昌市的"数字城管绩效考评通报"内容更为丰富,其不仅给出了当月各部门具体的考评得分,而且对得分进行了排名并分别强调了正数和倒数前三名,比如,在2016年3月的公告中,责任部门中第一名为许昌邮政公司等10个部门并列(100分),第二名为市交通局(98.09分),第三名为市电信公司(96.89分);倒数第三名为达利广告公司(73.72分),倒数第二名为中石化(68.48分),倒数第一名为中航铁路发展有限公司(57.72分)。[2] 此外,许昌市的考评通报还对"超期未处置案件情况""各责任单位存在主要问题""返工处理案件情况"以及"督查(扣分)情况"和"加分奖励"等进行了详细的文字说明,从考核的角度讲,其为5个城市中数据最为全面也最为严格的。

---

[1] 参见太原市数字化城乡管理指挥中心网站。
[2] 参见许昌市数字化城市管理信息中心网站。

三、数字城管中的市民城管通：投诉上报、地图查找和便民服务

可以安装在手机、平板电脑等移动设备上，用于采集、上报或处理相关信息的"城管通"APP，不仅可供城管部门的信息员、执法员和指挥员使用，而且可以作为一种公众参与形式而供普通市民上报案件信息和获取城市服务等。简单说，"城管通"智能终端既可供城管人员处理案件使用，也可供普通市民参与城市管理使用。而由于其移动性、便携性和快速性，从而"可以让大街上的男男女女平常多次地随心参与"①。但需要说明的是，城管人员使用的"城管通"和市民使用的"城管通"并不是同一款APP，虽然其都可与数字城管信息平台相连接，但功能和使用上皆有所差别，而且市民一端的城管通APP是面向社会公开并提供下载的，城管人员一端的却是内部性质的，仅供城管人员使用，普通市民无法查找、下载和安装。为进一步了解市民端"城管通"APP的具体功能，我们在各地方已经发布并使用的APP中随机选取了5款，并对其各个模块进行了试用（见表4-3②）。

表4-3　5个城市市民端"城管通"APP模块及细目

城市	APP名称	版本	投诉上报	地图查找	便民服务	是否需要注册登录
北京	市民城管通	2.2	投诉举报、咨询建议、我要纠错、受理结果	我要买菜、地图查询		是
重庆	城管通	3.5	问题投诉、问题查询		便民服务电话	否
武汉	全民城管	1.0	投诉建议、公示排行、处理结果			是
杭州	贴心城管	3.1.9	我来爆料	找找车位、天天骑车、找找公厕、便民服务、机构分布	每日一题、人行道违停、审批查询、停车补缴费、停车缴费、城市河道水质、评优评先、挪车提醒	是

---

① [英]克里斯托夫·鲍利特. 重要的公共管理者[M]. 孙迎春，译. 北京：北京大学出版社，2011：82.
② 该表所列APP最后试用日期皆为2016年6月14日。

续表

城市	APP 名称	版本	投诉上报	地图查找	便民服务	是否需要注册登录
海宁	海宁智慧城管	1.8	我来爆料	绿色公交、找找车位、我爱骑车、找找公厕、便民服务	语音热线、每日一题、违停查询、行政审批	是

第一，从市民城管通功能的系统性和全面性上看，表4-3 5个城市的差别比较明显。首先需要说明的是，此处并没有像表4-2那样，将作为信息发布环节的"信息公开"和"新闻动态"等模块纳入进来。原因在于，与城管网站不同，作为移动端APP的市民城管通，其核心功能并不是向市民传达基础信息和城管新闻，或者说，单纯的信息发布通过其他途径亦可实现——即便是在移动端，市民也可以通过浏览城管网站来获取信息，而无须启动APP程序。结合上述城市的情况，我们认为，市民城管通的功能可以分为"信息采集"和"提供服务"两个部分，其中"信息采集"居于更为核心的地位，这一功能使得社会公众可以和城管信息员一道成为城管案件发现和上报的信息来源。而"提供服务"则是以城管为主体为市民生活提供便利，我们又将其分为"便民服务"和"地图查找"两个部分，其中"地图查找"只是通过移动端的实时定位和地图标记来实现的"便民服务"，由于这类服务在部分城市的APP中所占比重较大，所以我们单独进行了列举。具体而言，（1）5个城市都设置了"投诉上报"模块，可见其在市民城管通中的核心地位。（2）杭州市和海宁市都设置了"便民服务"和"地图查找"两个模块，其中的细目也较为丰富；相反，武汉市的APP除"投诉上报"外再无其他模块，功能非常单一。（3）除"投诉上报"外，北京市只有"地图查找"中的两个细目，重庆市也只是在"便民服务"给出了各部门的电话列表，功能同样较为单一。（4）此处还需说明的是"注册登录"情况：除重庆市外，其余4个城市皆需注册登录且提供手机号后才能使用APP中的大部分功能；而重庆市的APP虽无须注册登录即可使用，但在"问题投诉"时仍然必须填写手机号才能投诉成功。[①] 我们认为，尽管市民提交个人信息有助于数字城管平台的数据统计和信息管理，并且有助于减少或避免恶意投诉，但在实名制的背景下，这种强制索取手机号的做法也可能带来隐私泄露

[①] 杭州市的APP由于我们一直未能收到注册所需的短信验证码，因此也一直未能成功注册和登录；其界面中所提供的QQ、微信和微博这三种登录方式，经我们依次验证，也都是无效的。

甚至打击报复等风险。

第二，从市民城管通的"投诉上报"模块上看，其功能与信息员一端的APP较为接近。与城管网站上的"网上投诉"页面相比，其显著优势在于便携性和便捷性，即当市民在市区内发现管理部件或事件问题时，可以通过手机、平板等移动设备即时将相关信息上报至数字城管平台：城管通APP可以通过手机上的GPS或北斗等定位功能直接确定案件地点，而无须市民再详细查找和手动填写相关地址；城管通APP亦可通过手机上的摄像头、麦克风等设备将案件信息制作成图片、视频或音频文件，这一方面比单纯的文字描述更为准确和明晰，另一方面这些视听文件可以通过4G网络即时上传，没有或几乎没有时间差，不仅免去了网上投诉那种将视听文件拷贝、整理之后再上传网页的烦琐步骤，而且避免了网上投诉的时间间隔——我们在网上投诉的案件中经常可以见到在市民填写好投诉信息之前案件已经办结了的情况。而在上述5个城市的问题上报界面中，各城市基本都由时间、位置、事件描述和上传照片等部分组成（见图4-3①），其中，北京市和武汉市只能上传图片信息（现场拍照），海宁市还可以添加语音留言，重庆市则最为全面，图片、语音和视频皆可上传。我们认为，由于目前移动设备的功能越来越丰富，相应地扩大上传文件的格式显然更有利于城管案件的认定与处理。通过实际测试，4个城市中APP的拍照功能皆可正常使用，除海宁市未提供定位功能外，其他3个城市的地图定位功能也可正常使用。武汉市和海宁市APP对案件进行了初步分类，前者在APP首页中将案件分成了市容环境、房屋建筑、市政公用设施、园林绿化、道路交通设施、其他设施6个类别，并为每一个类别分别提供了上报入口；后者则如图4-3所示将案件分成了8个类别，并要求市民在上报的同时选择案件类型。我们认为，这种分类上报的方式能够为平台操作员节省一部分时间，同时又不至为上报人带来明显负担，因此值得采用。4个城市皆未提供公众投诉的案件列表，即是说，APP使用者只能查阅自己上报的案件信息和处理结果，而不能查阅他人投诉的相关信息。这可能是因为，由于移动端APP更具个人性质，并且他人投诉的案件可以在城管网站上查找到，因此并未纳入这项功能。除案件上报外，北京市还加入了"咨询建议"和"我要纠错"（纠正市民城管通公布的信息）两个细目，同样只能查阅本人上报的信息；而武汉市则加入了"公示排行"这一细目，其中只对案件类别进行了百分比排序，仍然无法查阅案件列表和具体的

---

① 由于杭州市的APP无法注册和登录，于是也无法使用其问题上报功能，因此此处只列举了4个城市的相应界面。

案件信息。

图 4-3　北京、重庆、武汉、海宁（从左至右）市民城管通问题上报界面

第三，从市民城管通的"地图查找"模块上看，上述 5 个城市中有 3 个纳入了这项功能，查找的内容包括便民菜市、城管驻地、公交站、停车位、公共自行车、公厕、便民服务（修鞋、缝补、配钥匙等）几个种类，其中以杭州市和海宁市最为丰富，二者还在地图中设置了图例和说明，相较之下更为细致。我们认为，尽管此处的"地图查找"模块能够方便市民查找所需信息，但这些

信息其实皆有可能通过普通的地图类 APP 查找到——经测试，在"百度地图"杭州市的界面中，包括公交、公厕、自行车甚至菜市场、修鞋、配钥匙等所有细目皆能查找到，因此市民很少会通过城管通而非地图类 APP 去查找相关信息。针对上述情况，我们建议，一方面在城管通的"地图查找"模块中设置并突出只由城管掌握且在其他地图 APP 中无从显示的信息，如某些固定摊位或小规模菜场等；另一方面则显示动态或实时性的信息，即如"杭州市停车诱导服务网站"那样能够实时查询某一停车场是否有剩余停车位，等等。尽管这类功能的设置会为数字城管系统带来较大的工作量，但如果该模块给出的都是其他类型 APP 已经具备的功能，那就无法体现出市民城管通独特的服务性优势，反而还会有重复建设之嫌。

第四，从市民城管通的"便民服务"模块上看，仍然是杭州市和海宁市更为丰富。具体而言，海宁市 APP 纳入了"行政审批"项目，但其中只提供了"审批须知"（包括办理主体、办理地点、窗口电话、受理条件、申报材料等的文字说明），而不能通过城管通实际申请和办理；杭州市的"审批查询"则进一步提供了查询功能，即市民输入"审批事项编号"后可以查询杭州市城管委职能范围内的审批事项办理情况，但仍然不能实际申请和办理。这可能是因为相当一部分审批程序较为烦琐和严格，难以为城管通现有的功能所容纳，但我们仍然认为，城管部门所负责的行政审批在城管自身发布的 APP 中逐步完善相关功能，是比上述"地图查找"更为实用的服务项目。海宁市的"违停查询"、杭州市的"人行道违停"和"停车补缴费"都是通过输入车牌号来查询违停和缴费情况，并且，由于这些项目都在城管的管辖范围内，市民通过移动端 APP 查询相关情况总比去城管机构查询更为方便。此外，杭州市的"停车缴费"还可以通过扫描二维码来提供缴费服务，不仅能为缴费人提供便利，收费端也能节省相当一部分程序成本。而杭州市的"城市河道水质"则可以让市民即时查询杭州市内上百条河道的具体水质情况（包括溶解氧、高锰酸盐指数等 6 个指标），而这同样是市民通过其他渠道难以获得的信息。[①] 综合上述情况，我们认为，在市民城管通所提供的服务方面，应当尽量增加或强化如城管审批、违停查询、河道水质等城管部门具有特殊性或独占性的服务，或者说提供那些只能由城管提供的服务，而相应减少如"地图查找"等其他部门或其他类型 APP 也能提供的服务——市民使用城管通时想要获取的并不是随处皆可获取的信息或

[①] 由于杭州市的"评优评先"和"挪车提醒"两项功能皆需登录才可使用，因为我们未能对其进行详细考察。

服务；对于城管而言，集中精力完善并优化专属服务，减少或取消通用项目，也是资源优化配置的要求。最后，为了吸引公众参与或吸引市民使用城管通，海宁市和杭州市都设置了"每日一题"项目，并与用户积分相关联。其中，"每日一题"是以图文形式设计的选择题（如"下列哪项不是采集员举手之劳的范畴？"，答案是"机动车乱停放"），用户直接选择作答即可，答对还可获得积分。而积分系统的规则比较丰富，如"注册并关联手机号得100分""爆料被受理得100分""意见反馈被采纳得100分"，以及"答对每日一题得3分"，等等。但此处最为关键的积分用途却没有说明——积分系统只有与相应的奖励相连接才能达到吸引参与的目的，在不公布积分排名的情况下徒有积分只能起到很小幅度的精神鼓励作用，而深圳市龙华新区"通过发现问题奖励话费的模式激励市民参与城市管理工作"[1] 则似乎更适宜被纳入积分用途中。

---

[1] 佚名. 龙华新区："智慧城管"新面孔［J］. 中国建设信息，2014（15）：40.

第五章

城管考核机制中的指标体系

在城管执法的运作体系中设立并完善科学合理的评价机制并赋予其实效,既可以从正面引导城管部门及其人员遵循或追求评价指标的要求,也可以从反面迫使违规或不当行为者承担相应的不利后果,即以"结果评价"来督促和改进"工作过程",从而在缓解或消除各类疑难问题的同时,进一步推动城管工作的精细化、严格化和规范化。从目前的实践状况来看,各地方普遍采用了绩效/工作考核作为城管执法的评价机制。对此,《指导意见》第(三十四)项明确要求"健全考核制度","推广绩效管理和服务承诺制度,加快建立城市管理行政问责制度","将城市管理执法工作纳入经济社会发展综合评价体系和领导干部政绩考核体系"。而在城管考核的机制建设中,尽管考核指标、考核程序、考核实效等都是非常重要的问题,但其首要的也更为核心的则是考核指标的设置——它不仅奠定了考核机制的基础,也决定了考核实践的基本走向。

第一节 城管考核指标的导向性构筑

一般而言,考核是对政府及其公务人员行政管理的业绩、行政行为的有效性及行政机关的施政能力进行的综合测量与评价。[①] 而考核功能的发挥首先是通过考核指标的设置来实现的,即在相应的考核规范中明确规定对于组织和个人的工作具体考核哪些内容和项目,或者说,将行政工作中的哪些事项和要素纳入考核范围、进行系统评价。然而,考核指标应当如何设置也正是考核过程中最为难解的问题之一。原因在于,(1)在某一行政机关中,行政目的的实现可能会牵涉到相当多的环节和因素,是将之全部纳入考核指标还是选取重要者纳入?纳入其中者是均匀分配权重还是在此基础上再有偏重?以及,尽管"绩

---

① 胡峻. 行政规范性文件绩效评估研究 [M]. 北京:中国政法大学出版社,2013:41-42.

效指标是一种用来测量组织在实现既定目标的过程中所取得的进展情况的方法"[1]，但当过程和结果对于行政目的的实现同等重要时，是应以过程为导向还是以结果为导向？（2）如果考核指标的设置过于宏观和抽象，不仅难以评价行政工作中的具体状况，而且会导致大量被考核者的考核结果趋同，从而使得作为实效机制的奖惩措施失去意义；相反，如果考核指标的设置过于微观和具体，则不仅会增加考核的程序成本，而且可能使被考核者疲于应付各种细化指标，以至于限缩其必要的裁量权。总之，尽管考核指标的设置及后续的量化和计算等存在着诸多问题，以及尽管"绩效考评并不是能够解决组织和工作项目所面临的全部问题和挑战的万能药"[2]，但正如波伊斯特（Theodore H. Poister）教授所言："问题不是是否需要进行绩效考评，而是如何更有效地设计和实施绩效考评系统……如何确定绩效考评的内容与对象，如何把绩效指标与管理目标联系起来，如何进行数据收集和处理……如何确保绩效考评有效地用于政策制定并提高绩效。"[3]

考核指标体系合理设置的前提是其中蕴含着正确的导向，或者说，应当由框架性的宏观指标来引导并统合各项微观指标，以避免其偏离行政目的甚至误导行政工作的走向。一般而言，这种考核导向主要体现在产出、效果、生产力、服务质量、成本效益和公众满意度等方面；具体到城管执法领域，我们借助波伊斯特教授的模型[4]将之陈列如下（见图5-1）。

通过图5-1可以看出，波伊斯特模型对于城管部门的考核是以绩效为核心分成投入、产出和综合绩效三个阶段，其中，资源指标和产出指标是较为客观且带有货币化特征的支出—成果指标，其所对应的效率指标和成本—效益指标则是两种不同的计算方法。工作量指标、效果指标和服务质量指标是围绕行政工作的预期和实际状况进行评价的设定性指标，自身带有相对独立的标准和导向，并同样能通过成本—效益指标来考评绩效。综合来看，上述7个指标中绩效性指标占据了多数位置，其以结果为导向的特征比较明显，而包括合法性、程序性和民主性等在内的过程性指标则只能通过服务质量指标进行考评，综合

---

[1] ［澳］欧文·E. 休斯. 公共管理导论［M］. 张成福, 等译. 北京：中国人民大学出版社, 2007：182.

[2] ［美］西奥多·H. 波伊斯特. 公共与非营利组织绩效考评——方法与应用［M］. 肖鸣政, 等译. 北京：中国人民大学出版社, 2005：19.

[3] ［美］西奥多·H. 波伊斯特. 公共与非营利组织绩效考评——方法与应用［M］. 肖鸣政, 等译. 北京：中国人民大学出版社, 2005：22.

[4] ［美］西奥多·H. 波伊斯特. 公共与非营利组织绩效考评——方法与应用［M］. 肖鸣政, 等译. 北京：中国人民大学出版社, 2005：49-55.

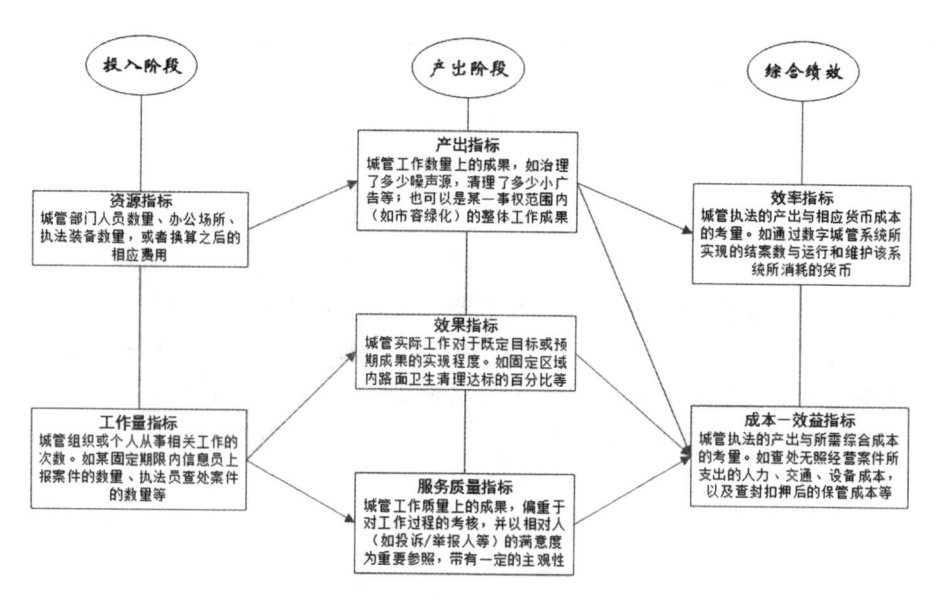

图 5-1 波伊斯特模型下的城管考核导向

占比不高。在实践中，各地方城管当前的考核导向与上述模型有着不同程度的相似之处。比如，福州市鼓楼区制定的城管考评细则"在团队管理、日常业务、绩效管理、居民评价等方面，实行全程监督考评",[①] 这四个方面皆已涵括在上述模型中，尽管侧重点不同，但导向性较为鲜明。再如，济南市天桥区城管局虽然将"组织到位""执法技能""队容风纪""协同联动""后勤保障""查处及时""执法成效"等作为一级指标,[②] 但实际上，"执法技能"和"执法成效"关联着上述结果导向的效果指标和成本—效益指标，而"队容风纪"和"查处及时"则关联着上述过程导向的服务质量指标，导向性同样较为鲜明。

第二节 城管考核指标的项目选择与设定要求

具体考核指标也即考核项目/细目的设置，不仅是将城管或其他行政机关工作评价现实化的微观载体，而且也是考核机制整体上能否良性运转的关键性因素。整体而言，考核项目的选择一方面要符合宏观的考核导向，即对若干所选

[①] 魏建龙. 网格化城市管理的探索与思考——以福州市鼓楼区城市网格化管理为例 [J]. 福州党校学报, 2015 (3): 35.

[②] 曲凯. 城市管理执法体制和机构编制的调查与思考 [J]. 机构与行政, 2014 (9): 37.

项目的考察应当有助于实现考核的总体目的；另一方面也要对这些项目是否可能（可操作性）、是否合理（防异化性）以及是否有意义（合目的性）等予以充分考量。

对此，我们考察了各地方已经生效实施的城管考核文件，其中相当多的文件在规定具体考核指标时采用了相似的模式，即将之设定为"环境卫生管理""园林绿化工作""市政设施维护管理""公交客运管理"等项目。比如，《北京市城市管理综合行政执法通报反馈及考核评价办法》〔2012〕第一条设定了"城市环境秩序"和"综合行政执法"两类考核指标，前者包括流动无照经营、店外经营、占道经营等共18项，后者包括非法小广告涉及刻章办证、非法行医、非法招工等共30项。再如，《郑州市城市管理工作考核方案》〔2008〕第三条设置了8类考核指标，其中园林绿化工作"主要包括行道树养护管理，道路绿地养护管理，公园游园内植物养护管理，公园游园内设施维护管理，公园游园内卫生管理等工作"，建设工程、建筑市场、施工现场工作"主要包括城市建设综合开发，建筑业、装饰装修业和建筑市场管理，城市建设勘察和设计业管理，建材行业管理等工作，数字化城市管理建设情况等工作"，等等。此外，《贵阳市城管局城市管理绩效考核奖惩办法》〔2008〕、《抚顺市城市管理工作考核办法》〔2010〕等也采用了类似的指标设置模式。[①] 我们认为，这些考核指标其实都是城管事权的组成部分，或者说，各个考核项目的列举其实就是城管诸项事权的列举，"考核指标"和"事权范围"高度重合，我们将此类指标称之为"事权指标"。在这一模式下，城管负有维护环境卫生的职责，环境卫生情况就列入考核指标；城管负有管理市政设施的职责，市政设施情况就列入考核指标……以至于，城管负责哪些工作，考核指标就列举哪些项目，这种重合使得至少在考核指标一端存在同义反复之嫌，考核指标并没有独立于事权之外的意义，或者说，这类指标是对应城管各个事权就事论事进行评价的，仅限于事权范围内各项工作的具体成果或成效，属于前文所述的结果导向型指标，而合法性、民主性和服务性等过程导向型指标则很难融入其中。

与此同时，也有部分地方规定了与上述不同的考核指标，如《重庆市北碚

[①] 需要提及的是，《湘潭市城市管理考核奖惩办法》〔2012〕和《天津市城市管理考核办法》〔2013〕虽然同样采用了事权指标模式，但分部门进行了细化列举，即分别明确了每一部门的事权指标。比如，《天津市城市管理考核办法》〔2013〕第七条规定："城市管理考核内容包括……（二）市市容园林部门：城市市容市貌、城市照明、市级公园、垃圾转运和处理设施的监督管理。……（六）市市政公路部门：市管城市道路、公路、桥梁及其附属设施的维护管理。……"

区城市管理目标责任制考核办法》〔2011〕第三条分别将"组织和经费管理""目标责任书落实情况""实地检查""日常管理工作"和"重点工作"纳入了年终考核和双月效果考核指标中,我们将此类独立于事权之外的指标称之为"特殊指标"。在此,我们选取了4部较为典型的城管考核规范,并将其中规定的各项特殊指标分类整理如下(见表5-1)。

通过表5-1可以看出:(1)4部考核规范中的各项特殊指标基本都可划分为工作指标、法治指标、外部指标、自身指标4个大类,每个大类又可划分为2~3个小类,而每个小类中又可包含数个具体项目。(2)不同考核规范的特殊指标在上述大类和小类中的分布并不均匀,而且,并不是所有考核规范都顾及到了上述所有类别,具体考核项目在各规范之间的差别就更加明显。这一方面可以解释为不同考核规范的侧重点有所不同,另一方面也可以认为现行考核规范在全面性上有所欠缺。(3)需要注意的是,表5-1所列举的考核类别和项目,无论是工作宣传、依法行政,还是公众参与、队伍建设,基本都是过程导向型的,即集中于图5-1的"服务质量指标"。尽管我们认为在城管考核规范中特殊指标的重要性明显高于事权指标,但以下两种立法模式仍是可资借鉴的。①在同一部考核规范中同时规定事权指标和特殊指标。表5-1中有3部文件采用了这种模式,我们已在"事权范围"条目下进行了列举;区别在于湖北省和抚顺市文件对于事权指标的规定相当详细,而重庆市的文件则较为简略。②在不同考核规范中分别规定事权指标和特殊指标。比如,在郴州市,特殊指标通过表5-1中的《郴州市城市管理和行政执法局2012年度依法行政考核方案》进行了详细规定,而事权指标则通过《郴州市城区城市管理工作绩效考评暂行办法》〔2012〕进行了更为详细的规定。(4)尽管在考核规范中设置独立于事权之外的特殊指标对于实现考核目的、发挥考核实效等具有非常重要的意义,但这并不意味着上述所有已设定的指标都是充分合理的,我们认为,城管考核指标的设置还应遵循下列诸项原则和要求。

一、考核指标的设置应当具有全面性

由于城管考核是对城管整体和各部分工作状况的综合评价,因此其指标设置的首要原则就是应当具有全面性,即从不同视角对城管工作进行全方位考察——"给定的考评系统的范围和目标以内,一套绩效指标应该是全面的和综合的……应该囊括所有的绩效维度和……指标类型,包括产出和结果,如果有必

第五章 城管考核机制中的指标体系

表5-1 4部城管考核规范中"特殊指标"的设置情况

	工作指标			法治指标		外部指标		自身指标	
	档案管理	工作宣传	事权范围	制度建设	依法行政	社会评价	公众参与	组织领导	队伍建设
抚顺市城市管理工作考核办法[2010]	①城市市容、环卫、园林绿化等各类基础档案、资料是否健全、完整 ②是否及时按要求上报各类专业统计报表、计划、总结和相关资料	城市管理社会宣传工作是否有力	市容环境卫生管理、市政设施管理、城市绿化管理、城市管理综合行政执法	建立健全法制工作领导机构，实行行政执法监督、行政执法责任制和执法过错责任追究等	行政处罚、行政许可、行政强制等具体行政执法行为是否合法和适当、法律文书制作和案卷归档及行政诉讼、行政复议等情况	①市民投诉、政风行风热线、民心网、市长信箱等反映的城管问题办结情况 ②人大代表、政协委员对城管问题建议、提案办结情况 ③对新闻媒体曝光的城管问题查实情况 ④公众对城管工作的社会问卷评价	宣传、发动、组织、协调社会力量广泛参与城市管理，实施"门前五包"，组织冬季除雪、开展义务植树、进行大环境清理等	①城区政府是否切实把城管工作列入城区经济社会发展规划纲要、列入重要议事日程 ②城市管理的投入是否到位，管理网络是否健全，管理责任是否落实，工作制度是否完善 ③城区政府在城市管理中的主体作用是否得到充分发挥	执法队伍建设、执法人员培训考核情况

163

续表

工作指标			法治指标			外部指标		自身指标	
档案管理	工作宣传	事权范围	制度建设	依法行政	社会评价	公众参与	组织领导	队伍建设
是否落实日常报送信息制度化、重大突发事件或紧急情况传送信息常态化等	开展城市管理宣传教育活动，树立正面典型、曝光乱"脏、差"	环境卫生管理，市容秩序管理	①建立长效城管理制度：城市管理检查考评奖惩机制，城市管理经费投入保障机制，城市管理社会监督机制，城市管理市场化运作机制 ②建设数字城管 ③开展示范路创建 ④完善规划体系：突出地域特色，科学编制并实施城市市容和环境卫生规划，广告规划等			开展"五进"（进机关、进企业、进学校、进社区、进家庭）活动，引导市民积极参与城市管理	①城市党委政府重视 ②城管体制顺畅，成立城市综合管理机构，构建"统一指挥，分级管理，以区为主，重心下移"的城市管理体制，各级和各专业职能部门责权明晰，监督有力 ③工作运行规范：城市管理工作年初有计划，整治有部署，阶段治有重点，全程有检查，全程有监督	①规章制度健全，执法公示制，执法责任制，错案追究制，评议考核制，执法队伍招录培训等 ②执法保障有力：建立城管执法工作公安保障机制，执法装备齐全 ③执法行为规范：无以罚代管，以罚创收，越权管理等现象，实行罚缴分离 ④执法形象良好：统一着装，举止文明，行为规范 ⑤注重城管文化：组织开展演讲，征文、文艺、体育等城管文化活动
湖北省住房和城乡建设厅办公室关于开展2013年全省城市管理工作检查考评的通知[2013]								

164

第五章 城管考核机制中的指标体系

续表

	工作指标			法治指标		外部指标		自身指标	
	档案管理	工作宣传	事权范围	制度建设	依法行政	社会评价	公众参与	组织领导	队伍建设
郴州市城市管理和行政执法局2012年度依法行政考核方案〔2012〕	及时报告行政执法工作情况，每月上报执法统计报表，每季度上报执法总结，每年12月上报依法行政年度报告			①建立《行政执法公开制度》《行政执法岗位责任制度》《行政执法程序制度》《执法资格培训制度》《行政执法检查制度》《行政执法考核制度》《行政执法过错追责制度》等 ②建立规范性文件审查和报备制度、行政执法人员学法制度	①制定年度依法行政工作方案及具体安排 ②由法制机构或专、兼职法制工作人员负责落实依法行政及行政执法案件审核工作 ③贯彻落实法律法规及上级文件精神 ④行政处罚案件规范情况和行政处罚裁量权基准执行情况 ⑤接受行政执法监督情况 ⑥行政执法事项应公示执法依据、幅度、权限、职责等			①领导重视，专题研究依法行政工作，对行政执法工作列入岗位目标责任制考核内容 ②建立依法行政工作领导小组，主要领导为第一责任人，分管领导具体负责	①执法人员经过培训，持证上岗，执法人员持证上岗率达100% ②执法人员积极参加各项执法业务培训，每年至少参加两次，培训参加率和合格率达95%以上，新颁布的法律、法规、规章培训率达90% ③执法人员积极参加"五五"普法学习、考试，考试合格率达95%以上

165

续表

	工作指标		法治指标		外部指标		自身指标	
	档案管理	工作宣传	事权范围	制度建设	依法行政	社会评价	公众参与	组织领导	队伍建设
重庆市北碚区城市管理目标责任制考核办法〔2011〕	①档案管理是否规范 ②各类工作计划及总结是否按时报送		目标责任书落实情况、实地检查、重点工作			市、区数字城管中心，市、区明察暗访检查发现问题以及领导指示、群众投诉、12319，媒体曝光，人大代表和政协委员等反映城市管理问题的处理情况		①城管组织是否健全、管理制度是否规范，是否按要求积极参加各类城管工作会议 ②城管工作经费是否列入年财政预算，单位当年日常工作经费是否得到保证	人员是否落实

166

要的话，还包括服务质量和客户满意度，以及效率和生产力"①。在这个意义上，不仅图5-1中工作量指标、效果指标、成本—效益指标等结果导向型的指标应当纳入指标体系，而且表5-1中法治指标、外部指标、自身指标等过程导向型的指标也应纳入指标体系；或者说，城管的工作状况不仅应当从"投入—产出—绩效"这一线索进行评价，而且应当同时从"组织—领导—队伍"这一内部线索、"社会评价—公众参与"这一外部线索进行评价——无论缺少哪一线索，城管的考核结果都是片面和不完整的。

还需注意的问题包括：（1）在图5-1和表5-1的列举之外，仍有一些特殊指标有单独进行考核或纳入指标体系一并考核的必要，这要视考核目的和客观情况等而定。比如，2012年，上海市部分区县将"各单位大联动工作绩效"纳入考核指标；奉贤区大联动中心联合区政府办、监察局等组成考核小组，根据《奉贤区城市管理和应急联动工作考核办法》的规定对联动单位进行考核，用以督促各类主体高效联动，提高城市综合服务管理水平。② 从这一事例可以看出，一方面，各区县政府若要推动或促进各类主体联动联勤，将之纳入考核指标无疑是较为直接的做法，而考核指标的全面性特征亦能容纳这一特殊指标；另一方面，并不是国内所有城管主体都采用了联动联勤的工作模式，因此该指标能否考核也受限于当地的城管机制。（2）"绩效指标应该是有意义的。也就是说，它们应该与工作的使命、目标和预期结果直接相关"③。城管考核指标虽然应当具有全面性，但其指标体系和考核细目亦不应无限扩大，或者说，考核指标的选取至少应当保证其是与城管工作状况密切相关且具有考核价值的，而不应设定与城管工作无关的考核指标。我们认为，如果实践中某一特殊指标并不在图5-1和表5-1所列举的范围内，那么其是否有意义或者是否应当列入指标体系就应单独进行认定。

按照此处的全面性要求，在表5-1所列举的指标中，我们认为：（1）"工作宣传"类指标符合全面性要求——通过宣传工作增进市民对城管的了解，并且通过"树立正面典型""曝光'脏乱差'"来辅助执法活动，是当前城管工

---

① "绩效考评系统应该包括一套全面的效果指标，而不是强调某些预期的结果，同时却忽视其他重要的结果。"参见［美］西奥多·H.波伊斯特.公共与非营利组织绩效考评——方法与应用［M］.肖鸣政，等译.北京：中国人民大学出版社，2005：101.

② 董幼鸿.大城市基层综合治理机制创新的路径选择——以上海城市网格化管理和联动联勤机制建设为例［J］.上海行政学院学报，2015（6）：34.

③ ［美］西奥多·H.波伊斯特.公共与非营利组织绩效考评——方法与应用［M］.肖鸣政，等译.北京：中国人民大学出版社，2005：100-101.

167

作的必要环节，应当通过考核加以评价和督促。（2）"制度建设"和"组织领导"类指标中关于城管经费保障的指标，如"城市管理经费投入保障机制""城市管理的投入是否到位""城管工作经费是否列入镇街、单位当年财政预算，日常工作经费是否得到保证"等，其重要程度不难理解——在现有执法资源本就短缺的情况下，如果工作经费再无法到位或遭受人为克扣，那么执法工作的数量和质量都难以达到既定标准。但是，经费指标的重要性并不意味着其同时也是适于考核的——城管经费不到位一般不会是城管自身的原因引起的，而是其所在人民政府或财政部门等某个环节出了问题。将并非源于城管的经费指标用于考核城管，似乎起不到多大作用——即便经费指标的考核结果为不合格，城管也很难自行加以改变。我们认为，将之移入对同级人民政府或财政部门的考核中更为合适。

二、考核指标的设置应当具有真实性

考核指标的真实性指的是指标的选取应当能够反映出城管的真实工作状态，这也涉及考核指标的"效度"问题，即"指标直接与成果相关或者代表所关注的绩效维度的程度"，"如果设计的指标与特定工作的预期产出毫不相干或者相距甚远，那么指标就不能有效地说明工作的效果"[1]。在这个意义上，如果某一指标的考核成绩很高但城管的相应工作状况却不尽如人意，那么这一指标的真实性就存在疑问，反之亦然。

然而，考核指标真实性这一原则并不像看上去那么简单，其中存在的问题包括：（1）有些指标只能反映出部分真实情况。比较常见的是带有主观性的指标，如社会评价指标，有时即便城管的执法工作符合规章制度的要求，但由于与市民的期望仍有差距，或者评价人更多地来自遭受城管惩处的执法对象，那么相应的评价结果也会不尽如人意，此时这一指标就不能完全反映城管的工作状况。此外，一些长效性的制度和方案类指标也存在这一问题。如表5-1中"制度建设"类指标，对于"制度建设"的考核在操作中往往会偏向于"立法

---

[1] "例如，犯罪预防管理工作可以把官方报告的犯罪比率作为主要的绩效指标，但是，众所周知，许多犯罪由于各种原因并没有向警察局报告。因此，这些报告的犯罪比率趋向于低于在特定时期、特定区域内的实际犯罪数量。另一方面，如果地方警察部门报告的'已处理案件'的百分比中包括那些起初报告为犯罪而后又被确认为非犯罪的案件，那么这一比率就相应地夸大了警察局的办事效率。"参见［美］西奥多·H.波伊斯特.公共与非营利组织绩效考评——方法与应用［M］.肖鸣政，等译.北京：中国人民大学出版社，2005：88-89.

结果"的考核,即规范文本是否已经制定完成并颁布实施;而如果尚未制定完成则可能没有分数或只有很低的分数,这其实等于是在变相催促制度出台。然而,制度建设是一个循序渐进的过程,有些制度在立法技术不成熟、立法环境不适宜时不应操之过急、仓促推出。如郴州市文件中建立《行政执法公开制度》《行政执法岗位执法责任制度》等7项文件很难在同一年度内完成。从"立法结果"的角度看,无论是"城市管理检查考评奖惩机制""城市管理作业市场化运作机制",还是"执法公示制""执法责任制""错案追究制",往往只要制定出来就能得到满分或很高的分数,但制度设立并不等于制度实现,规则文本中的内容并不等于现实状况,制定良好但却束之高阁的规则文本也并不罕见。况且,对于制度建设的考核往往只能是一次性的,规范文本制定完成且颁布实施后,相应的考核指标就失去了意义,因此,至少在"制度建设"的基础上加入对"制度实施"情况的考核,才能更进一步地符合真实性要求。这些规则文本制定的质量,其中存在的优点特别是缺陷,往往必须经过多年的实际运行才能发现并总结出来,因此,对制度本身的评价也不应是一时的,而应通过各年度的长效考察来得出最终结论。

(2) 有些指标的考核成绩会受到其他因素影响,而非完全取决于城管的工作状况。比较典型的是各类事权指标,如表5-1湖北省文件中包含了"开放式小区环境卫生管理有序,清扫保洁符合作业标准"这样一项指标,而该指标若能得到较高的考核分数,其原因既有可能是小区业主素质较高,也有可能是小区物业认真负责,而并不一定是城管部门日常维护的结果。再如,抚顺市文件纳入了对行政复议、行政诉讼情况的考核,但如果将复议和诉讼的发案率设定成与考核成绩负相关、胜诉率设定成与考核成绩正相关,那么该指标若能得到较高的考核分数,其原因既有可能是辖区内市民法律意识和维权意识不足,也有可能是城管违法行为虽然数量较多但情节较轻,以至于市民不愿通过法律渠道寻求救济,甚至还有可能是复议机关或管辖法院故意不立案或违法裁判的结果——城管部门依法行政、规范执法只是取得高分的可能性之一。因此,在考核这类指标时应当对各个影响因素进行认定并加以计算,无法认定的则应在综合考量相关因素的基础上调整其权重。

(3) 有些指标的考核还会存在"异化性"风险。此处的考核异化指的是被考核者为追求考核成绩而采用滥用职权、超越职权等违法或不当方法的情形;实践中主要表现为"不择手段地追求业绩数字"和"数据造假"等方面。在表5-1的"档案管理"类指标中,如果有关人员刻意追求"各类基础档案、资料"的健全、完整,或者"各类专业统计报表、计划、总结和相关资料"的及时上报,那么其既可以集中时间制作本应在日常工作中制作的基础性档案,也可以人为制作出本不存在的案件信息,还可以人为地增加或减少相应的统计数据,而考核主体要确认这些文字或数据材料的真实性则要支付相当多的成本。而表5-1抚顺市文件中"行政处罚、行政许可、行政强制等具体行政执法行为是否合法和适当"这一指标,虽然对于督促城管依法行政具有十分重要的意义,但其基本无法通过内部评价进行考察,而外部评价也几乎只有行政复议和诉讼一途,而复议和诉讼除上文提到过的问题外,也同样有可能被追求考核成绩的城管部门通过各种渠道进行人为干预或施加压力,这在司法独立尚不够理想的当下更有可能发生。因此,对于这种具有较高异化风险的指标,考核主体应当一方面对被考核者相应的违法或不当行为进行经常性监督,另一方面则应对该类指标所涵盖的档案、数据、案件记录和复议诉讼信息等进行认真核查,并对存疑之处展开进一步的详细调查,最终对被考核者的"异化"行为进行严厉惩处。

三、考核指标的设置应当具有可操作性

考核指标的可操作性指的是所选取的指标应当能在考核工作中切实加以考察和评价,或者说,能够得到准确的数据或其他形式的考核结果;并且,其考核的成本也不宜过高,如果某一指标只有支付高昂的或者难以承受的人力、资源或金钱成本时才能得出准确的考核结果,那么其通常也不符合此处的可操作性原则。这也涉及与前文"效度"相对的"信度"问题,即"关于指标客观、准确和可靠程度方面的一种度量"[1],如果某一考核指标难以进行实际考察,或者针对该指标所得出的考核结论是模糊、笼统和不确切的,以及不同考核者对于同一指标的考察会得出迥异的结果,那么这一指标的"信度"就会存疑。

具体而言:(1)指标本身必须是明确的,不能过于抽象和模糊,同时不宜主观性过强,即"各项指标应该简明而且精确,每项定义都应毫不含糊"[2]。比

---

[1] "如果一些经过培训的观察者,在同样的时间内采用同样的程序、定义、分类和评分形式对同一区域的街道进行观察,通过这样的方法来对城市街道的状况评分,然而观察者得出的等级事实上却各不相同,那么对这个街道的考评结果显然不是非常可靠的。即使培训观察者以同样的方式运用这个工具,评分的实际结果看起来也是更多地依靠评分者个人的主观印象,而不是客观标准的应用。只要绩效指标由不同的独立的观察者观察并做出判断,这种内部一致性的信度问题就必然出现。"参见[美]西奥多·H.波伊斯特. 公共与非营利组织绩效考评——方法与应用[M]. 肖鸣政, 等译. 北京:中国人民大学出版社, 2005:87-88.

[2] [英]特伦斯·丹提斯, 阿兰·佩兹. 宪制中的行政机关——结构、自治与内部控制[M]. 刘刚, 等译. 高等教育出版社, 2006:43.

如，表5-1郴州市文件中"贯彻落实法律法规及上级文件精神"就属于较难操作的指标，虽然其在赋分细则中把该指标的160分划分为《湖南省行政程序规定》《湖南省政府服务规定》等4个文件进行考察，每个文件都有更详细的扣分标准，但且不说寥寥几个扣分标准能否涵盖相应文件的全部内容，而究竟怎样才算贯彻落实了这些文件的精神仍然是较难认定的，比如扣分标准中"制定和落实实施方案，认真落实市里的实施方案，并结合本部门实际制定实施方案并认真组织实施"一项，对于"实施不力"的考核应当如何操作和认定？"落实规范性文件合法性审查，'三统一'、异议申请审查等制度的，计满分"一项，这些制度究竟怎样才能算已经"落实"？是否被考核者只要通过案例走过一次相关程序即可获得满分？表5-1中很多领导性指标同样难以操作。比如，抚顺市文件中"城区政府在城市管理中的主体作用是否得到充分发挥"、湖北省文件中"城市党委政府重视"、郴州市文件中"领导重视，专题研究依法行政工作"等指标，虽说"组织领导"这一指标类别确实符合前述的"全面性"要求，但作为其具体考核项目，应当如何认定城区政府充分发挥了主体作用？按照何种标准判断党委和领导是否重视？当判断标准过于抽象或者具有多种可能的解释时，其考核成绩要么是一律满分，要么是依据其他客观指标的成绩而定，如当法治指标、外部指标成绩较低时，上述领导性指标就随之较低，反之亦然，但此时这些指标就失去了独立存在的意义。我们认为，将这些领导性指标细化后移入领导的个人考核，可能比列入城管整体考核的方式更具可操作性。表5-1中很多宏观性指标，如湖北省文件中"各级和各专业职能部门责权明晰，监督有力""城市管理工作年初有计划、工作有部署、整治有重点、阶段有检查、全程有监督"等也存在类似的可操作性问题，即很难准确确定被考核者是否做到了责权明晰、监督有力、工作有部署、整治有重点等，而这些词汇本身就有着较多的含义，对其考察也有着不同的入手点、侧重点和判断标准——我们并不认为这些指标不应考核，而是不应泛泛地考核，更不应为考核者和被考核者应付考核留有余地。表5-1中那些能够量化/数字化的指标往往具有更高的可操作性，比如，郴州市文件在"队伍建设"类别中设定的一系列指标，如"执法人员持证上岗率达100%""培训参加率和合格率达95%以上"等，都是能够准确统计和计算的，而持证上岗、培训和考试等也是关涉执法人员自身素质乃至于执法效果的"有意义的指标"。我们认为，考核指标的量化与否与其可操作性的高低具有明显关联。

(2) 指标的考核成本也是其可操作性的重要参照。"当考评系统在数据收集和处理方面代价特别高时，同时又只产生了少量的对管理有益的信息，那么这些考评系统在成本效益上就是低效的。"① 因此，"对于那些无法实际评估，而且不符合成本效率的指标，就不应选入"②。在表5-1列举的考核指标中，"档案管理"类指标就是比较典型的低成本指标，因为对于档案、资料、报表、计划、总结等是否健全完整、是否及时上报等的考察，一般只需进行文字材料的核查、档案生成日期的确认，或者进一步比对上下级之间数据是否一致即可，无须支付过多成本。而郴州市文件中"行政执法事项应公示执法依据、幅度、权限、职责等"这一指标，只需确认被考核者是否公示，公示的时间、地点、内容是否完备即可，属于对既往事实的确认，同样无须支付过多成本。湖北省文件中"无以罚代管、以罚养人、以罚创收……实行罚缴分离"一项则属于成本较高的指标。原因在于，"以罚养人"等行为一般是内部性的，不涉及外部相对人，也无法通过行政复议和诉讼的案件数量进行评价；而如果采用抽查或突击检查的方式，则一方面可能无法恰好遇到相应的实例，另一方面可能抽查过后被考核人又"重回老路"，而长期持续的跟踪调查虽然能缓解这一问题，但考核成本也会呈几何数上升。然而所有这些并不意味着高成本的指标一律不应考核："绩效指标应该有成本—效益的考虑，但它不应该被过度强调。""那些最有意义或者有最强的效度和信度的指标也是最耗费成本的指标"，"实施考评系统可能需要相当的成本……相对于考评结果而言，这种成本花费应该是物有所值的。"③ 也就是说，除去那些成本过于高昂的指标之外，如果对于某些指标的考核不仅能够对城管工作的某一方面进行确切评价，而且有助于改进其工作方式或程序，或者有助于督促其达成更好的工作效果，那么即使这一指标成本较高，也应将其视为一项值得支付的"投资"而列入指标体系。

四、考核指标的设置应当坚持过程和结果并重

前文我们曾将考核指标划分为过程导向型和结果导向型两种，从目前的立法状况上看，包括城管在内的行政机关的考核往往更偏重于结果而非过程——在我们考察的诸多城管考核规范中，详细列举过程性指标的只有表5-1中的4部。

---

① ［美］西奥多·H. 波伊斯特. 公共与非营利组织绩效考评——方法与应用［M］. 肖鸣政，等译. 北京：中国人民大学出版社，2005：21.
② ［英］特伦斯·丹提斯，阿兰·佩兹. 宪制中的行政机关——结构、自治与内部控制［M］. 刘刚，等译. 北京：高等教育出版社，2006：44.
③ ［美］西奥多·H. 波伊斯特. 公共与非营利组织绩效考评——方法与应用［M］. 肖鸣政，等译. 北京：中国人民大学出版社，2005：105.

首先，从结果导向型指标本身来看，对其重点考核确实有着充分的正当性，正如波伊斯特教授所言："虽然公共部门的工作项目不可能或不值得以一般的经济指标来考评实际的结果，但是，工作的数量、工作的及时性和质量、工作开展的效率、对客户和顾客回复的程度以及预算的完成情况等，仍然有助于对工作项目进行监测与绩效管理。"[①] 因为，行政机关所从事的工作毕竟需要得到实际成果，该项工作是否已经切实进行、是否已经顺利完成，乃至于是否对相对人或客观环境产生了预期的影响，等等，都是对其进行评价的重要标准，而"强调实际成效"[②] 的结果性指标即是为此而设置的。在城管领域，事权指标就是典型的结果性指标，比如，《郴州市城区城市管理工作绩效考评暂行办法》〔2012〕中，"建筑物屋顶整洁，无违章搭建，无乱堆杂物，无乱挂物品等现象"这一考评项目所对应的扣分标准为"有乱搭窝棚的，每处扣1.0分；有乱堆杂物、乱挂物品的，每处扣0.5分"；"建筑物、构筑物和市政公用设施整洁美观，无乱写乱画乱贴现象"这一考评项目所对应的扣分标准为"有乱写乱画乱贴现象的，每处（张）扣0.2分"，等等。可以看出，这类指标所要考察的是，城管在日常巡查和投诉处理等工作中，应当制止或自行清理乱堆杂物、乱写乱画等违法违规行为，若该类行为仍然存在，即要按次数进行扣分；而这种考察就是纯粹结果性的，基本不涉及违规原因、执法手段、执法程序等过程性因素。

然而，指标体系如果过于偏重结果性指标的设定，则可能导致被考核者过分追求结果而忽视过程；或者说，被考核者"在资源有限的情况下，会本能地选择考核中分值较高的刚性任务优先考虑，以便取得较好排名"，而对社会评价、公众参与，以及"行为合法性、程序正当性、结果公正性"等不予考核或分值较低的过程性因素不予重视，[③] 而这些过程性因素往往又是体现城管工作状态的关键因素。此时，"如果主管和其他人员直接按照考评指标执行工作，可

---

① ［美］西奥多·H. 波伊斯特. 公共与非营利组织绩效考评——方法与应用［M］. 肖鸣政，等译. 北京：中国人民大学出版社，2005：20-21.
② ［美］埃文·M. 伯曼，等. 公共部门人力资源管理［M］. 萧鸣政，等译. 北京：中国人民大学出版社，2008：281.
③ "选择性执行的运作逻辑在网格考核层面容易出现内评价得分较高、主管部门评价较高但服务对象评价较低的上下不一致现象。"参见陶振. 城市网格化管理：运行架构、功能限度与优化路径——以上海为例［J］. 青海社会科学，2015（2）：82.

能会对工作或组织真正的目标造成损害。"① 此外，根据伯曼（Evan M. Berman）教授的观点，过于偏重结果的考核还存在如下缺点。（1）因为关注短期目标，那种强制性的"结果就是一切"的思维方式往往会导致可预见的质量和道德问题，因为其他妨碍目标实现的因素都会被搁置一旁。（2）只重结果不重方法的考核可能致使执法人员狭隘地看待自己所做的工作，无助于发挥其能动性和创新性，也无助于其积极发现和解决工作中出现的问题，因为结果性指标只要求完成工作而不要求改进工作。（3）过于注重结果可能会引发被考核者之间的利益冲突，从而影响执法人员之间的协作，乃至于城管与其他部门之间的协作。②

通过上述情形可以看出，结果性指标能够体现出城管基本的工作成果，而过程性指标也有其独立于结果之外的自身价值，过于偏重任何一方都会使考核结果无法体现出城管真实的工作状态。我们认为，在考核指标设置中仍然应当坚持过程与结果并重这一原则。在当前的立法实践中，各地方对于结果性指标的设置普遍已经较为充分，但过程性指标则仍有待进一步完善。比如表5-1中"社会评价"和"公众参与"类指标属于典型的过程性指标，但只有抚顺市文件和湖北省文件进行了规定。其中，"社会评价"主要是政府系统之外的市民、媒体等对城管工作的评价，"公众参与"所要考察的是市民或社会组织等外部主体参与城市管理的情况。一方面，外部主体的参与等于是为城管工作提供助力——无论是冬季除雪，还是义务植树，或是环境清理（抚顺市文件），都会减轻城管自身的工作负担或者降低其工作成本，而"引导市民积极参与城市管理"（湖北省文件）正具有这方面意义。另一方面，同为外部指标，"公众参与"也能为"社会评价"起到正面的支持作用，即是说，由市民亲自参与其中的管理更容易获得市民自身的肯定性评价。表5-1中"依法行政"类指标也属于典型的过程性指标，但仍然只有抚顺市文件和郴州市文件进行了规定。我们之所以反复强调这类过程性指标的重要性，是因为"行政处罚、行政许可、行政强制等具体行政执法行为是否合法和适当"（抚顺市文件）等指标与结果性指标的考

---

① "如果州的残疾鉴定单位的主管，受到来自社会伤害管理机构要求改善生产力的压力，并且如果关键绩效指标被定义为每个全职员工的工作量考评指标，即每周内完成的索赔数量和在7天内完成的工作的百分数，那么主管就可能一心只关注快速处理索赔。在确定怎样的索赔是对残疾者的利益最合适的时候，往往就不考虑对公正和准确的要求。"参见［美］西奥多·H. 波伊斯特. 公共与非营利组织绩效考评——方法与应用［M］. 肖鸣政，等译. 北京：中国人民大学出版社，2005：103-104.

② ［美］埃文·M. 伯曼，等. 公共部门人力资源管理［M］. 萧鸣政，等译. 北京：中国人民大学出版社，2008：279-280.

核成绩并无必然关联——无论制止和处罚"乱堆杂物""乱写乱画"等行为是否合法和适当,其实都可以实现"建筑物、构筑物和市政公用设施整洁美观"这一行政目的,有时采用违法或不当的执法方式反而更为快速和有效,但这显然会对相对人权益、政府形象乃至于法治价值本身造成损害。为避免这一情况,过程性指标不仅应当设置,而且应当详细设置,如郴州市文件将"行政处罚案件规范情况和行政处罚裁量权基准执行情况"这一指标分成了六个考核项目,包括"主体合法""事实清楚""依据正确""程序合法、审批程序到位""积极执行行政处罚案件网上审批,建立网络和审批终端,行政处罚案件网上审批率达80%""案卷制作规范,网上处罚案件所有执法文书、证据应上传",其中每一个项目都规定了更为细致的扣分细则,如"程序合法、审批程序到位"一项的扣分细则为"1. 受理案件手续齐全,没有立案、呈批、审批等手续,每少一项扣10分;2. 案件系二人以上持证承办,单人办案的,每起扣20分;3. 没有履行行政处罚告知程序、听证程序的,每起扣10分;4. 法律文书送达不到位的,每起扣10分;5. 没按规定批准权限进行审批的,每起扣20分"。我们认为,这一扣分细则虽然未能涵盖程序违法的全部情形,但容易查证的主要情形已经基本囊括其中,不仅可操作性较强,而且与其他地方的考核规范相比也较为突出,属于值得借鉴的立法文本。表5-1"队伍建设"类别中也有一些过程导向鲜明的指标,如湖北省文件中"执法形象良好:统一着装、举止文明,行为规范""注重城管文化:组织开展演讲、征文、文艺、体育等城管文化活动"两项指标,尽管其与工作结果并无实质关联,甚至与法治要求亦无明显关联,但其一方面能够反映城管的工作风气与精神风貌,另一方面也能让相对人感受到更好的服务质量,从而提高城管的社会评价,因此这类指标虽然不宜权重过高,但有必要纳入指标体系。最后还需提及的是,为实现过程和结果的并重,虽然可以对结果性指标进行调整和细化[1],但在项目选取和权重分配上让过程性指标和结果性指标保持适度的平衡,则是更为直接也更为根本的方法。

---

[1] 详见[美]西奥多·H. 波伊斯特. 公共与非营利组织绩效考评——方法与应用[M]. 肖鸣政,等译. 北京:中国人民大学出版社,2005:104-105.

第三节 城管考核指标的量化设置和分数计算

一、指标量化的必要性和技术难题

一般来说，考核指标量化指的是，在细分考核项目的基础上让各项指标能够通过数字的形式反映出被考核者的真实工作状况，其目的是增强考核的可测定性与可评估性，减弱其主观性和随意性，这有助于考核指标体系的细致、准确，并有助于提升考核结果的客观性和可信度。[1] 我们认为，包括赋分量化和计分量化在内的量化考核是城管及其他行政机关考核制度发展的基本趋势——不能精确计分的考核不仅无法区分不同部门或不同公务员之间工作状况的差异，而且可能受到考核者个人偏好、主观情绪等的影响，甚至可能使考核在"一视同仁"和"偏袒照顾"的双重作用下流于形式。

然而，指标量化中更为根本的技术性难题在于，"很多工作都不容易进行客观评估和量化，考评也受非绩效因素的影响"[2]。具体而言：（1）有些行政工作因其自身性质很难实现指标量化，即如伯克利（George Berkley）教授所言："公共部门通常涉及的是一些具有广泛易变性的无形服务，而这些服务正是因为其具有无形性和广泛易变性而几乎总是会对生产率的测量造成问题。"[3] 较为典型的是城管及各类行政机关的"行政办公室"（"秘书处"），比如，沈阳市城管局行政办公室的主要职责中包含了"负责领导工作报告及重要讲话的起草工作""负责全局性大型会议及活动的组织筹备工作""负责局印章、证件管理工作""负责行政值班安排工作"等，[4] 显然，由于这些工作的浮动性较强，很难对其在数量上进行赋分；同时，由于工作内容和工作对象的特殊性，也很难在质量上进行赋分。并且，实现指标量化的一个基本前提是被考核者的工作能够类型化，从而能够针对各个类型来进行"计数"，而上述城管局办公室可类型化

---

[1] 详见刘福元. 公务员考核规范中的指标体系研究——迈向公务员行为的实质评价[J]. 理论与改革，2015（5）：116.

[2] [美]埃文·M. 伯曼，等. 公共部门人力资源管理[M]. 萧鸣政，等译. 北京：中国人民大学出版社，2008：287.

[3] [美]乔治·伯克利，约翰·劳斯. 公共管理的技巧[M]. 丁煌，等译. 北京：中国人民大学出版社，2007：410.

[4] 参见沈阳市城市管理行政执法局网站。

的职责就有16项，而无法类型化的工作（如领导临时交办的行政类或服务性任务等）也就没有明确列举。此时，如果刻意将其所有工作类型化并分别赋分、分别考核，那么考核成本未免过高；如果笼统地"计件"或"计数"，考核结果又有失准确，以至于此类工作的指标量化成了长久以来难以解决的问题。（2）有些考核指标较为宏观和笼统，若要实现量化，要么只给出单一的分值区间，要么将该指标细分成具体项目并分别赋分；前者无法改变指标的笼统性，后者则很难通过有限的具体项目去涵盖该指标的精神指向。比如前文提到过的郴州市文件中"贯彻落实法律法规及上级文件精神"这一指标，若只给出160分的总分值而不进行细化，那么考核者就有了过于广阔的裁量余地；如果通过具体项目进行细化，即如该文件实际规定的那样，将"法律法规及上级文件"确定为《湖南省行政程序规定》《湖南省政府服务规定》等四个文件，而每个文件按照几个重要条款确定具体的扣分细则，①那么问题就在于，一方面，"法律法规及上级文件"能否仅包括省内的四个文件？另一方面，对于某个文件的"贯彻落实"能否仅遵守扣分细则中的1~3项规定，而违反其他条款在所不问？（3）有些长期性指标比短期性指标更难实现量化。在城管工作中，那些能够即时显现结果、随时考察和统计的短期性指标，通常较易实现量化并能在考核中给出较为客观的分数；而城管的另一些工作可能需要经过很长一段时间才能显现出最终效果，如雾霾的治理、水污染的治理、摊贩管理和摊位规划的合理化和便民化等，往往无法在一个考核年度内展现全貌，而其相应指标的赋分和计分就会出现困难。表5-1湖北省文件中"建设数字城管"这一指标同样属于"长期工程"，其硬件设备的配置、指挥大厅和移动端系统的完善，以及信息员、执法员、指挥员的培训和上岗等，都不是一朝一夕之事，而其在初始阶段成效不理想并不意味着长期的最终效果亦不理想。因此，虽然这类指标亦应纳入考核范围，但同样难于量化设置。

---

① 比如，"（一）贯彻落实《湖南省行政程序规定》（40分）"的扣分细则为："1. 举行重大行政决策听证会。举行1次听证会，并通过本局网站等媒体发布公告、公开产生听证代表并反馈意见采纳情况及理由的，计满分；应举行未举行的，扣30分；未发布公告、未公开产生听证代表、未公布意见采纳情况及理由的，卷宗不规范或缺失的，每少一项，扣10分。2. 决策合法性审查。重大行政决策应经本局法制机构进行合法性审查，否则，发现一起扣10分。3. 规范性文件制定和立法调研。及时报送年度拟修规范性文件计划，并按计划完成起草或修改任务，计10分，未及时报送的，扣5分，未完成起草或修改任务的，扣5分。积极配合立法调研或征求意见，未及时反馈意见的，不计分。"

二、城管考核指标的赋分量化

尽管上述这些技术性难题是无法回避的,但我们仍然主张在可能性允许的范围内实施量化考核。我们将城管的量化考核分为赋分量化和计分量化两部分,前者是指如何为各个考核指标及细目赋予特定的分数,后者则是指如何计算包含了多个指标在内的考核成绩。当前并不是所有地方的考核规范都实现了量化,如表5-1的4部文件中只有湖北省和郴州市实现了量化,而在我们的考察范围内,共有8部考核规范实现了量化(见表5-2)。

在赋分量化方面:(1)"有无细化的考评项目"指的是,考核规范是否已经把宏观的指标类别分解成具体的考核项目,这是城管量化考核的基础性前提,或者说,如若某一考核规范对于指标类别进行了赋分但没有规定具体的考核项目,那么也可能会因无法细化评分而流于形式。比如,湘潭市文件是以被考核单位为线索,分别明确了共计38个单位的考核内容,虽然其对每一个单位都列出了指标类别并赋予了总分,但并没有规定指标类别下的考核细目和扣分规则,[①] 这就难以对评分过程形成有效约束。反过来说,"规定了细化的考评项目"也不意味着这些项目同时已被"具体赋分"——有些文件在列举考评细目的同时并没有给出每个项目的具体分值,比如,表5-2中青州市文件虽然列举了非常详细的考核项目,但既没有规定各考评项目的具体分值(正分),也没有规定各考评项目的扣分规则(负分),而是通过第三条第(四)项中简易的加减分规则来计算被考核者的考核成绩,如"在综合检查和专项督查中,每项次问题扣1分"等。我们认为,这种规定在量化考核方面也是不完整或不彻底的,仅靠简单的加减分规则无法在指标之间分配权重,也无法根据城管的工作职责划分不同情形来进行评分,或者说,城管工作的具体状况、完成程度与分值区间的对应关系其实无法通过简单的加减分项建立起来。我们认为,理想的赋分量化应当是将考核细目与具体赋分同时规定并一一对应。还需提及的是,考评项目的细化也存在一个"细化程度"的问题,其与考核工作的可操作性及评分的准确性呈正相关关系。比如,表5-2中抚顺市文件规定:"清扫保洁不达标,路面有杂物的,以香烟盒大小为单位,每个单位杂物扣0.1分。暗检路段三、四级路200延长米1个系数,每超过1个扣0.1分;步行街50延长米1个系数,

---

[①] 如雨湖区、岳塘区(含高新区)"城市管理部分"的第一个考核项目为"城市主次道路(含高速公路连接线沿线和城区出入口)市容和环境卫生(150分)",但具体包括哪些考核要点、每个要点的分值以及如何扣分,都没有明确规定。

第五章 城管考核机制中的指标体系

表5-2 8部城管考核规范中"指标量化"的设置情况

	有无细化的考评项目	有无各考评项目的具体分值（正分）	有无细化的扣分规则（负分）	分制	有无计分公式	有无单独的加减分项
郴州市城区城市管理工作绩效考评暂行办法[2012]	√	×	√	百分制	×	×
湘潭市城市管理考核奖惩办法[2012]	×	√	×	千分制但各部门计分比例有所不同	√	×
青州市城市管理暂行办法[2013]	√	×	×	百分制	×	√
深圳市城市管理行政执法队伍达标升级考评方案[2012]	×	√	√	百分制	×	×
抚顺市城市管理工作考核办法[2010]	√	√	√	千分制	√	√
湖北省住房和城乡建设厅办公室关于开展2013年全省城市管理工作检查考评的通知[2013]	√	√	√	百分制	√	×
郴州市城市管理和行政执法局2012年度依法行政考核方案[2012]	√	√	√	千分制	×	√
重庆市北碚区城市管理目标责任制考核办法[2011]	×	√	√	百分制	√	√

179

每超过1个扣0.1分";"有死树、缺株、裸露地面0.5平方米或枯黄1平方米以上每处扣1分"。在这一规定中,不仅是把扣分的起算点具体到以0.1分为最小单位,而且规定了距离上的米数和面积上的平方数,并将之确定为扣分幅度的单位系数。尽管我们并不认为"细化程度"越高越好,但上述规定显然能最大限度地增强考核计分的准确性并限制考核者的裁量权。

(2)"有无各考评项目的具体分值"和"有无细化的扣分规则"指的是考核指标的赋分形式,前者是对指标类别和考核细目规定分值,即正分;后者则是对未完成该指标的情形规定所应扣去的分值,即负分。表5-2中共有5部文件同时规定了考核指标的正分和负分情况,占全部文件的62.5%,我们认为这种规定更为合理,因为,①其实事权指标和一部分过程性指标的考核计分也只能通过扣分来实现:事权指标中,如对某一地域范围内卫生情况的考核,若没有出现问题即应获得该项指标的满分或不扣分,若出现了问题则应按照问题的轻重程度进行扣分,而无法反过来从零开始进行加分或计算正分;过程性指标中,如对"依据正确"的考核,同样只能对适用法律、法规、规章及其条款不正确的情形进行计数并扣分,而无法反过来进行加分。②表5-2中《郴州市城区城市管理工作绩效考评暂行办法》只规定了负分没有规定正分,即没有规定各考核项目的具体分值,而只规定了扣分细则,并且各项考核指标的扣分分值都在0.05~3分这个区间内,这就难以衡量各指标大类及其具体项目之间的重要程度,或者说无法显示各考核项目之间的权重;而如果对于所有考核项目都一视同仁,则会使城管及其执法人员难以抓住工作重点,以至于当人力和资源不足时难以排列工作顺序乃至于难以进行取舍。从这个意义上说,其实指标类别和考核细目的正分还存在着分配权重的功能,而这一功能是不宜省略的。

(3)赋分量化过程中的一个重要问题在于分数分配的合理性,也即指标权重设置的合理性,包括某一指标类别和考核细目是否应当赋分,应当赋予多少分值,以及与其他指标相比分值是否适当;或者说,考核总分在各个指标类别和考核细目中的具体分配是否合理。在表5-2中:①《郴州市城市管理和行政执法局2012年度依法行政考核方案》在各指标类别之间的分值配置较为合理,即"一、组织领导和制度建设(100分)","二、贯彻落实法律法规及上级文件精神(160分)","三、执法人员培训和'五五'普法情况(200分)","四、行政处罚案件规范情况和行政处罚裁量权基准执行情况(340分)","五、接受行政执法监督情况(200分)"。虽然这五类指标皆属过程性指标,但"行政处罚案件规范情况和行政处罚裁量权基准执行情况"对于"相对集中处罚权"的城管而言显然更为重要,对其设置最高的权重也体现了考核者对依法行政的重视；相应地，"组织领导和制度建设"和"贯彻落实法律法规及上级文件精神"虽有考核的必要，但对执法效果的影响比较间接，而且考核难度较大、主观性较强，确实不宜赋予过高分值。②抚顺市文件中"2010年城市管理（基础工作方面）目标考核实施细则"对于4个指标类别分别进行了赋分，其中"组织领导"30分、"基础资料管理"20分、"依法行政"40分、"工作宣传"10分。此处"组织领导"分值偏高，"工作宣传"分值偏低，而"依法行政"虽仍占有最高分值，但扣分规则不够合理：① 其第1项组织领导和第2项执法监督的要求很难扣分，第3项人员培训不宜放在"依法行政"类别下，而第5项复议诉讼结果不宜替代城管执法中违反法定程序、裁量基准等的要求。③深圳市文件共规定了9个考核项目，其中"数字化综合执法40分""数字化城管系统案件处置管理5分"，数字城管方面的分值占到了45%；而"社会舆论监督""执法业务培训及技能考核"和"行政处罚案卷考核"三项的分值分别都只有5分——虽然数字城管在城管工作中日益重要，但也不应在考核赋分上过于偏重而轻视其他指标。相较而言，重庆市文件在"日常管理工作（分值70分）"指标中兼顾了工作职责（35分）、数字城管（20分）和难点整改（15）三个部分，②分值配比更为合理。

（4）赋分量化过程中的另一个重要问题在于扣分规则的合理性，即城管工作在何种情况下属于未完成指标以及按何种梯度扣除相应的分数。在表5-2中：①《郴州市城区城市管理工作绩效考评暂行办法》规定："有占道经营的，每处扣1.0分；有沿街叫卖、看相算命、擦鞋卖艺等现象的，每人（处）扣0.2分；商业宣传、促销占道有未经审批的，每次扣1.0分，超越权限审批的，每次扣2.0分。"我们认为，这一扣分标准是较为合理的，原因在于：一是对于"占道经营"这种固定位置经营的发现和查处显然较"沿街叫卖"这种流动性经营更

---

① 该文件中"依法行政"指标的扣分规则为："1. 未建立健全法制工作组织领导的扣5分。2. 未实行政执法监督的，扣5分，行政执法监督各项制度不健全的每项次扣1分。3. 未按要求举办法律知识培训的，扣2分；参加上级法律知识培训，每少一人扣0.5分；培训考试不合格的，每人扣0.5分。4. 从事执法的人员资格不符合规定或未持证上岗的每项次扣0.5分。5. 因执法过错造成重大影响或者经复议、诉讼被撤销或者变更原具体行政行为的，每案扣4分。6. 未按照要求制作法律文书的，每发现一起扣1分；案卷归档不齐全、不完整、不符合规定的，每件扣0.2分。"
② 该文件中"日常管理工作"指标的分值配比为："（1）城管目标责任制职能职责和日常履行城市管理相关责任落实情况35分。（2）区数字化城市管理中心派遣事件部件处理整改情况20分。按区数字化城市管理中心的考核折算得分。（3）区暗查和热点难点问题处理整改情况15分。按整改到位的百分比计算得分（未按期整改、未按要求整改视为未整改）。"

为容易，因此二者之间存在 0.8 分的分差；相反，如果二者扣分相同，则无法体现出工作量上的差异。二是对于"超越权限审批"的扣分分值要高于上述"占道经营"和"沿街叫卖"，因为前者的主要原因是"违法违规"，后者的主要原因则是"工作不力"，二者性质不同，严重程度和扣分程度也应有所不同。②按照郴州市上述文件的规定，对于相同的事权指标，"主次干道"的扣分明显比"小街小巷"的幅度更大，比如，"主次干道"上，"机动车在人行道停放的，每台扣 0.2 分；非机动车未按规定入线摆放，每台扣 0.1 分。""小街小巷"上，"机动车擅自在人行道停放的，每台车扣 0.1 分，非机动车摆放杂乱的，每台车扣 0.05 分。"我们认为，这样规定虽然有助于执法人员区分出城管的工作重点并投入更多精力，但过于明显的差别对待也可能引发另一个问题，即，对于某类或某个考核指标来说，赋分太少或者扣分太少可能导致被考核者不予重视，而当这种低分指标较难完成或者成本较高时，甚至其难度和成本与高分指标基本相同时，都有可能在"成本—效益"的权衡下被选择性地放弃；而这种放弃虽然对于被考核者的考核成绩影响不大，但实质上等于是城管工作中的某一部分被放弃了，这显然不利于城管整体目标的实现。因此我们认为，当重点和非重点指标实行差别扣分时，不宜相差太过悬殊或者让非重点指标的扣分可以忽略不计。③上述郴州市文件还规定了如下内容："临街门店责任状签订不到位的，每个未签责任状的门店扣 2 分；有垃圾容器外置的，每个门店扣 1.0 分；有损坏绿化现象的，每处扣 1.0 分。"而抚顺市文件也规定了类似的内容："未与临街单位签订责任状落实'门前五包'制度的，每处扣 1 分。"我们认为这类规定有欠妥当，不宜纳入考核指标乃至于扣分规则中。原因在于，一方面，无论是"门前三包"还是"门前五包"，责任状签订与否都取决于临街门店或临街单位，而非城管部门单方所能决定，由于临街主体拒不签订而给城管部门扣分未免有失公平；另一方面，既然这种责任状具有签与不签两种可能，而非完全单方的行政命令，那就意味着其具有行政合同的性质，将之纳入扣分规则很可能会使城管为完成考核指标而强制店主签订，从而使得"签订责任状"从一种柔性执法方式转变为强制性行政行为，[①] 也就违背了责任状设置的本意。④表 5-2 部分文件还规定了工作效果方面的扣分规则，比如，青州市文件规定："同一事项，在第一次派单整改期限内完成的不扣分，在第二次派单整改期限内完成的，扣 3 分，以后每增加一次派单，增扣 5 分，直至该项目按要求整改完

[①] 关于行政合同在非强制行政中不当使用的问题，详见刘福元. 非强制行政的问题与出路——寻求政府柔性执法的实践合理性 [J]. 中国行政管理，2015（1）：49-51.

成。"这一规定是依据被考核者完成指标所花费的工作次数而进行的递增性扣分，我们认为，这一设置较为合理，其一方面能够督促城管尽快完成工作任务，另一方面等于是通过加重扣分来对城管不作为或消极执法实施惩罚，含有一定程度的执行罚味道。抚顺市文件规定："对倚树搭棚建房违法行为未查处的，每件次扣2分；只罚款未整改的每件次扣4分。"我们认为，这一设置同样较为合理，因为城管的执法工作不仅要查处和罚款，而且要整改，要让搭棚建房、占道经营、噪声扰民等违法行为恢复原状，这才是执法工作的根本目的；相反，如果只罚款不整改，执法人员就会以罚款为目的，甚至以"创收"为动机，而使管理事项得不到根本改善。抚顺市文件中"（综合行政执法方面）考核实施细则"对于各个指标都进行了类似的规定，具有较强的借鉴价值。湖北省文件规定："实施临街建筑物立面整治工程，并取得实际效果。（1分）未实施临街建筑立面整治扣0.5分。整治效果不明显扣0.5分。"这一规定所要考察的不仅是被考核者是否"实施了整治"，而且是"整治效果是否明显"，这是较为典型的对工作效果的考察。其合理之处在于，在固定时间内，城管巡查了多少条街道、一共巡查了多少次，其实属于图5-1中的"工作量指标"；而巡查过后还有多少摊贩未被查处、多少垃圾未被清理等，则属于图5-1中的"产出指标"，前者衡量的是执法人员所付出的劳动，而后者衡量的则是这些劳动所取得的成效，考核指标显然应当兼顾这两者，特别是不能仅考察前者不考察后者——可以说，被考核者"出工不出力"地进行了某项工作，但没有取得任何成效，其实也是行政不作为的一种，而湖北省的上述规定正是在考核中对这种情形进行了惩罚。[①]

三、城管考核指标的计分量化

在计分量化方面：（1）在考核计分的过程中首先涉及的是分制、计分公式、考核等次与分数区间的对应关系等基础性问题，即考核成绩是以多少分为满分，平时考核与年度考核的计分公式分别为何，以及不同考核等次分别对应哪一分数区间，等等。①在分制方面，上述文件皆已进行了明确规定，其中5部为百分制，3部为千分制；而分制的选择和指标细化程度并无必然关联，如采用百分制的湖北省文件和采用千分制的抚顺市文件指标细化程度都很高。②在计分公

[①] 当然，实践中也存在着被考核者没有取得成效不是因为"没想取得"，而是因为"没能取得"，此时不加区别地一律扣分未免有失公平。因此，重庆市文件进一步规定："对通报问题确因在规定时间内无法整改的，须书面上报通报部门，经批准缓办后，可不予扣分。"

式方面，上述文件中共有4部做出了详细规定，其中有些因数与考核程序相关，有些因数与指标类别相关。按照抚顺市文件的规定，"年度考核总成绩＝每月城市管理效能考核的平均成绩（750分）＋全年重点工作考核成绩（150分）＋每月基础工作考核的平均成绩（100分）＋社会参评成绩"。这一公式属于较为典型的考核程序性公式，① 其中平时考核（月度计算）在年度考核总成绩中居于核心地位，而年度性的分数只计算"重点工作"。我们认为这一设置是较为合理的，由于城管的事权具体而零散，因此无论是图5-1中的"工作量指标"还是"产出指标"，都应由平时工作的分别评价和累计计算来形成总成绩，而非年终时的宏观性概括；或者说，城管考核的年度总成绩应当是平时成绩的累计加总，而不是像某些公务员或行政部门那样，以独立且宏观的年终成绩为核心同时"参考"平时成绩。但抚顺市这一公式的问题在于，"社会参评成绩"并没有实际赋分，这就使其性质倾向于额外的加分项。一方面，这不利于社会评价分值的准确计算，甚至不利于被考核者对这项分值的重视；另一方面，这种带有浮动性和模糊性的计分因数也会影响到年度总成绩的准确性乃至于公平性。我们认为，"社会参评成绩"在考核规范中应当细化设置，其赋分和计分也应做到充分量化。按照重庆市文件的规定，"年度城市管理工作目标考核100分＝年终目标考核30分＋双月效果考核70分"，其中"年终目标考核总分值100分＝组织和经费管理情况30分＋目标责任书落实情况50分＋实地检查情况20分"，"双月效果考核分值100分＝日常管理工作70分（日常履责35分＋数字化管理20分＋问题整改15分）＋重点工作30分"。这一公式属于较为典型的指标类别性公式，由于指标类别一般比较多样，因此这类公式往往更为详细，并且更能体现各指标类别在总成绩计算中的权重。在该公式中，一方面，其年度总成绩在"年终"和"双月"之间的分值配比符合上述以平时成绩为核心的原则；另一方面，其在"年终目标考核"中占到80%的"组织和经费管理"和"目标责任书落实"两项实施的都是书面检查，而"实地检查"虽然更具真实性，但只占了分值的20%，我们认为，这在注重工作实效的城管考核中并不十分合适。③在考核等次与分数区间的对应关系方面，由于其是确定被考核者最终考核等次的直接依据，并且具有一定的引导作用，因此应在考核规范中明确加以规定，但目前只有少数文件进行了规定，如表5-2中《郴州市城区城市管理工作绩效考评暂行

---

① 再如，按照湖北省文件的规定，"考评总分＝上半年暗访考评分数×20%＋下半年暗访考评分数×40%＋下半年明查考评分数×40%，全年成绩＝考评总分＋加减分值"，这也是典型的考核程序性公式。

办法》规定："当月总得分在 80 分以下（不含 80 分）为不合格，80 分（含 80 分）以上为合格。"但这一规定显然过于简略，仅将考核等次分成了合格与不合格两档，区分度不够细致。相较而言，《北京市城市管理综合行政执法通报反馈及考核评价办法》〔2013〕的规定更为详细，其对各个指标类别的考核成绩分别设置了分数区间，如"城市环境秩序类"分值为 15 分，"①优秀：13.50 分~15.00 分；②良好：12.00 分~13.49 分；③一般：10.50 分~11.99 分；④较差：10.49 分以下"。而"回访满意度"一项则按百分比计算，"回访满意度≥90%，为优秀；80%≤回访满意度≤90%，为良好；70%≤回访满意度≤80%，为一般；回访满意度≤70%，为较差"。[①] 我们认为，这种考核等次与分数区间的细化设置显然有助于考察并衡量城管在某一指标类别上的工作情况，其对于考核成绩的横向和纵向比较等具有重要意义。

（2）在考核计分的过程中进一步涉及的是分数调节问题，即在普通的计分规则或计分公式之外，是否以及如何纳入考核指标之外的相关因素来对最终考核成绩进行调整。目前各考核规范一般是通过单独的加减分项来实现这一目的，上述文件中共有 4 部规定了相应条款。需要特别说明的是，其实很多考核规范中"单独的加减分项"属于我们所称的"过程性指标"，因为普通的事权指标一般都放置在了指标体系中，没有必要通过单独的加减分项再行规定，而一些具有考察必要的过程性指标则被稍显尴尬地纳入了作为"额外因素"的加减分项中。尽管我们一直主张指标体系应当兼顾事权指标和过程性指标，但退一步说，将过程性指标纳入加减分项总要好过于完全不予考察。此时，加减分项对于没有过程性指标的考核规范来说显得尤为重要——其事权指标与过程性的加减分项相结合，才构成了完整的指标体系。我们将"单独的减分项设置"与"过程性指标设置"合并在一起考察，而此处先来考察"单独的加分项设置"。其实，上述文件对于加分项的设置原则是较为一致的，即城管工作取得了突出成绩或已经获得了各种表彰和奖励，而在考核中将之转化为相应的分数。比如，按照青州市文件的规定，"在省、部、国家级组织的考核、评比（指与城市建设、管理相关的项目）中获得先进单位的每项次加 3 分，在地、市级部门组织的各项考核、评比中获得先进单位的每项次加 2 分"；"因工作突出，被青州市委、市政府、上级单位召开现场会或在文件、新闻媒体推广经验或通报表扬的，

[①] 由于北京市的这一文件并未规定详细的考核项目，亦未进行赋分量化和计分量化，因此未能实现完全意义上的量化考核，我们也未将其列入表 5-2 中。但该文件完全以"整改反馈评价"和"举报回访评价"这两项关涉服务质量和社会评价的指标类别来确定"综合行政执法"的最终考核结果，说明考核者对社会公众方面的评价相当重视。

青州市级每项次加2分,地、市级每项次加3分,省、部、国家级每项次加5分";"各城市管理责任单位建成卫生保洁示范街、示范集贸市场、示范城中(村)的,每项次加5分"。再如,按照深圳市文件的规定,"行政执法工作成绩突出,辖区市容环境全年整体控制良好,获得市城管局领导表扬的加0.5分,市领导表扬的,加1分";"勇于创新,措施得力,执法效果显著,其做法被作为市以上(含市级)经验推广的,加2分"。可见,从主体上说,无论是考核评比,还是通报表扬,或是经验推广等,都是由被考核者以外的主体特别是上级主体赋予的,这可以视为是行政系统内部对被考核者工作的肯定,而不涉及外部的社会评价。从内容上说,无论是执法效果显著,还是市容环境良好,或是建成示范街等,都是对考核者工作状况的肯定,由此而进行的表彰和奖励,与同样围绕工作状况展开的考核程序具有相通之处。因此,表彰奖励与考核分值之间的转换并不存在性质上的障碍。从立场上说,将这些表彰和奖励计入加分项一方面是对这些较难获取的①荣誉的一种肯定,另一方面也是鼓励被考核者多去参与和争取这些荣誉。但从分值上说,如上述条文所示,目前普遍较低。如果分值过低,可能起不到激励被考核者追求表彰奖励的作用;但如果分值过高,又可能混淆考核规范和奖励规范之间的界线,因此处于较难权衡的状态。还需提及的是,有些文件还设置了上述表彰奖励之外的加分项,如重庆市文件规定:"迎检工作量加分。单个被考核单位的迎检保障工作次数若多于所有被考核单位迎检保障工作次数的平均值,超出1次加1分。此项加分最多不超过3分,低于平均值不扣分。"我们认为,此处虽然进行了分数限制,但这种含有"迎来送往"意味的指标不宜纳入考核加分项中。该文件同时规定:"对发现问题,存在权属交叉,需2个或多个单位配合完成时,主动承担牵头责任,并较好完成任务的单位,加0.5分。"我们认为,这一规定较有特色且值得借鉴。该文件对于行政协作中主动牵头主动担责的部门进行考核加分,是在表明一种态度,即当存在部门间事权不清或分配不明等立法缺陷时,相关部门应当主动自身或牵头其他部门完成相关工作,而不是相互推诿、相互避让,这才是实现城市管理整体目标而非专注部门利益的做法。

(3)在考核计分的过程中更为重要的是过程性指标和单独减分项的问题,我们将之分为如下几个类别。①在依法行政方面,深圳市文件将"执法业务培

---

① 按照湖北省文件的规定,考核加分项为"本级获文明城市""本级获卫生城市""本级获环保模范城市""本级获园林城市""本级获中国人居环境奖",其获奖的难度以及获得加分的难度明显更高。

训及业务技能考核"和"行政处罚案卷考核"两项纳入了扣分规则中,尽管这两项确有计分的必要,但其立法语句却显得有失严谨,如"执法业务培训及业务技能考核,执法业务培训占3分,年度各执法队参训率达到100%得5分,参训队员每少参加1人扣0.5分……业务技能考核占2分",按照这种表述,该项考核满分为5分,其中业务培训占3分,技能考核占2分,但只要执法队参训率达到100%即能得到5分满分,那么技能考核的2分就失去了意义。《郴州市城市管理和行政执法局2012年度依法行政考核方案》在第五类指标"接受行政执法监督情况"中规定:"积极配合局法制机构做好涉及本单位案件的行政复议、行政诉讼工作,并在规定期限内提供答复书、案件相关依据、证据及其他相关材料(20分)……2.案件每撤销或败诉一起的,扣20分。"我们认为,虽然这一扣分规则凸显了考核者对依法行政和复议诉讼工作的重视,但有重复规定之嫌,即该文件已经在分值为340分的第四类指标"行政处罚案件规范情况和行政处罚裁量权基准执行情况"中详细列举了"主体合法""事实清楚""依据正确""程序合法、审批程序到位"等六项扣分因素,而在复议和诉讼中城管执法行为被"撤销或败诉"就一定是上述主体、事实、依据、程序等出现了违法或不当,或者说,此处的"复议诉讼"扣分项与前述的"主体合法"等扣分项存在必然关联,对"复议诉讼"扣分就意味着一定会对"主体合法"等扣分。这样的重复扣分同样存在着前文所述的"考核异化"的风险,即由于扣分分值过高,被考核者可能违法或不当地劝阻相对人提起复议诉讼,甚至可能为换取其不去复议诉讼而纵容相对人的违法违规行为,或者对复议机关和管辖法院施加不当影响,等等。因此,为了避免出现这类情况,我们建议取消复议诉讼一端的扣分项。②在媒体评价方面,目前相当多的考核规范表现出对新闻媒体相关报道的重视,并将之纳入考核计分规则之中。比如,青州市文件规定:"对新闻媒体负面曝光的城市管理问题和安全事故问题,按下列情况进行处理:(1)被青州新闻媒体负面曝光的项目,经核实无误后,每项次扣2分;(2)在青州以上级新闻媒体负面曝光的问题经核实无误后,每项次扣5分;(3)所有负面报道反映的问题,要及时进行整改,在整改时限内整改到位的,取消扣分。未按整改意见办理,或者难以消除影响的,每项次再扣2分;(4)负面报道每月被曝光两次(包括两次)且未及时消除或难以消除影响的,以及发生重(特)大安全事故的,取消评先树优资格。"我们认为这一规定是比较全面的,其不仅对新闻媒体的层级进行了区分,而且较为严谨地对媒体曝光的后续处理进行了规定,即整改到位取消扣分、未经整改追加扣分,这就能有效防止被考核者对于媒体曝光消极对待甚至不予理睬的做法,使媒体曝光具备了一定的实效。此外,亦有部分文件对于媒体评价同时设置了加分项和减分项，即如湖北省文件规定："城市管理工作被省级以上新闻媒体报道"，"正面报道每篇（次）加0.5分；反面曝光每篇（次）扣0.5分。加减分最高不超过2分。"再如重庆市文件规定："区、市、国家级媒体报道本地区的城市管理工作，正面报道一次分别加0.1、0.5、1分，负面报道一次减0.2、1分、2分。"① 我们认为这种规定同样较为合理，因为媒体的正面报道一方面是对城管部分工作的肯定，另一方面也能起到扩大宣传、增进公众了解的作用，因此适于进行加分。此处还存在这样一个问题，即同为社会评价，媒体评价和公众评价的关系。从目前情况来看，各地方考核规范对于媒体评价的重视程度明显超过公众评价。比如，在上述青州市文件中，虽然有着详细的媒体评价扣分规则，但未将市民或公众的投诉和评分等纳入进来；或者即便有文件同时对二者进行了规定，媒体评价的扣分幅度也往往要大于公众评价。我们认为，这种做法并不妥当：首先，城管部门的直接服务对象是市民而非媒体，单纯地取悦媒体而忽略市民的感受和意见是一种本末倒置的做法；其次，媒体与市民的评价并不能完全画等号，一些媒体宣传的城管执法措施（如各类花样执法）并未得到相对人以及普通市民的好评，实际效果也颇为有限；再次，市民评价的真实性也往往会高于媒体评价。因此，考核者在关注媒体评价的同时，应当在考核规范中对市民/公众评价予以更为细致的规定并赋予更高的权重。③在公众评价方面，虽然目前也有一些考核文件对其进行了规定，但还存在下列问题。一是分值设置过低。比如，抚顺市文件是按照城管的事权大类对"信访投诉"分别设置了扣分分值，基本是占总分比例的10%左右，如"市容管理方面"总分为100分，"信访投诉"为10分；"环境卫生管理方面"总分为200分，"信访投诉"为20分；等等。但无论事权类别和分值为何，扣分规则都是一样的，即"办理质量不符合要求的，每件扣1分；未及时反馈的，每件扣0.5分"。一方面，既然扣分规则完全相同，也就没有必要在事权大类之间分别进行规定，或者反过来说，此处的扣分规则并没有针对不同的事权类别进行细化设置；而另一方面，每次扣分皆为0.5分或1分，这在总分达到200分以上的事权大类中几乎可以忽略不计，考核者对公众"信

---

① 深圳市文件也做出了类似的规定："当年有下列情况可奖励加分（最多加分不超过5分）……（3）行政执法工作被市级以上新闻媒体作为典型经验予以宣传报道的，加2分；（4）依法行政，文明执法全年未因执法不当引起行政复议、行政诉讼事件及媒体负面报道新闻的，加2分。"

访投诉"的重视程度尚嫌不足。① 与此相似，湖北省文件中"未设立城市管理服务投诉热线，社会监督渠道不畅通扣 1 分；解决群众投求满意率低于 80% 扣 1 分"；"群众投诉执法行为不规范 2 次扣 0.5 分"，也就是说，所有这三项公众评价指标总计只有 2.5 分——市民/公众对于城管工作的评价很难对其考核成绩产生实质影响。二是用"满意率"来替代个案扣分。如上述湖北省文件"解决群众投求满意率低于 80% 扣 1 分"的规定，再如重庆市文件"通过座谈会、问卷调查等各种形式进行调查评判群众对各责任单位城市管理工作的满意度，按满意比例得分"的规定，等等。我们认为，"满意率"虽然可以作为"公众评价"指标的计分因素，但不应以之替代个案扣分，即市民/公众在个案中对城管部门的投诉、举报、信访等应当单独并依次计分，如果仅计算"满意率"，那么城管的违法违规行为即便是较为严重地侵犯了相对人权益，也会被满意率的百分比平均掉或者忽略掉——单纯的满意率并不能完全反映"公众评价"的真实状况，城管与相对人之间"一对一"的个案情况显然有必要纳入计分因素中。

---

① 抚顺市文件在"除运雪管理"这一考核项目中还作出了如下规定："9. 新闻媒体曝光、市民投诉，在规定时间内未处理的每件次扣 2 分。10. 政府督办件未办的，每件次扣 4 分。"这两种情况的分差也显得考核者对政府督办的重视程度要高于媒体和市民等社会主体。

第六章

市民参与城管评价的制度框架

作为城管考核机制的核心问题之一,考核主体指的是由谁来对城管工作进行考察并加以评价。即如伯曼教授所言,"假如一般的考评方法在性质上是判断性的,那么一个重要的问题就是'谁来评判'"[1]。尽管传统的内部评价模式对此一问题并无太多争议,即城管队员由所在单位进行考核、城管机构由上级机关进行考核,但考核程序外部化、考核主体多元化,以及"开门打分""开放式考核"等已经成了考核机制的重要发展趋势。对此,《指导意见》第(三十四)项明确要求"健全社会公众满意度评价及第三方考评机制,形成公开、公平、公正的城市管理和综合执法工作考核奖惩制度体系",而此处无论是"社会公众"还是"第三方",都是行政系统之外的外部评价主体。在实践领域,2014年4月,武汉城管邀请部分商户为城管队员打分,打分内容除涉及城管队员对管理出店、占道及油烟噪声污染等执法工作的熟悉程度外,其对待被管理对象的态度、交流沟通方式、市民投诉反馈等也占有近半比重;考核成绩会对城管队员的评优和绩效工资等产生影响。[2] 尽管这一做法遭受了诸多质疑,但我们认为,一方面,这种邀请外部主体评价城管的尝试是必要的,另一方面,包括商贩打分等在内的"市民参与城管评价",需要一套完整且周延的制度机制进行规范,而本章将从市民参与的事项、渠道、公正性和实效性等方面进行一个框架性的分析和评述。

第一节 市民参与城管评价的"打分项"设定

市民评价城管的"打分项",指的是市民可以对城管工作中的哪些事项进行

---

[1] [美]埃文·M.伯曼,等. 公共部门人力资源管理[M]. 萧鸣政,等译. 北京:中国人民大学出版社,2008:282.
[2] 佚名. 武汉邀商贩给城管打分被指有失执法权威[N]. 新京报,2014-04-09(A16).

评价。之所要对"打分项"加以制度化设定，乃是因为，如果缺乏明确的评价事项，那么一方面，市民的随机性评价可能过于散乱，而大量无序信息的整理和提取可能为城管考核的整体工作带来较大负担；另一方面，不同市民的评价对象可能缺乏均衡性，即大量评价集中于某些事项上，而另一些重要事项却没有或很少收到有效评价，这不仅难以反映出城管工作的全貌，而且会对考核成绩的确定构成障碍。我们认为，市民评价的"打分项"设定应当与城管考核的指标体系建立关联，即在给定的评价领域内，市民和内部考核主体就相同或类似的诸个考核事项进行评价。原因在于，一方面，目前部分地方所建立的考核指标体系已经较为全面地覆盖了城管工作的方方面面，将其置于不顾而另起炉灶其实是一种资源的浪费；另一方面，这种对接也有助于在内部评价和市民评价之间分配权重、统计分数，最终得出更为准确而严谨的考核成绩。

一、事权指标下的市民打分项设定

市民在事权指标方面的打分项设定，可以通过两种方式进行：一种是相对主动的方式，即与内部考核主体一样，市民依次对各个事权指标进行考察，并对其工作状况进行评价；另一种是相对被动的方式，即在发现城市管理相关问题之后，通过投诉上报来考察城管是否进行了处理、反应速度如何以及处理结果是否符合要求等，从而对所投诉领域的城管工作进行评价。二者的区别在于：前者的评价范围较宽，后者则仅针对投诉事项；在前者的评价中，市民的身份是观察者，而在后者的评价中，市民的身份则是亲历者。

对于第一种方式而言，(1) 大庆市城管委 2015 年邀请市民对全市各县、区下半年城市管理工作进行测评，包括环境卫生、广告牌匾、园林绿化、市政设施、供热管理、物业管理、城管执法、数字城管和组织管理共 9 个方面。其中"环境卫生方面"的评价内容包括"残冰积雪、各类积存垃圾清理情况，城区日常保洁作业情况，各类市政公用设施清洁、完好情况，建筑物、构筑物立面空间整洁情况，垃圾中转站管理情况，城区'门前五包'责任制落实情况"，"园林绿化方面"的评价内容包括"绿化任务完成、园林绿化养护、主要节点彩化效果、主要公园广场景观效果、园林城市创建指标完成等情况"，[1] 等等。虽然在大庆市的这 9 个考评领域中，"城管执法"和"组织管理"属于特殊指标，但对于事权指标的考察仍然占据了大部分比重，而其考评项目的细致程度基本等

---

[1] 佚名. 大庆城市管理下半年民意测评开始 [EB/OL]. 大庆市人民政府网，2015-12-10.

同于城管考核的内部指标，或者说，这是"市民打分项"和"内部考核指标"对接较为明确的事例。（2）济南市2015年的城管考核中，市民督导团的检查内容包括垃圾死角清理、城市道路保洁、环卫设施管理与维护、广告牌匾管理、占道经营整治5个方面，这同样是城管事权的核心领域。"这5个方面是市民最为关注，也是容易发现问题的地方，并且取证简单，由市民督导团成员来打分，更有说服性。"① 然而，这种市民对城管事权指标进行系统评价的方式，虽然更具全面性、更能严格地和内部评价相对接，但问题也很明显，即需要市民支付大量时间去考察城管各方面的工作状况，而有些地方的城管事权多达三四百项，市民很难事无巨细地依次做出评价，因此可能导致市民因成本过高而不愿参与，或者在参与时仅评价关心或熟悉的事项，其他事项则"胡乱应付过去"。

对于第二种方式而言，根据广州市社情民意研究中心的数据，"对城管部门接到投诉举报后的跟进处理工作，72%曾有投诉经历的受访者评价'不满意'，而'满意'的只有25%。……亦有受访者反映多次打电话投诉举报，始终没有城管人员跟进处理"②。此时，在这些市民投诉上报的事权领域内，城管显然会得到较低的评价。在莆田市，"一处位于城厢区南门吉祥街的违建，有市民称自己3年来反复投诉了6次，结果违建不仅没得到清理，而且还在全市违建大清理时顶风作案"③。同样，这种涉嫌行政不作为的情形，在"拆违"这一城管事权项目中会得到较低的评价。然而，这种评价方式虽然更具真实性，即市民亲身经历了从投诉到处理的全过程，能够详细地了解城管的执法方式、执法态度、处理速度、处理结果等各方面情形，对于城管工作更有"发言权"或"评价权"，但却有可能缺乏客观性，即市民作为投诉案件的利害关系人或者至少是"发起人"，其"满意度"的"门槛"往往更高——对于该投诉事项，城管虽然依法进行了处理，但未能获得投诉人想要的结果或未能达到投诉人期望的状态，即未能让投诉人充分满意，其仍然可能得到较低的评价。并且，上述城管的"不作为"，既有可能是"消极怠工"意义上的不作为，也有可能是进行了处理却无法得到理想结果，尽管二者性质不同，但"只问结果"的投诉人往往不会对其区别对待。仍然是在莆田市，"11月初发生在迎宾大道与天妃路交叉路口附近的一起毁绿事件，有100多棵绿化树被人砍伐了"。经投诉上报后，城管没有及时给出处理结果，其原因并非是城管"置之不理"，而是"毁绿的行为往往

---

① 陈加宝. 我市城市管理考核引入"第三方"[N]. 济南日报，2015-07-10（A03）.
② 陈霄，刘玉平. 广州市民对城管执法评价不高 市容环境执法最不满[EB/OL]. 新华网，2013-06-25.
③ 陈盛钟，陈丽明. 城管局接受问政 市民送天平[N]. 海峡都市报，2013-12-27（P02）.

都发生在夜晚，造成调查取证困难。他们也曾经专门对毁绿问题进行部署，但具体执法当中遇到了各种问题，无法找出'真凶'"。① 尽管在这类案件中，城管以"不作为"为由收到差评显得有失公平，但一方面，这些城管内部的执法情况是投诉人并不了解或者无意去了解的，另一方面，普通的投诉人也难以区分上述说法究竟是城管确有困难还是为"消极怠工"找来的借口。因此，这种"亲历者评价"的方式虽然有着真实性优势，但要求投诉人完全客观地做出评价也是不现实的。

二、特殊指标下的市民打分项设定

相较于主要针对结果的"事权指标"，"特殊指标"偏重于对城管工作中过程性事项的考察。此处我们总结并归纳了实践中较为常见的"市民打分项"中的特殊指标（见表6-1）。

表6-1 "市民打分项"中的特殊指标列举

法治指标	工作指标	言辞指标	效果指标	自身指标	其他指标
依法行政	快速反应	语言举止	执法成效	*城管组织机构	*资金投入
秉公执法	廉洁执法	文明用语	投诉反馈处理	*执法队伍建设	*协同配合
执法程序	数字执法	沟通交流	*执法效能	*队容风纪	*工作宣传
法条掌握		应变能力	*重点任务完成	*人员编制	*信访投诉
*制度完善		执法态度		*内业管理	*执法责任制落实
		仪容仪表			

通过表6-1可以看出，"市民打分项"中的特殊指标虽然数量较多，但大体可以分为6个类别，即法治指标、工作指标、言辞指标、效果指标、自身指标以及兜底性质的其他指标。② 综合上述指标，我们认为，城管外部工作所对应的特殊指标适合由市民进行打分，而内部工作所对应的特殊指标则不适合由市民进行打分。

第一，表6-1中法治指标、工作指标、大部分言辞指标和效果指标都属于较为明显的针对城管外部工作的指标，适合由市民进行打分。比如，"法治指

---

① 陈盛钟，陈丽明. 城管局接受问政 市民送天平［N］. 海峡都市报，2013-12-27（P02）.
② 需要说明的是："工作指标"主要是能够反映城管外部执法过程且能呈现给市民的一类状态性指标，"言辞指标"虽然亦应归类于"工作指标"中，但由于其在市民评价中问题较多，因此单独进行了列举；"效果指标"虽然属于"结果性指标"而非"过程性指标"，但由于其更强调整体性，与"事权指标"对于城管不同事权"一事一议"的评价模式有着明显区别，因此仍将其归于"特殊指标"中。

标"中，无论是处罚决定有无法律依据、执法程序是否符合规定、执法幅度是否公平公正等，都是市民可以对照法律规范进行判断的，有些事项即便赋予了城管裁量权，市民也可以对照裁量基准或者根据合理性原则对其加以评价。"工作指标"中，无论是城管接到投诉上报后的反应速度，还是有无"吃拿卡要"等现象，乃至于数字城管系统能否流畅运行等，都在市民的观察范围内，市民都可以根据自身的感知和既定的标准进行评价。对于"言辞指标"来说，不仅执法人员的语言、举止、态度、仪表等都在市民及执法对象的视野内，而且其往往具有相当程度的重要性。比如，在合肥市庐阳区的市民打分过程中，扣分点和意见主要集中在一些城管队员的语言表述不够清晰，"城管执法队员提高沟通的技巧，可以在工作中最大程度地争取市民理解，以杜绝矛盾和纠纷的发生"①。在武汉市江岸区的市民打分过程中，有评价者认为："城管工作最重要的在于管理过程中的交流沟通和应变能力，如果言语生硬或表情古板，容易引起商户的抵触情绪，甚至可能发生冲突。"② 可见，虽然言辞指标并不直接关涉合法/违法意义上的执法程序和执法结果，但其不仅能够体现出城管部门和执法人员的风气和形象，而且关系到执法者与执法对象之间是否会产生矛盾对抗乃至于程度如何。因此，虽然这类指标并不是市民打分的核心项目，但将之列入打分项并给予足够的重视仍是必要的。

第二，表6-1中自身指标、其他指标、小部分法治指标和效果指标则属于针对城管内部工作的指标（在表中以＊标识），这些指标虽然被部分地方列入了市民打分项中③，但并不适合由市民进行打分。比如，"自身指标"中，无论是城管组织机构、执法队伍建设，还是人员编制、内业管理，都属于城管内部的事务，而外部的市民通常难以接触、观察和了解，并且往往也不会刻意去关心这些事项。市民关注更多的是城管的外部执法情况，无论内部工作如何，只要外部工作令人满意，即可给予较高评价，反之亦然。因此，让市民对其不了解

---

① 张鸣，王飞. 城管执法 市民打分［N］. 安徽日报，2013-05-12（A1）.
② 鞠頔，等. 城管邀商贩 为其执法办案打分［N］. 长江日报，2014-04-03（9）.
③ 比如，在大庆市的市民评价中包含了下列事项："七是城管执法方面。内容包括执法队伍建设、队容风纪、执法效能、文明执法、数字执法、执法责任制落实及重点任务完成等情况"；"九是组织管理方面。内容包括城市管理组织机构、资金投入、人员编制、信访投诉、制度完善、行风评议、内业管理等情况。"参见佚名. 大庆城市管理下半年民意测评开始［EB/OL］. 大庆市人民政府网，2015-12-10. 在武汉市的市民评价中，"有几名队员虽然在适用法律条款考核上分数很高，但是在宣传沟通、协同配合、办案流程等不同项目上都有或多或少的扣分"。参见张竞恒，等. 武汉城管首次邀商贩给城管办案打分［EB/OL］. 荆楚网，2014-04-01.

亦不关心的事项进行评价并无实质意义。"其他指标"中，虽然资金投入、协同配合、执法责任制落实等对于城管而言都是非常重要的事项，但其同样都是内部性质的，市民通常难以掌握这些信息，也难以做出合理评价。比如，"资金投入"是财政部门和城管主体之间的事项，资金的数额、预算、流向等都不在主动公开之列，普通市民也无法深入了解详情；"协同配合"指的是在城市管理过程中城管部门和公安、环保等其他政府部门之间的相互协作，虽然其在部分执法领域中有着十分重要的作用，但与市民并不存在直接关联；而"执法责任制落实"则是指城管主体内部的机构、领导和人员的责任分配，属于内部责任，而非行政复议和行政诉讼这样的外部责任，同样与市民相距较远。

第三，"市民打分项"中的特殊指标（表6-1）与城管"内部考核指标"中的特殊指标（表5-1）相对照，二者之间的差别在于：（1）城管内部考核指标中，"档案管理"和"组织领导"两项没有出现在市民打分项中，这两项皆属城管的内部工作，确实不宜出现；而"工作宣传""制度建设"和"队伍建设"三项虽然出现在了市民打分项中，但其亦属城管的内部工作，同样不宜出现。（2）在市民打分项中，除言辞指标外，其他各项指标基本已被涵盖在城管内部考核指标中。我们认为，由于言辞指标的重要意义，其同样应当纳入内部考核中，或者不通过内部考核主体，而由市民评价后直接将评价结果计入考核总成绩中。但无论如何，这一指标都是不可或缺的。（3）城管内部考核指标中还包含了"社会评价"和"公众参与"两项，我们认为，这两项指标可以作为市民评价和内部考核之间的结合点，即将之固定在内部考核指标中并赋予一定的权重，而其考核成绩的计算，则由市民评价结果作为唯一依据或主要依据——这不仅能使市民评价固定化和制度化，而且能使评价结果更具实效。

第二节　市民参与城管评价的公正性争议

市民评价的公正性，指的是市民能否依照客观事实对城管工作的真实状况进行中立性评价，而不受利害关系、个人好恶乃至于报复性心理等主观因素的影响。之所以要讨论这一问题，乃是因为评价过程的公正性会直接影响到评价结果的准确性，并且关联到被评价者的各项利益。武汉等城市开展的"商贩给城管打分"活动一经实施便引发了舆论上的大量争议。

一、争议之一：商贩与城管存在利害关系

很多论者认为，商贩与城管之间，也即打分人与被打分人之间，存在明显的利害关系甚至利益冲突，此时打分人基于自身利益的考量很难对被打分人做出客观公正的评价。在商贩一方，其利益在于能够正常（而非合规）经营下去，其在经营过程中即便是违反了城市管理的规章制度，由此受到了责令停止、限期改正乃至于罚款、没收等命令或处罚，其实也是遭受了利益损失。那么在打分过程中，商贩就可能存在两种主观心态：一是为保护自身利益，在打分时讨好城管，"不管城管工作做得怎么样，均打高分，想必城管也是清楚的，以后的工作中会对商贩的行为有所照顾"；二是借机进行报复，"看哪个城管不顺眼，或是曾经为难过自己的城管，要打低分"。① 在城管一方，其利益在于依法履行工作职责，并在考核中取得理想的成绩——即便在开展"商贩打分"的城市，也未能且无法否认城管固有的工作职责。此时，当城管队员未能完成执法任务，或者其执法工作的数量和结果未能达到要求时，就算在商贩打分中获得高分，也同样会遭受利益损失——让商贩满意、受到商贩好评、获得商贩高分并不是城管的唯一职责。相反，城管和商贩之间是执法者和执法对象的关系，二者的利益冲突是"天然"存在的。就如论者所言，"这边厢，对违规占道扰民的商贩进行执法，是城管的分内职责，那边厢，对于城管的考核，商贩却又摇身一变成了'评委'"，"很难想象，假如警察绩效要由被抓捕的嫌犯来打分，会如何影响警察的履职"②。

二、争议之二：可能引发城管不作为

同样，也有很多论者认为，在商贩打分的模式下，城管队员为了追求或换取高分，可能会放弃自身职责、纵容商贩的违法行为，从而导致执法过程中的不作为，即"城管为了取得高分而'讨好'商贩，对其违规行为睁一只眼闭一只眼"③，或者说，"个别城管一味追求高分，对占道经营、乱停乱放等行为视

---

① 滨兵. "请商贩打分"不如"请市民打分"[EB/OL]. 新浪网，2014-04-10.
② 吴江. "请商贩打分"能让城管改头换面吗？[EB/OL]. 中国青年网，2014-04-10. 亦如城管队员所言，自己平时和商家打交道，难免会碰到小摩擦，"比如有的店家会占道经营，我们上前进行教育劝导，如果碰到不理解的店主，心里肯定会留下疙瘩，到时给我们打了低分，我们也没办法"。参见孙炼栋，孙晶晶. 城管怎么样，店家来打分[N]. 钱江晚报，2011-05-03（A5）.
③ 刘昌海. "商贩给城管打分"恐伤执法公平[N]. 齐鲁晚报，2014-04-10（A02）.

而不见，消极应付"①。这体现的是城管队员在利益冲突中如何选择的问题，即当相互对立的"严格执法"和"讨好商贩"两者都成为工作目标时，城管队员是应当选择"严格执法"且"得罪商贩"，还是选择"讨好商贩"且"纵容违法"。就如城管队员所顾虑的那样，"如果自己执法严格，怕遭到店家评低分；如果为了搞好关系睁一只眼闭一只眼，又怕对不起身上的制服"②。如果多数城管队员选择了后者，那么不仅"会影响到城市管理、执法的权威性与公正性"③，而且可能使"城市管理"这一行政职能本身受到削弱。对此，有论者认为，"城管的利益应该和公共利益相统一，而不应该和商贩手里的分数相联系"④。

三、方案之一：市民而非商贩打分

针对上述的公正性争议，我们认为，"商贩给城管打分"这一制度本身是值得肯定的——来自执法对象的评价毕竟能反映出（尽管可能是部分程度上的）城管工作状况。并且，赋予执法对象以评价权也是"行政民主"趋势下的一项基本要求。但从根本上说，城管的服务对象是所在城市的居民，即市民，而非仅仅是其中的商贩，如果让商贩打分来左右城管队员的考核成绩，那等于是舍弃其他市民而将商贩置于唯一服务对象的位置上，这显然与城管的基本职能相悖。因此我们认为，这一制度最为核心的修补方案在于，给城管打分的应当是市民，或者说，应当由市民而非商贩打分。

具体而言：（1）针对上述的争议之一，与商贩不同，普通市民与城管之间并没有直接的利害关系，在打分过程中既无须刻意讨好，也不必打击报复，其不属于"执法者—执法对象"中的任何一方，因此更有可能做出客观中立的评价。就如论者所言，"'请商贩打分'，还不如请当地市民打分……他们看得清楚，也不会偏袒一方，如果城管做得不好，会给予城管一个差评，也不怕城管报复。这样就能够在一定程度上保证打分的客观性和公正性"⑤。（2）商贩打分和市民打分还存在着打分项上的差别。①在事权指标上，商贩打分仅就其经营过程中涉及的指标进行打分，而市民打分则可以覆盖到城管各个执法领域，其打分项相对较为分散也更为全面。比如，在莆田市的一次市民评价中，"一位家住莆田荔园路附近的市民代表称，荔园路周边有多个在建楼盘，经常发生夜间

---

① 张轶水，等.商户给城管打分 是否有损执法权威[N].经济日报，2014-04-10（5）.
② 孙炼栋，孙晶晶.城管怎么样，店家来打分[N].钱江晚报，2011-05-03（A5）.
③ 张轶水，等.商户给城管打分 是否有损执法权威[N].经济日报，2014-04-10（5）.
④ 金明."商贩为城管打分"看上去很美[N].安阳日报，2014-04-17（6）.
⑤ 滨兵."请商贩打分"不如"请市民打分"[EB/OL].新浪网，2014-04-10.

渣土车'滴撒漏',路面黄土飞扬,漫天尘沙,附近居民不堪其扰,他希望城管部门加强对这一违法行为的查处"①。显然,"渣土车滴撒漏"属于城管的事权范围,市民——特别是受其影响的市民——完全可以对城管的相应工作进行评价,但这却不在"商贩给城管打分"的评价范围内。②在特殊指标上,商贩打分一般更多地关注法治指标、言辞指标等过程性指标,而市民打分往往更关注结果性指标,即城管工作后城市环境的实际效果是怎样的,或者城管工作是否达到了其在投诉上报中所要求或希望看到的结果;反过来说,如果城管没有解决楼下烧烤摊冒烟熏人的问题、建筑工地或KTV的夜间噪声问题,或者垃圾、污水无人处理等问题,即便其在执法中态度和蔼、用语文明,也仍然会收到部分市民的较低评价。比如,在广州市的一次市民评价中,"文明执法"评价相对较高,"执法力度"评价则为最低,市民对违建与市容环境方面执法的不满明显上升。"在市民看来,城管队伍绝不是小贩专管大队,城管执法不能只注重大街上小贩,对其他扰民乱象更需着力整治。"② 其中,市民对"文明执法"和"执法力度"的评价差别显示出其更重视结果而非过程,而违建、市容环境和"不能只注重商贩"的看法则反映出其对城管工作的全面性要求。(3) 针对上述的争议之二,我们认为,应当对商贩打分的权重进行合理设置。由于"商贩"亦属"市民"之一,因此"市民而非商贩打分"指的是商贩打分应为整体上的市民打分中的一部分;而其占比/权重,考虑到其执法对象的特殊身份以及与城管之间的利益冲突等因素,应占市民打分的10%~30%为宜。这一权重设置,一方面能够稀释商贩打分可能带来的不公正,另一方面则能引导城管队员合理配置工作重心。既然商贩打分仅占市民评价的一小部分,那么城管队员就没有必要为了获取高分而刻意讨好商贩甚至纵容其违法行为,相反,如果一味纵容商贩而放弃执法职责,则可能导致普通市民的较低评价,而在市民评价的权重高于商贩评价的情况下,这种为求高分的执法不作为可能得不偿失或者适得其反。③

四、方案之二:优化打分程序设置

无论是商贩打分还是市民打分,一套合理的打分程序应有助于改善或确保

---

① 陈盛钟,陈丽明. 城管局接受问政 市民送天平 [N]. 海峡都市报,2013-12-27 (P02).
② 陈霄,刘玉平. 广州市民对城管执法评价不高 市容环境执法最不满 [EB/OL]. 网易,2013-06-25.
③ 有论者指出,城管考核应当"既能有效防止城管队员只为市民满意而恶待商贩,也能有效防止城管队员为了示好商贩而疏于管理。在商贩与市民的双重考核之下,城管队员的天平必须在两者之间寻求平衡点,而这个平衡点正是城市管理需要达到的最佳状态"。参见方言. 城市管理需要互联网思维 [N]. 长江日报,2014-04-17 (004).

其公正性,从而最大限度地消除打分人主观因素的影响。(1) 打分人的选取应当采用随机形式。在部分需要对打分人进行选取的评价渠道中,不应长期由固定的某些商贩或市民打分,或只选取立场偏向于城管一方、可预见会给出高分的人来打分,而应采用随机抽取的形式确定打分人,并对其参与打分的次数加以限制。(2) 应当对打分人的个人信息采取保密措施。对于普通的打分程序而言①,一方面可以采取不记名形式,即打分人在打分时不填写或不上报个人信息;另一方面,即便上报个人信息,也应对被打分人保密,不能将打分人的信息泄露给被打分人。在杭州市西湖区,"为了保证打分的公正,市民都是匿名打分,连队员都不晓得打分的具体是哪些商家、哪个居民"②。(3) 对于打分结果可以做适当筛选。同样是在杭州市西湖区,"考虑到有的市民可能和某个队员关系特别好,有的商家曾和队员有过摩擦等主观因素,他们在给队员算分的时候,也会去掉一个最高分和一个最低分,尽可能做到公平"③。(4) 分数的统计亦应公开进行。即对于各个打分人提交的分数,应当在公开的环境下进行统计和计算,可由媒体记者、市民代表或商贩代表参与进来并加以监督,以防暗箱操作或非法更改分数等情形。

第三节　市民参与城管评价的多渠道架设

市民参与城管评价的渠道,指的是市民能够通过何种方式或途径将自身对于城管工作的评价传达给内部考核主体。渠道架设的重要性表现在,如果市民参与的途径不够便利或不够通畅,那么其对于城管的看法、感受、意见和建议就会停留在"社会舆论"阶段,难以进入考核程序,也难以产生实效并推动城管工作的改进。我们认为,市民评价的渠道应当进行多元化设置,即在某一地区应当存在多种而非一至两种接纳市民评价的渠道,这一方面是为了防止一旦某种渠道出现问题即导致整个评价工作的中断,另一方面则是能让市民在多种评价渠道中选择更适合自己的一种或几种。比如,有学者认为,内部考核主体应当"畅通互联网、服务热线、手机短信等监督渠道,通过民意调查、日常考核、纪检监察等形式,形成各方广泛参与的立体监督体系"④,《抚顺市城市管

---

① 不包括民主评议会、专职评价等由特定市民参与的评价形式。
② 孙炼栋,孙晶晶. 城管怎么样,店家来打分 [N]. 钱江晚报,2011-05-03 (A5).
③ 孙炼栋,孙晶晶. 城管怎么样,店家来打分 [N]. 钱江晚报,2011-05-03 (A5).
④ 高洁如. 城管执法理论研究 [M]. 北京:法律出版社,2014:15.

理工作考核办法》〔2010〕第四条规定，城管考核应当"采取社会问卷调查，邀请人大代表、政协委员、城市管理监督员座谈，征求相关行业（单位）意见等方式进行"，等等。我们认为，除了个别不宜适用的渠道外，[①] 其他方式皆可采用或尝试，并且不同的评价渠道应当与不同的评价主体相对应，此处我们将这种对应关系图示如下（见图6-1）。

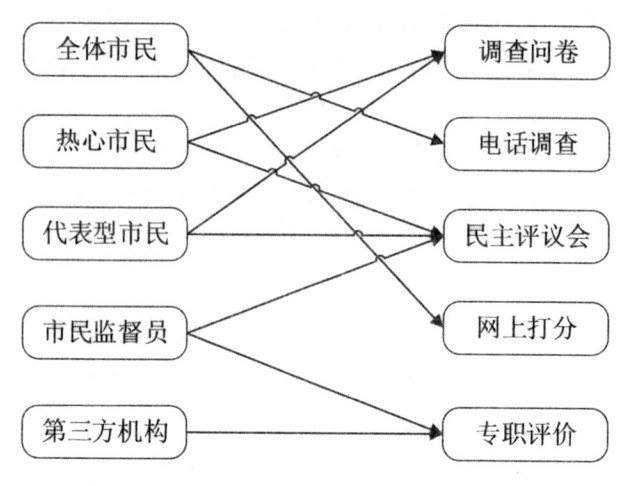

图6-1 市民评价主体与城管评价渠道的对应关系示意

一、市民评价城管的传统渠道

此处所说的"传统渠道"是与后文的"网络渠道"相对应的，无须借助互联网和电子信息技术即可实现的若干市民评价渠道的统称，包括问卷调查、电话调查、民主评议会等。

第一，对于问卷调查而言，（1）在调查对象的选取上，我们认为应当以"热心市民"（即热心关注城管工作的市民、参与过城管执法流程的市民以及城市管理志愿者等）为主，同时亦可将"代表型市民"（即党代表、人大代表、

[①] 比如，《广州市城市管理综合执法条例》〔2009〕第三十九条规定："公民、法人和其他组织发现城市管理综合执法人员在执法中有不当或者违法行为的，有权向其所在单位、上级行政机关或者监察机关检举、控告，接到检举、控告的机关应当及时核实处理，并在六十日内反馈处理意见。"我们认为，"检举"和"控告"不宜纳入市民评价的多元渠道中，因为二者本身没有明确的程序性规定，而且主要用于公务员特别是领导职务公务员严重的违法违纪行为，如违反财务纪律、玩忽职守、严重侵犯相对人权益等，但城管的"日常"执法行为较少涉及这些问题，其与市民对城管的"日常"评价并不匹配。

政协委员、社区居民代表等)纳入其中,而不宜针对"全体市民"发放问卷或者针对不特定市民随机发放问卷。原因在于,只有对城管工作进行持续关注或接触的市民才能了解其具体工作状况,其评价才更有参考价值,而如果向不关注且不了解城管工作者发放问卷,则可能无法得到有效答卷或只能得到胡乱应付的答卷,这种答卷不仅缺乏实质意义,而且可能对考核工作起到反作用。我们认为,虽然内部考核主体很难了解哪些市民"热心关注城管工作",但"参与过城管执法流程的市民"和"城市管理志愿者"是可以锁定的,其余问卷则可采取"通知—发放"的方式,即向全体市民发布调查通告,而为主动参加的市民发放问卷。实践中,在天津市的一次问卷调查中,虽然填写问卷的社区居民是随机选取的,但根据调查人员的观点,"要想得出真实的结果,需要参加调查的市民积极配合","首先得选择关注城市管理的市民,如果市民填卷时都选'不了解',那调查就没有意义了"。[①] 我们认为,尽管这一做法同样能取得较好的效果,但内部考核主体应当首先完善问卷发放规则,而非单纯地依靠调查人员的责任心和工作技巧。(2)在调查问卷的设计上,目前多数问卷的题目都比较简略,是那种"稍加思索"或"不假思索"即能填写答案的类型。虽然这种设计有助于最大限度地减少调查对象所耗费的时间,但也有失精细和准确,难以与内部考核指标形成较为完整的对应关系。我们认为,如果将调查对象限定于"热心市民"和"代表型市民",由于其对城管工作较为熟悉,即可将调查问卷设计得更加详细:在问题设计上,事权指标可以与内部考核指标形成概括性的对应关系,而特殊指标则可以如表6-1一样纳入适合调查的项目;在答案设计上,可以给出打分标准和打分细则,让调查对象进行数字化评分,而非只给出"优""良""中""差"或"满意""不满意"这样的选项。在上述天津市的事例中,"'天津市城市管理工作考核公众测评调查问卷'共涉及市容市貌管理、环境卫生管理、综合执法管理、道路交通安全管理、公共客运交通管理、排水社区环境等12项内容。每一个大项下又分成多个问题,例如市容市貌管理就包括户外广告、城市家具、沿街建筑物、城市雕塑等6个问题,每一道问题都设置了'好''较好''一般''较差''差'和'不了解'等6个选项"[②]。这是较为典型的事权指标型问卷,具体而全面地涉及了城管事权的多数领域和事项,但也更为显著地证明了这类问卷不适宜在不熟悉城管工作的普通市民中

---

① 佚名. 3600位市民当城管"考官"百姓满意度占成绩20% [EB/OL]. 华夏经纬网, 2012-03-27.
② 佚名. 3600位市民当城管"考官"百姓满意度占成绩20% [EB/OL]. 华夏经纬网, 2012-03-27.

随机抽取调查对象。同时,其在答案上虽然同样细致地设置了6个不同层次的选项,但仍没有实现我们所主张的数字化评分。除此之外,我们认为调查问卷的设计还应注意以下几个问题。①问卷中不应设计不清楚的、有疑问的或含糊的问题,因为不同调查对象可能会从不同角度对问题进行理解并加以回答,从而使得问卷的答案缺乏统一性。②问卷中的问题不应带有诱导性,即设问本身不应诱导调查对象得出某一固定的答案,比如,如果题目的设问为"您认为我市城管部门在创建卫生城市这项工作中所付出的努力是否值得肯定?",那么基于常理和常情很少有调查对象会给出否定性答案,而调查这一问题除了有助于提高考核成绩之外并无实质意义。③问卷中应当具有开放性设计,即在题目之中或题目之外留有一定的空白区域让调查对象自由填写看法、感受、意见和建议,而不应局限于既定的问题和选项。

  第二,对于电话调查而言,其作为问卷调查的变种形式,优点是成本低、耗时少、简便易行,缺点则是调查对象没有仔细观察和认真思考的时间,所做答案的主观性更强。(1)在调查对象的选取上,我们认为应当在全体市民中随机抽取,因为电话调查较为明显地受到时间因素的限制,问题难以设计得十分细致,而更多地体现为一些笼统的印象和感受,调查者所要获得的也是市民对城管工作的大致评价。在济南市的一次电话调查中,"调查对象分为两大类:一是在城管系统办理过业务(如建筑垃圾处置审批、户外广告审批和机动车清洗管理等)的单位和个人。二是历下、市中、槐荫、天桥和历城城区部分和其他县(市)区城关的居民。此次调查抽取的样本中,各县(市)区居民有效样本为2900人,办理过业务的单位和个人为300个"①。其中,"办理过业务"的市民属于"热心市民"之列,而区县居民即为辖区内的"全体市民"。虽然我们认为对于"热心市民"和"代表型市民"更宜采用细致的问卷调查方式,而非笼统的电话调查方式,但在这一事例中"全体市民"和"热心市民"将近10:1的比例还在可以接受的范围内。(2)在调查问题的设计上,由于随机抽取的调查对象可能不熟悉城管工作,或者当电话打进时没有充分的回答或交流时间,因此适宜设计一些宏观性或感受性的可以快速作答的问题,实践中较为常见的即是"满意度调查"。比如,在上述济南市的事例中一共设计了14个问题,其中"您对本地市区道路保洁方面的工作怎样评价?""您对本地生活垃圾处理方面的工作怎样评价?"等事权指标的问题共10个,"您对投诉受理方面的工作怎样评价?""您对本地城管执法系统的形象怎样评价?"等特殊指标的问题共2

---

① 鞠鹏. 城管服务咋样 市民打分评定[N]. 济南时报,2011-04-20(A14).

个，而确定调查对象类型的问题（"您有没有就上面的问题拨打过投诉电话？"）和开放性问题（"您对市城管执法系统的工作还有哪些希望、意见和建议？"）各1个。同时，答案上共有"满意""基本满意""一般""不太满意"和"很不满意"5个可选项。我们认为，在问题类型上，事权指标明显高于特殊指标这一点并不合适，因为某些事权领域与普通市民的日常生活关联并不紧密，而特殊指标的问题又太过稀少，表6-1中法治指标、工作指标、效果指标三个大的类别都没有涉及；在答案选择上，调查对象只能就各个问题选满意的程度，虽然较为笼统和简略，但在电话调查这种形式下确实难以进一步细化，并且其兜底性质的开放性问题也为关注城管且时间充裕的调查对象留下了可以详细交流的空间。

第三，对于民主评议会而言，（1）在参与对象的选取上，由于此种评价方式采用的是会议形式，因此能够参与的市民人数有限。我们认为，为了让参与者能够充分表达自己的意见，人数较少的"代表型市民"和"市民监督员"可以参与进来，人数较多的"热心市民"可以选取一部分进行参与。比如，德清县2011年的城管民主评议会邀请了30多名市民代表，"摊主、店铺、企业代表当'考官'，对城管执法工作人员今年以来的工作开展和作风建设情况进行现场'打分'"。① 资兴市2012年的城管民主评议会邀请了人大代表、政协委员、老干部、管理相对人、网民代表等各界代表共36人参加。② 海口市2012年的城管民主评议会邀请了"来自社会各界的代表、海口市政风行风评议员及城管义务监督员等数十人"参加。③ 可见，上述民主评议会的参与人数较为一致，而且所邀请的对象均未超出"热心市民""代表型市民"和"市民监督员"的范畴。需要注意的是，民主评议会切忌走形式，"热心市民"建议从执法对象或有过投诉上报记录的市民中选取，而不应找不相干的市民"充数"，不宜选取和城管有过合作或以其他形式和城管长期接触的"熟人"。（2）在民主评议的方式上，上述德清县的事例中采用的是城管局全体中层干部依次述职、市民代表现场不记名评分的形式。我们认为，现场不记名评分是值得推荐的，问题是评分的对象为何，如果能对城管的各项事权指标和特殊指标进行细化评分则比较理想，但如果仅对城管领导的述职报告进行评分，那么一方面述职的内容可能不够全

---

① 祝丽萍，姚佳期. 城管执法局：开门请普通市民"打分"[EB/OL]. 德清新闻网，2011-09-15.
② 参见资兴市人民政府网站。
③ 陈标志. 海口城管召开民主评议会 邀市民上门"挑刺"[N]. 海南特区报，2012-11-14（A05）.

面，无法覆盖该年度各个领域和事项的具体工作情况，另一方面述职的重心可能在于工作成绩而非工作中的缺点和不足。因此，允许市民代表结合城管领导的述职报告对各项指标进行具体评分才更为合适。上述资兴市和海口市的事例中采用的是有关领导汇报城管工作、市民代表提出意见和建议的形式。我们认为，现场提议也是值得推荐的，由于参会人数较少，在时间充裕的前提下，市民代表可以较为详细和深入地表达对于城管工作的各种意见和建议，甚至可以与相关负责人进行互动与交流。但一方面，这种"现场提议"不能取代"现场打分"，后者才是实质性的市民评价环节；另一方面，城管部门应当对市民提议进行记录，会后经研究给出相应的解决方案并说明理由，以免会议中的各项提议事后无人理睬。衡阳市雁峰区 2015 年的城管民主评议会采用的是满意度测评的形式，即"区政协常委会组成人员、居民和经营户代表对区城管执法局工作情况进行了满意度测评，区城管执法局获得满意率为 60%，基本满意率为 40%，不满意票为零"。[①] 我们认为，满意度测评在前文中时间限制较严、对象分布较广的电话调查中适于使用，但在时间较为充裕、参加人数较少的民主评议会中显然不宜使用。既然市民代表已经亲自参会，再让其按照笼统的问题和有限的选项给出"印象分"未免小题大做；赋予参会者细致评分或发表意见的权利，才是对市民代表应有的尊重。

二、市民评价城管的网络渠道

此处所说的"网络渠道"是指由市民通过指定网站的指定页面对城管工作进行评价的一种形式，在互联网已经普及的现时代，其优点不仅在于成本低廉，而且在于参与者不受时间、地点和数量的限制，评价结果的统计也更为便利，等等。

（1）在参与对象的选取上，"网上打分"应当属于最具开放性的市民参与渠道，即不受身份限制，"全体市民"皆可参与，或者说，所有本市内的互联网使用者皆可通过指定网站参与评价。虽然"全体市民"的范围似乎过宽，其中也包含了对城管工作缺乏关注和了解的市民，但网上打分与传统评价渠道不同。问卷调查、电话调查、民主评议会都是由内部考核主体抽取、选取或邀请部分市民参与，参与者处于"等待参与时机"的被动状态；而网上打分时参与者则处于"自愿参与进去"的主动状态，内部考核主体不会请求某个或某些特定市民参与，参与与否也不会对市民的利害关系造成影响，此时主动上网参与者更

---

① 参见衡阳市雁峰区人民政府网站。

多都是持续关注并较为了解城管工作的市民。

(2)"和谐城管网"(http://www.hexiechengguan.net/)的"万众评城管"是全国性质的城管网上评价栏目,参与者可以在指定页面(http://www.hexiechengguan.net/VoteDetail.aspx)对各个城市的城管满意度进行评价。①评价页面共分28组,直辖市为一组,其余27组以省和自治区为单位各为一组,每组中涵括了所有的下辖市。②每个城市的评价项目都只有一个,即参与者只能对该市的城管工作选择"好评""中评"或"差评",属于典型的满意度调查。③参与者在投票后可以查看投票结果,并可以全体或分组查看好评率排序和差评率排序。比如,在第一组中央直辖市中,好评率排序为"天津市城管 好评率:31%""北京市城管 好评率:24%""上海市城管 好评率:19%""重庆市城管 好评率:15%";在第二组河北省中,差评率排序为"衡水市城管 差评率:76%""邯郸市城管 差评率:71%""廊坊市城管 差评率:70%";等等。④页面中还给出了详细的投票说明,并明示了参加的总人数、各评价等次所占总人数的百分比,信息较为完备。我们认为,这是目前国内所见的最为宏观的城管评价形式,即一方面参与者只能对某个城市城管的整体工作给出评价,而没有下设任何具体评价指标;另一方面参与者的选项也只有好、中、差三个等次,不仅没有量化评分,可选的等次也非常稀少。设置这一评价的目的显然是在各城市城管之间进行横向比较,通过公示满意度排名来督促差评率高的城管部门从整体上反思并改进自己的工作。但如此笼统且主观的感受性评价显然缺乏科学性和准确性,希望未来能够对评价内容和打分形式进行细化,即纳入包括事权指标和特殊指标在内的具体评价项目,并在公示评分标准的同时实行量化评分,从而形成通过统一标准对各地方城管进行集中评价的全国性网上打分平台。

(3)在北京市城管局网站(www.bjcg.gov.cn)"2016年北京市城管执法社会效果评价调查问卷"(http://jy.beijing.gov.cn/sr/faces/surveyRenderer.jsp)栏目中,题目数量丰富、覆盖面广。问卷共27个页面、59道题目,由"满意度""社会影响"和"总体满意度评价"三个部分组成;其核心是"满意度"部分,共占去25个页面、56道题目;而"满意度"部分又细分为6个具体项目,包括"宣传工作评价"(共8题)、"执法过程评价"(共13题)、"信访工作评价"(共6题)、"信息化服务评价"(下分"官方网站评价""其他功能性网站及APP评价""96310城管热线评价"三部分,共19题)、"人员评价"(共7题)和"社会舆论评价"(共3题)。从评价指标上看,该问卷中几乎不涉及事权指标,而都是对特殊指标的设问,如"您认为北京市城管在现场执法过程中使用强制执法方式时是否恰当?"属于典型的"法治指标","您认为北京市城管到达现场执法处理的速度是快是慢？"属于典型的"工作指标"，"您对96310城管热线接线人员的服务态度是否满意？"则属于典型的"言辞指标"，"北京市城管部门的宣传是否改善了您对北京市城管的印象？"又属于典型的"效果指标"，等等。我们认为，由于网上打分的参与者是"全体市民"，不纳入更为细致和专业的事权指标可以降低参与的门槛，使更多市民有条件参与进来，而且"特殊指标"较之于"事权指标"有着更高的评价价值，因此该问卷的指标设置较具可接受性。值得一提的是，"信息化服务评价"在问卷中所占的比重能够显示出近期城管部门对数字城管系统建设的重视。从答案设计上看，多数设问按轻重程度不同给出了6个选项，如"非常不满意""不太满意""一般""比较满意""非常满意""不确定"，或者"很低""较低""一般""较高""很高""不确定"等等；虽然同样没有实现数字化评分，但总要好过于前述只有"好评""中评""差评"三项可选的情形。此外，虽然有部分题目设置为可以多选，但几乎没有开放式题目，即参与者不能填写选项之外的答案或直接提出自身的意见和建议，这使得该问卷的开放性和灵活性有所欠缺。从设置技术上看，如果参与者对部分前提性问题给出否定性答案，则后续的页面及其所包含的问题不会出现，参与者会直接进入下一个评价项目。比如，作为前提性问题的"您是否到北京市城管执法局信访过？"，如果回答"否"，则包含着"您信访过几次？""您对城管执法局来访接待人员的服务态度是否满意？"等5个后续问题的页面即不会出现。我们认为这是非常科学且值得推广的设置，其可以防止没有关注或接触过信访、数字城管等相关工作的参与者盲目给出无价值或错误的评价信息，能够在一定程度上起到对参与者的过滤作用，有助于增强评价结果的准确性和真实性。

三、市民评价城管的专职渠道

此处所说的"专职渠道"是指以"市民监督员"（或称"社会监督员""市民观察团""市民督导团"等）或其他第三方机构为主体，专门对城管工作进行评价并将结果反馈给内部考核主体的一种市民评价形式。虽然部分市民监督员的人员和职责较为固定，但其身份毕竟是市民，其人事行政关系并不隶属于城管部门，因此我们仍将其放在"市民评价"中加以考察。

（1）在市民监督员的选取上，我们将之分为固定人员和非固定人员两种，其中固定人员指的是当某个市民被选为监督员后，会持续且长期地从事城管评价工作；而非固定人员指的是当某个市民被选为监督员后，只会从事短期或有限次数的城管评价工作，内部考核主体会定期或按次更换监督员的人选。从监督员选取的方式上看，目前较为合理的是"招募—报名—抽选"，比如，济南市城管委在《济南日报》"发布市民督导团团员招募公告，根据报名情况，选取33名热心市民，纳入市民督导团人才库"①。再如，海口市"在面向全市范围内征集的1000名市民中甄选出100位市民组成'市民观察团'"②。从市民监督员的具体身份或职业上看，济南市的监督员中"有工人、自由职业者，也有从事社会服务行业工作人员，来自各行各业"③；海口市的市民观察团成员"包括大学生、教师、离退休高级会计师、物业管理员、广告策划员、企业主、'候鸟'人士等"④。我们认为，如果市民监督员属于非固定人员，只进行一次或每月甚至更长时间进行一次评价工作，那么其身份和职业应当不受限制；但如果市民监督员属于固定人员，需要长期且频繁地从事评价工作，那么应当确保其有充分的时间，或者其职业和城管工作密切相关，前者如学生、老人，后者如记者、社区工作人员、物业管理员等。

（2）在市民监督员的评价方式上，合肥市采用的是现场打分的形式，即市民监督员表明身份后，对城管队员正在进行的某项工作现场打分并现场亮分。我们认为，这种做法并不可取，因为，在被打分人"一次通报、二次警告、三次待岗"（评分低于30分）的压力下，一方面，如果监督员属于固定人员，那么现场打分等于是向被打分人公开了打分人的身份，日后双方之间的"沟通"就成为可能；另一方面，这种方式使得被打分人知道自己正在被打分，此时其通常都会将自己最为合法、良好和高效的工作情景展现给打分人，从而换取更高的分数，却无法保证这种情景在打分人走后还能持续下去。⑤ 相较而言，不定期的随机"暗访"则能避开上述问题。比如，济南市在市民督导团成员中"每周随机抽取一组对某个区域督导打分，明察暗访相结合，不指定路线和地点，随机抽查，查完就走"⑥。此时，打分人和被打分人都不是事先确定的，能在一定程度上防止双方"沟通"；打分人不仅不表明身份，其打分过程可能都不

---

① 陈加宝. 我市城市管理考核引入"第三方"[N]. 济南日报，2015-07-10（A03）.
② 刘贡. 海口：城市管理请市民做主[N]. 海南日报，2015-12-24（A04）.
③ 陈加宝. 我市城市管理考核引入"第三方"[N]. 济南日报，2015-07-10（A03）.
④ 刘贡. 海口：城市管理请市民做主[N]. 海南日报，2015-12-24（A04）.
⑤ "背后有人监督，执法队员态度格外'温柔'。一位小贩将货车停在蒙城北路非机动车道上卖菠萝，行人只好绕道而行，执法队员当然要去管一管。'您好，您这是占道经营，请不要影响他人通行。'城管队员礼貌地说。商贩看着城管如此'客气'，只好主动撤离。"于是，"现场打分的环节到了：满分50分，大部分监督员给了48分以上成绩"。参见汪竞，等. 市民为城管执法现场打分[N]. 合肥日报，2013-04-11（002）.
⑥ 陈加宝. 我市城市管理考核引入"第三方"[N]. 济南日报，2015-07-10（A03）.

会被注意到,这同样能在一定程度上防止被打分人刻意"表演"。还需注意的是,此处的"不定期"指的是市民监督员不能将评价时间固定下来,如只在周六周日进行评价等,那样会让被打分人有所准备或加以防备。在评价密度上,考虑到非固定人员的市民监督员都有自身的职业、学业或生活,其系统性的评价工作不应当也不必要过于频繁;在其他时间里,"督导团成员平时发现城市管理中的问题,可随时向城管部门反映,并作为考核依据"①。但这种系统性评价也不宜过于稀疏,合肥市的每两个月评价一次②已是上限,如果更长时间甚至每年评价一次,那么市民监督员的存在就可能无足轻重。

(3)在市民监督员的职责上,除上述系统性评价和平时评价外,还可以进一步扩展至其他方面,如"展开对海口环境卫生、市容秩序、公共关系等方面的巡访、评议、建言献策工作"(海口市)③,"参与市城管行政执法局重大决策制定及专项整治活动"(金华市)④,等等。我们认为,与其他市民相比,市民监督员能够更加深入地参与到城管工作中,在其评价过程中往往会产生更多或更切合实际的意见和建议,因此,为其(特别是固定人员)开辟建言献策的便利渠道,甚至让其参与到城管的重大决策中,都是可行的。同时,市民监督员也可以作为"市民联络员",一方面代为宣传城管工作及相应的法律法规,另一方面可以将周围不便于与城管直接沟通的市民意见汇总起来进行上报,从而起到市民和城管之间的桥梁与纽带作用。

(4)在市民评价城管的专职渠道中,比市民监督员更加"专职"的是独立的第三方机构。比如,武汉市自2010年7月起通过第三方机构对城管工作进行监督考核,"通过全国招标,选定了具有统计调查资质的社会机构,该第三方机构有100人左右的调查队伍,不定期地穿行于武汉市街道,调查内容涵盖20多个项目。取证照片2小时内上传到武汉市城管内网,城管委每月以该机构提供的数据资料进行量化打分及奖惩问责"⑤。我们认为,这种第三方机构的评价模式虽非完全意义上的市民评价,但仍值得借鉴。原因在于,①从身份上说,第三方机构属于固定人员,即专职/全职地从事城管评价工作,不受时间限制或者说没有时间充裕与否的顾虑,可以实现高频率的常态化监督。并且,由于评价城管即为本职工作,其专业性及对相关法律规范的熟悉程度也要超过普通市民。

---

① 陈加宝. 我市城市管理考核引入"第三方"[N]. 济南日报,2015-07-10(A03).
② 张鸣,王飞. 城管执法 市民打分[N]. 安徽日报,2013-05-12(A1).
③ 刘贡. 海口:城市管理请市民做主[N]. 海南日报,2015-12-24(A04).
④ 徐枫. "金华标准"破解城市管理困局[N]. 金华日报,2014-04-30(A12).
⑤ 易先云. 武汉引入第三方机构监督考核城管工作[N]. 工人日报,2013-07-03(001).

②从公正性上说,由于内部考核主体即是委托人,因此一般不用担心其会受到被考核者的不当干扰,而且,武汉市对于第三方机构及其人员还采取了相应的保密措施。"近3年来,这家调查机构的信息一直处于保密状态。在城管委内部,除局级领导外,没有人知道这家机构的名称、地址,更不知道调查员的身份。"① 我们认为,虽然第三方机构这种评价方式成本较高,并且无法实现宣传、联络和民意反馈等职能,因此不能取代市民评价,但由于其独有的专业性和公正性优势,仍然建议在有条件的城市中加入这一模式。

第四节 市民参与城管评价的实效性保障

市民参与城管评价的实效性,指的是市民评价的结果是否会对城管的利害关系和未来的工作改进产生实质影响。简言之,市民评价的结果应当作为城管考核成绩的必要组成部分而对其利害关系产生影响——这是市民评价发挥实效的首要前提。我们认为,市民参与城管评价的实效性保障应当从以下两方面展开。

一、在考核总成绩中配置相应的权重

包括"商贩打分"在内的市民评价,必须在城管的考核总成绩中占有一定的比重,② 这是在市民评价与城管利害之间建立关联的必然要求。但是,这一比重具体应为多少,或者说,市民评价能在多大程度上影响考核结果,则是需要认真权衡的问题:市民评价如果占比过高,可能会覆盖掉内部考核主体所作出的更为细致的——特别是关于事权指标的——评价,从而使被考核者对于上级命令和要求的重视程度有所下降;相反,市民评价如果占比过低,则可能出现形式化风险。正如论者所言,"关键是要合理分配评价权。对于城管的评价,商贩、市民以及体制内都应有一套打分系统,至于这些打分的占比是多少,则

---

① 易先云. 武汉引入第三方机构监督考核城管工作 [N]. 工人日报, 2013-07-03 (001).
② 综合前文的"商贩打分"而言,商贩打分仅占市民打分的一部分,市民打分又仅占考核总成绩的一部分;那么一方面是商贩打分在市民打分中的权重,另一方面则是市民打分在考核总成绩中的权重,此处是针对后者的论述。由于商贩打分仅占市民打分的10%~30%,而市民打分又仅占考核总成绩的20%~40%,这会使商贩打分可能存在的不公正进一步被稀释。

需要综合考量，以达到最佳的平衡"①。我们认为，一方面，市民评价的权重不宜超过考核总成绩的半数，即在目前的实践条件下还不宜让市民评价超越内部评价起到主导或决定作用；另一方面，市民评价的权重也不应低于考核总成绩的20%，那会使其对于考核结果的影响太过微弱。综合而言，我们认为市民打分应占考核总成绩的20%~40%左右为宜。实践中，大庆市的民意测评仅占考核总成绩的10%，② 在没有其他评价渠道的前提下，权重明显偏低。济南市的市民督导团打分同样仅占考核总成绩的10%，但"济南市城市管理综合考评采取千分制考核，其中社会评价为300分，包括市民督导团打分占100分"③，即是说，济南市的市民督导团打分只是其市民评价的渠道之一，而社会评价的总分值占比为30%，处于合理的权重范围内。天津市的公众测评部分占考核总成绩的20%，④ 是为我们建议值的下限。杭州市西湖区的市民打分占队员月度考核成绩的40%，⑤ 是为我们建议值的上限。

二、与被评价者收入、职务等建立关联

市民评价实效性的另一层保障是将之与城管的切身利害关联起来，包括经费、工资、奖金、职务等。综合而言，三者之间的关联应为"市民评价⟵⟶城管考核⟵⟶利害得失"，即市民评价直接影响到城管的考核成绩，而考核成绩则直接影响到城管的利害得失。需要注意的是，在三者的关系中，"市民评价"一般并不直接与"城管利害"挂钩，二者之间还存在着"考核成绩"一环，这就意味着，在市民评价权重有限的情况下，对于某个城管部门或城管队员而言，即便其受到了市民的低分或差评，如果内部评价得分较高，总成绩也不会使其受到利益损失，或者说，市民的差评可能被内部的好评所消弭掉。我们认为，在市民评价尚不宜主导考核结果的现阶段，一方面应当继续强化内部考核程序的公正性，防止刻意抬高内部评价而虚化市民评价的情形；另一方面则可以划出一定的范围或比重将"市民评价"不经"考核成绩"而直接与"城管利害"相关联，即当市民评价较低时无论内部考核成绩为何都会使被考核者受到一定的利益损失，只是其范围或比重不宜过宽过高，否则内部考核亦会失去意义。

---

① 龙敏飞. "商贩给城管打分"需合理分配评价权 [N]. 燕赵晚报, 2014-04-10 (B02).
② 佚名. 大庆城市管理下半年民意测评开始 [EB/OL]. 大庆市人民政府网, 2015-12-10.
③ 陈加宝. 我市城市管理考核引入"第三方" [N]. 济南日报, 2015-07-10 (A03).
④ 佚名. 3600位市民当城管"考官"百姓满意度占成绩20% [EB/OL]. 华夏经纬网, 2012-03-20.
⑤ 孙炼栋, 孙晶晶. 城管怎么样, 店家来打分 [N]. 钱江晚报, 2011-05-03 (A5).

具体来说，对于城管队员（个人）而言，如果其属于行政编制（公务员编），那么应当先根据市民评价的分数和权重，按照《中华人民共和国公务员法》第三十六条和《公务员考核规定（试行）》第七至第十条的规定来确定其考核等次，再按照《中华人民共和国公务员法》第三十七条和《公务员考核规定（试行）》第十七至第十九条的规定来确定其与考核等次相关联的工资档次、级别、职务层次、奖励和年终奖金等一系列事项。而在上位法之外，各地方可以通过内部规定（行政规范性文件）的形式建立市民评价和城管利害的关联。(1) 在收入方面，与城管队员的"绩效工资"挂钩（如武汉市）。这类规定虽能明显影响到被考核者的工资收入，但问题在于，城管队员的实得收入并不是公开的，市民其实无法查证被考核者是否真正受到了工资损失。与城管队员的"考核奖金"挂钩（如杭州市西湖区）。"如果一个季度里，每个月的分数都低于80分，就会被扣考核奖金。"[1] 考核奖金一般指的是年终奖金，《中华人民共和国公务员法》第七十四条规定："公务员在定期考核中被确定为优秀、称职的，按照国家规定享受年终奖金。"那么问题在于，年终奖金标准是本人当年12月份的基本工资，而不计入津贴和补贴的"基本工资"对于普遍处于正科级以下的城管队员来说数额并不高，[2] 如果根据市民打分进行按比例扣除，那么对其整体收入影响有限，督促或惩罚的力度稍显不足；而若要全部扣除或不予发放年终奖金，必须是其考核等次在称职以下（含基本称职和不称职），那么占比20~40%的市民评价能否将其考核等次拉到称职以下，则是需要慎重考虑的问题。(2) 在职务方面，武汉市还做出了对城管负责人问责的规定，即根据市民评价对各城区和街道的城管工作进行排名，"对累计3次不达标的街道，则建议相关部门依照武汉市治庸问责办法进行问责，严重时可能免除主要行政负责人职务"[3]。我们认为，将市民评价与城管负责人的职务建立关联是较为可取的，但需注意的是，此处的"免职"实质上是一种"领导责任"，既不属于行政处分，亦不属于由考核等次引起的降职、辞退等任用形式，单纯的免职可能仅仅意味着行政负责人在职务层次和级别不变的情况下具体行政职务发生了变化，而这可能不会使该负责人受到实质上的不利影响。对此，我们认为，如果能在免职和职务层次与级别的降低上建立关联，则能显著提升市民评价对城管负责人的影响。(3) 在荣誉方面，有些地方将市民评价与城管队员的评奖评优相关

---

[1] 孙炼栋，孙晶晶. 城管怎么样，店家来打分 [N]. 钱江晚报, 2011-05-03（A5）.
[2] 根据2016年《关于调整机关工作人员基本工资标准的实施方案》，主任科员（22级、第一工资档次）的基本工资为2404元。
[3] 易先云. 武汉引入第三方机构监督考核城管工作 [N]. 工人日报, 2013-07-03（001）.

联,即市民评价成绩较低者取消评奖评优资格。我们认为,如果此处的"评奖评优"指的是城管部门内部自行设置的奖项,那么这种关联的实效性即取决于该奖项的方式、种类、幅度等因素;但如果此处的"评奖评优"指的是《中华人民共和国公务员法》规定的"公务员奖励",那么实质意义可能不大,因为一方面,该法第四十九条并未将市民评价纳入奖励情形中,另一方面,根据《公务员奖励规定(试行)》第十条的规定,嘉奖与记三等功两种奖励形式已经与考核等次建立了关联,再与市民评价建立关联未免有重复之嫌。

最后,对于城管部门(组织)而言,在经费方面,武汉市在2013年的城管考核中,按照考核成绩的排名对于"排名垫底的中心城区以50万元处罚,远城区30万元处罚"①。我们认为,行政经费的扣减虽然能对城管部门起到惩罚和督促作用,但其幅度不宜影响到正常执法工作,否则,不仅遭扣减部门的日常工作可能经费不足,相应的市民参与活动也可能因经费问题而缩水,从而形成越扣减越糟糕的恶性循环。在荣誉方面,天津市在2012年的城管考核中将各区县的考核结果"按得分高低进行公示",② 大庆市在2015年的城管考核中将"各城市管理部门的半年考核成绩在媒体上公布",③ 这类做法不仅是对成绩较高、排名靠前的城管单位的一种表彰,同时也是对成绩较低、排名靠后的城管单位的一种批评,而且实施成本低、简便易行。相应地,在武汉市的上述考核中,"连续3个月排名垫底区的区长要在电视媒体上向全市人民检讨"④。这在荣誉感方面的惩罚力度显然高于单纯的公示,但实现的难度也更高。我们认为,市民评价所关联的城管利害,不仅应当切实起到督促、警示甚至惩戒作用,而且还要考虑现实可能性以及由此产生的"副作用",从而在具体方式上做出合理且慎重的选择。

---

① 易先云. 武汉引入第三方机构监督考核城管工作[N]. 工人日报, 2013-07-03 (001).
② 佚名. 3600位市民当城管"考官"百姓满意度占成绩20% [EB/OL]. 华夏经纬网, 2012-03-20.
③ 佚名. 大庆城市管理下半年民意测评开始 [EB/OL]. 大庆市人民政府网, 2015-12-10.
④ 易先云. 武汉引入第三方机构监督考核城管工作[N]. 工人日报, 2013-07-03 (001).

第七章

城管效能的能效场域

第一节 在能效场域中"着陆"的城管效能

一、走出形式化的城管效能测评

在城市管理工作日趋精细化、严格化和规范化的现时代,市民对城管接案反应的快速性、执法程序的便捷性以及处理结果的可接受性等提出了越来越高的要求,而这些要求的实现程度则反映了城管整体的效能水平——一个合格的城管机关不仅应当是依法的、文明的、开放的,而且应当是高效的。对此,《指导意见》第(十四)项明确要求各地城管部门"完善执法程序,规范办案流程,明确办案时限,提高办案效率。积极推行执法办案评议考核制度和执法公示制度"。这就意味着,"城管效能"这一题域不仅包含了如何通过改善程序、流程、时限等来"提高效能",而且包含了如何通过评议、考核、公示等来"测量效能",以及后续的如何通过制度规范来使效能测量的结果"发挥实效",从而反过来促进"提高效能"的实现。在这一循环系统中,虽然"测量效能"和"发挥实效"对于普通市民和部分政府来说不如"提高效能"那样鲜明和醒目,但实际上,如果测量的方式不够科学、结果不够准确①,那就无法确认城管效能的真实水平以及提高效能的措施是否有效,而如果效能测量的结果无法发挥

---

① 效能测评的结果呈现出明显的"居中趋势",即多数甚至全部被测评者会获得相同或近似的测评结果,其所对应的效能等级都在中等或中等以上。就如论者所言:"每当公共部门绩效评估结果公布后,各部门都'优秀'……而这些绩效评估结果用于内部评比或人员升迁,也会带来内部人员工作积极性丧失和部门间关系不和谐,造成绩效评估作用不明显。"参见吴贵洪,陈笑媛. 从公共管理角度探讨数字化城市管理[J]. 城市管理与科技,2014(3):61.

实效或者效力过于微弱①，那么"城管工作"和"提高效能"就会成为两个互不相干的独立系统，即使城管效能低下，其自身也不会受到不利影响，也就没有动力去付出各种努力、试验各种方法来提高效能。倘若如此，城管部门及其人员即有可能落入"不思进取"的境地，而"测量效能"亦有可能随之沦为形式。

二、交互于"效能"的"能效"场域建构

对于城管视域下的"效能"和"能效"之辨，简言之，一方面，能效场域的生成是以效能的维续或提高为中心扩散开来，若无城管效能这一内核，能效场域亦无存在的空间，场域中的各项元素都是以效能结果为连接点建立线性关联；另一方面，城管效能也需借助能效场域中各项元素的反作用力才得以维续或提高，如果脱离了这一场域，城管效能即便还能独立存在，也会失去实质影响，以至于在城管主体的视野中变得无足轻重甚至渐趋消失——虽然"能效"对"效能"的依赖明显强过相反的情形，但我们倾向于强调，因失去"能效"而变得形式化的"效能"，与"效能"的亡故并无二致。

进一步说，城管"效能"反映的是城管整体的工作状况，既包括"投入—产出""工作量—效果""效率"和"服务质量"等宏观导向，也包括事权指标和特殊指标项下的各项细目，其通常是由上级机构或其他有权主体进行定期或不定期的考核/绩效考评/效能测评来得出结论。而"能效"则是通过制度规范的形式在测评结果和城管部门及其人员的各项利害之间建立关联并发挥实效，从而形成一个以"效能"为内核的场域，场域中的部门和人员都会受到声誉、财务和职务等各个元素的辐射、关涉和勾连。或者说，这一场域一经建立并严格执行，场域中的各主体就无法"摆脱"或"逃脱"自身效能水平的反作用力——无论效能是高是低，都会有声誉、财务和职务中的某一或某几方面回馈于己身，除"不计较利害得失"的特殊主体外，很少有部门或人员能将效能测评作为形式化的"过场"而"置身事外"或"置之不理"。总之，以能效为出发点，能效场域的存在与否决定了效能及其测评本身是否有意义；而在合理限度内，能效场域中作用力的强度、严谨度和执行度与城管的效能水平呈正相关关系。从目前的立法和实践状况上看，城管能效场域中的关联元素包括但不限

---

① 效能测评的实效偏弱，即与测评结果相关联的奖惩机制不够完备或未能严格执行，效能高者不会因此而获益，效能低者也不会因此而受损，被测评者的高效工作或者为提高效能所付出的努力并不会对其自身利害产生影响，这等于是让"提高效能"主要甚至完全依托于"能者多劳"且"无须报酬"的道德境界，同时却抽离了相应的现实动力。

于声誉、财务和职务（见图 7-1），而这三者不仅最为常见，在制度文本中的占有率也最为可观，下文将分别对其进行考察。

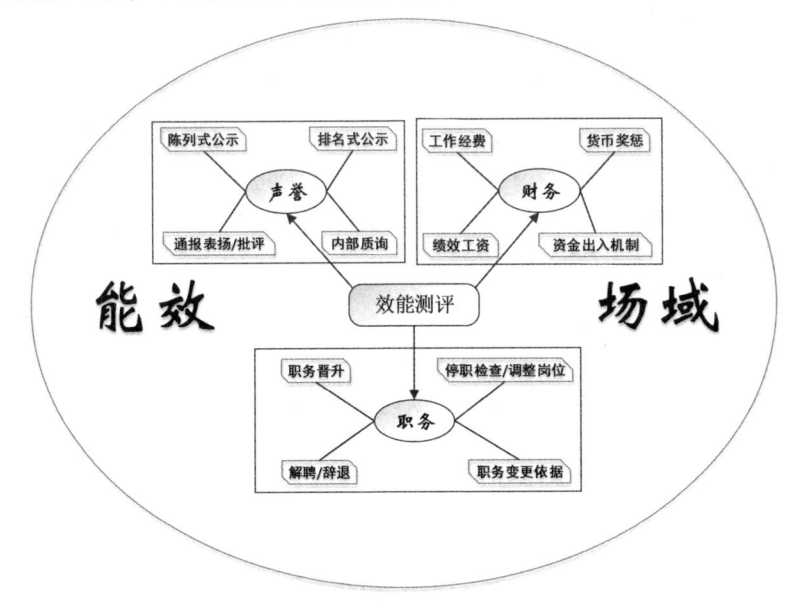

图 7-1 城管能效场域及关联元素示意

第二节 能效场域中的"声誉"元素

城管能效场域中的"声誉"元素，指的是测评主体根据城管部门及其人员的效能测评结果而对其声誉施加的有利或不利影响，一般表现为通过各类载体①公示被测评者的效能水平或分数，或者对各个被测评者的成绩进行排名，

---

① "声誉"元素的作用力载体，指的是对被测评者效能水平的公示、排序以及表彰和批评等在何种媒介上得以实现，比较常见的是电视、广播、报刊等传统媒体，也有目前正在推广的政府网站、城管网站、城管通 APP 等新兴媒体。比如，鄂尔多斯市东胜区"利用数字城管 12319 直播间现场连线中心考核办工作人员公布'数字城管部门工作情况'"（王文彬．"数字城管"提升城市品质 东胜区数字城管工作体会 [J]．中国建设信息，2014（9）：35.）。《许昌市数字化城市管理绩效考评办法》〔2013〕第七条第（一）项规定："月、季度、年度绩效考评结果，在市级新闻媒体、市政府门户网站、中心门户网站上进行公布。"《徐州市数字化城市管理考核办法》〔2013〕第六条第（二）项规定："在政府网站、市城管局网站、市数字城管网站上公布每月的考核结果，在报纸上按季度公布各区、开发区、新城区、建设系统单位、其他系统单位、省部属单位等五类单位的考核得分排名，并对典型案例进行剖析和跟踪。"

215

对排名靠前者公开表彰、对排名靠后者通报批评，或者在系统内部责令成绩不佳者说明原因、表态发言或诫勉谈话等。"声誉"元素的影响属于典型的精神性奖惩——其不涉及被测评者的人财物以及职务级别等物质利益；"声誉"元素的作用力着眼于组织和个人的荣辱感——无论是"公示后三名"，还是"通报批评"，或是"诫勉谈话"等，都是对荣辱感的一种触动，而个人及所在组织的荣誉对于从事公职者来说又是相当重要且为其所需的。也正因如此，以触动荣辱感为本质的"声誉"元素能够通过自身的"能效"辐射来激励被测评者提高效能。我们按照由弱到强的顺序将"声誉"元素的诸种作用力形式分别阐释如下①。

一、陈列式公示

这种形式表现为，测评主体公示测评结果时，只是单纯地进行列举，而不在各个被测评者之间进行排名。比如，《河北省住房和城乡建设厅关于2012年全省数字化城市管理系统建设及运行情况的通报》〔2013〕在第一部分列举了省内11个设区市数字城管的整体运行情况，其中，"石家庄市……2012年市数字城管平台共受理各类问题99万件，结案率99.24%"，"承德市：……2012年市数字城管平台共受理各类问题5.04万件，有效立案3.46万件，处理完成2.94万件，结案率84.85%"，等等。即是说，这份通报在分别陈列了各市的数字城管结案率后，并未按高低顺序进行排名。我们认为，尽管读者和被测评者可以根据通报中的数字自行排名并比较优劣，但测评者是否直接排名毕竟代表着"官方"的态度，代表其对结案率的重视程度以及对被测评者的褒贬立场；这种不加排名的陈列式公示虽然显得中立且温和，但也显得模糊和暧昧——"结案率"并未被明示为一项需要提高的效能指标。再如，《杭州市人民政府办公厅关于2014年度城市管理目标考核结果的通报》〔2015〕在前两部分公布了各区

---

① "评优限制"表现为，测评主体对于成绩偏低或在某方面有较大问题的被测评者禁止其参加一定期间内的评奖评优活动。比如，《深圳市城市管理行政执法队伍达标升级考评方案》〔2012〕第四条第7项规定："当年有下列情形之一不能作为标兵执法队评选对象：（1）当年市容环境综合考核有过不达标或季度排名最后的情形，所属执法队不能评选标兵。"《许昌市数字化城市管理绩效考评办法》〔2013〕第七条第（三）项规定："……连续两年考评分组排名最后一名的责任单位，取消其当年度各类评优资格。"《贵阳市城管局城市管理绩效考核奖惩办法》〔2008〕第六条第（一）项规定："对年度总评为基本合格的责任单位，通报批评，取消该单位年度评优资格。"我们认为，虽然此处的"取消评优资格"及其所关联的"评奖评优"同样具有精神性奖惩的意味，但"评优限制"本身是作为一种前置条件而存在的，缺乏独立属性，并且后续的"评奖评优"也并非以效能测评结果为唯一标准，加之其自身的作用力较弱，因此我们不对其单独进行考察。

城市管理的"综合考核结果"和八个"主要专项指标考核结果",但只列举了"优胜单位"和"达标单位"的名称,既未给出考核成绩,也未进行排名,更未提及"落后单位"或"不达标单位"。我们认为,"陈列式公示"在能效场域中的作用力较弱,其一方面没有以测评者的立场直接对被测评者的效能进行褒贬,很难使其声誉出现明显的上升或下降;另一方面,公示中虽然隐含着各项效能指标的重要性,但由于太过含蓄,也未必能引起被测评者足够的重视。

二、排名式公示

这种形式表现为,测评主体公示测评结果时,在各个被测评者之间按照成绩高低的顺序进行排名。比如,《洛阳市城市管理委员会2016年1月数字化城市管理考核评比通报》〔2016〕分别对市区、委局和直属单位的测评成绩进行了排名,使得各单位的综合得分和名次更为直观(见表7-1)。

表7-1 2016年1月洛阳市各单位数字化城管考核成绩和排名公示

城市区考核		委局考核					直属单位考核		
^^		重点部门组		一般部门组			^^		
区划	名次	综合得分	部分委局	名次	综合得分	部分委局	名次	综合得分	直属单位	名次	综合得分
高新区	1	758.93	市园林局	1	960.62	市人防办	1	1001.70	市政建设集团公司	1	1013.70
经开区	2	695.15	市民政局	2	960.84	市林业局	2	934.74	绵阳供电公司	2	1002.80
西工区	3	682.11	市住建委	3	704.80	市停车办	3	896.20	中国移动绵阳分公司	3	1001.20
洛龙区	4	665.15	市城乡一体化示范区建设一局	4	317.34	市环保局	4	791.10	洛阳城投公司	4	1000.60
龙门园区	5	663.87	^^	^^	^^	市水务局	5	586.30	河南有线洛阳分公司	5	1000.50
瀍河回族区	6	615.62	市公安局	5	235.94				郑州铁路局洛阳车站	6	999.10
老城区	7	602.38	市工商局	6	187.48				中国电信洛阳分公司	7	986.68
河西区	8	588.39	市交通局	7	115.88				中国联通洛阳分公司	8	949.26
									洛阳市热力公司	9	704.84
									新奥华油燃气公司	10	618.4

再如,在2015年1—5月的5份《福州市人民政府办公厅关于数字城管运行情况的通报》〔2015〕中,除了参照住建部《城市市政综合监管信息系统 绩效评价》(CJ/T292-2008)的标准公布了相应期间内案件情况的统计数字,还在通报中单独或者说"刻意"公布了"处置工作较差单位",如"1月份结案率低单位(前五名):三坊七巷管委会、市环保局、市公共交通集团有限公司、市红星农场、市市政建设开发公司","1月份按期结案率低单位(前五名):三坊七巷管委会、市环保局、市公共交通集团有限公司、市红星农场、市水务投资发展有限公司",等等。显然,这种公示方式在排名的基础上进一步突出了成绩不佳的单位,具有些许"点名批评"的意味,相较于单纯的成绩排名更为醒目,亦会使"被点名者"在声誉上受到更大的损失。需要提及的是,在福州市上述

的 5 份通报中，只有 2 月份的通报在公布"处置工作较差单位"的同时又列出了"工作进步明显单位"，即"去年 12 月以来，市建委、市园林局高度重视数字城管工作……及时规范地办理处置数字城管案件，数字城管工作取得明显进步，工作综合评价等级均为 A 级，特给予表扬"。我们认为，声誉元素的能效发挥亦应"奖惩并行"，单纯的声誉贬损虽然能起到"刺激"效能的作用，但毕竟不如贬损和褒扬"双管齐下"更为周全。

又如，《成都市城市管理委员会 2016 年 4 月份城市管理工作监督考评情况通报》〔2016〕在第一部分"考评得分排名"中，不仅公布了各个被测评者的"综合得分排名"，而且公布了包括"环境卫生管理""市容秩序管理""市政设施管理"等在内的 8 个"专项业务考评得分排名"；在第二部分"考评结果分析"中，以文字叙述的形式强调了各项排名中得分最高和最低的单位；在第三部分"存在的主要问题"中，又分别对存在环境卫生方面问题突出、公共厕所管理监督检查不到位、临街店铺越门占道经营现象突出等 7 项事宜的单位进行了"点名批评"，如"部分市政道路存在路面坑凹、破损、网裂、沉陷、积水，路沿石残缺、破损，人行道砌块松动、缺失，盲道设置不规范等问题……如锦江区锦江大道、武侯区太平园西路、龙泉驿区龙都大道五段等"。我们认为，这份通报不仅全面细致，而且"不留情面"地进行点名并加以强调，同时也兼顾了"奖惩并行"，是在我们考察范围内，最能发挥"声誉"元素作用力的一份排名式公示。

三、通报表扬和通报批评

这种形式表现为，测评主体对于成绩较高或偏低，以及在某方面有突出贡献或较大问题的被测评者进行公开表彰或批评，其通常是在测评结果公示之外单独进行。比如，《宁波市人民政府办公厅关于表彰 2014 年度智慧城管工作先进集体和先进个人的通报》〔2015〕中并未系统列举测评结果，只是单独写明："为表彰先进，进一步提升工作成效……决定对宁波市民政局等 16 个先进集体，胡晓昕等 38 名先进个人予以通报表彰。"此外，《郑州市城市管理工作考核方案》〔2008〕第五条第（三）项规定："对城市管理工作成绩突出、年度考核成绩优异的单位，市政府分别给予通报表彰和奖励。"《贵阳市城管局城市管理绩效考核奖惩办法》〔2008〕第六条第（一）项规定："对月考为不合格的责任单位，给予通报批评"，"对年度总评为不合格的责任单位，在《贵阳日报》上挂

'黑牌'通报",等等。① 我们认为,这种通报表扬/批评的形式虽然显示不出成绩和排名等量化因素,但由于其内容单一且完全集中在被通报者身上,褒贬意味更加鲜明,因此在"声誉"上的作用力也往往大于信息较多的排名式公示。

四、内部质询

这种形式表现为,测评主体对于成绩偏低或在某方面有较大问题的被测评者通过各种内部方式进行质询。与前述的公示或通报等不同,内部质询一般将范围限制在行政系统内部,质询过程和具体内容不向社会公众公开,具有些许"内部问责"的意味,其作用力也主要着眼于被质询者的内部声誉。内部质询的方式更为多样和灵活,包括书面检查、诫勉谈话(约谈)、说明原因、提出整改措施、承诺表态等。比如,重庆市九龙坡区"月度考核连续两次排名末位和全年三次排名末位、年度考核排名末位的单位,其党政主要领导须向区委、区政府做出书面说明"②,其中包含了"说明原因"这种质询方式。再如,《天津市城市管理规定》〔2012〕第三十四条规定:"考核结果一年内连续三次在同档次考核中名列最后一名的,予以通报批评,该单位应当作出书面检查,市人民政府分管副市长约见其主要负责人谈话。"其中包含了"书面检查"和"约谈"两种质询方式。又如,《湘潭市城市管理考核奖惩办法》〔2012〕第八条第(二)项规定"连续3个月排名末位的城市区(示范区)其行政主要负责人由市政府主管领导进行约谈,并在市政府常务会议上说明原因和提出整改措施",其中包含了"约谈""说明原因"和"提出整改措施"三种质询方式。需要说明的是,上述诸种内部质询方式,由于既不属于直接的财务和职务影响,也不意味着直接追究相关领导和人员的责任,而被质询者的声誉又会在系统内遭受损失,因此我们仍将其将视为"声誉"元素的作用力形式。同时,在目前的环境下,城管部门及其人员对于自身的"内部声誉"往往比"外部声誉"更为重视,或者说,来自系统内部的"约谈负责人""提交书面检讨"等能够更为直接且有力地触动被测评者的荣辱感——面向社会的公示或通报并不一定引起市

---

① 《许昌市数字化城市管理绩效考评办法》〔2013〕第七条第(六)项规定:"年度绩效考评中,各组第一名且评为优秀格次的,由市政府授予年度'数字化城市管理优秀单位',县区组第二名,市直单位和企事业单位组第二、三名且评为优秀格次的,分别授予'数字化城市管理先进单位',同时评出先进个人予以表彰和奖励。"虽然此处并不是《中华人民共和国公务员法》第五十条意义上的"授予荣誉称号",但通过规范性文件的形式明确表彰和奖励的具体内容,显然更有助于发挥"声誉"元素的作用力。

② 中共九龙坡区委,九龙坡区人民政府. 九龙坡区力推城市管理向城市治理迈进[J]. 新重庆,2015(1):37.

民的注意，但内部的约谈或检讨则大多会在系统内"形成波澜"。因此我们认为，内部质询在"声誉"元素上的作用力强度高于前述的公示和通报。

综上所述，在"声誉"元素的四种作用力形式中，强度最高的是内部质询，最低的则是陈列式公示。在使用率方面，我们考察了各地方颁布实施的18部城管考核规范（见表7-2），其中明确规定了陈列式公示（即普通的"媒体公布"）的共8部，占比44%；明确规定了排名式公示的共2部，占比11%；明确规定了通报表扬/批评的共10部，占比56%；明确规定了内部质询的共7部，占比39%。与目前的使用率情况相反，我们认为，排名式公示虽然不是作用力最强的形式，却是最为必要、最值得采纳的形式——只有这种形式能够通过数据和排序让市民知晓城管的效能水平，其公开范围、全面和客观程度都在四种形式中居于首位，应当进一步通过制度规范的形式将其固定下来，成为效能测评的必经程序。而在另外三种形式中，陈列式公示可被排名式公示取代而不再单独进行；通报表扬/批评和内部质询则可作为排名式公示的后续步骤，以强化"声誉"元素的能效辐射。

第三节 能效场域中的"财务"元素

城管能效场域中的"财务"元素，指的是测评主体根据城管部门及其人员的效能测评结果而对其财务施加的有利或不利影响。对于组织而言，其一般表现为对工作经费进行增发或扣减，或者以奖金和罚款的形式直接给予货币奖惩，辅之以专项资金拨付、奖励资金专户、保证金制度等"资金出入机制"；对于个人而言，则主要表现为对绩效工资的增发或扣减。"财务"元素的影响属于典型的物质性奖惩，[1] 其作用力着眼于组织和个人的工作或生活需要，且直接关涉到城管部门执行公务的资源基础以及城管人员的工作收入；从另一个角度说，目前很多地方"财务"元素的作用力形式，其实是将城管的效能进行了"货币

---

[1] "所有高绩效的政府都使用多种多样的货币以及非货币形式的奖赏；有一些使用了15种之多不同的类型，它们一向将货币以及非货币的奖赏相混合。例如，衣阿华采用一个绩效认可（recognition）项目，举行一个公共服务认可周，褒奖当月的一名雇员，并为这些模范雇员颁发奖状以及一个特殊的管理者奖。此外，衣阿华还对其公务员使用收益共享、能力薪水、生计成本支付、个人绩效奖金以及绩效薪水的方式。"参见［美］马克斯韦尔公民与公共事务学院. 政府绩效评估之路［M］. 邓淑莲，等译. 上海：复旦大学出版社，2007：125.

第七章 城管效能的能效场域

表7-2 18部城管考核规范中的能效条款列举

	声誉影响	财务影响	职务影响
贵阳市城管局城市管理绩效考核奖惩办法[2008]	通报批评(第六条)	货币奖惩、绩效工资(第六条)	任免依据、停职检查(第六条)
郑州市城市管理工作考核方案[2008]	媒体公布、通报表扬、通报批评(第五条)		
天津市城市管理规定[2012]	媒体公布(第三十二条)、通报批评、约谈、书面检查(第三十四条)	以奖代补(第三十四条)	
重庆市北碚区城市管理目标责任制考评暂行办法[2011]			任免依据(第四条)
郴州市城区城市管理绩效考评暂行办法[2012]	媒体公布、说明原因、内部质询、约谈(第八条)	货币奖惩、工作经费、保证金制度(第七条)	
湘潭市城市管理考核奖惩办法[2012]	媒体公布(第九条)、内部质询、约谈、说明原因、提出整改措施	货币奖惩、工作经费(第七条)	
抚顺市城市管理工作考核办法[2010]	媒体公布(第五条)	货币奖惩、保证金制度(第五条)	
深圳市城市管理行政执法队伍达标升级考评方案[2012]	评优限制(第六条)		职务晋升、调整岗位(第六条)
青州市城市管理暂行办法[2013]	排名公示、表彰先进、内部质询、表态发言(第三条)		
平顶山市数字化城市管理工作考核办法(试行)[2012]	通报表扬、内部质询、表态发言(第七条)		
洛阳市城区数字化城市管理考评办法[2014]	表彰先进(第十二条)、通报批评(第十三条)	货币奖惩(第十二、十三条)	

221

续表

	声誉影响	财务影响	职务影响
许昌市数字化城市管理绩效考评办法[2013]	媒体公布,通报表扬,授予荣誉称号,通报批评,内部质询:表态发言,检讨和承诺表态,评优限制(第七条)	工作经费、货币奖惩(第七条)	
郑州市数字化城市管理实施办法[2010]		工作经费(第三十一条)	
昆明市数字化城市管理实施办法[2010]		工作经费(第十八条)	
扬州市数字化城市管理综合考核办法[2014]	排名式公示,表彰先进(第十条)	保证金制度(第四条)	
衢州市数字城管指挥中心受理派遣员绩效考核办法(试行)[2013]	媒体公布,通报批评,内部质询;拿出整改措施,诫勉谈话(第十条)	绩效工资(第三条)	
六安市数字化城市管理暂行办法[2009]	媒体公布(第三十四条)	保证金制度、工作经费(第十条)	
廊坊市数字化城市管理系统运行实施办法[2010]	媒体公布(第三十条)		

化"——效能越高，财务收益就越高，反之亦然，部分地方还在二者之间设定了详细的比例关系。在目前的环境下，物质性的"财务"元素往往比精神性的"声誉"元素更为基础、更为迫切，也更加必不可少，因此其作用力强度也表现得更为充分，更能通过自身的"能效"辐射来激励被测评者提高效能。我们按照由弱到强的顺序将"财务"元素的诸种作用力形式分别阐释如下。

一、工作经费

这种形式表现为，测评主体按照被测评者（仅限组织）的效能测评结果来核拨其下一时段的工作经费。比如，《许昌市数字化城市管理绩效考评办法》〔2013〕第七条第（五）项规定："市拨经费的划拨与考评结果挂钩。每月依据绩效考评结果，分别对许昌县人民政府、魏都区人民政府、许昌新区管委会、经济技术开发区管委会、东城区管委会调剂划拨相应经费，以95分为标准，每低1分核减经费500元。"根据这一规定，2014年1月，许昌市数字化城管中心对于分数未达标的国家许昌经济技术开发区、许昌新区、魏都区、许昌县、东城区扣拨经费共计17160元。[1] 再如，上海市某区的网格化管理考核办法中，"综合考评得分80分以上的全额发放片区工作经费，79~60分的按80%发放片区工作经费，60分以下不发放片区工作经费"[2]。而无论是按分扣减还是按分值区间设定比例，都在分数与经费之间建立了量化关联，或者说基本实现了经费核拨的"格次化"。[3]

然而，此处的问题在于，"工作经费"是城管从事公务活动的物质保障，其

---

[1] 张柯.1月份，我市城市管理问题按期结案率达87.87%［N］.许昌日报，2014-02-22（002）.2014年8月，"市数字化城管系统中存在超期未处置案件共268件……其中，存在超期未处置案件较多的单位有：国家许昌经济技术开发区66件、许昌县49件、许昌市城乡一体化示范区39件。8月份还存在案件返工处理1243次……针对以上问题，市数字化城管中心……对国家许昌经济技术开发区、许昌市城乡一体化示范区、魏都区、许昌县和东城区8月份扣拨经费，合计19550元。"参见张柯."数字城管"促进创文工作常态化［N］.许昌日报，2014-09-13（002）.

[2] 陶振.城市网格化管理：运行架构、功能限度与优化路径——以上海为例［J］.青海社会科学，2015（2）：82.

[3] 亦有部分地方只是笼统地规定了将测评结果作为"经费核拨的依据"，而未规定具体格次，如《昆明市数字化城市管理办法》〔2010〕第十八条规定："数字化城市管理信息收集、处理、评价的结果，可作为开展下列工作的依据……（五）行业管理部门、监管机构、财政部门对城市管理部件养护作业核定经费的依据。"我们认为，既然要在工作经费和测评结果之间建立关联，就应当进一步规定量化或格次化的细则，使其更具可操作性。

在能效场域中虽然作用显著，但也处于两难境地：如若扣减过少，可能起不到足够的督促作用；如若扣减过多，则可能影响到城管的正常工作，从而形成效能越低经费越少、经费越少越无力提升效能的恶性循环。况且，一方面，《指导意见》第（三十）项明确要求各地方"健全责任明确、分类负担、收支脱钩、财政保障的城市管理经费保障机制"，"因地制宜加大财政支持力度，统筹使用有关资金，增加对城市管理执法人员、装备、技术等方面的资金投入，保障执法工作需要"；《城市管理执法办法》第二十二条规定："城市管理执法应当保障必要的工作经费。"这些规定显然不能成为"扣减城管经费"的有力支撑。另一方面，目前还有部分城管存在经费不足的问题，比如，在珠海市，"修复护栏需要资金，街道办没有财税收入，有时为了解决问题，不得不到处拉赞助。……吉大街道办曾遇到居民投诉小区种菜，工作人员只好找了家公司出钱硬底化平整菜地，在平地旁竖个碑，上写某某公司捐建，算是给赞助商的补偿"①。此时，城管经费本就捉襟见肘，再因效能评测而遭受扣减，那么其诸项工作是否还能照常进行就会成为疑问，而相应辖区内的市民生活是否会受到影响也同样会成为疑问。我们认为，虽然"工作经费"作为"财务"元素的作用力形式确有存在的必要，但也应当设计合理的"资金出入机制"来防止上述情况发生。

二、货币奖惩

这种形式表现为，测评主体按照被测评者（既可为组织，又可为个人）的效能测评结果来发放奖金或收缴罚款。比如，《洛阳市城市区数字化城市管理考核评比办法》〔2014〕第十二条规定"月度评比第一名的城市区，奖励 10 万元"，第十三条规定"月度评比排名末位的城市区，处罚 5 万元"。② 这一规定仅对首位和末位实施奖惩，且奖金和罚款数额并不相等。再如，《湘潭市城市管

---

① 数字城管指挥中心"一直有给城管管家举报的市民送流量、送话费的想法，但又顾虑一旦实施，举报量如果暴增，各责任单位会顶不住，迟迟不敢推行"。参见何锁坡. 给城市管理装个"大脑"[N]. 珠海特区报，2015-03-10（004）. 此外，数字城管系统本身的实施（特别是在建设初期）也会使经费支出显著增加，为此，住建部在《数字化城市管理模式建设导则（试行）》〔2009〕专门规定："可以通过设备租用、委托建设等形式开展系统建设，减少数字城管一次性投资；要积极采用先进实用和性价比合理的技术模式和硬件配置，以降低数字城管建设的技术成本。"

② 《洛阳市城市管理委员会 2016 年 1 月数字化城市管理考核评比通报》〔2016〕显示："给予城市区组第一名的高新区 10 万元奖励，给予城市区组末位的涧西区 5 万元处罚。"说明上述规定执行得比较到位。

理考核奖惩办法》〔2012〕第八条第（二）项规定："（1）对月考核排名前三名且计分在950分（含950分）以上的市直部门根据工作量的大小奖励1~5万元。（2）对月考核排名末三位的市直部门各罚款1万元。（3）对年度考核排名第一名的市直部门奖励10万元。"这一规定将奖惩对象扩大为6位，范围更宽；并且对月度考核和年度考核分别进行奖惩，幅度也更大；而奖金和罚款的总额同样并不相等。又如，《贵阳市城管局城市管理绩效考核奖惩办法》〔2008〕第六条第（一）项规定："1.对季度考评为优秀的责任单位奖励5000元，由责任单位对相关岗位责任人进行奖励。2.对在年度总评中评为优秀的责任单位奖励3万元，由责任单位对相关岗位责任人进行奖励；同时奖励单位行政主要领导2000元、分管领导1500元。""2.对季度考核为基本合格的责任单位……处罚5000元；3.对季度考核为不合格的责任单位……处罚1万元。4.对年度总评为基本合格的责任单位……处罚1万元。5.对年度总评为不合格的责任单位……处罚单位3万元。"这一规定并未限制奖惩对象的数量，"考评等次"在优秀、基本合格和不合格者都在奖惩范围内；其对季度考核和年度考核分别进行奖惩，幅度居中；而奖金和罚款的总额较为均衡；更重要的是，其明确规定了对单位和个人（领导）分别进行奖励。问题在于，一方面，该文件在"奖励"环节明确规定了对领导（岗位责任人、主要领导、分管领导）的奖金，但在"惩罚"环节却没有规定对领导的罚款，似乎是以制度规范的形式确定了"奖金由领导承担，罚款则由单位承担"——我们并不反对对个人实施奖励，但应当如单位那样在奖惩之间实现平衡。另一方面，该文件虽然规定了对个人/领导的奖励，却未规定对非领导人员的奖励——虽然领导所获奖金可能会按照单位内部规定继续向下分配，但由上位法统一进行规定毕竟更为稳妥。[①]

此处更为重要的是奖金和罚款的来源问题。（1）如果奖金来源于财政中的"城市管理经费预算"，罚款出自被测评者的工作经费，那就和前文中的"工作

[①] 相较于贵阳市文件，《郴州市城区城市管理工作绩效考评暂行办法》〔2012〕对于个人奖惩的规定更为周全，或者说是从两个方面封堵了贵阳市文件的漏洞。一方面，郴州市文件既规定了对于领导的奖励，也规定了对于领导的惩罚，与单位一道实现了奖惩之间的平衡，即其在第七条第（二）项规定："'三区'区委书记、区长（主任）个人每月上缴1500元、分管副区长（副主任）个人每月上缴1000元，作为考评风险抵押金"；"单位考评成绩不合格且在本月排末名的'三区'区委书记、区长（主任）……个人各罚1500元，分管副区长（副主任）……个人各罚1000元"。另一方面，郴州市文件不仅规定了对领导的奖励，而且规定了对非领导人员的奖励，即其第七条第（三）项规定："被考评单位可从每月获得的奖金中提取20%用于奖励城市管理工作的先进集体和个人。"这里的"个人"并没有对领导和非领导加以限制。

经费"存在同样的问题。(2) 如果奖金来源于财政的额外/单独预算和拨款，那就不会影响到各个被测评者工作经费的拨付，从而不会影响到其基本的工作资源，是较为理想的形式。此时，将测评结果与"工作经费"挂钩，不如与"货币奖励"挂钩，后者既可以起到激励效能之功效，又不至影响其工作的正常运转。(3) 如果是用罚款的金额来冲抵奖金，那么虽然能解决奖金的来源问题，但一方面，上述三个事例中有两个显示为奖金和罚款总额不等，差额部分应当源自何处就会成为问题；另一方面，被罚款者仍然只能从工作经费中提取罚款金额。我们认为，对于"货币奖惩"而言，虽然其同样具有较高的能效辐射，但也同样应当设计合理的"资金出入机制"来消弭可能存在的问题。

三、资金出入机制

为了解决上述"工作经费"和"货币奖惩"中的资金来源问题，部分地方专门设计了相应的"资金出入机制"。

一是专项资金拨付。比如，绍兴市袍江开发区专门设立了300万元区城市管理专项资金，考核结果按区块、局办分类进行排名通报，并与岗位责任制考核和专项资金拨付挂钩，实行奖优罚劣。[①] 此处虽然明确了奖惩资金的来源为"城市管理专项资金"，但未明确这一资金的性质，其属于财政中的"城市管理经费预算"，还是属于财政的额外/单独预算和拨款，或是来源于第三方捐助等其他途径？若仍为第一种，则该机制并无实质意义。

二是奖励资金专户。比如，《湘潭市城市管理考核奖惩办法》〔2012〕第八条第（一）项规定："市城管委设立城市管理及创卫工作奖励资金专户，实行专款专用"，"市财政每年从城维费中安排556万元用于奖励城市管理及创卫工作先进城市区……"，"各城市区……所得奖金的50%用于城市管理和创卫工作投入，50%用于奖励城市管理工作和创卫先进单位和个人……"，"各部门各单位所得奖金不能抵减城市管理和创卫工作的预算资金"。根据这一规定，虽然作为"专户"中资金来源的"城维费"性质并不明确，但由于"奖金不得抵减预算资金"，则不仅意味着奖金是在工作经费之外单独拨付的，而且意味着奖金的50%可以在工作经费之外独立使用，从而确保了其"奖励"属性，进一步强化了激励作用。我们认为，如果此处作为来源的"城维费"和城管的工作经费是彼此独立的，那么"奖励资金专户"即是较为合理的资金出入机制。

---

① 徐峰，冯大庆. 袍江数字城管连续10个月在市直各区块考评中列第一位[N]. 绍兴日报，2015-12-07 (003).

三是保证金制度。比如，《扬州市数字化城市管理综合考核办法》〔2014〕第四条第（三）项规定："区政府（管委会）的城市管理保证金为100万元。""①年度考核得分在80分以上（含80分）的，全额返还保证金……②年度考核得分在80分以下至75分（含75分）的，扣除城市管理保证金的50%。③年度考核得分在75分以下的，全额扣除城市管理保证金。"分析这一规定可知，一方面，前述的"货币奖惩"是对测评分数较低者直接予以罚款，此处的"保证金制度"则是对其提前交付的"保证金"差额返还，后者除程序更为烦琐外，与前者并无实质不同；另一方面，无论是前述的"罚款"，还是此处的"保证金"，在被测评者不能直接取得罚没所得所有权的前提下，也只能来源于财政拨付的工作经费。再如，《郴州市城区城市管理工作绩效考评暂行办法》〔2012〕第七条第（一）项规定："'三区'每月奖励资金由市财政安排的每月7万元和本月所扣被考评单位预留工作绩效考评风险押金的总和构成。达到合格及以上等次并获'三区'第一名、第二名者按照本月总奖励金额（本月总奖励金额=7万元+第三名的本月所扣绩效考评风险押金总和的60%）的6：4分配奖金予以奖励，第三名本月所扣绩效考评风险押金的40%由市考评委员会年终统一调剂。"与扬州市文件相比，该规定进一步明确了测评成绩较低者"不予返还"的"风险押金"的去向，即与市财政单独安排的奖金一并发放给测评成绩较高者或者年终统一调剂，填补了规则的漏洞。同时，该条第（二）项规定："每年从下拨给'三区'管委会的城市管理总经费中分别预留80万元……作为绩效考评风险押金，专款专用。根据考评得分，当月考评成绩不合格的，每少1分从绩效考评风险押金中直接扣款5000元；考评成绩为合格及以上者，返回当月预留考评风险押金。"此处明确了"风险押金"的来源（即"城市管理总经费"）以及具体的扣款方案，可见郴州市的"风险押金制度"与扬州市的"保证金制度"存在同样的问题。

综合上述三种机制，我们认为，相应的资金应当出入于独立的财政拨款或第三方捐助——只有与被测评者的"工作经费"无涉，才能确保其基本工作不受影响。并且，从另一个角度看，独立的资金出入也比"出入于工作经费"具有更强的能效辐射——如果"财务"元素完全限制在工作经费上，那么高效能所带来的收益要"用于未来的工作"，低效能所带来的损失也要"由未来的工作承担"，城管部门及其人员并没有独立于工作之外的得失。有时，"工作经费"的扣减还会起到"消极怠工"的反作用，即被扣减经费的单位通过缩小巡查范围、降低立案数量、减缓派遣速度等来使扣减后的经费能够"满足工作需要"，或者说在"工作量"和"工作经费"之间建立对应关系，经费越少，工作也越少——对于消极者来说，没有足够的经费来更换损毁的城市部件反而是进一步"节省了人力"的"乐事"，毕竟"工作经费"的增减并未触及部门和人员的私益。我们认为，一方面，相应的资金出入是否独立于"工作经费"直接关系到"财务"元素的作用力强度；另一方面，"财务"元素对个人施加影响也往往比对组织施加影响更具能效。

四、绩效工资

这种形式表现为，测评主体按照被测评者（仅限个人）的效能测评结果来发放其上一时段的绩效工资，且此处的"绩效工资"与前文对个人的"货币奖惩"并无关联。比如，济南市四里村街办"为创建'六好'办事处，他们每月给每位执法人员浮动工资 300 元。但这 300 元不好拿，干好了才能拿，干不好就扣掉"①。再如，《贵阳市城管局城市管理绩效考核奖惩办法》〔2008〕第六条第（二）项规定："1. 对月考核为基本合格的责任路段，扣发岗位责任人当月执勤补贴 220 元。2. 对月考核为不合格的责任路段，除扣岗位责任人当月所有补贴，只发放基本工资。"此处是按考核等次对被测评者的各项补贴进行扣减。又如，《衢州市数字城管指挥中心受理派遣员绩效考核办法（试行）》〔2013〕第三条规定："每人每月从现行工资中，提取 200 元作为个人的月度考核奖金"，"考核结果分为五档。95 分（含）以上为 A 等，考核奖为奖金额的 100%；90 分（含）以上为 B 等，考核奖为奖金额的 90%；80 分（含）以上为 C 等，考核奖为奖金额的 80%；80 分以下取消考核奖……全年累计 3 次（含）以上被评为 C 等级以下的，解除劳动合同"。可以看出，该规定与前文所述的"保证金制度"基本一致，只是将缴纳者从单位转化为个人。同时，无论是济南市的"浮动工资"，还是贵阳市的"执勤补贴"，或是衢州市的"考核奖金"，都可理解为个人的"绩效工资"，具有相同的性质。

与"工作经费"相比，"绩效工资"影响的是个人而非单位的财务状况；同为个人的情况下，与"货币奖惩"相比，"绩效工资"影响的是个人的"基本收入"而非"额外收入"，加之"个人""基本收入"的减损比执法工作的停滞更加迫在眉睫，我们认为，在"财务"元素的诸种作用力形式中，"绩效工资"具有最高的强度。此处的问题在于，首先，从衢州市文件"解除劳动合同"一句可以看出，其所规定的派遣员并不具有行政编制（公务员编），而根据《中华人民共和国公务员法》第七十四条的规定，公务员的工资构成也不包含浮动

---

① 陈加宝. 城管有"三难"破解需"三治"[N]. 济南日报，2014-01-08（A03）.

工资/执勤补贴/绩效工资等名目,因此"绩效工资"尽管能在很大范围上起到激励效能的作用,但还难以影响到更为核心的城管人员。其次,绩效工资制度本身也存在着各种问题,如资金来源、测评机制的公正性、效能与工资的对应关系等;而如上述衢州市那样在测评分数和绩效工资之间设定明确而详细的比例关系,则有助于缓解这些问题。

综上所述,在"财务"元素的四种作用力形式中,强度最高的是绩效工资,次之的是针对个人的货币奖惩,之后才是针对单位的货币奖惩和工作经费,而资金出入机制作为一种辅助机制,不计入作用力排名。在使用率方面,在我们考察的18部城管考核规范(见表7-2)中,明确规定了工作经费的共6部,占比33%;明确规定了货币奖惩的共6部,占比33%;明确规定了绩效工资的共2部,占比10%;明确规定了各类资金出入机制的共5部,占比28%。与目前的使用率情况相反,我们认为,一方面,尽管从规定的总量上看,"财务"元素(19部)要明显小于"声誉"元素(27部),但二者的作用力强度则呈相反的状态,建议各地方更多地将"财务"元素纳入能效场域或进一步细化规定;另一方面,对于工作经费和货币奖惩的规定也明显多于绩效工资,但三者的作用力强度同样呈相反的状态,建议各地方对于"个人"的财务影响给予更多的重视。

第四节 能效场域中的"职务"元素

城管能效场域中的"职务"元素,指的是测评主体根据城管人员的效能测评结果而对其职务施加的有利或不利影响,一般表现为对效能突出者给予职务晋升/提拔使用,对效能低下者予以停职检查/调整岗位乃至于解聘/辞退,或者通过业绩档案等形式将效能测评结果作为被测评者政绩评价和职务任免的依据。相较于"声誉"和"财务"而言,"职务"元素的影响属于综合性奖惩,其作用力着眼于个人[①]的职业状况:从职业发展的角度看,效能突出的城管人员可

[①] 在三种元素中,"声誉"和"财务"既可以针对组织,也可以针对个人,而"职务"元素只能针对个人。

能在"职务"元素的影响下晋升职务层次,而与之关联的职位、级别以及工资收入①等都会随之提升;从职业守成的角度看,效能低下的城管人员可能在"职务"元素的影响下降低职务层次甚至失去城管工作,若要维持现状必须付出更多的努力。其实,无论是"职务"晋升还是降低或是失去,都会带来"声誉"和"财务"上的变化,"职务"元素的综合性使其能在一定程度上涵盖"声誉"和"财务"元素,并使其自身的"能效"辐射在三种元素中居于首位。我们按照由弱到强的顺序将"职务"元素的诸种作用力形式分别阐释如下。

一、职务晋升

这种形式表现为,测评主体对于成绩突出的被测评者给予晋升职务层次或提拔使用等职务利益。比如,《深圳市城市管理行政执法队伍达标升级考评方案》〔2012〕第六条规定:"连续三年获得标兵执法队正副队长,建议所在街道予以表彰奖励并优先提拔使用。"此处虽然写明了"提拔使用"的字样,但同时加入了多项限制——不仅"连续三年"很难达到,"建议"和"优先"也使得提拔使用变得"软性",即便条件达成也并非必然获得提拔。尽管这一规定显得苛刻和暧昧,但已是我们考察范围内,唯一一项直接针对职务晋升所做的规定。

虽然"绩效选拔的优势在于,它对于候选人的公正性,详细审查的可能性,并且能确定满足最低素质和资格要求"②,但相关规定之所以如此稀少,至少包括以下两方面原因。一方面,在行政系统内部,对于组织而言,严格的职数限制使得职务层次成了非常重要的稀缺资源;对于个人而言,其又关系到方方面面的权益,从而存在着激烈的竞争,以至于职务晋升往往会对个人进行"全方

---

① 根据伯克利教授的描述,"晋升意味着一种改变:(1)在同一职位分类制度和报酬计划下,向更高级别的职位上升;(2)在不同的职位分类制度和报酬计划下,向更高报酬率的职位上升"。"联邦政府将职位分为15个基本的职等……每上升一等便得到更高的报酬,并且表面上也比低的职等需要更多的能力和产出。在每一个职等内还有10个职级,每个职级都比前一个职级获得更多的报酬。任何一个职等的较高职级获得的报酬往往会高于仅高一等的较低职级。"这与我国《公务员法》的规定有着内在的一致性,并且都能体现出"职务"元素相较于"声誉"和"财务"的综合性。参见〔美〕乔治·伯克利,约翰·劳斯. 公共管理的技巧[M]. 丁煌,等译. 北京:中国人民大学出版社,2007:192、207.

② 〔美〕埃文·M. 伯曼,等. 公共部门人力资源管理[M]. 萧鸣政,等译. 北京:中国人民大学出版社,2008:105.

位"考察，很少会因为一次或几次效能成绩突出而直接予以晋升。另一方面，则是在目前的环境下，至少是在《中华人民共和国公务员法》及其配套规定的框架下，职务晋升与考核等次/效能水平/绩效分数等关联并不密切，效能水平并不是行政人员晋升的决定性因素，甚至不是主要因素。① 我们认为，为进一步发挥"职务"元素的作用力，应当在城管人员的效能水平与职务晋升之间建立更为直接的关联，就如伯克利教授所言："雇员绩效必须与晋级联系起来，最能干的人必须晋升到管理层去，应给予管理者更多的报酬以使其解决困难的人事问题和制定政策。"② 具体而言，在城管人员职务晋升所要考虑的诸多因素中，应当将平时、定期或累计的效能测评成绩作为核心依据，或者至少是在量化的职务晋升方案中占据过半数比重——虽然偏重效能也可能引发相应的风险，但总要好过于"从一个职级上升到另一个职级主要依据的是资历"③，"除非有职位空缺才会按资历予以晋升"④ 的情形。

二、停职检查和调整岗位

这种形式表现为，测评主体对于成绩低下的被测评者给予暂停履行职责或者更换职位等职务上的不利处理。比如，《贵阳市城管局城市管理绩效考核奖惩办法》〔2008〕第六条第（二）项规定："对季度考核为不合格或连续二个月考评不合格的责任路段，其岗位责任人给予停职检查，离岗到支队学习15天，经考核合格后再上岗的处罚。"再如，《深圳市城市管理行政执法队伍达标升级考评方案》〔2012〕第六条规定："连续三年不达标的执法队，市执法局进行通报批评，并建议调整队长工作岗位。"虽然此处的规定皆为"职务"元素的负效应，但需要注意的是，"停职检查"和"调整岗位"既不是职务层次和级别的降低，也不是职位乃至于工作的丧失——"停职检查"是在职务层次、职位和级别不变的情况下暂停其职责的履行，而"调整岗位"则是在职务层次和级别不变的情况下变更其职位，这两种方式既没有使职务本身遭受实质损失，也没有损害到与职务层次相关联的其他利益。在这个意义上，二者并没有上述作为

---

① 刘福元，王娜. 公务员考核结果实效化的制度规范探析［J］. 东北财经大学学报，2015（6）：93.
② ［美］乔治·伯克利，约翰·劳斯. 公共管理的技巧［M］. 丁煌，等译. 北京：中国人民大学出版社，2007：207.
③ ［美］乔治·伯克利，约翰·劳斯. 公共管理的技巧［M］. 丁煌，等译. 北京：中国人民大学出版社，2007：207.
④ ［美］多丽斯·A. 格拉伯. 沟通的力量——公共组织信息管理［M］. 张熹珂，译. 上海：复旦大学出版社，2007：161.

奖励措施的职务晋升那样显著的影响，或者说，其作用力远低于本应存在于此的"职务降低"（即"降低职务层次"，简称"降职"），只是在我们的考察范围内并未发现任何有关职务降低的规定——效能水平与职务降低的关联性还要弱于职务晋升，这虽然能体现出测评主体对于城管人员"温情"和"人性化"的一面，但也几乎腰斩了"职务"元素的辐射能量。

三、解聘和辞退

这种形式表现为，测评主体对于成绩在一定时间内持续低下的被测评者给予解除聘任关系或人事关系的不利处理，被测评者从而失去城管工作。比如，《南昌市青云谱区"数字城管"系统工作实施方案》〔2010〕第三条规定："因主观原因造成案卷错派、漏派、延时等问题……月超过2次、年累计超过6次的，作辞退处理。"问题在于，对于"错派、漏派、延时"等，即便实施上述的降职惩罚都难以做到，此处何以能规定更为严厉的辞退？其实，此处用"解聘"（针对合同制管理人员）一词比"辞退"（针对行政编制人员）一词更为恰当，因为该文件同时规定："质量复核员实行市场化运作管理模式，区城管委委托南昌市洁佳物业实业公司招聘25人……人员聘任、培训、上岗等由南昌市洁佳物业实业公司负责，人员监管实施'双重'管理，区'监督中心'负责监控和绩效考评。"即是说，能够被"辞退"的只是市场化运作的、以劳务派遣的形式进入城管队伍、无行政编制、可以灵活管理的"合同工"或"临时工"，而更为核心的具有行政编制的城管人员则不在此列。我们认为，由于解聘和辞退会直接导致"失业"的严重后果，因此在"职务"元素的诸种作用力形式中强度最高，但实施对象的限制也同样大幅减损了其应有的辐射能量。尽管"高绩效政府有能力更快地雇用和解雇。……比起其他政府，他们有能力用更少的时间来填补一个岗位的空缺以及结束雇用表现和行为有问题的雇员"[1]，但要将效能水平和解聘、辞退这样严重的人事处理连接在一起，则涉及政府系统内更深层次

---

[1] ［美］马克斯韦尔公民与公共事务学院. 政府绩效评估之路［M］. 邓淑莲，等译. 上海：复旦大学出版社，2007：126.

的人事行政改革①,并非城管部门单独所能解决。

四、职务变更依据

这种形式并非"职务"元素独立的作用力形式,即不会直接对被测评者的职务进行变更,而是将测评结果记录下来作为其职务变更的依据——尽管这种"依据"并不必然在未来某一时间发生效力,但总要好过于将其"置之不理"或完全排除在影响因素外。比如,《徐州市人民政府关于建立城市管理行政执法人员执法业绩档案制度的实施意见》〔2011〕第四条规定,"执法业绩档案"的内容包括"基本情况""执法情况""考核情况"和"奖惩情况"四项,第六条规定:"各单位要优先推荐执法业绩优良的执法人员提升晋级、交流使用,推荐其参加局或上级机关组织的各类表彰评比。对无执法业绩或执法业绩平庸的执法人员不得作为评先或拟提升晋级的对象。"显然,"业绩档案"本身并不会直接变更被记录人的职务状况,但可以作为其未来晋级和交流的依据,或者反过来说,若其只具备记录功能而无任何实效,那就只是让繁复、枯燥而无意义的"文书工作"增加了一环。再如,《贵阳市城管局城市管理绩效考核奖惩办法》〔2008〕第六条规定:"督促检查结果与奖惩挂钩,纳入市政府目标考核,并作为评价干部政绩的内容之一。"尽管这一规定只适用于领导职务公务员,并且只是其"政绩评价"的内容之一,但同样会影响到其未来的职务晋升。又如,《重庆市北碚区城市管理目标责任制考核办法》〔2011〕第四条规定:"城市管理工

---

① 这类体制性问题在部分西方国家也同样存在。比如,"人员绩效考核……所提供的记录可以用来作为终止合同决定的依据。不同于大多数私营部门……公务员可以根据宪法规定,有权要求了解这个过程。尽管存在解雇的充足理由(绩效差或行为不端,如偷窃),但是如果不能很好地处理这个过程,管理者仍然会制造出严重的事端。……因此,所有的管理者都必须与人力资源管理部门协商,按照已有的程序办事以减少失误,否则会使组织背负责任"。参见〔美〕埃文·M.伯曼,等.公共部门人力资源管理[M].萧鸣政,等译.北京:中国人民大学出版社,2008:292.再如,"差评(poor e-valuations)是迈向解雇的第一步,然而为什么很少有雇员得到差评呢?原因在于,一线主管没有足够的动机对雇员采取应有的惩戒措施,他也不用对自己的这种失职行为负责。有什么理由会使上级评估者只是为了那些模糊的公共利益概念而冒着与下级关系僵化的危险惩戒下级?除非有非常迫切的生产率压力,否则不可能使得所有管理者都采取那样的行为。公共管理者毕竟不像私营企业主一样管理的是自己的企业。雇员的作为或不作为只要不出现重大错误,就不会直接影响到这些公共管理者们的利益。为什么管理者要对公共资金的浪费(这对他们的切身利益并没有任何影响的事件)引起高度重视并切实采取措施?其他人都持反对意见而管理者仍按自己的信念行事,这难道不需要管理者具有强烈意识形态信仰吗?"参见〔美〕杰伊·M.沙夫里茨,等.公共行政导论[M].刘俊生,等译.北京:中国人民大学出版社,2011:316.

作考核结果纳入全区年度目标考核和领导班子年度考核的重要内容,并作为干部考核、任免的重要依据。"此处的"干部任免"与前述的"调整岗位"相似,都是对被测评者"职位"的更改,而不涉及"职务层次"和"级别"。需要说明的是,此处的几种"职务变更依据"都是"中性"的,既可能是有利的,也可能是不利的,而不像前述的"职务晋升"等三种形式有着明确的方向性。

综上所述,在"职务"元素的四种作用力形式中,强度最高的是解聘/辞退,次之的是停职检查/调整岗位,之后才是职务晋升,而职务变更依据作为一种辅助机制,不计入作用力排名。如此排序的原因在于,首先,职务晋升面向的是"职业发展",解聘/辞退则关涉到"个人生存",后者显然比前者存在更大的压力。其次,按照现有的规定,损益性的停职检查/调整岗位、解聘/辞退与效能的关联性要强于授益性的职务晋升,或者说,效能并不完全是职务晋升的依据,却可能更为直接地导致停职和辞退,这也是"职务"元素中损益形式的作用力强于授益形式的原因。在使用率方面,在我们考察的18部城管考核规范(见表7-2)中,明确规定了职务晋升的共1部,占比6%;明确规定了停职检查/调整岗位的共2部,占比11%;明确规定了各类职务变更依据的共2部,占比11%。可见,能效场域中作用力最强的"职务"元素最少被纳入法律规范,这可能是因为各地方对这种"强力"元素态度较为审慎,但"职务"元素的匮乏显然会削弱能效场域整体上的辐射能量,建议各地方借鉴已有的立法例并结合实际情况将"职务"元素补充进来。

第五节 诸元素交错辐射的能效场域建设

一、城管能效场域的系统化建设

在考察和梳理了城管能效场域中"声誉""财务"和"职务"三种元素及其各自的作用力形式后,从整体的视角来观察这一场域,我们认为,在今后的制度建设中还应注重"系统化"和"数字化"两项因素。

就"系统化"而言,尽管按照伯曼教授的观点,"人员绩效考评和惩戒体系的目的不是为了赢得考评工作的胜利,而是为了给员工提供反馈和培训,以培育有责任心的员工"①，即城管能效场域的作用是提高效能，而非单纯的惩戒；但若没有相应的奖惩措施，则难以激励或督促城管部门及其人员提高效能——城管效能和奖惩措施并不是相互分离、或此或彼的关系，无论何种元素的何种作用力形式，目的都是让效能优秀的组织或个人有所收益，让效能不佳的组织或个人遭受不利，从而为其提高工作效能提供基础动力。在这个意义上，能效场域的系统化建设，并不是单纯地提高某一元素或某一作用力形式的辐射强度，而是要实现"声誉""财务"和"职务"等诸元素的综合作用，即将能效场域建设成各元素都能以自身的特性为立足点向外辐射的系统平台，而非只有某一元素的某一作用力形式发挥功用的"孤立支点"。因此，我们将城管能效场域中各元素及其作用力形式的全面性作为衡量其系统化水平的标准，并对18部城管考核规范（见表7-2）进行了分析。

通过表7-2可以看出，只有贵阳市文件对能效场域中的三种元素全部做出了规定，占文件总数的6%；相反，共有8部文件只对三种元素中的一种做出了规定，占文件总数的44%，可见目前各地方文件对三种元素的综合覆盖率还很低。需要提及的是，鉴于"职务"元素前文所述的特殊性，仅规定了"声誉"和"财务"两种元素的文件（共8部，占比44%）亦可视为"较具系统性"。然而，需要再次强调的是，城管工作并非只关涉"声誉"和"财务"，对于个人而言，"职务"的升降和得失更为重要也更具激励和督促作用，能效场域中不应也不能失去"职务"元素——只有三种元素综合作用才能形成完整而系统的能效场域。

二、城管能效场域的数字化建设

就"数字化"而言，住建部《数字化城市管理模式建设导则（试行）》〔2009〕明确要求各地方"积极推进将数字城管考核结果纳入政府的绩效考核、行政效能监察体系"，而截至目前的情况显示，正在逐步推广的数字城管平台往往更有助于发挥能效场域的各项功能。（1）表7-2所列文件中，有9部是针对数字城管制定的专门规定，占文件总数的50%；而这9部文件中，同时对两种元素做出规定的共有4部，占比44%，与总体情况持平。（2）数字城管平台能够在效能测评环节实现更高程度的量化，从而提升精确性和直观性，为后续能效场域功能的发挥提供更加可靠的基础。比如，根据住建部《城市市政综合监

---

① ［美］埃文·M. 伯曼，等. 公共部门人力资源管理 [M]. 萧鸣政，等译. 北京：中国人民大学出版社，2008：292.

管信息系统 绩效评价》（CJ/T292-2008）的规定，以及各地方在此基础上制定的细化规定（如《杭州市数字化城市管理部件和事件立案结案规范》〔2014〕、《昆明市数字城管系统考核评价指标体系》〔2011〕、《徐州市数字化城市管理考核办法》〔2013〕等），无论是案件处理各阶段的数量统计（上报数、立案数、派遣数、结案数等），还是以此为基础的比率计算（有效上报率、核实率、缓办率、处置率等），或是考评分数的计算过程（月综合指标值＝［常规案件分值］+［（100-（返工数-立案数×b）×2）×0.05］+［（100-（缓办数-立案数×c）×2）×0.05］+［（100-媒体曝光案件数×4）×0.05］+［（100-网站投诉案件数×2）×0.05］+［月综合考评加分值+其他工作加分值-扣分值］），以及作为测评结果的各单位排名等，交由数字城管系统进行计算或根据程序设计自动生成，都比手工计算更节省人力成本也更为准确。（3）在数字城管模式下，不仅对信息员、执法员、管理员等个人的效能测评占有较大比重，而且能效场域中"财务"和"职务"元素也更易于发挥作用力——由于更多地采用"市场化方式""灵活管理"，这些人员的财务奖惩和职务变动较之于行政编制人员也更少限制。可以说，数字城管的机制建设与能效场域的制度建设相互融合、并行推进，即是大数据背景下城管体制发展的最优路径。

第八章

城管柔性执法的多重面相

第一节 城管的柔性执法改革及分析工具

一、拆解"执法—抗法"循环的城管柔性执法

柔性执法,亦称非强制行政,是指行政主体在行政活动中针对相对人所实施的不带命令性或强制性的行为,或者是指"由一定的行政主体依其职责权限,主动发出的,不以强制行政相对方服从、接受为特征的行政行为"①,主要包括行政指导、行政合同、行政奖励、行政调解、行政给付和行政信息服务等非强制权力手段。一般而言,柔性执法是带有普适性的执法手段或行为方式,各行政主体皆可在条件适当时采取,尽管其早期在工商部门较为集中,但晚近已经扩展到教育、民政、环保、文化等多个部门。② 而对于城管来说,柔性执法则有着更为突出的意义,因为,在其长期所处的"暴力执法—暴力抗法"循环中③,不仅

---

① 李晓明. 非强制行政论 [M]. 长春:吉林人民出版社,2005:14.
② 刘福元. 政府柔性执法的制度规范建构——当代社会管理创新视野下的非强制行政研究 [M]. 北京:法律出版社,2012:84-98.
③ 导致这一循环的原因包括但不限于:(1)"城市综合执法面临的任务往往与百姓生活息息相关,执法过程中,最容易与之产生矛盾的是处在社会底层、生活较为困难的弱势群体。他们大多数是城市失业人员、失地农民、小本经营的商贩以及孤寡残病等弱势群人。这类人不能正确理解城管执法工作。而长期以来,一些错误的'执法观',在相当一部分城管执法人员的头脑中根深蒂固。态度蛮横、方法简单,导致恶性冲突时有发生。"(宋迎昌. 城市管理的理论与实践 [M]. 北京:UXYI 社会科学文献出,2013:100-101.)(2)"城管在街头执法的过程中,并没有合法的暴力支撑,一旦遇到执法对象的暴力抗法,城管几乎没有多少办法。……因为从暴力拥有的角度上说,城管和小贩一样只拥有私暴力,且只有身体暴力。问题是,小贩往往携带工具,如卖水果的小贩拥有西瓜刀,卖小吃的小贩有煤气罐,等等。"(吕德文. 城管"暴力执法"的认知误区 [J]. 社会观察,2013(9):16.)

上演着临武瓜农事件①、苍南拍照事件②、河北春联事件③等数量众多的相对人受害案件,而且发生着深圳城管队长遇袭④、湖北城管队长殉职⑤、厦门城管被泼硫酸⑥等数量相仿的城管受害案件。显然,暴力手段的执法和抗法会使城管和相对人双方共同受损,或者说,这种执法博弈所带来的大多是比零和格局更为糟糕的双输结局。在这一背景下,采取比较温和的柔性或非强制执法手段逐渐成了城管部门拆解这一循环的对策之一:在制度导向上,《指导意见》第(十四)和(十五)项不仅要求各地城管部门"杜绝粗暴执法""严禁随意采取强制执法措施",而且要求其"综合运用行政指导、行政奖励、行政扶助、行政调解等非强制行政手段,引导当事人自觉遵守法律法规,及时化解矛盾纷争,促进社会和谐稳定"。在执法实践上,不仅各类柔性执法方式已经成了"改善城市管理理念"的重要组成部分,⑦而且住建部所倡导的"721工作法"(70%的问题用服务手段解决,20%的问题用管理手段解决,10%的问题用执法手段解决)也已体现在很多城管的执法过程中。

二、评述柔性执法不同面相的分析工具

尽管目前城管的柔性执法改革并不缺乏法理正当性,⑧但由于其"柔性""温和"和"不含强制"的内涵较为宽泛,使其在实践中呈现出鲜明的灵活性和多样性特征,以至于皆可归为"柔性执法"的不同事例之间可能存在着显著的差别,这就使得"城管柔性执法"存在着"多重面相";而将这些面相进行归类整理并通过特定的分析工具进行量化和比较,在厘清各自问题的基础上按

---

① 张振中,杨娟. 与城管起争执:劳模瓜农惨死瓜摊前 [N]. 农民日报,2013-07-19 (004);李云芳,杨璐. 16名证人称"城管用秤砣打人"不实 [N]. 东方早报,2014-04-24 (A22);陈文广,丁文杰. 瓜农死亡案涉事城管获"从轻发落" [J]. 新华每日电讯,2013-12-28 (004).

② 吴龙贵. 苍南"城管挨打"突发事件不突然 [N]. 济南日报,2014-04-21 (F02);周稀银. 苍南冲突事件倒逼城管阳光执法 [N]. 青岛日报,2014-04-22 (005).

③ 王飞. 河北城管殴打"摆摊卖春联"商贩 致5人受伤 [EB/OL]. 中国网,2015-02-05.

④ 石华,李晓旭. 深圳城管队长遇伏击被狂砍12刀疑因讨说法惹祸 [N]. 羊城晚报,2013-12-31 (A08).

⑤ 海玮. 湖北城管队长执法遇袭殉职 [J]. 城乡建设,2013 (4):2.

⑥ 饶颖. 强拆现场 酸液泼伤19名城管 [N]. 成都商报,2013-10-21 (10).

⑦ "城市管理不是硬邦邦的,应当是柔性的。城市管理首先是服务广大市民、方便广大市民。因此,要……从人性角度实施城市管理。"参见黄磊. 城管改革的法治轨道 [J]. 人民政坛,2013 (9):10.

⑧ 刘福元. 非强制行政行为的法哲学探源 [J]. 社会科学辑刊,2011 (4):58-61.

其综合优势给出排序，即是本章的主旨。

需要说明的是，无论是柔性执法的何种面相，皆须应对的一个前提即为"合法性"问题，这一问题又包括"相对人行为的合法性"和"城管执法行为的合法性"两个层面。在相对人一方，当作为城管的执法对象时，其行为属于法律的"一般禁止"而非"绝对禁止"，即其行为若干要素中的一个或几个违反了现行法律规范，但行为本身并非为法律规范所不容。以摊贩为例，2017年颁布实施的《无证无照经营查处办法》第三条规定："下列经营活动，不属于无证无照经营：（一）在县级以上地方人民政府指定的场所和时间，销售农副产品、日常生活用品，或者个人利用自己的技能从事依法无须取得许可的便民劳务活动……"可以看出，遵守地方政府提出的时间、地点、经营范围等要求的摊贩属于合法经营，无须城管查处；或者说，摊贩"销售农副产品、日常生活用品"这类行为本身并非法律的绝对禁止，而超出"政府指定的场所和时间"进行销售则属违法行为。我们认为，相对人这种"一般禁止"的行为性质，为城管的"柔性执法"而非"绝对取缔"/"强制取缔"提供了可能。[1] 而在城管一方，尽管其执法行为即是对现行法律规范的执行，但其所采用的柔性执法方式却有可能包含着不同程度的"违法因素"，如"前期不处罚""执法不作为"等，我们将之纳入下述"成本模块"的"违法成本"中进行考察和量化。

相较"合法性"而言，本章更为偏重的是"效益考量"，因此所采取的分析工具主要包括成本和收益两个模块；其中，成本模块包括执法过程中所产生的"物质成本"，部分情况下因柔性执法手段的实施所产生的"违法成本"，部分情况下请求其他部门协助的"协调成本"，以及部分情况下为个别相对人或者某一类案件从根本上解决问题所支付的"根除成本"。收益模块包括：实现个案行政目的及恢复特定法律秩序的"执法收益"，获得个案相对人认同的"认同收益"，获得个案相关人及其他居民认同的"舆论收益"，以及获得城市管理秩序持续稳定的"秩序收益"。此外，我们还将城管主体在执法过程中所付出的"情

---

[1] 相反，如若相对人实施的是违反《中华人民共和国城乡规划法》《中华人民共和国土地管理法》等私自搭建违章建筑的行为，则当属于法律的"绝对禁止"，而城管的主要应对方式，也是与"柔性执法"不能在同一时空中并存的"行政强制执行"，这种情形不在本章的讨论范围内。

绪劳动"（emotional labor）①作为一个单独的模块列入分析工具，原因在于，一方面，由于该模块在强制/硬性执法中并不显著，因此能够凸显非强制/柔性执法的自身特性；另一方面，由于该模块立足于执法主体的精神层面，因此可能对执法过程和结果带来深层次影响。具体而言，情绪模块包括：①情感联结，即城管主体为完成执法工作而与个案相对人建立的浅层次的情感关联；②人际交流，即城管主体与个案相对人中层次的交流与互动，包括接待/对待相对人的态度、技巧和可接受性等；③利他帮助，即城管主体基于关心或同情等深层次因素而主动为个案相对人提供额外帮助；②④情绪耗竭，即城管主体在长期且频繁的情绪劳动后可能产生的倦怠、冷漠和麻木等负面情绪，其与情绪劳动的深度呈正相关。

为量化考察的便利，我们将上述3个模块中的12个指标皆以5分为满分进行赋分，其中成本模块下的指标为-5分，收益模块下的指标为+5分。而情绪劳动对于城管而言主要是一种"支出"，但对于相对人而言则主要是一种"收益"，因此其可以视作是成本和收益的综合体，③我们将其中的指标①②赋为+5分，指标④赋为-5分。又由于指标①②在层次上呈递进关系，我们在赋分时也择其一并按梯度进行（上述各项指标在城管柔性执法中的分布状况如图8-1所示）。需要说明的是，本章所称的"量化"，并不是物理/数据性质的量化，而是以-5

---

① "情绪劳动是一种工作，这种工作的完成需要投入、抑制和/或唤起员工的情绪。……情绪劳动的实施需要一系列个人和人际的技能，包括唤醒和展示一个人并未感受到的情绪、感受他人的情感并且相应地改变他人情感，展示出他人期望的情绪反应。……简单而言，情绪劳动需要个人对自己和他人的情绪具有敏感性和灵活性。"参见［美］玛丽·E. 盖伊，等. 公共服务中的情绪劳动［M］. 周文霞，等译. 北京：中国人民大学出版社，2014：75.
② "在所有情绪技能当中最重要的当属及时关心他人和对他人施以同情。""在公共行政者面前最严峻的挑战不是让他们的工作更有效率，而是将其变得更加人性化、更具有关爱特征。"参见［美］玛丽·E. 盖伊，等. 公共服务中的情绪劳动［M］. 周文霞，等译. 北京：中国人民大学出版社，2014：7, 44.
③ 情绪劳动的收益表现在，其"能够促进互动，引发适宜的回应，从组织的角度提高生产率，从公民的角度达成交流的目标"；"当居民遇到了友好的基层官员的时候，他们更可能对其提供的服务以及一般公共服务有积极的评价。……公民也许会抱怨政府，但是实际上他们会对特定的机构或者员工给予积极评价。"而情绪劳动的成本则表现在，"在人性化的服务当中，工作中的情绪需求能够耗尽一个服务提供者同服务接受者交流和反馈的能力"。综合成本和收益，"'社会公仆'……能够同时经历正面和负面的结果——一方面是某一时段工作成功带来的愉悦，另一方面是情绪耗竭和去人格化。"参见［美］玛丽·E. 盖伊，等. 公共服务中的情绪劳动［M］. 周文霞，等译. 北京：中国人民大学出版社，2014：7, 48, 21-25, 81-82, 91.

到+5为区间的相对主观的"赋分",而所赋之分是在客观事实的基础上对柔性执法4重面相共6种形式的比较中得出的。举例而言,在客观事实方面,"协调成本"这一指标的赋分取决于城管在柔性执法过程中是否加入了"请求其他部门协助"这一环节。若不存在这一环节,赋分为0;若存在这一环节,则赋分为正,而这一环节是否存在,是客观事实而非主观估量的结果。在相互比较方面,"认同收益"这一指标的赋分来自诸面相之间相关要素的衡量和差异——从"根本解决问题"到两种"信用机制"再到"各类花样执法",执法的柔性程度呈递减趋势,相对人所受不利则呈递增趋势,因此该指标的赋分也呈递减趋势。

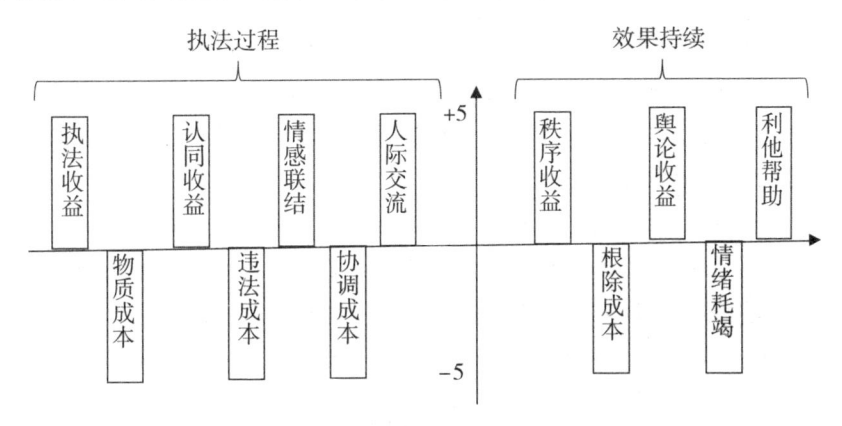

图 城管柔性执法各分析指标示意

第二节 面相之一:行政指导等常规手段及其变种

一、常规柔性执法手段:以行政指导为代表

尽管柔性执法项下的"工作手段"——行政指导、行政奖励、行政调解等行政行为类型[1]——至少在5种以上,但在城管部门中最为常见的仍然是涵摄范围更广的行政指导,包括执法事项提示制、轻微问题告诫制、突出问题约见制[2]等多种具体方式。并且,依照《中华人民共和国行政强制法》第五条所规定的"非强

---

[1] 刘福元.政府柔性执法的制度规范建构——当代社会管理创新视野下的非强制行政研究[M].北京:法律出版社,2012:222-226.
[2] 此处所列举的城管行政指导方式的具体所指,详见《北京市城市管理综合行政执法局关于在城管执法中推行行政指导工作的意见》〔2007〕附件1。

制前置"原则,行政指导也成了部分城管在实施行政处罚之前的必经步骤。①

案例20:2016年11月,常女士向桐乡市执法局梧桐中队反映,西门小区经营炒、炸食物的某小吃店存在油烟直排情况,使得周边居民受到严重影响。中队队员耐心和店主沟通,告知油烟直排的危害性,宣传相关法律规定,要求店主安装油烟净化装置并设置好排烟管道,店主予以了配合。2017年6月,常女士再次反映,该小吃店因排烟管道设置不合理,仍散发出呛鼻的味道。中队队员发现,如果将管道接到楼顶,一方面需征得楼上五户住户同意,另一方面楼上住户都装有防盗窗,缺乏安装管道的空间;如果将管道接入地下污水管道,则会受到空调外机及地下各种管线的影响,较难铺设。最终,队员经多次沟通,希望店主能改造油烟管道,将原店后的管道移至店前,既能接入污水管道,又能远离楼上居民经常开窗的朝南阳台和房间。目前,管道改造工作已经全部完成,双方对处置结果表示满意。②

案例21:一个城市到了夏天,往往西瓜乱设摊,瓜皮随地扔,既影响市容又有碍卫生,但西瓜又是市民的需求。2012年春,济南市城管派人到产地和市场调研,掌握西瓜产销量和市民消费集聚地,在西瓜上市前编制了一张"西瓜地图",标明了455个临时卖瓜点,瓜农免费申请,瓜摊可一直摆到落市。③

通过上述案例可以看出:(1)城管并未实施行政处罚、行政强制等任何强制行为,而是通过沟通、建议、引导等方式解决了排烟管道和西瓜设摊等问题,或者说,是在对店主和摊贩实施处罚或强制之前,先用柔性手段使可能产生的违法情形消弭于无形。处罚和强制并不是城管执法的目的,通过柔性手段化解争端总要好过于强制之后争端仍在的情形;通过柔性手段预防违法总要好过于等违法行为出现后再行处罚的情形。这也是"非强制前置"原则的意蕴所在。

---

① "简易程序和一般程序案件下达处罚决定之前,都须对管理相对人进行行政指导,具体行政指导措施根据案情确定。"参见缪卫华,王小星. 推行行政指导 提升城管执法效能[N]. 中国建设报,2015-01-06(011).
② 佚名. 油烟扰民,执法队员出谋划策解难题[EB/OL]. 搜狐网,2017-09-12.
③ 沈栖. 值得赞许的"城管工作顺序"[J]. 检察风云,2012(22):39. 2013年黄石市在全市设置了55处流动瓜果商贩免费直销点,"这些直销点不同于商贩的摊位,是城管执法人员在广泛征求社区居民、瓜贩果贩意见的基础上确定的夏季临时直销点,大多位于对交通影响不大、人口密集的路段"。"为有效管理好这些直销点,该市城管部门在55处设置了标识牌,统一发放免费的遮阳伞和垃圾桶,进行规范管理。同时,还利用全市200多个数字城管监控摄像头,实时监控瓜果直销摊点,一旦发现有超出经营的情况,马上去现场解决"。参见柯善北. 城管绘"地图"亲民有"新招"[N]. 中国建设报,2013-09-06(003).

(2) 在执法手段上,案例20中的"告知危害性""宣传法律规定""多次沟通"等属于较浅层次的"劝说"类指导方式,而这种方式也占去了行政指导实践的大部分比重。按照部分学理和实践上的归类,无论是"劝告·劝诫·说服",还是"告知·指点·提醒",或是"商讨·协商·沟通",等等,皆可列入行政指导范畴。[1] (3) 相较而言,案例20中油烟管道的改造、案例21中西瓜地图的编制等,则属于较深层次的"设计/建议"类指导方式。其不仅需要城管主体根据实际情况设计出可行的解决方案并加以验证,而且还要兼顾相对人(店主/瓜农)和相关人(邻居/顾客)的利益以使各方都能接受;其不仅比单纯的"劝说"更有助于解决城市管理中的特定问题,同时也需要城管主体付出更多的劳动或支付更多的成本。

在上述常规柔性执法手段的效益量化上,由于浅层次的"劝说"类指导和深层次的"设计/建议"类指导在各项指标中都有差别,同时考虑到后者更具重要性和推广价值,因此我们以后者为标准进行赋分。(1) 在成本模块中,物质成本为-3;根除成本与物质成本持平,为-3;[2] 其余成本为0。(2) 在收益模块中,由于个案中的执法目的已经全部实现,因此执法收益为+5;由于个案相对人受到了轻微不利,因此认同收益为+4;由于个案相关人及其他居民在问题解决的同时并未因此而受损,因此舆论收益为+3;由于解决方案具有相当程度的稳定性,因此秩序收益为+4。(3) 在情绪模块中,由于该种手段需要较长时间或较多次数的沟通或引导,因此人际交流为+4;虽然这种手段在个案解决上具有稳定性,很少"反复发作",但在个案数量和介入深度的双重作用下,情绪耗竭为-3。综合来看,该执法手段的收益显著高于成本。

二、常规柔性执法手段的变种:各类花样执法

和常规柔性执法手段不同,一段时间以来,在媒体中更常见到的是各种类型的花样执法,如"微笑执法""鲜花执法""眼神执法""围观执法""小品执法""美女执法""静默队列执法""举牌卖萌执法"等。我们认为,尽管这些花样执法手段往往源自系统内部压力和外部舆论压力,而非执法工作的需

---

[1] 刘福元. 政府柔性执法的制度规范建构——当代社会管理创新视野下的非强制行政研究[M]. 北京:法律出版社,2012:98-102.
[2] 需要说明的是,案例20中,由于管道改造的施工部分并不是城管主体亲力亲为的,其所提供的只是设计方案;案例21中,由于西瓜地图并没有解决"瓜贩摆摊"的问题,其所提供的只是"摆摊位置",因此此处的根除成本要低于后文的"根本解决问题"。

要，① 但其毕竟是一种创新和改变；并且，尽管这些花样执法手段在外观上形态各异，但在性质上与前述的常规柔性执法手段并无实质区别，或者说并未超出其涵摄范围，因此我们将其视为常规手段的"变种"。

案例22：苏州高新区汇金新地商业广场，某摊贩一家人长期盘踞在入口处贩卖水果，不但影响交通，产生的垃圾也让现场环境极度脏乱。城管队员多次到现场执法取缔，当事人却唆使其怀孕的妻子和年迈的父母干扰执法工作并造成不良影响。2017年3月，中队赶制了两块含有"无证摊点食品缺斤少两严重，卫生条件差，为了你和家人的安全，请勿购买"的提示牌，并让两名队员手持在摊位两侧向过往行人展示，并引导顾客到附近的水果店内购买。由于城管队员一直举牌提示，该无证摊位也少有顾客；眼看水果生意无法维持，摊贩只得慢慢收摊，并将长期盘踞在此的作业工具拖离现场。②

通过上述案例可以看出：（1）尽管这种"举牌执法"的花样执法手段亦可归入柔性执法范畴，但若称其完全不含强制未免有失偏颇——其仅仅是避免了法定强制和处罚措施的直接使用，但举牌行为亦可看作是一种"无形的强制"。或者说，这虽然不是"肢体上的强制"，却是"举动上的强制"：城管使用的并非"服务"手段，而是另一种形式的"执法"手段；摊贩最终也并非"自愿"离开，而是"不得不"离开。在这一案例中，如若两名队员的举牌行为本身受到摊贩的干扰，则很可能继续陷入"执法—抗法"的循环中。（2）"举牌执法"不仅未超出行政指导范畴，而且还停留在浅层次的"劝说"阶段，并未进入深层次的"设计/建议"环节；"眼神执法""围观执法""列队执法"等各种花样执法手段基本都没有对相对人或相关问题设计和提供解决方案。（3）"举牌执法"至少需要两名执法队员举牌到摊贩离开，不仅在此期间二人无法从事其他执法工作，而且摊贩何时离开、明天是否再来、是否会在其他场所继续设摊等都具有不确定性。如同"鲜花执法""小品执法"一样，很难长期持续下去。③

---

① 刘福元. 非强制行政的动机分析——探索政府柔性执法的内部之源［J］. 云南大学学报法学版，2012（6）：32-34.
② 佚名. 柔性执法 管理创新［N］. 姑苏晚报，2017-03-16（A08）.
③ "武汉城管这些年来的执法'创新'……不过是某一时间里，突然搞一两下而已。……花样执法的范围也很小，以至于，即使同一辖区，很多商贩也不知道有这回事——因为压根就没碰到过。""武汉市城管委宣传处的工作人员……证实，所谓的鲜花执法、眼神执法等各种形式，确实不是常态化的执法手段，那不过是一种宣传的策略。借此，主要传递文明、非对抗的执法理念，并不是具体或惯用的执法行为。"参见燎原. "执法"花样背后的武汉城管［J］. 南风窗，2013（14）：57-58.

在上述各类花样执法手段的效益量化上,(1)在成本模块中,由于这类手段支出的物质成本普遍高于常规手段,因此为-4;同时,上述"举牌执法"等手段虽然表面上"既达到了管理目的,又避免了矛盾冲突",但实际上,"矛盾冲突"并不是被化解了,而是被隐藏起来了,其不仅没有解决双方之间的根本矛盾,甚至连个案矛盾也未消除——在这个意义上,各类花样执法在出发点上就不同于前述的"设计/建议"类指导,因此,其根除成本与其他成本皆为0。(2)在收益模块中,由于个案中的执法目的基本能够实现,因此执法收益为+5;由于个案相对人只有单纯的利益损失,或者说执法过程并未顾及其利益,也未考虑其可接受性,因此认同收益为0;由于舆论公关的目的较为明显,因此舆论收益为+4;由于基本无法长期反复使用,因此秩序收益为0。(3)在情绪模块中,由于这种手段并不需要与个案相对人深入交流和沟通,因此情感联结为+2;虽然其在个案中需要较多的情绪投入,但由于使用次数有限,因此情绪耗竭为-2。综合来看,具有"创新性"和舆论宣传作用的花样执法手段,同样具有收益高于成本的正效益,但与"设计/建议"类指导相比,则显现出一定的差距。

三、常规手段的实践困境:根本矛盾与柔性边界

无论是常规柔性执法手段下的"劝说"类指导还是"设计/建议"类指导,或是作为"变种"的各类花样执法,在实践中的限度之一在于,其无法解决"城管主体—相对人—相关人"之间的根本矛盾。在前述案例中,"油烟排放—居民生活""西瓜设摊—市容管理""贩卖水果—环境交通"这三对根本矛盾并没有通过柔性执法手段得以实质上的消除,只是不同程度地得到了缓解,或是暂时性地隐藏起来——柔性执法并不能改变三方根本上的利益冲突,或者说,商铺的经营需要和居民的安宁需要、摊贩的营利需要和城市的环卫需要已经超出了"执法方式转换"所能应对的范畴。① 就如论者所言,尽管柔性执法"在刚性的管理过程中注入了温情,增强了管理部门与市民的沟通","但深层次的矛盾和对立仍然明显"。②

常规柔性执法手段在实践中的第二个难题就是"柔性边界"问题,或者说是"强制与非强制的配比"问题。一般而言,强制和非强制是行政管理过程中的两种基础性手段,二者在适用领域和时间序列等方面有所差别,但并不是排

---

① "再柔性的执法也无助于化解城管与摊贩的根本性矛盾,因为城管的终极目标是'你不可以摆摊',摊贩的终极目标是'我要摆摊',周边商家及住户的终极目标则是'他们不可以摆摊'。"参见姚文胜. 城管与摊贩困争破解之道 [J]. 人民论坛, 2013 (31): 68.

② 刘国强. 城管执法需要"制度柔性"[N]. 广州日报, 2013-04-17 (F02).

斥/替代关系，行政指导、行政奖励、行政信息服务等柔性手段的使用并不意味着禁止强制手段进入。① 而在上述根本矛盾无法解除的前提下，一味地使用柔性手段则可能产生各种负效益。就如论者所言，"城管柔性执法与执法对象遵纪守法之间并不存在必然联系，在一些情况下，柔性执法反而鼓励了执法对象知法犯法"②。在这一背景下，强制与非强制手段的度量与权衡就会成为问题，一旦把控不当，就可能进入"办法硬了，有怨言；办法软了，不管用"③ 的尴尬境地。

第三节　面相之二：信用机制的设立与运转

一、信用机制的基础形态：道德上的诚信压力

与上述行政指导、花样执法等常规/变种手段不同，晚近颇具创新色彩的是为执法对象设立"信用"机制，即将执法对象的违法违规行为纳入信用记录/档案，从而通过道德或实体上的压力来促使执法对象自行改正，并预防相应行为再次发生。从各地方的实践状况上看，这种信用机制可以分为基础形态和高级形态两种，前者一般没有明确的制度规范，亦未与社会通行的征信系统建立关联，而是在城管的事权范围内为执法对象施以道德上的诚信压力；后者一般依托于既定的制度规范，并将城管事权范围内的信用记录扩大适用于多个政府部门，或与社会通行的征信系统相连接，从而为执法对象施以实体上的失信惩戒。

案例23：2016年9月，安阳市内黄县城管局为有效治理占道经营、店外经营问题，采取解释、教育、劝说的方式，让商户们签订《不占道经营承诺书》《不店外经营保证书》，自己约束自己的行为；如果再犯，对他们再进行相关法规的教育解释工作，并再次签订保证书；如果签订三次，仍然再犯，执法人员

---

① 刘福元. 非强制行政的问题与出路——寻求政府柔性执法的实践合理性 [J]. 中国行政管理，2015（1）：44-46；[美] 米切尔·K. 林德尔，等. 应急管理概论 [M]. 王宏伟，译. 北京：中国人民大学出版社，2011：25；[美] 格罗弗·斯塔林. 公共部门管理 [M]. 陈宪，等译. 上海：上海译文出版社，2003：71-72. 此外，中共十八届四中全会在《中共中央关于全面推进依法治国若干重大问题的决定》中，要求行政机关"坚持严格规范公正文明执法。依法惩处各类违法行为，加大关系群众切身利益的重点领域执法力度"，可以视为是对强制执法必要性的一种肯定。

② 吕德文. 武汉城管"柔性执法"新政 [J]. 决策，2016（4）：65.

③ 潘文静，孟然. 看省会城管如何念好"服务经"[N]. 河北日报，2013-12-16（007）.

将采取强制措施。经过三次教育和签订保证书，再犯的商户自知理亏，也不好意思和执法人员争辩，这就进一步减弱了商户和执法人员产生冲突的可能性，提高了整治效率。①

通过上述案例可以看出：（1）承诺书、保证书的签订既不是行政处罚、行政强制等直接的强制手段，也不是举牌执法、反复执法②等无形的强制手段，属于较为严格的柔性执法方式。（2）该案例属于"信用机制"的"基础形态"。就"信用机制"而言，此处执法对象所签订的承诺书和保证书，以及杭州市所采取的"视频承诺"③、湘潭市雨湖区所建立的"诚信等级台账"④ 等，实质上都是一种"信用"——执法对象承诺/保证不再违反城市管理规章制度后，若再行违反，即会产生"失信"或"不诚信"的道德压力，而城管后续的处罚或强制就不仅会有规则上的合法性，而且会有道德上的正当性，此时，在法律和道德两个层面都没有支撑的执法对象就很难再行抗法。换言之，上述承诺书、保证书等的签订是一种信用机制的设立，执法对象承诺后，若守信依规则不会再有后续的处罚或强制；若失信违法则法律和道德优势都在城管一方，相应的处罚或强制就不会再有太多障碍。（3）就"基础形态"而言，其实此处执法对象"失信"的后果并不来自失信本身，或者说并不来自法律规范对"失信"行为的惩罚，而是来自对其"违反城市管理规章制度"的惩罚——案例23中商户们可能受到的处罚并非源于违反承诺书、保证书，而是源于占道经营、店外经营；信用机制在此处起到的是道德保障作用，而非下文"高级形态"中的实体惩戒

---

① 任贵伟，任明坤．城管采取新举措 柔性执法服人心［N］．安阳晚报，2016-09-10（A06）．
② "城管在一个点位上反复进行执法，一次又一次地重复做同一件事，既破坏了相对人的经营氛围，扰乱了相对人的经营心态，更表明在这里经营是不安全的。城管执法队员不断地用一种'软方式'来遏制这类违法经营性行为，起到了执法而不冲突、局部解决问题而不出现纠缠、短时清除违规点而不引发公开对抗行为的作用"。课题研发组．城管执法操作实务［M］．北京：国家行政学院出版社，2006：8．
③ "对城管初次查获的违法违章人员，让他们在摄像机前承诺'不再犯'即可不再受惩罚；若再次被抓，城管队员可以拿出之前的'承诺视频'，促进问题解决。"参见于佳欣，等．权力清单不清晰，莫让城管变"剩管"［N］．新华每日电讯，2014-12-11（006）．
④ "雨湖区城管执法局建立了管理相对人违章诚信等级台账制度，如果经营业主'门前三包'未落实到位，城管部门会追踪记录并提醒业主整改。只有当未及时整改记录达到一定次数时，才会进行相应处罚。……'多次违章后，我都不好意思不接受处罚了。'大湖街一位经营业主表示。"参见符瑶，等．雨湖区"三部曲"奏城管和谐音［N］．湘潭日报，2013-11-18（001）．

作用。

在上述信用机制"基础形态"的效益量化上,(1)在成本模块中,无论是承诺书,还是视频录像,或是等级台账,其设立本身并没有太多成本,或者并未对执法工作增加太多负担,因此物质成本为-1;为获得持续性的执法效果,信用机制必须长期运转,因此根除成本为-2;该形态中普遍采取的"初次不处罚"或"前期不处罚"等,使其违法成本为-2;而该形态可由城管主体独自完成,因此协调成本为0。(2)在收益模块中,由于多数个案中的执法目的都能实现,因此执法收益为+4;由于执法对象并不占据法律和道德优势,并在多次违反承诺后往往会"主动认罚",因此认同收益为+3;由于城管一方占有双重优势,很难被相关人或公众苛责,因此舆论收益为+3;当该形态长期运转时,秩序收益为+4。(3)在情绪模块中,由于该形态虽不需与个案相对人深入沟通,但沟通的频率和次数较多,因此人际交流为+3;由于承诺书、保证书的反复签订以及违章记录的反复累积毕竟只出现在部分相对人身上,因此情绪耗竭为-2。综合来看,该形态的收益仍然显著高于成本。

二、信用机制的高级形态:实体上的失信惩戒

案例24:2016年,深圳市城管全面推广"律师驻队"工作模式。城管带着律师上街执法,遇到商户的占道经营等违法行为,"不吵不闹,只是一个劲地拍照"。2015年曾开出去一份罚单,摊主没当回事一拖大半年,城管没去"三催五请",但一份落款"广东淳锋律师事务所"的律师函却迅速追回了罚款。由于违法摊贩名下无可执行的存款,他被列入待执行名单,这会影响他的个人诚信记录,今后贷款将受限,这正是生意人最"忌讳"的。此后,同条街的商贩都主动捏着罚单找上执法队的门,不仅暴力冲突和违法行为大幅减少,多年占道经营的市容顽疾也得到了遏制。①

与前述信用机制的"基础形态"相比,"高级形态"的显著特征在于:(1)通常以明确的制度规范为依据。如《南宁市城市管理领域失信联合惩戒办法(试行)》〔2014〕和《常熟市城市管理失信行为管理办法(试行)》〔2017〕都规定了失信行为的计分周期、计分方法、失信公示和惩戒措施等内容。(2)并非仅局限于城管的事权范围,而是扩大适用于多个政府部门,或与社会通行的征信系统相连接。比如,上述南宁市文件第十一条规定:"失信联合惩戒单位

---

① 李孟. 吃"软"不吃"硬",城管一腔深情孰懂?——"柔性执法"效应力调查[J]. 中华建设, 2017(1): 19.

在办理业务时,应当向市信用体系建设管理机构申请查询办理业务对象的信用状况。"而"失信联合惩戒单位"则包括南宁市环保局、城建委、城管局、房管局、交通局、税务局等15个政府工作部门。这就意味着,执法对象一旦进入"失信黑名单",在市内将"寸步难行"。而常熟市文件第十二条规定:"违反城市管理相关法律法规规定累计扣分100分(含100分)的,列入严重失信行为,严重失信行为进入市公共信用信息系统黑名单,并向社会公开。"这就将城管领域的失信记录与"市公共信用信息系统"建立了关联,此时失信人所承担的不利后果不仅是行政上的,而且包含了民事上的。此外,亦有论者提出,应当在城管执法领域引入以公民身份证号码和组织机构代码为基础的统一社会征信管理制度,"如不履行行政义务,其不良信息被记入征信系统,将会影响到其社会生活如社保、就业、贷款、医疗等各个方面"①。由此可见,由于失信行为的不利后果可以扩展到城管之外的多个领域,甚至涉及社会生活的方方面面,这就显著增加了执法对象所须担负的违法成本。(3)能够对失信行为本身进行实体惩戒。就"失信行为本身"而言,这一形态中较为常见的是,将执法对象的违法行为换算成信用分数(负分),当分数累积到一定程度时则进行惩戒。如常熟市文件第九条规定:"一年内违反城市管理相关法律法规规定,责令限期整改逾期未整改的,每起扣5分";"无正当理由拒不履行城市管理执法部门作出的行政处罚决定的,每起扣50分";等等。这类规定的逻辑链条可以表示为"违法行为→信用分数→失信惩戒",失信惩戒的对象并不(直接)是"违反城市管理规章制度"的行为,而是执法对象的"不良信用",或者说,"失信惩戒"所惩戒的是"失信"本身而非前置的违法行为。对于失信人而言,"违法惩戒"和"失信惩戒"是彼此独立、分别进行的,其所遭受的是"违法惩戒"和"失信惩戒"相互平行的"双重惩戒"。就"实体惩戒"而言,其表现为实体上的不利而非仅仅是道德上的遣责,比如,南宁市文件在附件3《南宁市城市管理领域个人失信行为惩戒措施汇总表》中将"1年内不得申请住房保障,或者暂停发放6个月保障房货币补贴,或者延长6个月轮候期""通报银行业监管部门并建议降低失信人员信用贷款额度"等15项实体上的不利后果列入了"中度黑名单惩戒措施"。

  在上述信用机制"高级形态"的效益量化上,(1)在成本模块中,信用分数的计算和信用系统的运行都可以通过数据信息平台进行,未对执法工作带来过多负担,因此物质成本为−1;信用机制的长期运转使得根除成本为−2;由于

---

① 陈兵斌.改善城管执法体制的方法研究[J].城市管理与科技,2014(5):59.

无论是律师驻队，还是与另外 14 个部门设立"失信联合惩戒单位"，或是将失信记录接入"市公共信用信息系统"，都不是城管独自所能完成的，都需要借助外部力量。甚至说，对于失信行为的惩戒其实主要是通过外部力量来实现的，因此协调成本为-4；由于对前期违法行为采取的是"计分"而非"不处罚"，因此违法成本为 0。（2）在收益模块中，尽管该形态并不直接针对个案，但能为执法对象带来"全方位"的违规压力，从而促使其在利害权衡下自觉守法甚至"主动上门缴纳罚款"，因此执法收益为+3；尽管失信惩戒实现了制度化并具有公开性，亦有"信用"作为法理基础，但在这一过程中执法对象既没有深度参与的机会，亦没有选择的余地，因此认同收益为+2；同理，该形态作为城管常态化的管理制度之一，舆论收益为+3；当该形态长期运转时，由于较高的违法成本，可以预期城管规章会获得进一步的遵守，因此秩序收益为+4。（3）在情绪模块中，由于该形态的运转仅需城管人员对于个案相对人"计分"即可实现，几乎无须单独交流与沟通，因此情感联结为 0；由于信用机制的加入等于是为城管人员增加了新的工作负担，因此情绪耗竭为-1。综合来看，尽管该形态的收益仍然高于成本（+4），但与上文的"基础形态"（+10）相比则有明显差距。我们认为，其原因之一在于，"高级形态"所显示出的"制度刚性"在个案处理上效果不如"基础形态"中的"法外柔性"那样显著。

三、信用机制的实践困境：违法执法与信用不及

信用机制中"基础形态"所遇到的实践困境在于，其所涉及的"初次不处罚""前期不处罚"等措施本身涉嫌违法。部分地方的"轻微问题告诫"[①] 还可以视为是在法律规定的处罚幅度内裁量权适用的结果，但另一些地方所采取的"首违不罚制"[②] 以及前文提及的"承诺书""保证书""视频承诺""诚信等级台账"等则未限制初次或前期违法的程度，或者说，即便执法对象实施了一般或较重程度的违法行为，为了信用机制的设立与运转，其也不会受到处罚。问题在于，在没有明确法律依据的情况下，这实质上是违法的，并会在一定程度上降低法律规范的严肃性，或者会带给人"处罚与否不是法律规范说的算，而是城管说

[①] "城市管理部门对违法违规情节较轻并能及时纠正、没有造成严重社会危害的违法违规行为，采用行政告诫、警示方式要求行政相对人立即自行纠正，并告知其相关的法律法规要求而不对其实施行政处罚。"参见缪卫华，王小星. 推行行政指导 提升城管执法效能［N］. 中国建设报，2015-01-06（011）.

[②] 吕尚敏. 行政执法人员的行动逻辑——以 W 河道管理局为样本的法社会学考察［M］. 北京：中国法制出版社，2012：136-138.

的算"，"城管的政策、措施以及主观判断凌驾于法律之上"的印象。尽管深圳城管通过让执法对象辅助执法、清扫街道、交通劝导等"自愿申请参加社会服务"的方式来代替处罚，① 明显好过"完全不处罚"，但其同样缺乏法律规范的认可。

而信用机制中"高级形态"所遇到的实践困境则在于，其适用对象相对有限，或者说，其只适用于对信用及失信惩戒比较"在意"的执法对象，反之则很难起到预期效果。比如，同为市场经营者，有固定店面、规模较大的长期经营者对信用较为在意，失信惩戒对其造成的不利后果也更为严重；而无固定场所的流动摊贩、频繁更换"值守"场所的劳务提供者，以及商品质量和食品卫生存在问题的经营者，其在某一地点/区域的经营行为通常是短期的，甚至只是一次性的，不需要稳定的顾客群体，也不需要持续性的商业信誉，失信惩戒难以对其发挥实效——简言之，信用机制无法作用于"信用不及"之处。

第四节 面相之三：居于执法边缘的"和谐共处"

一、"和谐共处"：双方合意下的执法默契

城管人员和执法对象的"和谐共处"是较为少见但具有典型意义的现象，其主要表现为，在执法过程中双方各让一步，既能保证城管人员完成工作，又能维持执法对象的经营活动，既让城管人员避免了因硬性执法而给自身带来的风险，又让执法对象避免了暴力抗法或失去经营机会的不利后果，双方都能在此一过程中受益。由于双方之间存在着"协议"或"默契"，因此在此一模式下基本没有冲突或暴力；虽然对于"执法"而言较为勉强，但我们仍将其归入"柔性执法"的范畴内加以分析。

案例25：武汉市东湖高新区天龙路一带，城管执法过程中很少发生冲突，通常情况是"互相给面子"：一旦城管来了，这些租用商户门前地盘经营小吃的人就主动退挤到商户的屋檐下；执法人员时常会买几瓶饮料，在菜馆门前边喝边聊；其间并没有城管吼叫、训斥、抢东西等场景，像在例行公事一样，坐等到点散去。随着执法人员的离去，这些商贩又呼啦啦地将屋内的东西朝路边铺

---

① "城管将违规摊贩的物品先暂扣下来，同时发给他们一份《参加社会服务申请表》，做完服务还要承诺不再违法经营，就能取回被没收的物品。"参见李孟. 吃"软"不吃"硬"，城管一腔深情孰懂？——"柔性执法"效应力调查 [J]. 中华建设，2017（1）：20.

开,这一带再次恢复了往昔的热闹。①

案例 26:城管人员在某小区门口发现了摊贩……城管人员:"这几天要搞大检查,你们就别过来了。"摊主:"知道了,我们会配合的。"第二天城管人员再来检查时,摊贩确实没来。在这个场景中,城管人员通过提醒的方式给摊贩充足的时间离场,避免直接冲突;摊贩则以时间换空间,在大检查时段内以离场方式表达对其权威的认可。②

通过上述案例可以看出:(1)由于此一过程中城管人员仅进行了身份性的"在场"宣示或者口头上的通知/劝说,能否称得上"执法"亦存有疑问,其中显然不含任何强制因素。若该情景成为一种惯例或持续性的"规则",则可认为城管人员和执法对象之间形成了一种"相互配合""和谐共处"的局面。(2)由于这种局面对双方均有利,因此有些类似于博弈语境下"自己活,也让别人活"③的情景;其中不仅混合了正式规则和非正式规则,而且能使交易成本降至最低。④可以说,双方在博弈过程中共同选择了既有利于自身,又能被对方接受,并且所需成本最低的"最优"模式;而双方的共识、默契或认可则是这一模式成立的前提。(3)从另一个角度看,这也意味着,来自国家层面的城管规章是不符合双方效用的,而"和谐共处"则可视为是双方在长期试错过程中混合、变通或创造出的规则。由于这种规则明显有悖于国家层面的制度,因此只能是默示的不能是明示的,也不能大范围地使用甚至"推广",更不能改变城管人员和执法对象之间冲突和对抗的根源——即便是在作为其发端的一战中,"自己活,也让别人活"的博弈结果也是极个别的现象。

在上述执法双方"和谐共处"的效益量化上,(1)在成本模块中,由于这种默示规则明显违反国家层面的城管规章,并且在程度上显著高于信用机制下的"前期不处罚",因此违法成本为-5;由于几乎没有实质上的执法行为,因此其他成本皆为0。(2)在收益模块中,由于违法行为并未发生变化,因此执法收益为0;由于这种默示规则须经执法对象合意并获得认可,因此个案相对人的认同收益为+5;但由于其中并未纳入个案相关人及其他居民的意见,有时还

---

① 燎原."执法"花样背后的武汉城管[J].南风窗,2013(14):56-57.
② 董艳春.构建城管执法的协商治理模式[J].北京航空航天大学学报(社会科学版),2013(6):13.
③ 这种博弈情景较早地出现在一战时的交战双方,参见[英]菲利普·鲍尔.预知社会——群体行为的内在法则[M].暴永宁,译.北京:当代中国出版社,2010:331-334.
④ [美]罗伯特·C.埃里克森.无需法律的秩序——邻人如何解决纠纷[M].苏力,译.北京:中国政法大学出版社,2003:306-307.

会为其带来负效益,因此舆论收益为0;当该模式长期运转时,尽管既不"合法"也不完全"合理",但仍会在双方之间形成一种"相安无事"的秩序,在这个意义上,秩序收益为+2。(3)在情绪模块中,当默示规则形成后,双方几乎无须交流与沟通,亦无情绪上的支出与回报,因此情感联结和情绪耗竭皆为0。综合来看,由于"和谐共处"在一定程度上符合"执法不作为"的特征,既无支出亦无收益,因此多项效益指标皆为0;其中的-5和+5可以视为是城管人员用执法不作为换取了执法对象的认同,而其间所形成的"相安无事"的秩序(+2),则使该形态的整体效益勉强为正。

二、"和谐共处"的实践困境:执法不作为与居民负效益

"和谐共处"模式的首要问题即是执法不作为,或者说,这种双方都能获益的和谐局面是城管一方通过不同程度地放弃执法职责来换取的;尽管其能在执法双方之间形成"相安无事"的秩序,但城市管理秩序本身并未得到维护。

更深一层的问题在于,这种执法双方的共识、默契或认可忽视了第三方——个案相关人及其他居民——的利益,或者说,这种默示规则是双方的,而城管秩序中的主体却至少是三方的(城管、摊贩、居民),未经居民参与并认可的"双方协议"可能因对其不利而遭受质疑。比如,2015年6月,海口市某市民经过龙昆南中国城公交站路段时,看到很多小贩热热闹闹地摆摊卖着水果、清补凉、炒粉、米线等,而3名城管人员则坐在占道经营摊位上悠然地抽烟喝茶聊天。事件曝光后,有市民留言"希望城管们能做好本职工作,好好引导小摊小贩,还大家一条干净宽敞的路";琼山区城管大队对两名当事人进行了通报批评,并对其中一名副中队长进行了免职处理。① 在此一事件中,尽管城管和摊贩"相安无事",但过往车辆的通行利益、附近居民的环境利益、就餐顾客的食品安全利益等都受到了不同程度的损害。简言之,国家层面的城管规章虽然不符合执法双方的效用,却体现了城市管理秩序以及部分居民的利益,而"和谐共处"模式在使城管获益的同时却让其背负了不作为的责任和第三方质疑的风险,是为柔性执法诸面相中,相对代价最高的一种。

---

① 胡诚勇. 城管坐在占道摊位上 抽烟喝茶聊着天[N]. 南国都市报,2015-06-04(010).

第五节 面相之四：个案之中的"根本解决问题"

一、"根本解决问题"：来自城管主体的"利他帮助"

在柔性执法的诸多动机中，主动性最强的即是为相对人提供"利他帮助"，其"不受内部和外部压力驱使、不含政绩或行政成本的考虑、亦非由法律规范所硬性要求，而是几乎完全出自内心愿望"。① 在这一过程中，城管主体以相对人的利益为目的，主动提供法定要求之外的帮助，为其解决根本问题，长期或永久性地避免违法行为再次发生。

案例27：孙琪是郑州市金水区聂庄村村民，家里5口人，父亲和弟弟因病生活不能自理，母亲患软骨病不能直立行走，她和丈夫靠摆摊卖粥维持一家人生计。因长期占道经营，她经常与前去执法的城管中队长赵峥"相逢"。2014年4月，她的堂嫂做饭时不慎油锅着火，全身严重烧伤，堂哥的手臂也被烫伤。面对高昂医药费手足无措的孙琪，试着给赵峥发了一条求助短信；赵峥则表示要号召队员捐款，随后将一条"让每个人献出一份爱，帮助烧伤的商贩一家人渡过难关！"的救助信息发到了城管局的官方微信群中。5月5日，赵峥第3次将城管队员们的爱心款交到孙琪手中，缓解了孙琪一家的医药费问题。②

案例28：2014年，广安市城管在实施创建文明城市工作时，要求居民和商户撤掉防护栏，而城南天府饭店附近的一家商户始终不予配合。城管人员了解到，一年前，该商户老板买到一个经开区的开发指标，后来政府统一开发经开区，这个指标也就作废了，但并没有把买指标的钱退还；城管人员随即带商户老板到相关部门解决了此事。此后，商户老板坦言他的店面被偷了两次，因此不愿撤掉防护栏，而城管人员则建议他安装隐形防护网，并带他去商店选购。

---

① 刘福元. 非强制行政的动机分析——探索政府柔性执法的内部之源 [J]. 云南大学学报法学版, 2012 (6): 39.
② 贺新, 李凤虎. 变"堵"为"疏" 城管商贩一家亲 [N]. 河南日报, 2014-06-18 (012). "在执法中，执法人员发现一些小商小贩生活的确困难，该局组织全体执法人员开展'阳光圆梦爱心募捐'活动，将募集来的7万多元全部资助给生活贫困的执法相对人，帮助他们渡过难关。"参见艾永华, 白雅. 树执法新形象 铸和谐创文明——榆林市综合行政执法局创新柔性执法管理城市纪实 [N]. 陕西日报, 2015-06-04 (010).

最终该商户撤掉了防护栏。①

通过上述案例可以看出：(1) 无论是为相对人捐款、协助退款，还是安装防护网，都属于直接或间接地提供利他帮助的行为，不仅不含有刚性和强制性内容，而且是柔性执法诸面相中最具利他、服务和柔性色彩的一种。需要注意的是，这些行为是以相对人利益为目的主动实施的，而非依循法律的要求被动作出的，或者说，其实这些行为都不在城管的法定职责范围内——城管并没有责任和义务为摊贩捐款、解决指标退款问题以及帮助选购防护网。换言之，即使不实施上述行为，其也完全不构成"行政不作为"。因此，尽管其在形式和结果上符合"柔性执法"的特征，但在内涵上已经超越了"执法"的范畴——"城管执法"是一种"负担性行政"，而在法定要求之外主动增进执法对象的利益，则可认为是一种"利他行为"。(2) 从执法效果上看，案例27中，尽管城管的捐款仅能解决孙琪当下的医药费问题，而不能解决一家人的谋生问题，或者说无法改变其"流动摊贩"的谋生手段，但至少会使其愿意接受疏导点中的摊位。在这个意义上说，孙琪"个案"中的"占道经营"问题得到了根本解决。案例28中，城管通过协助退款换取了商户老板配合执法工作，而"帮助选购防护网来替换防护栏"，显然比单纯地"依法撤掉防护栏"更能解决防盗问题。在这个意义上说，商户"个案"中的"防护栏"乃至于"防盗"问题也得到了根本解决。(3) 从适用范围上看，"根本解决问题"这种方式主要是"一对一"的，即为个案中的相对人解决问题（案例27），也可以是"一对多"的，即为存在同一问题的一类相对人解决问题（案例28中"防护网替换防护栏"可适用于复数商户），甚至可以是"一对领域"的，即通过"将建筑垃圾清运和资源化利用引入市场机制"等方案来从根本上解决建筑垃圾领域的城市管理问题，② 等等。但从整体上看，其主要是还"个案性的"，而不是"体制性的"——其能为个案相对人根本解决问题，使其在城管领域的违法行为不再发生，但仍无法解决各方之间深层次的利益冲突。

在上述为执法对象"根本解决问题"的效益量化上，(1) 在成本模块中，

---

① 熊洪静, 等. 广安城市管理执法大队"柔性执法" [EB/OL]. 四川新闻网. 2014-12-19.
② 在很多城市，建筑垃圾都是令人头疼的"大难题"，而在许昌，建筑垃圾却是"真金白银"。该市将建筑垃圾清运和资源化利用引入市场机制，由许昌市城管局与特许经营企业签订协议，利用建筑垃圾再生各种骨料、标砖、市政地砖、步砖等材料，年产值达到3亿多元。截至2014年，该市建筑垃圾资源化利用率在95%以上，有效解决了建筑垃圾私拉乱运、围城堆放、占压耕地、破坏环境的难题。参见张晓辉, 毕静. 频获国家"点赞"的许昌城管 [N]. 中国建设报, 2015-02-26 (008).

由于这种"利他帮助"不仅需要支付原有的执法成本,而且需要支付"执法工作"之外的成本,其尽管能够"一劳永逸"地解决问题,但支付的时间和精力也最多,因此物质成本和根除成本皆为-5;由于案例28中退款问题所涉及的部门间协调仅为偶然现象,因此协调成本为-1;由于"额外"的利他行为并不违反城管规章,因此违法成本为0。(2)在收益模块中,由于个案中的执法目的已经全部实现,因此执法收益为+5;由于作为受益对象的相对人通常都会认可城管的"利他行为",因此认同收益为+5;由于不仅未对个案相关人及其他居民带来负效益,而且较易获得其支持和肯定,因此舆论收益为+5;由于个案相对人的违法行为得到了长期或永久性地消除,因此秩序收益为+5。(3)在情绪模块中,由于该模式需要城管人员基于关心或同情并与执法对象进行深层次的交流和沟通才能实现,因此利他帮助为+5;相应地,如果其大范围、高频率地实施,也会对城管人员带来过大的精神负担,因此情绪耗竭为-5。综合来看,作为柔性执法中力度/幅度最大的一种,"根本解决问题"不仅得到了各项均为"满分"的收益,同时也支付了大量的成本;尽管该形态在整体上呈现出明显的正效益,但由于成本过高也难以大范围地实施。

二、"根本解决问题"的实践困境:成本高昂与转移负担的风险

"根本解决问题"在实践中遇到的首要问题即是成本过于高昂,除有形成本外,还需要无数的城管人员反复消耗大量时间——虽然在问题解决后该执法对象可能一劳永逸地离开城管的"执法视野",等于是将持续性的执法行为集中在了前期的某个点上,但若为辖区内所有生活困难的摊贩捐款,或者帮所有商户更换防护网,那么不仅物质成本极为可观,而且也很难有足够的人员和时间去开展这些"浩大的工程"。

除此之外,可能存在的另一个问题在于,该形态下高昂的成本是否会转由执法对象承担,或者说是否会分摊到执法对象身上?比如,为了解决路边烧烤的油烟污染、噪声扰民等问题,临沂市城管局推广使用"环保烧烤炉具",新炉具"不但外形美观整洁,更重要的是增设了空气净化装置,大大减少了污染……一氧化碳排放降低83%,致癌的苯并芘排放降低99.7%……目前全市90%以上烧烤摊都更换了新型炉具"[①]。诚然,新型烧烤炉具的推广和使用能够解决一系列环境问题,但有可能引发另一系列问题,即新炉具的更换是否由商贩来承担费用,费用是否合理,若新炉具未能起到预期的环保效果应当如何处

---

① 郭万盛,等.城管变"诚管"执法有温度[J].决策探索,2014(12):67.

理以及由谁承担责任,若商贩拒绝更换是否应采取强制措施,城管和新炉具生产者是否存在利益勾连,等等。再如,为了解决报摊业主的占道经营问题,武汉市武昌区城管局设计出一款新型售报车,其正面、背面均可撑开30度角,可分3层陈列近20份报纸,平面可摆放10余份杂志,侧面可放置矿泉水饮料,车内还可存放货物。尽管该售报车"既满足了该路段报摊零售人员的就业需求以及过往群众的文化需求,同时消除了以往报摊杂乱占道的状况,优化了市容秩序"①,但问题仍然是,这种为每个摊主"私人定制"的售报车是否需由摊主承担费用,费用是否合理,若摊主拒绝使用是否应采取强制措施,城管和售报车生产者是否存在利益勾连,等等。与案例27和案例28中城管单纯的利他行为不同,在新炉具和售报车的更换过程中,执法对象可能是有成本的,这等于是城管将"根本解决问题"的成本部分或全部地转移到了执法对象身上,其不仅增加了执法对象"可接受性"的问题,甚至还存在着城管"营利"的风险。在这个意义上,源自"利他帮助"的"根本解决问题",其前提应当是没有增加执法对象的负担;否则,即需考虑其可能产生的副作用并防止不良因素隐藏其中。

第六节 城管柔性执法诸面相的"优先级"设置

至此,我们已对城管柔性执法的4重面相共6种形式分别进行了考察和分析,并按照3个模块共10项指标进行了效益量化。在此基础上,我们一方面将诸面相的效益量化情况汇总如下(见图8-2),另一方面,由于任何一种面相都未呈现出完整的"之"型线,或者说不存在各项成本皆为0、收益皆为5的情形,加之任何一种面相都存在着明显的实践困境,因此所有面相都不是"全善"的,在实践中应当根据综合效益、特殊指标、执法领域等因素进行选择和排序,即对诸面相进行"优先级"设置。

第一,按照"效益最大化"的一般思路,诸面相应当首先按照成本与效益相抵后剩余数值的大小进行排序,即:"设计/建议"类指导(+11)>信用机制的基础形态(+10)>"根本解决问题"(+9)>各类花样执法(+5)>信用机制的高级形态(+4)>"和谐共处"(+2)。从上述排序可以看出,各面相的效益数值与其服务属性基本呈正比例关系——"设计/建议"类指导和信用机制的

---

① 柯善北.由管理到法治的嬗变——武汉市武昌区引入司法力量引导城管执法[J].中华建设,2015(2):73.

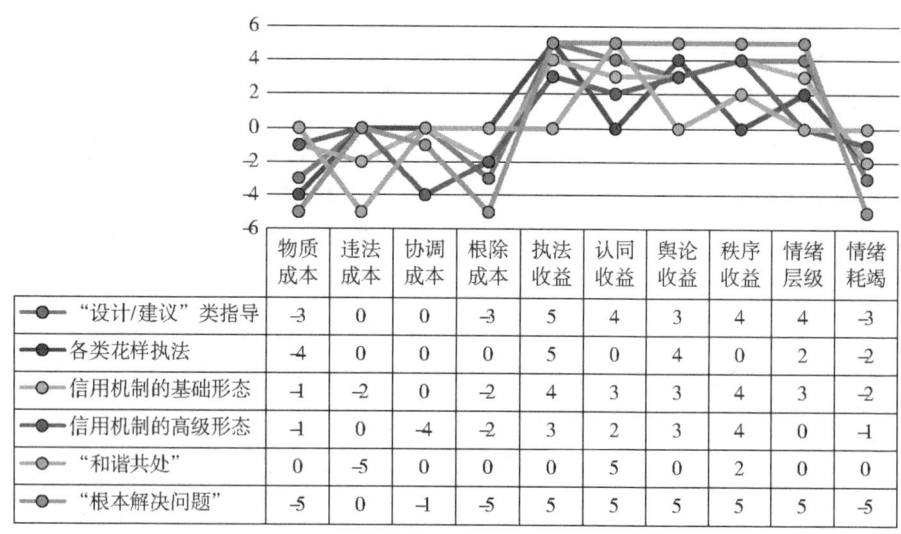

	物质成本	违法成本	协调成本	根除成本	执法收益	认同收益	舆论收益	秩序收益	情绪层级	情绪耗竭
"设计/建议"类指导	-3	0	0	-3	5	4	3	4	4	-3
各类花样执法	-4	0	0	0	5	0	4	0	2	-2
信用机制的基础形态	-1	-2	0	-2	4	3	3	4	3	-2
信用机制的高级形态	-1	0	-4	-2	3	2	3	4	0	-1
"和谐共处"	0	-5	0	0	0	5	0	2	0	0
"根本解决问题"	-5	0	-1	-5	5	5	5	5	5	-5

图 8-2 城管柔性执法诸面相效益量化情况汇总

基础形态都是城管主动提出并带有创新性的服务，而"根本解决问题"则已迈入了"利他帮助"的领域。相较而言，由于各类花样执法隐含了"无形的强制"、信用机制的高级形态制度刚性过于明显，以及"和谐共处"并无服务可言，因此整体效益也相对较低。简言之，以"综合效益"为衡量标准，城管应当优先选择服务性更强的柔性执法方式。

第二，"优先级"设置还应对特殊指标进行单独考虑：（1）"根除成本"和"秩序收益"都是关涉到执法效果长期化和持续化的指标，其不仅涉及个案问题的解决程度，而且涉及相关秩序的稳定程度。尽管诸面相中，能够获得秩序收益者大多需要支付较高的成本，但我们认为这种成本是值得的——在城管的人力、物力和时间等允许的前提下，应当优先选择"设计/建议"类指导、"根本解决问题"等能够缓解或消除矛盾和问题的执法方式。（2）"认同收益"和"舆论收益"都是关涉到城管外部评价的指标，尽管多数情况下二者都呈正相关关系，但我们认为，二者不能相互替代，并且不能因追求一方而放弃/放任另一方。比如，在前述的"举牌执法"中，城管为了媒体和舆论宣传而放弃了个案相对人的认同；而在前述的"和谐共处"中，城管为了摊贩的默契而放弃了附近居民的认同——个案相对人、相关人及其他居民往往有着不同的利益和需求，应当将其放置在同一水平线上加以考虑，不宜顾此失彼。（3）"违法成本"和

"协调成本"则是稍显"敏感"的成本：在"违法成本"方面，信用机制的基础形态和"和谐共处"皆有涉及。对于前者而言，可以说，其服务性、可接受性以及较高的综合效益在一定程度上是以"违法执法"为前提的，尽管我们并非全然否定，但仍建议将"前期不处罚"限制在"情节轻微"或者"情节较轻"的违法行为上，以尽可能地降低"违法成本"所带来的负效益。在"协调成本"方面，信用机制的高级形态和"根本解决问题"皆有涉及。对于后者而言，有时城管执法确实需要其他部门的配合或帮助，此时更需担心的往往不是成本高低，而是城管囿于程序烦琐、耗时耗力乃至于"不愿求人"等因素不去与其他部门协调，以至于执法工作不能得到更为理想的结果，对此我们认为，协调成本是值得支付的，特别是城管与各部门形成长期且固定的协作关系后，很多执法工作中的难题甚至顽疾都会迎刃而解。(4) 在情绪模块的4项指标中，诸面相呈现出较为明显的规律性，即无论是情感联结、人际交流还是利他帮助，相对人所接受的"情绪层级"都与城管人员的"情绪耗竭"成正比，或者说，城管人员与相对人的交流和沟通越深入、越频繁，其在精神上的负担也越就大。然而，对这一模块的关注并不是建议城管采取信用机制的高级形态和"和谐共处"这类几乎不和相对人发生情感关联的方式，而是提示城管将情绪劳动纳入综合效益的考量中——"设计/建议"类指导和"根本解决问题"等虽能取得优良的执法效果，但若长期反复使用则可能使城管人员不堪重负，过早地超过"情绪耗竭"的极限，从而自觉不自觉地使本应具有柔性和服务性的执法方式发生变形，包括主动性不足、应付了事甚至以强制相威胁等——情绪模块中的各项指标虽然不像其他模块那样外在、明显和容易识别，但却内在且持续地发挥着作用，不应在选择执法方式时受到轻视甚至忽略。

第三，"优先级"设置还应根据具体情况考虑其他相关因素：（1）注意隐含着的强制因素。需要再次强调的是，本章是在"非强制框架下"探讨各种问题，"非强制"应当是柔性执法诸面相的前提和基础；尽管强制和非强制并不是排斥/替代关系，但我们仍然不赞将强制因素融入非强制手段中，形成"强制仍是强制、非强制也包含强制"的局面。比如，①举牌执法和反复执法等花样执法中隐含了"无形的强制"，或者说其仅仅是用"情景上的强制"取代了"物理性的强制"；②信用机制的高级形态虽然表现为一种不含直接强制的"督促机制"，但对相对人的失信惩戒更倾向于一种强制制裁；③"根本解决问题"时若要永久性地排除某一领域内的问题，依靠全体相对人的自愿配合恐怕不太现实，此时就存在着强制接受和"转移负担"的风险，等等。我们认为，尽管融入强制因素能够节省执法成本，并能将城管的意志付诸实现或加以推广，但这毕竟有违柔性执法的初衷，甚至可能成为"以柔性之名行强制之实"的形象工程，因此应当在柔性与刚性、非强制与强制之间尽可能清晰地划出界限。（2）注意诸面相各自的实践困境。通过上文可知，其实每种面相都存在着自身的实践困境，而在具体执法情景的"优先级"设置中应当对其程度加以考虑。比如，①"设计/建议"类指导的实践困境较为泛泛，主要是诸面相的共性问题；②"根本解决问题"的"转移负担"则更多地表现为一种风险，风险的程度与所要解决的问题领域成正比，在面对个案相对人时可以忽略不计，但在面对执法领域时则须审慎权衡；③信用机制所面临的"信用不及"需要根据相对人进行调整，即对于"在意"信用的相对人调高该方式的适用顺序，而对于"无关痛痒"的相对人则调低其适用顺序，等等。

最后，诸面相可以根据适宜度与城管执法的诸领域进行匹配，即将诸种柔性执法方式及其优先级设置分别对应到各个执法领域中去，形成相对稳定的参照方案。此处，由于城管事权纷繁复杂，其所映射的执法领域也形态各异，我们仅就实践中较为常见且本章涉及的4个领域进行匹配（见表8-1）。

表8-1　柔性执法方式与城管执法领域匹配情况示意

	流动摊贩	商户店铺	环境卫生	经营工具
"设计/建议"类指导	√2序	√2序	√1序	√1序
各类花样执法	√4序			
信用机制的基础形态	√3序	√3序	√2序	√2序
信用机制的高级形态		√4序	√3序	
"和谐共处"				
"根本解决问题"	√1序	√1序		√3序
	案例21、22、27	案例23、24、28	案例20	新炉具和售报车

注："√"为可以采取的柔性执法方式，"1序、2序……"则是不同柔性执法方式的优先级设置。

通过表8-1可以看出，每一执法领域都有3至4种执法方式可以适用，而"和谐共处"这种"自生自发"的被动形态不宜在任何执法领域中主动适用；同时，这里的优先级排序也意味着，如果某种方式在具体个案中缺乏实施条件，或者难以达至预期效果，则应转而考虑下一顺位。具体而言：

（1）在以"流动摊贩"为执法对象的领域中，应当优先考虑"根本解决问题"（1序），即长期或永久性地消除相对人的违法行为。但若成本过高或无"根本解决"之可能，则应按"综合效益"标准依次考虑后续的"设计/建议"类指导（2序）和信用机制的基础形态（3序）。由于信用机制的高级形态对于流动摊贩往往起不到作用，因此未将之列入排序范围；而各类花样执法则是前3序皆无效时"不得已而为之"的最后手段（4序）——尽管同样不宜在任何执法领域中主动适用，但作为一种"柔性"手段，其总要好过于强制乃至于暴力执法。以案例22为例，对于在商业广场入口处贩卖水果的摊贩，应当首先考虑是否存在为其一家人——特别是怀孕的妻子和年迈的父母——解决生活困难的可能性（1序）。若无可能则应动员其进入疏导点或市场内经营，并在费用方面给予优惠或减免（2序）；若该摊贩拒绝前往则仍可以采取承诺书、保证书、视频承诺等加以督促（3序）；若所有方式皆无效，即可采取案例22中实际采取的"举牌执法"方式（4序）。

（2）在以"商户店铺"为执法对象的领域中，1序至3序与上述"流动摊贩"时相同。由于相对而言，其属于"有固定店面的长期经营者"，因此信用机制的高级形态可以适用，但考虑到该方式的制度刚性过于明显，因此将之设为4序。以案例28为例，对于不愿撤掉防护栏的商户，应当首先与其深入沟通并了解不愿撤掉的原因，进而通过案例28中实际采取的"协助退款""帮助更换防护网"等措施为其"根本解决问题"（1序）；若无实施条件，则应为其考虑其他可行的折中方案（2序）；若无方案可行或者商户拒绝接受，则可通过信用机制对其施以道德上的诚信压力（3序），乃至于通过"失信黑名单""信用信息系统"等对其施以实体上的失信惩戒（4序）。

（3）在"环境卫生"这一执法领域中，"根本解决问题"通常无法适用，如垃圾污染、油烟污染、噪声污染等属于连续/持续性的城市管理问题，很难针对个案相对人或该领域寻找到"一劳永逸"的解决措施或方案，因此未将之列入排序范围；而这一领域的执法对象既有可能是流动摊贩又有可能是商户店铺，因此信用机制的高级形态可以适用。范围内的三种方式，其排序与上述"商户店铺"时相同。以案例20为例，对于经营中存在油烟污染的店铺，应当首先考虑是否有可行的方案来缓解这一问题，即如案例20实际采取的那样设计出既能避免油烟直排，又具有安装可能性的改造方案（1序）；若无方案可行或者店主拒绝接受，则可通过信用机制的基础形态督促其减少油烟排放或自行设计改造方案（2序）；若店主仍然拒绝，则可转而适用信用机制的高级形态（3序）。

（4）对于"经营工具"这一问题，此处主要针对的是"根本解决问题"中存在转移负担风险的更换新炉具和售报车等措施。以此为例，对于经营路边烧烤和报纸的摊贩，应当首先通过"设计/建议"类指导动员其进入疏导点或市场内经营，也可如案例中实际采取的那样建议其更换新炉具和售报车（1序），但此时不得强制更换；若不被接受，则可通过信用机制对其"油烟污染、噪声扰民"和"占道经营"行为施以道德上的诚信压力（2序）；若仍无效果，则可要求摊贩统一更换，从而根本性地解决上述问题（3序）。而无论是在哪一执法领域，含有刚性、强制及风险因素的柔性执法措施，都应放在最后/末序加以考虑。

第九章

城管执法场域中的协商机制建构

第一节 作为协商机制缘起的三方利益纠葛

随着经济与社会的持续发展、管理科学和技能的不断进步，在时至今日的部门行政中，已经很少再有诸如城管执法那样事端丛生、纷争不断的场域——无论是执法者的硬性/柔性方式，还是执法对象的对抗/配合行为，或是周边居民的声援/抵触态度，都持续且稳固地在各类媒体的消息推送中占据一席之地。我们认为，形成此一局面的根源乃是该场域中所存在的利益分歧。尽管"公共行政的目的是维护和促进公共利益或者大众福祉"，并且"公共利益是所有行政活动的理由和界限所在"，[①] 但在城管执法场域中，首先被问及的却是："公共利益"究竟是谁的利益？是执法者所代表的城市秩序利益，还是执法对象所代表的生存或经营利益，或是周边居民所代表的便利或安宁利益，以及诸如此类的其他利益？曾有论者将其概括为两个方面："一是，社会公众与城市治理其他主体即政府、企业等的利益矛盾；二是，公民内部不同组织之间的利益矛盾。"[②] 但实际上，城管执法中的矛盾主体，从来不是双方的，而至少是三方的，即，作为城市管理规章制度执行者的城管主体一方、作为城管主体执法对

[①] [德]汉斯·J.沃尔夫，等. 行政法：第一卷[M]. 高家伟，译. 北京：商务印书馆，2002：323-324.
[②] 王胜本，李鹤飞. 利益视角下城市治理中的公民参与研究[J]. 山东科技大学学报（社会科学版），2015（1）：77.

象的摊贩一方①，以及作为受到执法活动直接或间接影响的周边居民一方。曾有论者将三方之间的利益诉求及纷争归纳为："城市管理者希望城市干净、整洁、秩序井然，城市生活者希望生活方便、安全安静，城市谋生者希望在发展中获取利益。"②"政府大多会认为，改善了市容面貌就提升了投资环境，增强了城市综合竞争力；市民会认为只要不妨碍到自己就可以接受，如果受到影响可能又会立即投诉要求取缔；而门店商家会认为不付店租、不交税的'马路经济'不仅影响城市环境，而且影响经营的公平性。"③ 但上述归纳尚未穷尽城管执法场域中的利益诉求，或者说，其实城管、居民和摊贩的诉求都不是单向度的，而是多向度的，因此才能将其利益关系称之为"纠葛"，其中包括但不限于：以某一方主体为出发点和另外两方的利益关系、每一方主体内部的利益关系。具体而言：

1. 城管和摊贩的利益冲突

（1）作为执法者，城管主体所执行的是代表城市规则与秩序的规章制度；从法理上说，这种规则必然存在，也必须有人去执行——无论其正统性、可接受性和可执行性如何，都不会从根本上改变这一点。④ 因此，无论某一城管机关或城管队员主观意愿如何，"履行职责"都是必然要求，并直接决定了其考核结果甚至"饭碗"能否端稳。⑤（2）在执法对象中，问题较为突出的即为流动摊贩，其对于城市秩序可能造成的负面影响包括"占道经营造成交通拥堵""某

---

① 需要说明的是，城管的执法对象是颇为丰富的，或者说，执法对象的性质、类别、范围等是根据城管的具体事权而定的。比如，在某个地方，如若"非法小广告"属于城管的事权范围，那么张贴小广告者即为城管的执法对象；如若"机动车乱停放"属于城管的事权范围，那么违章停车者即为城管的执法对象；甚至是，如若"打击传销"属于城管的事权范围，那么传销的组织者和参与者同样是城管的执法对象，等等。而本章之所以将"摊贩"而非广义的"执法对象"作为三方主体的一方，乃是因为，一方面，在城管执法场域中，摊贩与城管和居民的利益纠葛最为明显，其中的矛盾冲突也最为剧烈，在执法对象中最具代表性；另一方面，由于城管的"执法对象"过于庞杂，彼此之间的利益诉求也相差悬殊，因此我们既不能将"执法对象"作为一个整体进行描述，也不能对各类执法对象依此进行描述——将焦点集中于摊贩亦是研究条件所限。
② 戢浩飞，黄磊．"城管"前世今生［J］．人民政坛，2013（9）：8．
③ 陈兵斌．改善城管执法体制的方法研究［J］．城市管理与科技，2014（5）：58．
④ 法理层面的论证，可见［美］弗里德曼．选择的共和国——法律、权威与文化［M］．高鸿均，等译．北京：清华大学出版社，2005：80；［美］罗伯特·阿克塞尔罗德．合作的进化［M］．吴坚忠，译．上海：上海人民出版社，2007：107-109．
⑤ 莫于川．从城市管理走向城市治理：完善城管综合执法体制的路径选择［J］．哈尔滨工业大学学报（社会科学版），2013（6）：40．

些地段摆摊造成公共安全隐患""行为不当影响城市环境卫生和食品安全",①等等。但对相当一部分②摊贩而言,由于其文化水平低、专业技能缺乏、个人素质有限,加之"生存资源缺失""社会保障制度滞后"③等客观因素,设摊经营成了其必不可少的谋生手段。(3)由此,城管的"秩序利益"和摊贩的"生存利益"就构成了有时还是较为剧烈的冲突——"城管执法具有某种正当性,摊贩摆摊叫卖具有自身的生存必要性和结果违规性,二者在行为、利益、目标等方面的对立就造成矛盾与冲突不能避免。"④

2. 城管内部的利益偏好

(1)在微观层面,多数城管部门都有着数量众多的具体事权;而在宏观层面,其也有着各不相同的行政目标。我们将行政目标的实现视为城管的一项"工作利益",而当复数的行政目标难以或无法同时实现时,就出现了选择、取舍以及优先级的问题,而其处理结果,即反映了城管的利益偏好。(2)"地方政府服务的多重性有时可能导致相互冲突的目标"⑤,因此,"政府官员们需要履行彼此矛盾的职责是很常见的"⑥。在城管执法场域中,对流动摊贩的查处乃至取缔有助于实现交通、卫生、市容以及上位的"城市秩序"等目标,却无助于实现便利、和谐、共存以及摊贩视角的"民生"等目标。城管既要将城市秩序维护得井井有条,又不能让居民的生活便利减损到难以忍受的程度;既要严格执行城管规章、惩处违规行为,又要富含柔性和温情,减少强制行为的实施;等等。(3)当这些目标难以或无法同时实现时,目前多数城管是为城市秩序和居民利益设置了更高的优先级。比如,"管理"和"服务"都是城管的职责,但城管对于摊贩更多的是管理而非服务。再如,多数城管将"民生"定义为

---

① 吕来明,等. 城市流动摊贩权利保护与治理机制研究[M]. 北京:法律出版社,2013:11-13.
② "最为难办的有五部分人……少数民族、残疾人、艾滋病人、老人、重病人。他们无不有着极为特殊的人生经历和困苦的生活际遇,如不主动谋生,便会断了生路。为了继续活着,或者是为了求得治病的费用,身无一技之长的他们只好进行着违法经营。"详见课题研发组. 城管执法操作实务[M]. 北京:国家行政学院出版社,2006:52-56.
③ 课题研发组. 城管执法操作实务[M]. 北京:国家行政学院出版社,2006:142-143.
④ 杨志军. 城管和摊贩"互动"关系的过程解读与路径优化探析[J]. 岭南学刊,2017(1):124.
⑤ [美]阿里·哈拉契米. 政府业绩与质量测评——问题与经验[M]. 张梦中,等译. 广州:中山大学出版社,2003:151.
⑥ [美]查尔斯·T. 葛德塞尔. 为官僚制正名——一场公共行政的辩论[M]. 张怡,译. 上海:复旦大学出版社,2007:97.

"居民生活",而民生工作则包括城区景观、环境卫生①、燃气工程、停车管理②、除冰融雪③等,却未将"摊贩生存"列入其中——这种自觉不自觉地对"民"进行的排除或限定,也在一定程度上显露了城管的利益偏好。

3. 居民和摊贩的利益冲突

居民一方的利益集群中包含着"生活安宁"或者"不被打扰"的利益,而流动摊贩的经营活动则可能直接或间接地影响这一利益。比如,部分摊贩使用高音喇叭或大功率电子扬声器播放经营项目,而这种噪音污染会影响周边居民的工作和休息;又如,部分摊贩在经营食品时会排出油烟等刺激性气体,而这种空气污染会影响周边居民的生活和健康;再如,部分摊贩在经营结束后不主动清理所产生的废弃物,而这种垃圾污染又会影响周边居民的居住环境;等等。

4. 居民内部的利益抵触

(1)尽管"就公共行政而言,最重要的并且最有价值的就是我们为公民服务以增进共同的利益"④,但不同公民的利益可能是不一致的,同一行政活动可能不仅无法增进"共同的利益",而且会对不同公民产生截然相反的作用。(2)在居民一方内部,最为典型的就是"生活安宁"和"生活便利"之间的利益抵触:居民一方面希望摊贩为其带来低价的商品和购物的便利,另一方面又不希望带来噪声、空气、垃圾等污染。这一矛盾甚至可能发生在同一居民身上⑤,而在不同居民之间就更加明显。比如,不同居民的经济条件和消费水平有所差别,对于摊贩的需要也就相应地有所差别:经济条件较好者往往更重视食品的卫生状况、商品的质量状况,而很少关注摊贩经营的物品;经济条件较差者则因摊贩销售的食品和商品既便宜又便利,对其有更大的需求。⑥ 对于前者而言,

---

① 徐铭,晏洁."民生城管"打造美丽城区[N].攀枝花日报,2017-09-15(01,04).
② 刘晓洁,等.城市管理服务民生接地气[N].岳阳日报,2016-07-29(04).
③ 边城雨.万余城管人坚守一线保民生[N].宁波晚报,2018-02-02(A4).
④ [美]珍妮特·V.登哈特,罗伯特·B.登哈特.新公共服务——服务,而不是掌舵[M].丁煌,译.北京:中国人民大学出版社,2010:2.
⑤ "公众一方面指责城管'心黑手狠'地剥夺'弱势群体'的生计,另一方面又痛恨无照商贩阻碍交通、污染环境。这两种抱怨可能恰恰出自同一个人,他在别处津津有味吃着大排档,回家就投诉楼下大排档油烟熏得他不敢开窗。"参见季天也.与北京一城管队长的对话[J].环境与生活,2014(9):34.
⑥ "在城市贫富分化严重的背景下,由庞大的底层群体生成一个巨大的低端市场。所以灵活、机动的小商贩及其销售的低价商品正好契合了部分城市居民的日常生活需求。"参见贾玉娇.现代城市管理之痛:城管和小商贩矛盾探析[J].山东社会科学,2014(5):60.关于城市居民消费群体的三种类别划分及各自对摊贩的需求,可见吕来明,等.城市流动摊贩权利保护与治理机制研究[M].北京:法律出版社,2013:73-74.

秩序和安宁远胜于便宜和便利；对于后者而言，为了便宜和便利则可以牺牲秩序和安宁。

5. 居民和城管的利益分歧

作为城市管理中的服务对象与服务提供者，居民和城管之间并不存在根本上的利益冲突。我们认为，在一定程度上，是居民内部的利益抵触既引发了城管内部行政目标的差别，又导致了不同居民与城管之间的利益分歧。比如，部分居民因摊贩影响了其"生活安宁"而要求城管取缔，而另一部分居民则因取缔摊贩影响了其"生活便利"而反对城管的行为，后一部分居民与城管之间的利益分歧，实质上是与前一部分居民的利益抵触；而此时，无论城管如何行为都会引发部分居民的不满。

6. 摊贩内部的利益冲突

（1）尽管摊贩通常都被认定为弱势群体，其设摊经营是为了满足最基本的生存需要，① 但实际情况却非完全如此——亦有部分摊贩的经营目的是追求高额利润。比如，"北京某市场批发价7毛钱一个的玉米，无照商贩拿个煤炉子一烤，转手就卖5元，一晚上就能有800元的毛收入。……还有那些在旅游景点附近卖哈密瓜条的商贩，月收入能到两三万元。"② 在同一市场范围内，以生存需要为目的的摊贩和以高额利润为目的的摊贩可能产生利益冲突，或者说，后者的经营活动可能对前者造成冲击。这一方面体现在对有限市场资源的争夺，另一方面则体现在，无论哪种摊贩的违规行为都可能导致城管对摊贩整体上的严格管理甚至取缔，而同样的后果对于"生存型摊贩"要比对"利润型摊贩"不利得多。（2）由于两种类型的摊贩都存在争夺市场资源的问题，其内部冲突的一种实际表现就是相互举报，即某个或某些摊贩通过匿名举报的方式要求城管取缔另一个或一些经营项目相同的摊贩。在这一过程中，城管成了摊贩之间的"斗争工具"。"城管接到的投诉中有不少都来自游商内部。有些游商来晚了，好地方被占了，就打电话举报。借城管的力量把先来的同行赶走，他们再过来摆摊儿。"③

通过上述列举可以看出，城管执法场域中的三方都有着各自的利益诉求，且每一方内部也存在不同的诉求，而这些诉求之间往往又是相互冲突的；正因

---

① 高洁如. 城管执法理论研究［M］. 北京：法律出版社，2014：103-104；吕来明，等. 城市流动摊贩权利保护与治理机制研究［M］. 北京：法律出版社，2013：6-7.
② 季天也. 与北京一城管队长的对话［J］. 环境与生活，2014（9）：33.
③ 倪元锦，毛鹏飞. 游商尾随城管，执法路线被"直播"［D］. 新华每日电讯，2014-07-30（007）.

为这种复杂的利益纠葛难以或无法通过单纯的执法手段予以消除，因此才需要构建一套开放而合理的协商机制来协调各方利益，一方面促进共同利益的最大化，另一方面则使各方可能承受的利益减损变得可以接受。

第二节　以居民为支点的协商机制建构

一、居民与城管的协商机制：行政参与的微观适用

"以居民为支点的协商机制"主要包括"居民与城管协商"和"居民内部协商"两个方面。在前一方面，就目前的实践状况而言，我们认为可以将其纳入"行政参与"概念[①]中，即居民通过参与城管执法来将自身的意见、愿望、要求传达给城管部门，而由城管部门决定是否采纳并予以反馈。需要注意的是，此处所说的居民参与，是居民自发或主动参与城管执法，或者说，是始自居民一方、以居民一方为主体发起的参与，以此区别于后文以城管一方为主体开放的参与。从功能上说，一方面，其能为居民提供一个利益表达的机会，即让居民能够"影响那些关乎他们生活质量的公共政策的制定与执行"[②]；另一方面，"利害关系人与受影响的主体参与解决管制问题还具有独立的民主价值"[③]——无论协商结果如何，参与程序的提供都会在不同程度上增加居民一方的接受度，相反，"如果政府在处理公共事务中缺乏公民参与，就很有可能发生最缺乏道德和最不负责任的情况"[④]。从机制建构上说：

一是在居民参与的主体上，一般而言，个体居民对自身的利益诉求最为清

[①] "行政参与是指具有法定资格的个人或组织参与到行政过程中来，并为行政行为带来实际影响的活动。"参见刘福元. 行政参与的度量衡——开放式行政的规则治理 [M]. 北京：法律出版社，2012：20-24.

[②] 宋迎昌. 城市管理的理论与实践 [M]. 北京：社会科学文献出版社，2013：51.

[③] [美] 朱迪·弗里曼. 合作治理与新行政法 [M]. 毕洪海，陈标冲，译. 北京：商务印书馆，2010：41. "民主的实质就是商议，是平等各方之间的见解反思与讨论。""实际上，并不仅仅是各种利益，通过商议的方式还能最终发现他们之间的一致性。……从某种意义上说，它是允许和鼓励产生集体利益和一致意见并最终形成人性共有认识的一系列政治安排。"参见 [英] 克里斯托夫·鲍利特. 重要的公共管理者 [M]. 孙迎春，译. 北京：北京大学出版社，2011：89.

[④] [美] 格罗弗·斯塔林. 公共部门管理 [M]. 陈宪，等译. 上海：上海译文出版社，2003：150.

楚，而"决策要由受约束主体来参与……利害关系人则必须参与决策过程"①，因此，参与主体应当包含且仅限于受到城管执法影响的周边居民。我们认为，可以采取数字城管中较为通行的"万米单元网格"或称"网格化管理"作为地域划分和定位的标准，即每一单元网格不仅对应着管理部件和事件，而且可以对应到包括居民在内的机构和人员；遇有参与/协商需要之时，可以以某一地域中一个或多个单元网格为单位进行组织。原因在于，一方面，单元网格内的居民往往面临着同样的问题，无论利益诉求如何，都可以集中针对同一问题进行表达；另一方面，在采用网格化管理的城市中，各个单元网格都有专门的执法人员负责，组织参与更为便利、责任划分也更为清晰。

二是在居民参与的范围上，与"生活安宁"和"生活便利"相关的事项都应纳入其中，或者说，这些事项不应由城管单方决定，而应由居民决定或者由居民和城管协商决定；而城管事权范围内的另一部分事项，则不宜纳入参与范围，如自然灾害救助、非法出版物、打击传销等。尽管一般而言，社区服务、安全问题、社会问题等都是颇受居民关注的问题②，但在我们的研究视野中，摊贩问题仍然是居民参与中更为常见的问题。

三是在居民参与的方式上：（1）在个人直接参与上，一方面，应当使参与渠道尽可能地多元化，电话、信件、城管网站、市民城管通等能够分别照顾到不同居民惯用的通信方式，③ 现阶段尚不宜取消或合并其中的一种或几种；另一方面，对于诸种参与渠道应当集中统一管理，即在城管部门中设立或指定某个内设机构，通过标准化程序集中受理、分类、转送及统计各个渠道接收的参与信息，以防止管理的混乱和信息的遗失。（2）在居民集体参与上，已有部分地方对主要方式进行了规定，比如，《南京市城市治理条例》第十三条规定："公众可以通过专家咨询、座谈会、论证会、听证会、网络征询、问卷调查等多种方式参与城市治理活动。"《南昌市城市管理条例》第十四条规定："市、区人民政府及其有关部门对城市管理中涉及公民、法人和其他组织利益的事项，应当采取听证会、座谈会、登报、互联网发布等形式征求市民和专家的意见。"

---

① 于立深. 契约方法论——以公法哲学为背景的思考[M]. 北京：北京大学出版社，2007：167-168.
② [美]戴维·R. 摩根，等. 城市管理学：美国视角[M]. 杨宏山，陈建国，译. 北京：中国人民大学出版社，2011：108.
③ 《无证无照经营查处办法》〔2017〕第九条规定："任何单位或者个人有权向查处部门举报无证无照经营。查处部门应当向社会公开受理举报的电话、信箱或者电子邮件地址，并安排人员受理举报，依法予以处理。"该条兼顾了个人直接参与的三种主要渠道。

等等。2017年5月,常州市花南社区居民参与了城管工作讨论会,议题包括"小区基础设施荒废、环境治理难点、无良商家占用公共区域"等。"有代表指出,小区内荒废的泳池可规划为居民的文化及休闲基地,既减轻了城管工作的压力,同时还能积极利用,成为辖区的文明建设亮点。"① 可以看出,这种固定区域内的"讨论会",以当地居民为参与主体。以社区为地域范围。以设施、环境、商家等问题为参与事项,都与此处"居民参与"的诸要素更相匹配。

二、居民内部的协商机制:自治形式下的居民决定权

如前所述,"群众诉求各异""部分利益受损的群众往往把问题的矛头对准城管"②,确实是三方关系中较为常见的现象。我们认为,居民内部的利益抵触,应当通过居民内部协商来得出主要意见或一致意见,再交由城管具体执行,而不应转化为城管内部行政目标的差别,更不应转变成居民与城管的利益分歧。从功能上说,首先,无论个别居民对城管问题持有怎样的态度,其相互协商仍然是可能的,因为"地方事件对他们的生活或家庭有了直接影响",甚至"涉及人们生活的基本需要"。③ 其次,协商的结果"常常是具有不同兴趣、不同价值观和影响力的很多参与者之间讨价还价和互相妥协的产物"④,尽管居民的内部协商可能达不成一致意见,或者少数人的意见最终没有被采纳,但其毕竟参与了意见表达,并能在这一过程中了解乃至于体谅其他居民的利益所在——这一模式总要好过不同居民同时提出相反的利益诉求,城管满足一方损害另一方而导致矛盾激化的情形。从机制建构上说:

第一,在内部协商的模式上,《指导意见》第(二十六)项明确要求"增强社区自治功能""完善社区协商机制""促进居民自治管理"等。我们认为,居民内部协商亦可采取自治模式,由社区或居民代表来组织持有不同利益诉求的居民共同商议相关问题,经沟通和协调后形成多数意见,再将之反馈给城管,

---

① 李雪. 花南社区组织居民参与城市管理工作大讨论[EB/OL]. 常州市钟楼区人民政府网,2017-05-04.
② 任妍. 城管执法和谐公共关系建构的理性思考——上海松江区餐厨垃圾废弃油脂案的启示[J]. 上海城市管理,2013(4):58.
③ [美]史蒂文·科恩,威廉·埃米克. 新有效公共管理者——在变革的政府中追求成功[M]. 王巧玲,等译. 北京:中国人民大学出版社,2001:198.
④ [美]格罗弗·斯塔林. 公共部门管理[M]. 陈宪,等译. 上海:上海译文出版社,2003:27.

形成"自身事宜—自主协商—自主决定"的自治模式。①

第二在事关摊贩的协商中,我们认为,一方面,应当赋予居民对于相关事宜的决定权或准决定权;另一方面,这种权利应当在居民内部通过"自治—协商"的模式加以行使。(1)从"居民—摊贩"的角度讲,由于居民既是摊贩的"顾客"又是其首要"被影响者",或者说,摊贩所带来的"生活便利"及其所影响的"生活安宁"都是主要指向居民的,因此应由居民协商决定设摊行为的诸项事宜,包括时间、地点、规模、经营范围、污染防治等。(2)从"居民—城管"的角度讲,由于城管的首要服务对象是居民,因此设摊事宜不应由城管独自决定,比如,若由居民来协商确定疏导点,一般不会选择远离居民区、人烟稀少的偏远地区,而由城管单方决定则可能得出上述结果,从而有损居民和摊贩双方的利益并将矛盾"集于一身"。(3)从"居民—居民"的角度讲,协商的难题即是不同居民对于"生活安宁"和"生活便利"的不同需要。我们认为,如果两种利益在协商中难以调和,或者"大多数人都觉得方便、不影响生活的地方"②难以找到,则可以采取多数决的方式,并辅以特殊因素的考虑——如老幼病残等特殊群体的生活需要、环境污染的程度及降低途径等——综合做出决定。而无论做出怎样的决定,都应将决定的内容和理由以及未被采纳的意见和原因等向居民公开,从而尽可能地做到程序公正。

第三节 以摊贩为支点的协商机制建构

一、摊贩内部的协商机制:自治形式下的管理和维权

"以摊贩为支点的协商机制"主要包括"摊贩内部协商"和"摊贩与城管协商"两个方面。在前一方面,由于涉及摊贩内部的利益冲突,因此不宜完全由城管通过执法手段处理。尽管城管可以在市场准入、经营范围等方面给予"生存型摊贩"更多的照顾,但只要摊贩为复数,城管即无法限制竞争;尽管城管可以对恶意投诉施以惩处,但无益于从根本上制止摊贩之间的恶性竞争。在

---

① 而在自治过程中,亦应遵循群体决策的基本原则,包括"每个成员都需将自己的意见表达给群体""需进行一次公开讨论""投票将产生以优先顺序排列的各备选方案"等。参见[美]格罗弗·斯塔林. 公共部门管理[M]. 陈宪,等译. 上海:上海译文出版社,2003:239-240.

② 黄磊. 城管改革的法治轨道[J]. 人民政坛,2013(9):10.

这一背景下,《指导意见》第（二十四）项明确将"商户自治"列为市场机制的组成部分。我们认为，摊贩内部的利益抵触，亦应通过摊贩自治的方式加以解决，这不仅有利于在摊贩内部形成良好的经营秩序，而且有利于缓解或化解摊贩与城管和居民的利益冲突。

在摊贩自治的模式上，较为常见的有如下两种。（1）推举部分摊贩从事管理工作，即在某一固定地域的摊贩群体中，推举一名或数名摊贩对其他摊贩的经营、卫生、垃圾回收等诸项事宜进行管理。比如，在湘潭市湘乡市农贸市场，由经营户组建了秩序环境监察队，部分摊贩为队员，负责督促市场内的摊贩规范经营，解决交通堵塞、垃圾遍地等问题。[①] 再如，在合肥市包河区，每个摊点群均由全体摊主推荐产生"摊群长"，负责劝导其他摊主维护经营区域的环境卫生，并制止出现的不文明行为。[②] 可以说，"摊贩自治解决的是管理的对立问题"[③]，尽管被推举的摊贩履行的是类似城管的管理职责，但毕竟二者身份不同，对于普通摊贩而言，来自"同业者—摊群长"的劝导、督促和制止，比来自"管理者—城管"的更易于接受；而且摊群长既是经营者又是管理者，能够同时掌握城管和摊贩双方的利益诉求，并在此之间加以调和，即一方面将摊贩的利益表达给城管，为其争取更多的经营条件，另一方面则规范摊贩内部的经营行为，以配合城管的工作需要、减轻城管的工作负担。（2）由摊贩联合成立议事—管理性组织，协商决定相关事宜并加以执行，即"组建摊贩协会，入会作为摊贩经营许可的必备条件，协会有义务对摊贩进行规范、自律，也有义务替摊贩维权申诉，用以减少摊贩单独与管理、服务、出租方发生矛盾"[④]，等等。与"摊群长"相比，一方面，"摊贩协会"的议事/协商范围更广，不仅能够处理摊贩内部的经营秩序、违规行为、权益纠纷等问题，而且可以代表摊贩与城管就相关问题进行协商甚至维权；另一方面，由于"摊贩协会"更具"组织"色彩，其执行力也要强于作为"个体"的"摊群长"，更易于将协商结果在全体摊贩中加以推行。而在应对摊贩内部的利益冲突时，一方面，对于"生存型摊贩"，可以由摊贩协会给予特殊照顾，如为其预留较好的设摊位置、组织部分摊贩对其经营活动提供帮助，等等；另一方面，对于摊贩之间的恶性竞争行为，可以由摊贩协会对责任方进行惩戒，情节严重时可以取消其设摊资格，等等。

在摊贩自治的功能上，摊群长/摊贩协会在内部管理上具有先天的优势，而

---

① 陈茂. "城管+摊贩自治"消除农贸市场脏乱差［EB/OL］. 中国湘乡网，2017-08-11.
② 陈华. 合肥包河城管温情服务火了"表情包"［N］. 工人日报，2017-11-25（001）.
③ 孟嘉茹. 摊贩自治：递给城管的一把钥匙［N］. 苏州日报，2013-12-27（A08）.
④ 王震国. 城管执法：亟待探索间接与柔性的范式转型［J］. 上海城市管理，2013（6）：3.

良好的内部秩序有助于增进摊贩的共同利益：一方面，合法、有序经营能够减轻城管的执法负担，消解城管和摊贩的对立局面，从而使以放宽或改善经营条件为内容的双方协商成为可能；另一方面，减少噪声、空气、垃圾等污染能够尽可能地确保居民的"生活安宁"，降低其对立情绪和投诉比率，从而在居民内部协商中为自身赢得更多的经营机会。然而，摊贩自治模式也存在一些风险，(1) 排外风险。比如，在上海市杨浦区，流动摊主都有一张"准入证"，"有几次外来的摊贩过来，没等城管开口，就被摊主志愿者们劝走了"①。简言之，摊群长/摊贩协会可能会为了维护现有摊贩的利益而限制或禁止新摊贩的进入，从而剥夺了其在某一区域内的经营机会。为应对这一问题，可以在城管中设置救济途径，允许新摊贩在遇到排外情形时向城管投诉。(2) 异化风险。比如，在四川省德阳市长江西路沿线，各商家进行自治管理并被纳入考评当中，考评内容包括落实门前"五包"责任、规范宣传促销行为等八项；商家自行选出 5 名代表参与城管的监督和考评工作，考评分值作为是否批准商家申请商业活动的依据。② 在这一事例中，尽管商家进行的是"自治管理"，但自治事项、考评主体和考评实效等都是由城管决定的，城管在此一过程中占据着绝对的主导地位，其与通常管理的区别仅在于由商家选出 5 名代表参与其中，而商家代表能起到怎样的作用，其考评打分在总成绩中能占据多少比重，均没有明确规定。进言之，商家作为"自治主体"其实并没有一方主体资格，其在管理职能上只能依附于城管而无法以自己的名义维护内部秩序，其在维权职能上也无法以自己的名义与城管协商经营条件等。在这个意义上，此处的商家自治更像是"城管一方"的"管理工具"，而非"摊贩一方"的"自治形态"。我们认为，这种异化的自治实无开展之必要，城管更应转而协助或认可真正意义上的摊贩自治。

二、摊贩与城管的协商机制：沟通、互动和交流

摊贩与城管之间的协商，除了前述的摊群长/摊贩协会向城管表达自身利益、以期放宽或改善经营条件外，目前更多地表现为增进双方的沟通、互动和交流，形成多元的对话平台，从而为协商创造宽松的氛围或适宜的环境。较为常见的形式包括：

建立微信群。比如，福建省晋江市青阳中队建立了以城管和摊贩为成员的

---

① 谈燕，沈逸超. 让流动摊贩"自己管自己"[N]. 解放日报，2011-08-21 (001).
② 周鸿. 德阳创新"商家自治"管理模式 城管商家共同监督考评 [EB/OL]. 四川新闻网，2017-03-01.

微信群，城管可以在群内发布规范和通知，摊贩则可以在群内提出问题和寻求帮助，双方还可以通过微信群化解矛盾纠纷、帮扶困难摊贩等。[1] 此外，"接受商户的监督投诉、业务咨询""交流对城市管理工作的看法"[2]"反馈市容问题""讨论并参与城市管理工作"[3] 等，也是微信群的功能所在。而作为附带功能，这类微信群不仅会增加城管与摊贩的交流，也会增加摊贩之间的交流，从而有助于相互监督、互谅互让。

设立专门机构。比如，广东省韶关市曲江城管局设立了"流动商户之家"，"是专门提供给流动商贩们来反映问题的一个交流平台"，用于接纳摊贩对城管的意见、建议和投诉等，"希望管理者与被管理者之间能多一些沟通与理解，从而促进城管执法工作的进行"[4]。我们认为，专门为摊贩设立一个内设机构作为交流平台，足以显示对其重视程度，但考虑到信息收集的便利以及各方利益的表达，可以将此处的"流动商户之家"与前述居民参与的信息处理机构设置为合署办公。

开展双向评选。比如，贵州省贵阳市开展的"双争双评"活动是通过执法队员评商户、商户评执法队员的方式进行双向打分、双向评比，每月评选出4名优秀文明执法队员、4家优秀文明经营户。"执法队员评商户，促进了商户争当文明经营户；商户评执法队员，让执法队员主动接受监督，促进了执法公开化、阳光化。"[5] 尽管形式较为特殊，但这种双向评选是建立在沟通和交流基础上的——若无双方互动，即无入选之可能。但需注意的是，一方面，这种评选必须是双向的，实践中较为常见的"模范商户""十佳商户"等单向评选，不仅限制了摊贩评价城管的权利，而且可能变成城管的"一家之言"；另一方面，评选基数也不宜过大，比如在2000余商户中评选10家进行表彰[6]，不仅会降低

---

[1] 张晓明. 晋江青阳行政执法中队通过微信群与近300名摊贩建立新型服务关系 [EB/OL]. 泉州网，2017-04-28.
[2] 黄双燕，张铮. 柔性执法，化解城市管理大难题 [N]. 许昌晨报，2016-03-22（A08）.
[3] 佚名. "商户互动群"共建共享城管新模式 [EB/OL]. 慈溪市人民政府网，2017-09-09.
[4] 刘娜，黄悦平. 城管执法：盼更多理解与支持 [N]. 韶关日报，2012-02-24（A04）.
[5] 金毛毛. 共建共治，让城市更美好更文明 [N]. 贵阳日报，2017-12-25（A01）.
[6] 李梦琪，闫建. 铜山城管对"十佳商户"命名表彰 [N]. 彭城晚报，2016-10-19（A04）.

第四节 以城管为支点的协商机制建构

一、城管与摊贩的协商机制：合法性、疏导点及相关问题

"以城管为支点的协商机制"主要包括"城管与摊贩协商"和"城管与居民协商"两个方面。在前一方面，由于城管和摊贩之间存在着管理者与被管理者的身份定位，因此此处的"协商"更多地体现为一种人性化管理，即在管理和执法过程中主动考虑摊贩的利益。质言之，摊贩的存在并不是一定经济条件下的暂时现象[2]，城管既不可能也不适宜通过执法手段将其完全取缔，而应将之纳入城市管理秩序中，在约束其合法经营的前提下尽可能地保证其利益最大化。具体而言：在摊贩的合法性问题上，2017年《无证无照经营查处办法》第三条很大程度上解决了这一问题——遵守地方政府提出的时间、地点、经营范围等要求及法律规范另有规定的摊贩属于合法经营，而行政许可或注册登记不

---

① 需要说明的是，尽管此处的协商机制应当是以摊贩为支点且由其主动发起的，但上述的微信群、专门机构、双向评选等都是城管一方发起的。原因在于，在不考虑商贩自治组织的前提下，零散的摊贩很难依靠自身力量建立起与城管之间长期、稳定且程序化的沟通渠道，而其支点作用表现为主动通过这些既定的渠道与城管开展对话，并在对话过程中缓解对立关系、主张自身利益并体谅城管的利益——在这个意义上，此处的微信群等平台并不是完整意义上的摊贩发起的协商，而是这些渠道容纳了其与城管的沟通、互动和交流。

② "从小贩的自然迁徙过程可以看出，一个城市地块价值提升和社区高端化的过程，会自然将小贩清除出去。但随着城市移民及草根生存环境的变化，草根摆卖者总是能找到对应的市场。"参见柯敏. 能否终结城管与摊贩的游击战？——聚焦"地摊合法化"[J]. 中华建设，2014（10）：11. "小商贩在全国各地普遍存在，甚至在西方发达国家也随处可见他们的足迹。如此顽强的生命力反映了社会对他们的客观需求。"参见王洋，王啸风. 城管暴力执法与地方政府决策创新——基于城市规划理念的视角[J]. 中国管理信息化，2012（23）：90.

再是衡量摊贩合法与否的唯一标准①。在此基础上,仍有两项事宜包含在合法性问题中。

其一是摊贩的准入资格——即便是"政府指定的场所和时间",其容积也是有限的,如果试图加入的摊贩过多,就要通过准入资格对其进行数量限制。目前较为合理的方法包括:如福建省晋江市青阳街道那样,由摊贩向社区申请设摊,经社区和城管审查合格后发放临时摊位经营证②;亦可如上海市杨浦区长白街道那样,由街道为每个商贩建立专门管理档案,摊主必须实名登记,获发准入证后方可在划定区域内经营,俗称"一人一档一证一位"。③

其二则是摊贩的经营规则——即便设摊本身是合法的,其具体的时间、地点、经营范围、食品安全、商品质量、环境卫生等事宜也必须符合规定,否则仍有可能构成违法而遭受惩罚。比如,《株洲市城市综合管理条例》第三十七条规定:"在不影响城市交通和市容环境卫生的情况下,市、县(市)区人民政府可以确定摆摊设点的区域、时段,并向社会公布。摊点、流动商贩经营应当达到下列要求:(一)在规定的区域、时段内经营;(二)按照规定处理废弃物,保持设施和环境整洁;(三)使用电、燃气等清洁能源。任何单位和个人不得擅自占用人行道、桥梁、人行天桥、地下通道、公共广场等公共场所从事摆摊设点、加工制作等经营性活动。"再如,在福建省晋江市,"夜间9点以后不得播放音乐,将存在油烟排放的摊贩集中到远离居民住宅区的地方,同时逐步推行无烟经营,鼓励摊贩引进无烟厨具。在卫生环境问题上,要求每一家摊贩配备统一规格的垃圾桶,经营特殊食品的还要在地面铺设塑料垫。对于环境卫生不

---

① 《无证无照经营查处办法》出台之前,"工商管理部门的普遍做法是,所有流动摊贩的活动被视为一种经营活动,只有经过工商登记取得执照才合法。即使在实践中一些地方允许未取得营业执照的流动摊贩活动,也要通过发放许可证方式批准,限制时间、地点与数量。由于申请营业执照涉及费用和税收问题,许多流动摊贩不愿意申请个体工商户营业执照,这样大多数流动摊贩因没有取得营业执照违反了工商登记管理法规,或者影响市容、环境等违反城市管理相关法规,处于违法状态,流动摊贩就成了非法经营的代名词"。参见王亚利. 冲突与平衡:摊贩生存与城管执法[J]. 山西高等学校社会科学学报,2011(12):96.

② 张晓明. 晋江青阳行政执法中队通过微信群与近300名摊贩建立新型服务关系[EB/OL]. 泉州网,2017-04-28. "所有摊贩必须服从社区居委会日常管理,入市前须提供居民身份证登记备案,并详细记录经营品类,由社区居委会进行初次筛选,对于存在食品安全隐患的不得纳入夜市经营。"参见佚名. 全民参与城市管理 合力打造"智慧晋江"[EB/OL]. 泉州网,2017-08-12.

③ 谈燕,沈逸超. 让流动摊贩"自己管自己"[N]. 解放日报,2011-08-21(001).

达标的摊贩责令限期自行整改,整改不到位的取消经营资格"①。

在摊贩的经营场所问题上,目前最为常见的是通过早市、夜市、疏导点等方式将流动摊贩集中起来进行管理。比如,《南昌市城市管理条例》〔2012〕第二十八条规定:"区人民政府应当……在不影响消防安全、道路通行和居民生活的前提下,划定临时设摊经营区域……并组织做好临时设摊经营区域的管理工作。"再如,徐州市泉山区"改造提升和规范管理12处疏导点,同时继续利用雁山等3座现代化农贸市场2011年建成开业的契机,协调安排摊位,以免除前三个月租金的优惠条件,将分散在全区各处的修补类、水果类、早点类、蔬菜肉摊类、日用品类等无证流动摊贩,统一疏导到方便群众、经营费用低廉,又不影响城市环境秩序的地方定点经营"②,等等。然而,疏导点的设置仍然存在一些问题。

其一是疏导点的具体位置,较为常见且合理的是根据不同区域区别设置,即在城市不同区域内,疏导点能否设置、设置多少以及管理的严格程度等应当有所区别,或者说,一个区域对市容景观、环境卫生的要求越高,疏导点的数量就越少、管理就越严,反之亦然。比如,"晋江市行政执法局积极探索推行'红黄绿'管理法……'红区'严禁摆摊,'黄区'分时段管控,'绿区'控制摊位数量、规范有序实施分类管理"③。再如,济南市天桥区实行"路段层次化管理",城市窗口地域和主要商贸路段为"控制性路段",禁止摊贩设摊;缺乏菜场等生活设施的次要路段为"管理性路段",允许摊贩在一定范围内存在;城郊接合部、背街小巷等区域为"秩序性路段",确保摊贩"卖"而不乱。④ 然

---

① 佚名. 全民参与城市管理 合力打造"智慧晋江"[EB/OL]. 泉州网,2017-08-12.
② 薛永. 丰富"三大机制"内涵 率先实践"服务型城管"[J]. 城市管理与科技,2012(6):71."徐州市城管局……出台了《徐州市临时便民疏导点管理暂行办法》,在不影响交通和市容的前提下,在市区街巷、居民区、公共场地等城区,分批建设便民集市、特色早夜市和节假日经营区。""近年来,徐州市共设置便民疏导点55处,统一标准式样设置便民'五小车'397辆,年设立'西瓜临时便利直销点'200余个。"参见刘蕾,乔妙妙. "百姓城管"的徐州模式[N]. 中国城市报,2017-12-04(001). 宁波市杭州湾新区的流动摊贩疏导点占地面积3500平方米,总建筑面积960平方米,可容纳48个摊位,开放时间为早上7点到晚上12点,每日消费人员达2000余人次。参见佚名. 新区设置疏导点解决流动摊贩难题[EB/OL]. 宁波市政府网,2016-04-25. 相关范例亦可见付文. 城管与小贩不再猫捉鼠[N]. 人民日报,2013-12-20(014);罗成友. 城管变堵为疏 游摊不再"游击"[N]. 重庆日报,2015-01-25(002).
③ 佚名. 全民参与城市管理 合力打造"智慧晋江"[EB/OL]. 泉州网,2017-08-12.
④ 崔伟康. 济南市天桥区全力打造"和谐城管"纪实[J]. 机构与行政,2014(8):15. 西安市莲湖区城管"将全区道路划分为42个严禁区、26个严控区、32个疏导区,对于严禁区、严控区内出现的流动摊贩,引导至疏导区的便民服务区和便民服务点"。参见余瀛波. 这里的城管没有暴力执法[N]. 法制日报,2014-01-14(006).

而，按照这一原则，各城市的核心商业区和旅游景区都在严禁设摊的范围内，比如，扬州市古城核心区的"五纵六横一商圈"、瘦西湖景区的"三纵三横"采取的都是"两取缔一禁止"（取缔流动摊点、烧烤摊点，禁止出店经营）的管理措施，① 而这些严禁的区域又是"利润型摊贩"获利最为丰厚的地方。前文已经述及，包括疏导点位置在内的摊贩相关事宜应由居民协商决定，其可以避免将疏导点设置在偏远区域②；但其也应遵从上述的"红黄绿"管理法及"路段层次化"规则，某些区域即便对居民和摊贩都有利，也不应设置疏导点。在"红区"内设摊影响的主要不是居民的利益，而是包括市容市貌、交通秩序以及旅游业发展等城市的整体利益，此时居民和摊贩的利益应当做出一定的让步，或者说，在城管执法场域的三方关系中，任何一方的利益都不具有绝对地位，都不必然高于另外两方，都须对对方的基础利益表示尊重，这才让三方协商成为可能。③

其二则是疏导点对摊贩利益的其他影响，即除了经营位置外，摊贩进入疏导点还会遇到费用、竞争和监管等问题。（1）在费用方面，进入疏导点的摊贩一般需要支付诸如清洁服务费、场地使用费等管理费用，但其在流动经营时往往无须支付任何费用。比如，有的摊贩认为："进屋（政府规划的菜市场）是挺好，但是我们这是小本买卖，扣了摊位费、卫生费、管理费，还能剩啥了？"④ 尽管针对这一问题，"给予政府补贴、减免收费"、实施"奖励、资金资助和场

---

① 孔伟，肖平. 古城核心区取缔流动摊点 [N]. 扬州日报，2015-01-26（A02）.
② 由于客流量与摊贩的获利成正比，如果疏导点被设置在较为偏远的区域，摊贩的获利就会减少，其也就不愿在疏导点内经营。有的小贩强调，"如果有个地方安稳做生意当然好，谁也不想被叫来赶去，但我们最担心政府划定的地方不够旺，如果没生意，我们仍然会出来摆摊"。另一位小贩说，如果指定经营的地方偏离闹市，没有人流量，他们就没法生存下去。参见柯敏. 能否终结城管与摊贩的游击战？——聚焦"地摊合法化" [J]. 中华建设，2014（10）：11、13.
③ 而武汉市江夏区城管局则对上述规则进行了突破，即其"免费提供给流动摊贩的 47 个经营区域，均是在黄金地段上'钻墙打洞''错峰削谷'找到的"："古驿道美食夜市那块地，是区领导多方协调，最终纸坊街办同意出租，每年租金 5 万元。江夏城管为弥补租金，把美食夜市白天时段转租给驾校练车，晚上则免费安置流动摊贩。……宁安路便民菜市占地 600 平方米，是从江夏区国税局借来的，为借这块地，城管局请区领导出面做工作，把国税局的后院挖了一块"。显然，这种疏导点的设置方式不仅兼顾了三方利益，而且最大限度地照顾了摊贩的利益，确保了疏导点优良的商业位置及较大的客流量，降低了摊贩从"流动经营"转为"定点经营"所可能出现的利益损失，但需看到，其实现也有赖于城管部门较强的工作能力并支付较高的行政成本。参见卢平川，李卫中. 城管执法应带着情感 [N]. 湖北日报，2013-05-29（006）.
④ 贾玉娇. 现代城市管理之痛：城管和小商贩矛盾探析 [J]. 山东社会科学，2014（5）：58.

地租金优惠等措施",甚至最后的"完全不收费"等①都是可供选择的方案,但这种事实上的补贴对于正规店铺却是一种不公平——如果摊贩的经营不仅被允许,还能得到补贴,加之其商品价格便宜,就会对周边店铺的经营利益造成较大冲击。比如,上海市杨浦区控江路街道每年支付 30 万元租赁近百平米的门面房,用于安置部分早点摊入室经营,有论者认为,"政府提供补贴的做法是不恰当的。因为这种做法本身违背了市场经济规律,对其他经营者来说也是一种不公平的体现"②。鉴于无论收费还是免费都存在问题,我们认为,可以折中考虑设计一套"差额收费"的方案,即根据不同疏导点的位置、客流量、营利能力等来确定各自的收费标准,而由摊贩在不同疏导点之间自由选择;或者说,在客流量大、临近商业区、周边存在经营同种项目店铺的区域,应当采取较高的收费标准,反之则应少收费或不收费,这尽管仍会在一定程度上影响摊贩的利益,但有助于店铺和摊贩之间的平衡。(2)在竞争方面,由于疏导点是将复数摊贩集中到同一地点进行管理,这就势必会加剧摊贩之间的竞争,或者说,在进入疏导点之前,经营同种项目的摊贩一般会分散在不同区域,一方面顾客比较稳定,另一方面很少会和另一区域的摊贩形成竞争关系。而在疏导点内,很多摊贩的经营种类甚至具体项目都是相同的,而在竞争之下,部分摊贩的收入就有可能减少③。针对这一问题,我们认为,疏导点可以对经营项目相同或近似的摊贩进行准入性的数量限制,并建议"迟来者"去其他疏导点经营,即将经营同种项目的摊贩分散到不同疏导点中;而为实现这一点,可以建立大数据信息平台对市区内的各个疏导点进行统一管理,亦可将疏导点的数据信息接入即有的数字化城管系统中,通过收集、汇总并整理各个疏导点的摊贩数量、经营种类、具体项目等信息,以实现摊贩和疏导点之间的双向选择与集中配置,从而使摊贩所受的竞争性损失降至最低。(3)在监管方面,摊贩在流动经营时往往不受或者能够规避掉任何有效的管理,而在进入疏导点固定下来之后,其所受监管的密度和幅度都会上升,"比如现场制作食品的经营者健康状况,食材质量、

---

① 柯敏. 能否终结城管与摊贩的游击战?——聚焦"地摊合法化"[J]. 中华建设,2014(10):11-12.
② 陈书笋. 上海食品摊贩管理的对策研究. http://www.sls.org.cn/Pages/Detail.aspx?id=7157,最后访问日期 2018-5-27。
③ "老吴家的粉丝摊儿以前每月收入有三四千,在夜市摆摊收入只有三千左右,因为夜市大部分都是做餐饮的,竞争太激烈。"参见付文. 城管与小贩不再猫捉鼠[N]. 人民日报,2013-12-20(014).

餐具消毒等环节的监督,对果菜的检测抽查,缺斤短两行为的监督等等"①,但摊贩并不会因此而获得更多的经营利益。针对这一问题,我们认为,不应因影响摊贩利益而削弱对其监管的程度——如若此时认可摊贩的利益,则会大幅提高周边居民购买到不卫生食品和不合格商品的风险。综合上述三方面问题,我们认为,如果在费用、竞争上都采用了新方案且在监管上维持法定标准的前提下,摊贩仍不愿进入疏导点而选择"无拘无束"地自由设摊、流动经营,那也只能依法进行查处。因为一方面,摊贩的利益虽应受到照顾但并非毫无限度;另一方面,《无证无照经营查处办法》并未无条件地赋予一切摊贩以合法身份,在"政府指定的场所和时间"外流动经营且无其他法律规范授权的摊贩,仍可认定为违法。

二、城管与居民的协商机制:共治视野下的开放参与

以城管一方为主体发起的与居民之间的协商,主要表现为城管在执法工作的各个环节主动开放居民参与,通过各种途径和程序接纳居民的意见、愿望和要求,甚至是让居民亲身参与到执法活动中,从而形成对于城市的"共同治理"。② 从功能上说,一方面,开放居民参与是行政民主的前提和基础,即如《指导意见》第(三十六)项所提出的"保障市民的知情权、参与权、表达权、监督权"等。另一方面,开放居民参与也是"合作行政""共同治理"的必然要求,就如学者所言:"政府不能把公民视为被动接受公共服务的消费者,他们更应该是积极参与公共政策过程、与公共管理者一起提供公共产品和服务的合作伙伴。"③ "城市管理中实现参与式治理转型的目标就是促进……政府与社会之间建立伙伴关系,共同面对城市公共问题,管理公共事务,并实现公共服务的有效供给。"④ 在这个意义上,如果居民也是城市管理规则的制定者、城市管理工作的实施者之一,那么其对这些规则、工作以及城管执法的目的、手段和

---

① 柯敏. 能否终结城管与摊贩的游击战?——聚焦"地摊合法化"[J]. 中华建设,2014(10):13.
② 尽管此处的"开放参与"和前文以居民为支点的"居民参与"存在相近之处甚至在程序上有所重合,但前者是始自城管一方、以城管一方为主体开放的参与,而后者则是居民一方发起的参与,始动/主动方不同,相应的功能、进路和实践亦会有所不同。
③ 王春雷. 基于有效管理模型的重大活动公众参与研究——以2010年上海世博会为例[M]. 上海:同济大学出版社,2010:163.
④ 刘淑妍. 公众参与导向的城市治理——利益相关者分析视角[M]. 上海:同济大学出版社,2010:91;[美]朱迪·弗里曼. 合作治理与新行政法[M]. 毕洪海,陈标冲,译. 北京:商务印书馆,2010:41;[美]凯瑟琳·纽科默,等. 迎接业绩导向型政府的挑战[M]. 张梦中,等译. 广州:中山大学出版社,2003:127.

结果也会更为理解、认同和支持，城管部门亦会得到包括居民在内的各个层面的帮助，从而不再因"势单力孤"而"独力难支"。对此，《指导意见》第（二十七）项明确要求"依法规范公众参与城市治理的范围、权利和途径，畅通公众有序参与城市治理的渠道"；"采取公众开放日、主题体验活动等方式，引导社会组织、市场中介机构和公民法人参与城市治理，形成多元共治、良性互动的城市治理模式"。从机制建构上说：

在开放居民参与的渠道上，应当根据参与程度、形式等的不同设计多种方式，包括：（1）走访和面谈，即城管一方主动与居民进行面对面的沟通和交流，并询问和了解相关的意见和要求。比如，《青岛市城市管理行政执法局城管执法社会化参与工作方案》〔2014〕第二条要求责任单位"定期走访社区居民，主动倾听居民心声，发现社区内的突出问题"；重庆市江北区"每月轮流进社区，通过与群众面对面交谈互动的方式，当面了解、收集市民群众及社会各界对环境改造和城市管理的意见建议"①，等等。（2）征集意见，即城管一方就相关问题和事项征求居民的意见和建议，待居民提交后进行汇总、整理并将可行者付诸实施。比如，重庆市在推进背街小巷、老旧社区整治过程中，征求居民意见并按其修改设计方案，其中，渝中区在整治中传承了街区文化特色，彰显了山城建筑风貌，渝北区建设了立体停车场，解决了停车难问题，②等等。（3）视频节目，即城管与部分参与执法工作的居民展开对话，并制作视频节目上传网络，其不仅能够展现居民参与的方法、程序等细节问题，而且能起到宣传作用并加深居民对其工作的认知和理解。比如，2016年3月，武汉市城管委与凤凰湖北等4家网站联合推出"城管聊天室"③，每周一个话题，围绕城管执法、城市共治、渣土车管理、垃圾处理、城市绿化等话题与居民和网友展开讨论，并以"视频+文字"的形式在网上联动播出，受到了较多关注并取得了良好效果。（4）监督执法，即城管一方主动邀请居民对其执法工作进行监督，既可现场进行，也可随机暗访，还可通过投诉举报予以反馈。比如，《成都市城市管理综合行政执法条例》〔2017〕第四十条第二款规定："城市管理综合行政执法部门可以定期邀请社会组织、市民和媒体等现场监督执法活动。"《贵州省人民政府关于进一步加强城市管理执法工作的意见》〔2013〕第四条第（七）项规定："各地政府和城市管理执法机构的门户网站应开辟监督专栏，设立投诉举报电话和

---

① 张锋，盛志信. 让城市更有序更安全更干净［EB/OL］. 七一网，2017-03-20.
② 张锋，盛志信. 让城市更有序更安全更干净［EB/OL］. 七一网，2017-03-20.
③ 参见新浪网之"城管聊天室"。

信箱，建立义务监督员制度，依法保障人民群众对城市管理执法行为的监督权利。"等等。(5)群众公议会，即城管对涉嫌违法的相对人做出"拟处罚决定"后，由居民进行公议、提出意见，进而形成最终处罚决定。比如，2017年5月，合肥市包河区城管局邀请了5名群众公议团成员，就3起违反城市市容和环境卫生管理的案件进行公议；群众公议团经过听取案情介绍、查阅案卷、独立审议讨论后，认为3起案件处理合法、处罚适当，同意拟处罚决定。① 尽管该制度在法理、程序和实效等方面还存在一些问题，② 但不失为开放居民参与的有益尝试。

在开放居民参与的实效上，一般而言，其是指"行政参与是否能够对行政立法、决策或执法的最终结果产生影响，以及产生多大程度的影响"③；而在城管执法场域中，实效问题主要表现为"效力过低—流于形式"的风险，即参加人的"意见和要求最终被行政机关忽视，或者不予采纳且未给出充分理由，使其无法对行政决策产生实质影响"④。这一风险无论是在前文的"居民主动参与"还是此处的"城管开放参与"中都有可能存在，因为无论谁是始动/主动方，城管在参与结果的处置上都占有优势地位。尽管我们认为，从前述的功能层面来看，"居民主动参与"和"城管开放参与"都应具有较高的实效，但有些时候，居民参与从一开始就未被期望发挥实效，或者说，开放居民参与只是为了满足法定程序而不得不采取的"形式"或"过场"，或是为了提升"形象"、获得"政绩"而进行的宣传工作，此时，居民提出的意见和要求并不会被认真对待，也不会在相关事宜中发挥决定或准决定作用。诚然，居民决定权确实存在一个程度问题，即居民的意见和要求应当在多大程度上转化为现实，⑤

---

① 李浩，袁野. 城管执法如何解开"疙瘩"[N]. 安徽日报，2017-08-29（009）.

② 一方面，"由居民公议决定处罚结果"本身即存在合法性问题，而居民公议的性质是属于监督环节还是决定环节也比较模糊；另一方面，在已经公示出来的2017年全年百余起"群众公议情况"中，所有案件的"群众公议意见"都是"同意处罚意见"，这不禁让人担心群众公议会成为另一种形式的"例行公事"。

③ 刘福元. 行政参与的度量衡——开放式行政的规则治理[M]. 北京：法律出版社，2012：208.

④ 刘福元. 公民参与行政决策的平衡性探寻[J]. 国家检察官学院学报，2014（2）：80. 这种情形也被阿吉里斯教授称为"伪参与"，"也就是说，看起来像是真正参与，但实际上却并非如此。真正的参与，指的是人们在讨论中的发言是自发的、自由的。'参与'一词真正的字面意思包含决定一个群体接受或反对某一行动过程的群体决策"。[美]克里斯·阿吉里斯. 个性与组织[M]. 郭旭力，鲜红霞，译. 北京：中国人民大学出版社，2007：167.

⑤ 对于这一问题的三种处理模式及例证，请见[美]谢里尔·西姆拉尔·金，卡米拉·斯蒂福斯. 民有政府——反政府时代的公共管理[M]. 李学，译. 北京：中央编译出版社，2010：118-119.

但在城管执法场域中,开放居民参与本身即具有双方协商、共同治理的色彩,如若居民的意见和要求得不到落实甚至得不到尊重,城管就会逐渐被疏离、冷落甚至抵触——双方协商、共同治理能且只能建立在相互平等、彼此尊重的基础上。比如,广州市实行的"公众意见征询委员会"制度为城管和居民建立了良好的沟通渠道——城管可以通过公咨委征集居民的意见和要求,居民可以通过公咨委参与城市管理。然而,尽管同德围公咨委在南北高架路建设方案论证过程中成效显著,[1] 但东濠涌公咨委在中北段综合整治方案的实施过程中却未发挥应有的作用。原因在于,东濠涌公咨委成立前,该整治方案政府已经决定实施了,[2] 但按照《广州市重大民生决策公众意见征询委员会制度(试行)》〔2013〕第三条的规定,其"应成立公众意见征询委员会,先征询民意后作决策";这就意味着,"成立公咨委征询民意"成了"实施整治方案"的法定程序。在这一背景下,政府一方希望独自决定、实施方案,而"公咨委+征询意见"则成了"必要的恶"[3],无论居民提出怎样的意见和要求,政府都不打算改变或取消整治方案。此时,对于政府而言,公咨委并不是"开放居民参与"的通道,而是"安抚反对意见"的工具。而"效力过低—流于形式"的公咨委,不仅无法发挥居民参与的基本功能,反而可能激化双方之间的矛盾。针对这一问题,我们认为,应当对包括公咨委在内的各种参与形式设置实效性上的制度保障及责任机制,即要求城管接受居民意见或者在不接受时给出充分理由,并规定居民可以对该理由进行申诉;反之,无正当理由拒绝接受居民意见者,则应追究机构和人员的双重责任。[4]

---

[1] 公咨委的职能包括:①意见征集,即广泛征求居民对重大决策、重大工程项目的意见;②过程监督,即全程监督决策过程和工程项目,及时提出意见和建议;③协调矛盾,对居民做好解释、说明工作,化解各方矛盾;④结果监督与评价,对重大决策、重大项目的实际效果进行后续跟踪和客观评价。参见吴明场.广州"公咨委":城市治理能力现代化的积极探索[J].广东行政学院学报,2015(1):20-21.

[2] 杨津,等.广州城市治理改革的反思——以公众参与东濠涌治理为例[J].现代城市研究,2015(3):113.

[3] "他们只是将公民参与视为一种必要的恶。"参见[美]谢里尔·西姆拉尔·金,卡米拉·斯蒂福斯.民有政府——反政府时代的公共管理[M].李学,译.北京:中央编译出版社,2010:122.

[4] 刘福元.行政参与的度量衡——开放式行政的规则治理[M].北京:法律出版社,2012:212-213,217-221.

第五节　以城管为连接点的三方共同协商

上文我们分别阐述了城管执法场域中，以"城管、摊贩、居民"中的某一方为支点，分别向外/向内辐射时的协商机制建构。问题在于，其实这些都是某一方主体"各自"的协商机制，或者说，尽管城管执法场域中的利益纠葛是三方的，但我们所阐述的协商机制却是双方的。在此基础上，我们认为，还应存在能够同时容纳三方、让三方主体同时"在场"的协商机制；在这一机制中，城管不仅是协商中的一方，而且应当成为"三方共同协商"的"连接点"——城管应当成为居民和摊贩之间、居民内部之间、摊贩内部之间协商的发起者、组织者、协调者和促成者，应以"中间人"而非"管理者"的身份参与其中；或者说，如果城市管理中的某些问题是由居民和摊贩之间的利益冲突引起的，城管应在条件允许的前提下首先组织双方协商并居中进行协调，若能形成三方都能接受的方案，则可付诸实施并作为执法工作的依据和参考；换言之，城管应尽可能采取"三方共同协商"的形式处理相关问题，若无可能，则可退而考虑各类双方协商机制，即"三方共同协商"的优先级应高于"双方各自协商"。

比如，在重庆市，为解决火车北站三个区域摊贩占道经营的问题，天宫殿街道通过"告市民书"征集各方代表进行商谈；尽管冲突明显，但在城管人员的居中协调下，各方互有让步，最终商定了经营时段、占道比例、摊位分配、垃圾处理、噪声抑制乃至于特殊关照摊贩等"规矩"；若有人不予遵守，城管将用执法手段进行处理。① 弗里曼（Jody Freeman）教授曾言，行政机关应当是"多方利害关系人协商的召集者与助成者，激励进行更广的参与、信息共享与审议"②。在这一事例中，最终的"规矩"是各方协商形成的，而非城管单方制定

---

① 这些"规矩"包括："每天中午12点至1点半、下午6点半到晚上10点左右，这些路段允许集中摆摊，但是不得超过人行道的1/3，留足行人通道"；"不得争抢摊位，先来后到各退一步"；"地上垫油布，撤摊位时，要把垃圾收走"；"零点以后就撤回门店，减少噪声扰民"；"丁香路上有两个摊点，大伙一致同意允许其长期经营：一位是残疾人，摆了个修锁摊；另外一个是孤儿，摆了个擦鞋摊"。"座谈会结束后，城管执法人员走上街头，开始向大家宣传新的规定。……通过与摊贩签订责任书、加大宣传力度等方式，让大家伙自觉遵守约定。"参见何清平. 城管与摊贩不再"你追我跑"[N]. 重庆日报, 2014-03-29（001）.

② [美]朱迪·弗里曼. 合作治理与新行政法[M]. 毕洪海, 陈标冲, 译. 北京：商务印书馆, 2010：35.

的，亦非城管通过执法手段取得的；城管是协商的组织者和促成者，而非单纯的管理者。城管同时也是较为明确的协商参加人，或者说是三方协商中的一方——其不仅负责对协商结果是否符合基本的城管规章进行判断和把控，而且负责协商结果的具体执行并对违反者进行惩罚。

再如，在合肥市庐阳区，城管经周边群众、摊主代表的共同论证和商定，在原本不许设摊的人民广场一带，"积极向市政府争取，设置了摊点群……配备240L垃圾收集容器和泔水桶并实行摊点联保自治"。而对于义仓巷口摊贩占道经营问题，城管则提出"由社区议事会的王汝云帮忙劝一劝这几个摊主，尽量把路给让出来。如果仍然不行，再由城管执法部门出面"；"在王汝云等小区群众的劝说下，几个早点摊被劝回小区内，既不影响通行，还能继续为小区居民提供方便"[①]。登哈特（Janet V. Denhardt）教授曾言，行政机关应当"把适当的博弈参与者带到一起并且促成公共问题的解决方案并就其进行磋商或者是为其'充当经纪人'"，而公共行政官员则应扮演一种"调解、中介甚或裁判的角色"，"他们依靠的不应是管理控制的方法，而是促进、当经纪人、协商以及解决冲突的技巧"[②]。在这一事例中，在争取摊点群的过程中，尽管城管同样是前期协商的发起者和组织者，但其所起到的更为核心的作用则在于，将"希望在人民广场一带设置摊点群"这一协商结果付诸实施并成功获批。若无城管"积极向市政府争取"，协商结果是无法实现的，这在一定程度上体现了其法定职责之外的"利他"因素。在化解摊贩占道的过程中，城管则不是协商的组织者和促成者，其并没有直接加入居民和摊贩的对话中，而是建议社区管理者和居民去和摊贩协商。尽管其中含有"让与市民生活相关的社区群众出面解决，很容易解决问题"[③]的考虑，但城管是在以"居中者"的身份有形或无形地推动问题的解决。整体来看，城管作为协商参加人以及"三方协商"中"一方"的地位并不明显。争取摊点群是对双方协商结果的一种支持和争取，化解摊贩占道则是提出建议后让双方自行协商，此时城管所做的更像是一种"幕后工作"。我们认为，作为协商的"连接点"，城管只要能在实质上使得协商能够进行并得出结果即可，至于其起到的是显性的组织和促成作用，还是隐性的推动和后盾作用，则可视具体情况灵活选择。

---

① 李光明，王飞. 让群众和摊主参与城管自治[N]. 法制日报，2014-07-16（006）.
② [美]珍妮特·V. 登哈特、罗伯特·B. 登哈特. 新公共服务——服务，而不是掌舵[M]. 丁煌，译. 北京：中国人民大学出版社，2010：62, 124.
③ 李光明，王飞. 让群众和摊主参与城管自治[N]. 法制日报，2014-07-16（006）.

结　语

自1996年《中华人民共和国行政处罚法》第十六条"相对集中处罚权"条款的确立，直至本书写作的尾声，城管已经走过了二十多年历程；不知不觉间，"城管执法工作的方向、采取的方式、执法的力度、把握的分寸、收到的效果，都会对政府的管理效果和水平产生影响……公众和相对人无不从城管执法者的态度、形式、宽容度等方面去感觉和体验政府所传递的管理信号，以及政府对他们的态度"[①]。然而，尽管城管执法已经成了一个事端丛生、纷争不断的场域，尽管相当一部分公众对城管的印象还停留在媒体屡见不鲜的负面报道中，但一方面，作为城市中维护公共秩序、管理公用设施、改善居住环境的专门机构，城管及其职能是必不可少的，另一方面，城管执法场域中的问题并不是城管单方的，而至少是城管和相对人双向的，或是由多元主体在各个环节交错形成的复杂结果。因此，在寻求城管良性执法的过程中，需要关注的并不是某个单一机制，而是包括事权、主体、效能、行为等在内的多维制度。而在本书所考察的各个维度中，确有部分地方已经开展了丰富的实践，并形成了优秀的案例或范例；亦有部分地方在此基础上颁布了相应的制度规范，其中也不乏颇具借鉴价值的优秀立法例，但现有的范例和制度以及相应的研究尚不足以应对该场域中层出不穷的两难困境。

案例29：近年来，城管执法引发的冲突性事件中，执法不当的往往是"临时工"。"如果要砍掉劳务派遣人员，恐怕正常工作都没法保证了。"安徽省某市辖区城管局有各类城管人员120余人，其中协管95人，占八成，承担着130余项工作。沈阳市执法局皇姑分局自2002年组建以来，很少有补充，定编人数十多年来没有变过；临时的非在编人员直接上岗，培训时间少，执法中极易血气

[①] 课题研发组. 城管执法操作实务[M]. 北京：国家行政学院出版社，2006：4.

方刚……①

案例30:《环境与生活》:"有些民众反映城管执法不穿制服,这是否违反规定?"分队长:"按规定,城管执法确实要穿正式的制服、出示证件,但实际操作的话,这样是很难对违法行为进行取证的。我穿着制服直接过去,商贩老远就能看见我,隔着一二百米就跑了;要是出执法车更显眼,300多米开外就能看见我们了,那么远的距离,连车上装的探头都拍不到违法证据。现在只有穿便服到现场录像取证,或者现场控制住违法当事人,到时候再亮明身份和证件。"②

案例31:2014年4月,江苏常州市天宁区一名城管队员戴着谷歌眼镜、穿着制服的执法情景引起了广泛关注。经调查,谷歌眼镜并非出自公款,而是这名队员自己花费1万多元购买的,目的是在执法时即时拍摄。这既是对自己的一种保护,免得被个别小贩"冤枉";也是对自身的一种约束,可以看作是一种"自证清白式执法"。但一方面,要求每个一线城管队员自费购买1万多元的谷歌眼镜显然不现实;另一方面,城管队员完全可以通过选择性拍摄,或者是通过后期剪辑来规避对自己不利的内容。③

案例29显示的是城管执法队伍中协管数量与执法质量之间的矛盾——由于没有行政/事业编制、待遇相对较低以及录用条件较为宽松,部分协管人员的自身素质和法律意识有所欠缺,在执法过程中容易出现违法或不当情形;但若禁止协管人员参与执法,现有编制下的城管人数又远不足以完成庞杂的执法工作。案例30显示的是城管执法程序中规范要求与实践操作之间的矛盾——以行政处罚为例,城管应当按照"表明身份—说明理由—听取陈述申辩—作出处罚决定—告知救济途径"等法定的"程序性正当程序"实施执法行为,其中穿着制服和出示证件都是"表明身份"的前置性要求。但若按照此标准程序进行,又有可能因过于醒目而使相对人逃逸,从而导致取证环节乃至于整个执法行为落空。案例31显示的则是城管执法过程中工具选择与设备应用之间的矛盾——谷歌眼镜作为具有摄录功能的高科技可穿戴设备,在调查取证和执法过程拍摄等方面显然比传统设备更具优势,但其高昂的价格又难以为城管队员乃至于城管

---

① 于佳欣,等. 权力清单不清晰,莫让城管变"剩管"[D]. 新华每日电讯,2014-12-11(006).
② 季天也. 与北京一城管队长的对话[J]. 环境与生活,2014(9):33.
③ 苑广阔. "自证清白式执法"透出城管队员自律意识[N]. 河北日报,2014-04-22(002).

机关承受，而且作为一种"工具"，其同样难以避免所有者"别有用心"地使用。

在上述所列举的执法困境中，有的是人事—体制上的（案例29），有的是规范—适用上的（案例30），也有的是资金—技术上的（案例31）；在应对方案上，有的可以通过制度规范的优化、执法模式的创新加以改善，有的可以通过资金和技术的平衡来找到更加适宜的工具，有的则只能通过宏观上的人事体制改革来从根本上解决问题——而在应对方案成功实施之前，很多两难情景中都只能顾及其一，并尽力使由此带来的损失降至最低。况且，在复杂多变的城管执法场域中，旧问题的解决并不能阻挡新问题的产生。然而，尽管仍有部分地方在应对各类问题时尚不尽如人意，但时至今日，城管执法在事权界定、部门协作、数字城管、柔性执法等各个层面都取得了非常显著的进步。"服务是城市政府的核心价值所在"，良性执法则是具有"功能性、时间性、安全性、经济性、文明性等服务质量特性"[①] 的必然要求和外在表现。相信随着规范条款和实践状况的不断改进，城管执法会在迈向服务型城市的路途中起到更为显著的作用。

[①] 王家合. 城市政府质量管理研究［M］. 北京：光明日报出版社，2011：48.

参考文献

一、中文译著

1. ［美］戴维·R. 摩根, 等. 城市管理学：美国视角［M］. 杨宏山, 陈建国, 译. 北京：中国人民大学出版社, 2011.

2. ［美］肯尼思·F. 沃伦. 政治体制中的行政法［M］. 王丛虎, 等译. 北京：中国人民大学出版社, 2005.

3. ［美］奥内斯特·吉尔霍恩, 巴瑞·B. 鲍叶. 美国行政法和行政程序［M］. 崔卓兰, 等译. 长春：吉林大学出版社, 1990.

4. ［美］戴维·奥斯本, 特德·盖布勒. 改革政府——企业家精神如何改革着公共部门［M］. 周敦仁, 等译. 上海：上海译文出版社, 2006.

5. ［美］拉塞尔·M. 林登. 无缝隙政府——公共部门再造指南［M］. 汪大海, 等译. 北京：中国人民大学出版社, 2002.

6. ［美］詹姆斯·W. 费斯勒, 唐纳德·F. 凯特尔. 行政过程的政治——公共行政学新论［M］. 陈振明, 朱芳芳, 等译. 北京：中国人民大学出版社, 2002.

7. ［美］杰伊·M. 沙夫里茨, 等. 公共行政导论［M］. 刘俊生, 等译. 北京：中国人民大学出版社, 2011.

8. ［美］格罗弗·斯塔林. 公共部门管理［M］. 陈宪, 等译. 上海：上海译文出版社, 2003.

9. ［美］乔治·伯克利, 约翰·劳斯. 公共管理的技巧［M］. 丁煌, 等译. 北京：中国人民大学出版社, 2007.

10. ［美］埃文·M. 伯曼, 等. 公共部门人力资源管理［M］. 萧鸣政, 等译. 北京：中国人民大学出版社, 2008.

11. ［美］玛丽·E. 盖伊, 等. 公共服务中的情绪劳动［M］. 周文霞, 等译. 北京：中国人民大学出版社, 2014.

12. [美]克里斯·阿吉里斯. 个性与组织[M]. 郭旭力,鲜红霞,译. 北京：中国人民大学出版社,2007.

13. [美]珍妮特·V. 登哈特,罗伯特·B. 登哈特. 新公共服务——服务,而不是掌舵[M]. 丁煌,译. 北京：中国人民大学出版社,2010.

14. [美]埃莉诺·奥斯特罗姆,等. 公共服务的制度建构——都市警察服务的制度结构[M]. 宋全喜,任睿,译. 上海：三联书店,2000.

15. [美]史蒂文·科恩,威廉·埃米克. 新有效公共管理者——在变革的政府中追求成功[M]. 王巧玲,等译. 北京：中国人民大学出版社,2001.

16. [美]谢里尔·西姆拉尔·金,卡米拉·斯蒂福斯. 民有政府——反政府时代的公共管理[M]. 李学,译. 北京：中央编译出版社,2010.

17. [美]马克斯韦尔公民与公共事务学院. 政府绩效评估之路[M]. 邓淑莲,等译. 上海：复旦大学出版社,2007.

18. [美]西奥多·H. 波伊斯特. 公共与非营利组织绩效考评——方法与应用[M]. 肖鸣政,等译. 北京：中国人民大学出版社,2005.

19. [美]阿里·哈拉契米. 政府业绩与质量测评——问题与经验[M]. 张梦中,等译. 广州：中山大学出版社,2003.

20. [美]凯瑟琳·纽科默,等. 迎接业绩导向型政府的挑战[M]. 张梦中,等译. 广州：中山大学出版社,2003.

21. [美]简·E. 芳汀. 构建虚拟政府——信息技术与制度创新[M]. 邵国松,译. 北京：中国人民大学出版社,2010.

22. [美]多丽斯·A. 格拉伯. 沟通的力量——公共组织信息管理[M]. 张熹珂,译. 上海：复旦大学出版社,2007.

23. [美]拉尔夫·P. 赫梅尔. 官僚经验——后现代主义的挑战[M]. 韩红,译. 北京：中国人民大学出版社,2013.

24. [美]查尔斯·T. 葛德塞尔. 为官僚制正名——一场公共行政的辩论[M]. 张怡,译. 上海：复旦大学出版社,2007.

25. [美]尤金·巴达赫. 跨部门合作——管理"巧匠"的理论与实践[M]. 周志忍,张弦,译. 北京：北京大学出版社,2011.

26. [美]奥蒂斯·巴斯金,等. 公共关系——职业与实践[M]. 孔祥军,等译. 北京：中国人民大学出版社,2008.

27. [美]朱迪·弗里曼. 合作治理与新行政法[M]. 毕洪海,陈标冲,译. 北京：商务印书馆,2010.

28. [美]罗伯特·阿克塞尔罗德. 合作的进化[M]. 吴坚忠,译. 上海：上海人民出版社,2007.

29. [美] 罗伯特·C. 埃里克森. 无需法律的秩序——邻人如何解决纠纷 [M]. 苏力, 译. 北京: 中国政法大学出版社, 2003.

30. [美] 弗里德曼. 选择的共和国——法律、权威与文化 [M]. 高鸿均, 等译. 北京: 清华大学出版社, 2005.

31. [美] 米切尔·K. 林德尔, 等. 应急管理概论 [M]. 王宏伟, 译. 北京: 中国人民大学出版社, 2011.

32. [英] M. J. C. 维尔. 宪政与分权 [M]. 苏力, 译. 北京: 生活·读书·新知三联书店, 1997.

33. [英] 特伦斯·丹提斯, 阿兰·佩兹. 宪制中的行政机关——结构、自治与内部控制 [M]. 刘刚, 等译. 高等教育出版社, 2006.

34. [英] 迈克尔·豪利特, M. 拉米什. 公共政策研究——政策循环与政策子系统 [M]. 庞诗, 等译. 北京: 生活·读书·新知三联书店 2006.

35. [英] 克里斯托夫·鲍利特. 重要的公共管理者 [M]. 孙迎春, 译. 北京: 北京大学出版社, 2011.

36. [英] 戴维·毕瑟姆. 官僚制 [M]. 韩志明, 张毅, 译. 长春: 吉林人民出版社, 2005.

37. [英] 帕特里克·敦利威. 民主、官僚制与公共选择——政治科学中的经济学阐释 [M]. 张庆东, 译. 北京: 中国青年出版社, 2004.

38. [英] 安德鲁·查德威克. 互联网政治学——国家、公民与新传播技术 [M]. 任孟山, 译. 北京: 华夏出版社, 2010.

39. [英] 菲利普·鲍尔. 预知社会——群体行为的内在法则 [M]. 暴永宁, 译. 当代中国出版社, 2010.

40. [德] 汉斯·J. 沃尔夫, 等. 行政法 [M]. 高家伟, 译. 北京: 商务印书馆, 2002.

41. [澳] 欧文·E. 休斯. 公共管理导论 [M]. 张成福, 等译. 北京: 中国人民大学出版社, 2007.

42. [荷] 勒内·J. G. H. 西尔登, 弗里茨·斯特罗因克. 欧美比较行政法 [M]. 伏创宇, 等译. 北京: 中国人民大学出版社, 2013.

二、中文原著

1. 熊文钊. 城管论衡——综合行政执法体制研究 [M]. 北京: 法律出版社, 2012.

2. 高洁如. 城管执法理论研究 [M]. 北京: 法律出版社, 2014.

3. 吕来明, 等. 城市流动摊贩权利保护与治理机制研究 [M]. 北京: 法律出版社，2013.

4. 王雅琴，沈俊强. 城市管理监察综合行政执法之理论与实践[M]. 北京：法律出版社，2013.

5. 课题研发组. 城管执法操作实务[M]. 北京：国家行政学院出版社，2006.

6. 宋迎昌. 城市管理的理论与实践[M]. 北京：社会科学文献出版社，2013.

7. 王家合. 城市政府质量管理研究[M]. 北京：光明日报出版社，2011.

8. 金国坤. 行政权限冲突解决机制研究——部门协调的法制化路径探寻[M]. 北京：北京大学出版社，2010.

9. 吕尚敏. 行政执法人员的行动逻辑——以W河道管理局为样本的法社会学考察[M]. 北京：中国法制出版社，2012.

10. 崔卓兰，于立深. 行政规章研究[M]. 长春：吉林人民出版社，2002.

11. 崔卓兰，等. 地方立法实证研究[M]. 北京：知识产权出版社，2007.

12. 于立深. 契约方法论——以公法哲学为背景的思考[M]. 北京：北京大学出版社，2007.

13. 李晓明. 非强制行政论[M]. 长春：吉林人民出版社，2005.

14. 王周户. 公众参与的理论与实践[M]. 北京：法律出版社，2011.

15. 刘淑妍. 公众参与导向的城市治理——利益相关者分析视角[M]. 上海：同济大学出版社，2010.

16. 王春雷. 基于有效管理模型的重大活动公众参与研究——以2010年上海世博会为例[M]. 上海：同济大学出版社，2010.

17. 王丛虎. 行政主体问题研究[M]. 北京：北京大学出版社，2007.

18. 封丽霞. 中央与地方立法关系法治化研究[M]. 北京：北京大学出版社，2008.

19. 陈汉宣，等. 中国政府绩效评估30年[M]. 北京：中央编译出版社，2011.

20. 胡峻. 行政规范性文件绩效评估研究[M]. 北京：中国政法大学出版社，2013.

21. 徐邦友. 中国政府传统行政的逻辑[M]. 北京：中国经济出版社，2004.

22. 陈富良. 放松规制与强化规制——论转型经济中的政府规制改革[M]. 上海：上海三联书店，2001.

23. 刘福元. 行政自制——探索政府自我控制的理论与实践[M]. 北京：法

律出版社，2011.

24. 刘福元. 行政参与的度量衡——开放式行政的规则治理［M］. 北京：法律出版社，2012.

25. 刘福元. 政府柔性执法的制度规范建构——当代社会管理创新视野下的非强制行政研究［M］. 北京：法律出版社，2012.

26. 刘福元. 公务员行为规范中的责任机制建构——迈向公务员行为的规则之治［M］. 北京：法律出版社，2015.

三、中文论文

1. 马怀德. 健全综合权威规范的行政执法体制［J］. 中国党政干部论坛，2013（12）.

2. 莫于川. 从城市管理走向城市治理：完善城管综合执法体制的路径选择［J］. 哈尔滨工业大学学报（社会科学版），2013（6）.

3. 莫于川，雷振. 从城市管理走向城市治理——《南京市城市治理条例》的理念与制度创新［J］. 行政法学研究，2013（3）.

4. 石佑启，张水海. 从社会管理创新角度看城市管理领域相对集中行政处罚权制度的完善和发展［J］. 行政法学研究，2012（1）.

5. 余湘青. 警察行政协助的困境与出路［J］. 行政法学研究，2008（2）.

6. 唐震. 再论行政协助概念之界定［J］. 东方法学，2012（4）.

7. 马乐，田园. 行政协助的法律定位与控制［J］. 行政与法，2005（5）.

8. 王勇. 行政执法中的行政协助问题研究——以环境保护行政执法为例［J］. 行政与法，2011（6）.

9. 刘玉平. 论完善相对集中行政处罚权的法律对策［J］. 东北财经大学学报，2014（4）.

10. 董艳春. 构建城管执法的协商治理模式［J］. 北京航空航天大学学报（社会科学版），2013（6）.

11. 王胜本，李鹤飞. 利益视角下城市治理中的公民参与研究［J］. 山东科技大学学报（社会科学版），2015（1）.

12. 王亚利. 冲突与平衡：摊贩生存与城管执法［J］. 山西高等学校社会科学学报，2011（12）.

13. 董幼鸿. 大城市基层综合治理机制创新的路径选择——以上海城市网格化管理和联动联勤机制建设为例［J］. 上海行政学院学报，2015（6）.

14. 吴明场. 广州"公咨委"：城市治理能力现代化的积极探索［J］. 广东行政学院学报，2015（1）.

15. 方远,方付建."部门化"城市管理体制下"所有者缺位"问题及其治理[J]. 安徽行政学院学报,2014 (4).

16. 陈俊. 我国城市管理综合行政执法问题与对策[J]. 辽宁行政学院学报,2015 (2).

17. 黄仕红. 关于城管执法进社区的探索与思考：以成都城市管理为例[J]. 成都行政学院学报,2012 (6).

18. 魏建龙. 网格化城市管理的探索与思考——以福州市鼓楼区城市网格化管理为例[J]. 福州党校学报,2015 (3).

19. 龚维玲,等. 提高南宁市城市管理执法成效的对策研究[J]. 中共南宁市委党校学报,2014 (1).

20. 赵旭辉. 完善警察行政协助原则 规范警力调动使用程序[J]. 广州市公安管理干部学院学报,2015 (2).

21. 杨津,等. 广州城市治理改革的反思——以公众参与东濠涌治理为例[J]. 现代城市研究,2015 (3).

22. 雷振. 城市管理改革中的政府职能调整：以南京市大城管改革及配套立法为例[J]. 城市管理与科技,2013 (4).

23. 薛永. 丰富"三大机制"内涵 率先实践"服务型城管"[J]. 城市管理与科技,2012 (6).

24. 吴蓬,王玫. 整治城区"脏乱差" 提升城市管理水平——北京市西城区市级挂帐乱点案件情况分析[J]. 城市管理与科技,2015 (2).

25. 陈兵斌. 改善城管执法体制的方法研究[J]. 城市管理与科技,2014 (5).

26. 北京市石景山区人民政府. 抓"综合"促"下沉"——北京市石景山区探索城市管理体制改革新路[J]. 城市管理与科技,2015 (2).

27. 吴贵洪,陈笑媛. 从公共管理角度探讨数字化城市管理[J]. 城市管理与科技,2014 (3).

28. 雷焰中. "实景三维"：黄冈看得见的数字城管[J]. 中国建设信息,2015 (3).

29. 尔东尘. "数字城管"提升城市运行效率[J]. 中国建设信息,2015 (15).

30. 熊栋,周晓霞. 吉奥数字化城管服务智慧城市[J]. 中国建设信息,2015 (5).

31. 王文彬. "数字城管"：提升城市品质[J]. 中国建设信息,2014 (9).

32. 霍铮. 我的城市我来管——太原数字城管中心的"全民城管"模式

[J]. 中国建设信息，2014（17）.

33. 九三学社中央委员会. 以信息技术提升城市治理能力[J]. 中国建设信息，2014（7）.

34. 佚名. 龙华新区："智慧城管"新面孔[J]. 中国建设信息，2014（15）.

35. 佚名. 智慧城管：城市综合管理新模式[J]. 中国建设信息，2015（9）.

36. 宋刚."五位一体"的首都智慧城管[J]. 中国建设信息化，2016（2）.

37. 王洋，王啸风. 城管暴力执法与地方政府决策创新——基于城市规划理念的视角[J]. 中国管理信息化，2012（23）.

38. 王生坤. 城市管理碎片化形成原因与解决路径[J]. 上海城市管理，2015（2）.

39. 王震国. 城管执法：亟待探索间接与柔性的范式转型[J]. 上海城市管理，2013（6）.

40. 任妍. 城管执法和谐公共关系建构的理性思考——上海松江区餐厨垃圾废弃油脂案的启示[J]. 上海城市管理，2013（4）.

41. 王永超. 建设数字化城管科学高效管理城市[J]. 城建档案，2015（11）.

42. 张昱. 大庆数字城市管理的成效与升级[J]. 城乡建设，2014（1）.

43. 海玮. 湖北城管队长执法遇袭殉职[J]. 城乡建设，2013（4）.

44. 李孟. 吃"软"不吃"硬"，城管一腔深情孰懂？——"柔性执法"效应力调查[J]. 中华建设，2017（1）.

45. 柯敏. 能否终结城管与摊贩的游击战？——聚焦"地摊合法化"[J]. 中华建设，2014（10）.

46. 柯善北. 由管理到法治的嬗变——武汉市武昌区引入司法力量引导城管执法[J]. 中华建设，2015（2）.

47. 綦春峰，赵维. 城管市民互动模式——全民城市管理网格化平台研究[J]. 城市勘测，2014（1）.

48. 曲凯. 城市管理执法体制和机构编制的调查与思考[J]. 机构与行政，2014（9）.

49. 崔伟康. 济南市天桥区全力打造"和谐城管"纪实[J]. 机构与行政，2014（8）.

50. 唐立军. 青岛市全面推进区市综合行政执法改革的调研报告[J]. 机构与行政，2015（2）.

51. 唐立军. 城市管理行政执法队伍编制规模测算办法初探[J]. 中国机构

改革与管理，2014（7）.

52. 衢州市编办. 衢州市综合行政执法改革探索 [J]. 中国机构改革与管理，2015（3）.

53. 贾玉娇. 现代城市管理之痛：城管和小商贩矛盾探析 [J]. 山东社会科学，2014（5）.

54. 陶振. 城市网格化管理：运行架构、功能限度与优化路径——以上海为例 [J]. 青海社会科学，2015（2）.

55. 李晓波. 城市社区综合行政执法探究——以黑龙江省大庆市社区管理体制改革为例 [J]. 大庆社会科学，2014（2）.

56. 张昱，等. 加强大庆数字化城管建设 打造宜居宜业现代化城市 [J]. 大庆社会科学，2015（1）.

57. 杨志军. 城管和摊贩"互动"关系的过程解读与路径优化探析 [J]. 岭南学刊，2017（1）.

58. 黄磊. 城管改革的法治轨道 [J]. 人民政坛，2013（9）.

59. 戴浩飞，黄磊. "城管"前世今生 [J]. 人民政坛，2013（9）.

60. 姚文胜. 城管与摊贩困争破解之道 [J]. 人民论坛，2013（31）.

61. 张有坤，翟宝辉. 东莞"终结"大城管模式？[J]. 决策，2014（12）.

62. 吕德文. 武汉城管"柔性执法"新政 [J]. 决策，2016（4）.

63. 郭万盛，等. 城管变"诚管"执法有温度 [J]. 决策探索，2014（12）.

64. 杨红军. 城市管理工作的经验与启示——以苏州工业园区独墅湖科教创新区为例 [J]. 理论与当代，2015（1）.

65. 谢标. 武汉市市区政府社会管理职能划分研究——以城市管理为例 [J]. 长江论坛，2013（6）.

66. 杨沛龙. 减少层级与打破矩阵——城镇化进程中城市治理模式新设想 [J]. 长江论坛，2015（1）.

67. 唐逸如. 柔性执法是伪概念——老城管谈城管执法之难 [J]. 社会观察，2013（9）.

68. 吕德文. 城管"暴力执法"的认知误区 [J]. 社会观察，2013（9）.

69. 燎原. "执法"花样背后的武汉城管 [J]. 南风窗，2013（14）.

70. 沈栖. 值得赞许的"城管工作顺序" [J]. 检察风云，2012（22）.

71. 李新滨. 破解困局——天津市滨海新区创新基层综合执法模式 [J]. 今日中国，2014（10）.

72. 李天也. 与北京一城管队长的对话 [J]. 环境与生活，2014（9）.

73. 许强. 部门协作显威力 联合执法破大案——质监与公安联合查办

"3·11"假复合肥一案的几点启示[J].福建质量技术监督,2012(6).

74. 姜德力.由《湖南省行政程序规定》看行政协助制度[J].知识经济,2011(12).

75. 游广敏.科技治水 引领"大城管"时代[J].杭州(生活品质版),2014(12).

76. 王田华.相对集中行政处罚权制度实施情况调研与思考[J].价格与市场,2014(2).

77. 宋德春.城市规划行政处罚权相对集中行使的实践思考[J].市场周刊(理论研究),2012(10).

78. 中共九龙坡区委,九龙坡区人民政府.九龙坡区力推城市管理向城市治理迈进[J].新重庆,2015(1).

79. 崔卓兰,刘福元.行政自制——探索行政法理论视野之拓展[J].法制与社会发展,2008(3).

80. 刘福元.公民参与行政决策的平衡性探寻[J].国家检察官学院学报,2014(2).

81. 刘福元.非强制行政行为的法哲学探源[J].社会科学辑刊,2011(4).

82. 刘福元.非强制行政的动机分析——探索政府柔性执法的内部之源[J].云南大学学报法学版,2012(6).

83. 刘福元.非强制行政的问题与出路——寻求政府柔性执法的实践合理性[J].中国行政管理,2015(1).

84. 刘福元.公务员投诉规范的设立与完善——相对人发起追究公务员责任的路径探析[J].西南政法大学学报,2014(4).

85. 刘福元.公务员考核规范中的指标体系研究——迈向公务员行为的实质评价[J].理论与改革,2015(5).

86. 刘福元,王娜.公务员考核结果实效化的制度规范探析[J].东北财经大学学报,2015(6).

漂浮在河道中央的三年时光（代后记）

一

看着他，我总会感觉到他是迷失在工作里了。他迷失在雕琢的每根木料的纹理中。迷失在他自己那片充满渴盼与绝望的海洋里。他舞动着斧头，热切地劈砍，仿佛要给每根木料刻出一个灵魂。

——弗雷德里克·瑞肯①

这是我的第五部专著，也是耗时最长的一部专著——距离上一次写作书稿后记，已经过去了五年半之久。其间，写作用了三年，鉴定用了一年，而出版，至少还要再用半年。

城管执法这一主题的缘起，是在公务员行为规范写作完成，寻找下一个研究对象的时候。那时，包括行政自制、行政参与、柔性执法和行为规范在内的行政执法领域，都已经过了系统的研究；而将城管执法确定下来，一方面是因为，作为行政执法中矛盾较为突出的领域。城管属于"热点问题"或"热门话题"，并且当时还没有较为直接的国家社科立项；另一方面也是出于"偷懒"的考虑——这项研究不过是将我作为行政执法普遍规律的研究成果，应用到具体的城管领域中而已。然而，到了研究真正展开的时候我才意识到，城管执法是一个超乎想象的"大坑"，里面涉及的问题庞杂多样、困难重重，甚至很难理出头绪。2015年5月31日，在通读了6本专著、大约500篇近三年的论文和报道，梳理了大约300个规范性文件之后，相关研究还是尽可能按部就班地进行下去了。需要提及的是，虽然经历了数次挫折，这一主题仍然幸运地得到了国

---

① ［美］弗雷德里克·瑞肯. 奇异海［M］. 小汉, 译. 南京：南京大学出版社, 2012：65.

家社科、辽宁省社科、辽宁省社科联和大连市法学会的项目支持，从而为我的研究工作提供了更为充足的"动力"和"热情"。

不同于以往的是，前面三本书都是先有书稿再拆分成论文，这次则是先有论文再组合成书稿，目的是希望能在一直薄弱的论文环节有所进步。于是，我在 2015 年完成了城管执法的"事权"和"主体"部分，2016 年完成了"行政协作"和"数字城管"部分，2017 年完成了"考核机制"和"柔性执法"部分，2018 年 4 月 20 日完成了"协商机制"部分。虽然城管执法领域至少还包括执法程序、执法监督、司法审查等重要问题，但一方面，我未能就这些问题形成具有创新性的观点，另一方面，考虑到结项时间、论著篇幅等程序性事宜，相关研究暂告终结，将之作为继续关注的要点和资料收集的对象，留待有合适的时机再行研究。此后，则是用了 5 月和 6 月这 2 个月时间组成书稿并精校 3 遍。3 年时光，13 篇论文+1 部书稿，毛字数 30 万，其中 3 个 CSSCI、7 个扩展版、1 个北大核心；虽然结项等级只是最低层次的"合格"，并且还有很多缺陷和不足，但还是比较坦然地觉得，已经对得起国家的立项和支持了。

在课题研究过程中，我终于有了梦寐以求的法学类 C 刊，其中（1）《城管事权的法理构筑》是我工作 9 年来最满意的一篇论文，虽然从成稿到问世足足间隔了两年时间，经历了无数次投稿—退稿—先用稿再退稿—先退稿再用稿，经历了很多期刊的初审通过—外审通过—终审不过，甚至是经历过初审通过—外审通过—终审发回重审—初审再通过—外审再通过—二次终审决定不发这样一波三折让我几近彻底放弃的苦难历程，但其终于还是成了我第一篇邮箱投稿投出来的法学 C 刊。拿到样刊的那一天，我说我"想哭，想喝伏特卡"。（2）《部门间行政协作的困境与出路》发表过程较为顺利，然而，对应的期刊我曾连续投稿六年都未能如愿，撤换过的论文中，最接近发表的一篇也是在终审中由于论文以外的原因没有通过。应该说造化弄人，真正发表的论文在投稿时几乎完全没抱希望。（3）《城管柔性执法》所对应的期刊则是我从未奢望过的，"高端"和"顶级"同样意味着竞争的"激烈"甚至"惨烈"。但在一系列机缘巧合以及编辑老师和评审专家的认可下，堪称"奇迹"的事情终于发生了。这也让我更加确信了多年以来的一个"定论"：在职业生涯中，有些人靠的是实力，有些人靠的是关系，而我，靠的完全是运气。

二

> 我刚上船的时候还保留着一个少年探索世界的热情,河上所有的漂浮物中,我对白铁皮罐头特别感兴趣,看见河面上漂浮的白铁皮罐头,我都要设法捞上来。……我在白铁皮罐头上戳了两个眼,系上一根铁丝,把铁丝拴在船舷上,罐头沉入水中,像一张暗网随船而行,等到一个航程结束,等到船泊码头,我像渔民收网一样去收铁皮罐头,结果令人沮丧,我从来没有捕捞到任何惊喜。
>
> ——苏童[①]

或许是因为科研是我的工作甚至是"主业",或许是因为我太过敏感或者太过计较,在本书写作的三年时光里,周围世界先后发生的学校取消科研考核、学院取消科研奖励、项目收取间接费用、职称评审基本无望等"重大事件"都让我或长或短地耿耿于怀。于是,在2016—2017年,我又重复做了2012年做过的事情,只是从结果来说,一方面,"凡是我看上的地方都看不上我,凡是看得上我的地方我都看不上"成了无可撼动的铁律,另一方面,"生活大于工作"这一常常被遗忘的定位再次变得清晰而鲜明。于是,在各种辗转、尝试和感受尘埃落定之后,我得出了一个当时自以为能够甘心接受的结论:"社科领域的学术科研,不是一项工作需要,也不是赚钱工具,更不是去评教授博导的必要条件;而是一种个人性质的兴趣和爱好,或者是一种有感而发、不吐不快的生理或心理需要。"

然而所有这些,其实还有另一层解释。近年来,国内大部分高校在科研领域贯彻的都是精品路线——学校看重的是科研成果的层次,而不是数量;虽然太过现实,但这个世界奖励的是功劳,不是苦劳。就我而言,随着时间的推移,对自身局限性的认识也越来越充分、越来越深刻:一方面,与其说各项科研制度和政策存在偏颇,不如说我的核心能力不足,经年累月的研究只是在低层次的基础上重复,既不被学校需要,又缺乏比较竞争力;另一方面,我并不是一个"专业""纯粹"或者"无限热衷"于学术科研的人,对我来说,科研只是一项工作,仅此而已,无论是学术目标还是学术理想,特别是对于学术科研所

[①] 苏童. 河岸 [M]. 北京:人民文学出版社,2010:149.

支付的成本，都远远无法和"专职人员"相提并论——正是这一点，最终决定了科研成果的质量、层次及其他各种关联性事项。

即便付出很多，也未必会有回报；那么付出不够甚至没有付出，还想要回报，就只能依靠运气。如今，每当纠结的时候，想到这一层，也就释然了。不得不说，我是幸运的，甚至是非常幸运的：工作9年来，每当对科研感到绝望、想要放弃或者已经决定放弃的时候，总会发生一件或一些事情让我转过身来继续下去，比如2014年的硕导副高、2015年的国家社科、2016年的第一个法学C刊……直到今年，尽管五六月份时被导师评审和横向课题折磨得极度抑郁，但半年来申报的4个项目（1个国家级、1个省级、2个校级）全都获批了。有时候，真的感觉冥冥中有一双手在推着我，让我不断地去做自己该做的事情。

三

我在小套房的第一晚，独自在黏黏的地板上躺了好几个小时，晕黄的城市灯光从窗外洒了进来，浓郁的咖喱香味沿着走廊飘散……我躺着听着，发觉现在全世界没有半个人知道或问我在做什么，不会要我做这做那，我觉得套房随时有可能脱离这栋建筑，像发光的泡泡一样滑进夜色中，轻柔地飘上飘下，越过房子、河流和满天的星星。

——塔娜·弗伦奇①

自从2015年12月正式在大连"安家落户"之后，生活虽然不算一帆风顺，但也平静安稳。"自由的气味有如臭氧、雷雨和火药，又像雪花、营火与除过的青草，尝在嘴里有如海水，又有柑橘的味道。"②直到目前，我的家庭负担即便不能说没有，至少也不算重，但生活却被我填得满满的——除工作以外，可以做、需要做的事情实在是太多了，而且没完没了，时间根本不够用。现在想来，"每天都很忙"可能并不是因为事情太多，而是效率太低；一直以来的"事必躬亲"，加之各种无意义的琐事都舍不得放弃，导致长期困扰我的健康和睡眠问题

---

① [爱尔兰] 塔娜·弗伦奇. 神秘森林 [M]. 穆卓芸，译. 上海：上海人民出版社，2010：133.
② [爱尔兰] 塔娜·法兰奇. 神秘化身 [M]. 穆卓芸，译. 长沙：湖南文艺出版社，2011：240.

接踵而来。

另一方面，当放弃了工作和生活的剧烈变动之后，2018年9—12月，一个小公寓以始料未及的速度购买并装修完毕，随即老爸老妈降临大连，2019年春节也是我和他们一起在大连度过的第一个春节。然而，正值庆祝所谓"生活中最后一件大事"宣告完工之际，杭州街住处的噪声污染同样始料未及地把我逼到了忍无可忍的境地——每天早晨，楼下络绎不绝的高音喇叭陆续登场，先是"批发香皂"，然后"安装晾衣架"，之后"雪糕雪糕"，接着"收购电脑电视冰箱洗衣机热水器"，其间虽有间隔，但基本会持续到下午五六点。与此同时，我和邻居之间纸糊一样的墙壁加之其午夜十二点半以后才会睡觉的作息时间，使得我无论早睡还是晚起都变得不可能……仔细想来，也许生活中并不存在能够一劳永逸解决的问题，持续涌现的种种问题也是在给"努力工作"持续不断地提供动力。一直以来，无论是在工作中还是生活中，我都很羡慕豁达和乐观的人，比如，"玛姬什么也不会说，她只希望问题自行解决。她就是那样的人，把烦恼装进手提箱，塞到脑后某个壁柜顶层的架子上，关上门，并在脸上装出个笑容。"① 我做不到，但很羡慕。

四

"这是最粗略的运算，精确模拟要花一个月时间。"绿眼镜说，同时移动鼠标，从太空向行星表面俯冲下去。视野掠过广阔的沙漠，飞过一群形状怪异的山峰，那些山像一根根巨大的柱子；接着，又飞过深不见底的大裂谷和一个像是陨石坑的圆盆地。

"这是哪儿？"杨冬迷惑地问。

"地球啊。如果没有生命，地球演化到现在，表面就是这个样子。"

——刘慈欣②

本书的出版首先得益于东北财经大学学科建设处的支持——2019年"'双一流'建设项目高水平学术专著出版资助计划"使得本书的问世成为可能。感

---

① ［美］哈兰·科本. 无处藏身［M］. 周鹰, 译. 北京：中国友谊出版公司, 2010：147.
② 刘慈欣. 三体Ⅲ·死神永生［M］. 重庆：重庆出版社, 2010：16.

谢东北财经大学法学院王彦院长，您对科研工作的鼓励和支持为我们提供了优良的科研环境，特别是您不辞劳苦争取到的科研成果转化机会和各项评审的参与资格，为我在科研工作中的进步提供了极大的帮助！感谢邹世允副院长，这六年半来，无论是工作还是生活中的大事小情，您都给予了我太多真诚的帮助；同时，您也是我在校园里偶遇次数最多的老师！感谢石鲁夫副院长，您在教书育人方面付出的辛劳和汗水深深感染着我，您对于"教学苦手"的我给予的各种照顾和宽容也一直让我感动！感谢袁晓轩书记在思想和生活上六年如一日地关怀和"劝导"！感谢宋学刚老师总能在意想不到的方面提供意想不到的帮助，"有事找老宋"和"没有老宋世界将无法想象"早已成了习以为常的惯例和不证自明的真理。感谢王洪微老师能在百忙之中指导我操作各种烦琐的规章制度，并就生活和工作中的各种问题推心置腹地"交换意见"！感谢范春阳老师在本科教学领域的各种关照！感谢安晓燕老师在研究生教学领域的各种关照，并祝从燕子姐姐到喜鹊姐姐的华丽转身早日实现！感谢李义老师、丛娜老师、刘鹏飞老师和范鑫老师，正是你们的辛苦工作保证了我的课堂教学顺利进行！感谢李莎莎老师在给予我各种关照的同时，还能"含辛茹苦"地容忍我的各种任性和"冒犯"！感谢王松老师，能在科研和各种工作中和你同步是我的荣幸和幸运！感谢赵敏燕老师，您的蛋糕和粽子不仅味道鲜美，而且总能在关键时刻为我续命！褚霞老师、韩玲老师和李晓丽老师，你们的气质和风度总能在各个方面激励我不断前行！刘佳星老师，在"被我格外羡慕的人员名单"中，你一直名列前茅！而李娜老师，你的排名仅次于星爷！王博老师，和你做邻居是我可望而不可即的梦想！感谢白雪和聂志海老师一段时间以来的热情帮助，相信以你们的勤奋和实力，事业发展必将蒸蒸日上！感谢吴雷老师、鲁鹏宇老师和吴岩老师，你们的关注和支持为我的科研工作增添了信心和动力！感谢张善贵老师和史亦帆老师对我论文的支持，以及在各种法律和实践问题上为我答疑解惑！感谢孙彦慧老师，虽然你"离开我们"已经整整两年了，但仍然无时无刻不在受你照顾！感谢郭丹老师一直以来的无私帮助，相识多年以后，我觉得只有"强大"和"优雅"两个词能勉强概括您的全貌。天津的李晓明、于纯海、王娜，沈阳的侯晓蕾、马宁，哈尔滨的张宇、高强，通化的于慧燕，澳门的李江峰，同在大连的相鑫、刘申、张泉，第4次甚至第5次把你们的名字写在后记中，是为了感谢你们多年的关心和支持！最后需要感谢的是我的父母，无论走到哪里,你们都是我坚强的后盾!

从我的本科毕业论文至今的这16年间,研究方法即便不能说越来越极端,至少也可以说是从一个极端走向了另一个极端——2010年以后,逐渐舍弃或者颠覆了过往一直追求、一直着迷的形而上/纯粹理论,完全彻底地进入了形而下/纯粹实证,论文中使用的法条和案例已经远远超过古往今来的名家著述,以至于经常会收到退稿信说我写的不是"学术论文"而是"调查报告";更加尴尬的是,我的论文在实践部门中又显得太理论、太抽象、太脱离现实。然而,无论是理论还是实证,都脱离不开人的行为;"了解人的行为不是一件容易的事。更糟糕的是,人格的各个组成部分并不像人体、手表或者汽车发动机各组成部分那样一目了然。……我们要了解人,就必须采用推理的方式。在这个问题上,我们完全没有医生或者技工那么幸运。"[①] 对于城管执法领域的研究也同样如此,无论是研究方法、研究内容还是具体的结论或对策,都期待各位同人不吝批评指正,从而推进城管执法领域从理论到制度再到实践的不断完善!

刘福元

2019年8月6日

于杭州街26A

[①] [美] 克里斯·阿吉里斯. 个性与组织 [M]. 郭旭力, 鲜红霞, 译. 北京: 中国人民大学出版社, 2007: 19.